雅
理

我的终极目标在于否定如下观点：法律不过是变换手段的政治，而宪法解释不过是掩饰之举。从马布里诉麦迪逊案到如今，尽管美国人不断努力为后继世代变更宪法基线，但是我们的法律文化仍然成功地为美国人提供了参照标准。如果我们任由这一文化崩解，沦为较量嗓门高下的派性之争，我们将会付出惨痛的代价。

政制秩序原理：
变革

WE THE PEOPLE
THE CIVIL RIGHTS REVOLUTION

〔美〕布鲁斯·阿克曼 - 著

BRUCE ACKERMAN

阎 天 - 译

中国科学技术出版社

·北 京·

献给欧文·费斯

卓见 盛德 笃行

目录

导论　直面 20 世纪　1

第一篇　界定正典

第一章　我们是个国家吗？　26

第二章　活的宪法　44

第三章　刺客的子弹　57

第四章　新政转型　76

第五章　转折点　102

第六章　通过司法来抹除？　132

第二篇　重建的里程碑

第七章　羞辱的领域　158

第八章　计算的领域　193

第九章　工作场所的技术之治　219

第十章　1968 年的突破　253

第三篇　司法领导制的两难

第十一章　布朗案的命运　288

第十二章　及时转向　327

第十三章　亲密关系的领域　370

第十四章　背叛?　401

致谢　439

被引用作品缩写表　443

注释　444

索引　505

译后记　530

导论

直面 20 世纪

民权革命已然夕阳西下。对于亲历革命的一代而言，斗争的体验无可忘怀——布朗案的惊天新闻、小石城的激烈冲突、民权法的隆重颁行，如此种种，回荡在我们的公共生活之中，已历数十载。

对于正在成长的一代而言，这一切不过是老掉牙的历史罢了。他们或许会庆祝小马丁·路德·金日，但是民权革命再不会激起如亲历一代那般鲜活的共鸣。我们正快速接近代际宪法对话的一个关键时刻——就在那一刻，亲历化为史迹。正在成长的一代选择铭记什么，以及选择忘却什么，将塑造他们在 21 世纪解读美国宪法抉择的方式。[1]

这并不是个新问题。1826 年 7 月 4 日，约翰·亚当斯和托马斯·杰斐逊几乎在同一时刻离世——这无比清晰地表明共和国的命运已然落入新一代手中。美国人民有两个选项。他们可以遵循杰斐逊的著名教诲——"大地属于生者"——为新时代制定新宪法以取代 1789 年宪法。他们也可以"代复一代"地辩论过去宪政依稀可辨的遗产，以无尽的辩论坚定集体的阵脚，直面无路可循的未来，建立宪法传统，从而维持政治秩序。

美国人选择了第二条道路。时光流逝，阐释我们的传统变得愈加困难。前推两个世纪，构想宪法和重构宪法的故事长而又长，开国不过是故事的开端。我们的挑战是：将民权革命置入宪法发展的更广大图景之中。怎样理解1960年代的二次重建与1860年代的首次重建才最好？1930年代兴起的新政宪政主义，是否有助于解释二次重建为何能在首次重建失败之处取得成功？民权革命中诞生了平等主义的承诺，那么新政宪政主义是否有助于解释这一承诺的局限和特征？

我的答案建立在本系列先前两卷的基础之上，但是莫慌——你无须读过前两卷就可以直面这些问题！仅此便足以说明"我们人民"系列的基本架构如何挑战了法学的常轨。

居于统治地位的专业叙述将法院奉为中心——年轻法律人的学习要靠案例书，而案例书几乎只关注司法意见：从马布里诉麦迪逊案到布朗诉教育委员会案、罗伊诉韦德案，以至其他。"我们人民"系列则以体制为中心。它关注制度关系，以及宪法体系作为整体所支持的公共价值，并将法院置入这一更广大的架构之中。

开国者在早期共和国时代建立了独具一格的政府体系。而内战和重建颠覆了这一图景，建立了中期共和国——将新的价值与制度关系加入了开国者的配比之中。历史在新政时期重演，美国人颠覆了19世纪宪制的核心元素，建立现代共和国，以应对大萧条的挑战。反过来，新政体制又为民权革命开辟了舞台——民权革命最终摧毁了南方种族主义分子和北方血统论者的联盟，而当年正是他们连成一气，构建起富兰克林·D. 罗斯福缔造的民主党联盟。自艾森豪威尔到尼克松当政的二十年间，自由派的民主党人和共和党人与民权运动同声相求，建立起独特的新政–民权体制，继续担当现代共和国的基础。本书将探讨他们留下的宪法遗产。

早期、中期、现代——历史学家和政治科学家曾用类似的划分来解释长时段的宪法发展。然而，这个为人所熟知的三分法却挑战了法学的常轨：后者狭隘地聚焦于联邦最高法院，而无视治理体制的更广大变迁。

将焦点从法院转移到体制会带来广泛的影响。费城大会倡议宪法时，宣称以我们人民之名立言，这就提出了第一个根本问题：在研究美国宪制次第发生的历时性变迁时，严肃的宪政论者该不该拿大众主权当真？

许多严肃的学者都给出了否定答案。最著名的是查尔斯·比尔德及一众进步时期作家，他们竭力刺破开国时代大众主权的迷思，将费城会议的参加者描绘成在很大程度上被经济自利驱使的人。

我持不同观点。大众主权并非迷思。开国者们发展出独特的宪政实践形式，成功地赋予普通（白人男性）美国人一种意识，即他们在决定自身政治前途时确能发挥作用。开国时代的这一成就，为创制高级法的正当行为建立了范式，后世则进一步发展之。重建时期的共和党人、新政时期的民主党人，以及民权革命的领导者，先后直面相同的使命：为其大幅变革宪政现状的设想争取广泛的、自觉的大众许可——而他们每一次都（或多或少地）取得了成功。演进中的宪政体制为了检验变法者的诉求，反复要求他们回到选民中间，只有求得非常特殊的授权，才可以我们人民的名义建立新体制；本书的挑战就在于分析这种检验的定法。

主流宪法学人未能赢得这一挑战。美国人创造性地调整了自 18 世纪继承而来的大众主权范式，以此回应内战、大萧条和民权运动，而主流宪法学人却并未严肃地思考这一点是如何做到的。他们沉迷于一系列法律虚构之中，以此遮蔽后世革命性宪法改革的独有特征。他们佯称：上述各时期的政治领袖们为了革新美国的根本共识，恭顺地遵循着开国一代联邦党人为正式修宪设定的路径。

他们错了。

美国人偶尔会用到开国者在宪法第五条规定的正式修宪方案——据此可经由国会动议、州立法机关批准来修改我们的高级法。然而，为了给新的宪政方案争取大众认同，以往的宏大政治运动常常表现出大得多的创造力。在前两卷中，"我们人民"步步追寻重建时期的共和党人和新政时期的民主党人，回溯他们如何建立新的大众主权体系，为其变革倡议赢取广泛而自觉的大众支持。

总结我的观点：开国者制定宪法第五条时，依靠州与中央政府之间的**分权**来组织修宪的辩论和决策。而重建时期的共和党人和新政时期的民主党人则愈加依靠总统、国会和最高法院之间的**分权**，借此赢取广泛的大众许可，从而能够以我们人民的名义发动根本变革。

上述分权模式在不同时期以不同形式发展起来。最常见的情形是：总统宣称自己成功连任代表了"人民的授权"，并且成功说服国会和联邦最高法院支持其新的宪治愿景。这一场景见于林肯推动宪法第十三修正案时，也见于罗斯福发起新政革命时。

但有时其他政府分支也会起领导作用。重建时期，约翰·威尔克斯·布斯（John Wilkes Booth）的子弹，令保守的安德鲁·约翰逊（Andrew Johnson）取代了林肯，而约翰逊试图争取联邦最高法院的支持，合力阻断共和党人的革命进程。要想让重建超越第十三修正案的范围，共和党人把持的国会别无选择，唯有主张宪政领导权。很大程度上，正是国会、总统与法院之间一系列的戏剧性冲突——而非第十四修正案和第十五修正案的正式批准——决定了中期共和国的宪制图景，而标准的法律叙述忽略了这一点。如果安德鲁·约翰逊有联邦最高法院撑腰，成功争取到公众支持，那么国会就不可能以军事手段强迫南部批准第十四修正案和第十五修正案。如此，共和党新体制的基础就会变成第十三修正案所主张的、更为温和的人权观和国家权力观。

在体制改革的斗争中，虽然不同的政府分支都曾担当领导角色，但他们面对的挑战从来如一——为自身的宪法新愿景争取足够的公众支持，如此经过一段时间之后，**所有三个分支**都会反复认可启动新体制的突破是正当的。1868 年总统大选期间，民主党候选人仍在否定第十四修正案的正当性。直到尤利西斯·S. 格兰特（Ulysses S. Grant）入主白宫，并任命强硬的共和党人出任联邦最高法院法官，重建时期宪法修正案的正当性才不再成问题。

新政的正当化遵循了相似的路径。守旧的联邦最高法院于 1937 年停止攻击改革立法。但是这一让步的意义最初并不清晰。这究竟只是一次战略退却，还是美国宪治新愿景的

5

肇始？直到罗斯福史无前例的第三次当选才给出了决定性的答案——他得以彻底重组联邦最高法院，此后联邦最高法院无异议地、斩钉截铁地认可新政宪制的原则。到了 1940 年代早期，所有三个分支都反复支持新政体制——从而终结了关于新政正当性的法律争论。致力于复辟中期共和国宪法的批评者们发现自己被视作极端分子，便远离了法律观念的主流。

重建时期与新政时期的对比构成了本系列第二卷的核心，也为眼下的研究奠定了基础。在民权革命当中，分权再一次组织起漫长的辩论和决策过程；当三个分支全部都以我们人民的名义维护新的宪治愿景时，这一过程达到了巅峰。然而，民权革命又有重要的特异之处：虽然先前宪法政治的各个回合由总统或者国会开启，但这一次取得主动权的却是联邦最高法院。布朗诉教育委员会案将种族平等问题推到了一代人宏大辩论最为核心之处，迫使艾森豪威尔总统和国会直面他们本来乐得无视的问题。

但联邦最高法院的领导地位本身远不足以调动广泛的支持，以获得我们人民的认可。直到林登·约翰逊总统和他影响下的自由派国会跟进推出一系列里程碑式立法，布朗案的承诺才成为现代共和国的国本。

林登·约翰逊于 1964 年击败巴里·莫里斯·戈德华特（Barry Morris Goldwater），这在民权革命中起到了关键作用，赋予约翰逊以广泛的授权，使他能够超越《1964 年民权法》，推动《1965 年选举权法》和《1968 年公平安居法》成功通过。约翰逊任满之际，三个分支全部投入到合作过程中去，通过不断扩展的一系列行动，使得布朗案的成果远远 超出公共教育范畴，实现了"平等"的宪法意涵的革命。

然而，当1968年的美国人走向投票站时，对新政-民权体制的未来仍然存疑。总统如果怀有敌意，可以轻易动用手中的权力，破坏正在生成的宪法共识。但是尼克松拒绝那么做。1968年竞选期间，尼克松即明确表示自己不是乔治·华莱士。他履职后信守诺言，签署新法来巩固1960年代的里程碑式立法，并且支持通过行政手段来加强立法的实效。尼克松并非民权先锋——在关键时刻，他积极反对行政和司法机关扩展上个十年成就的努力。但也不该把他描绘成死硬反对分子。正是尼克松对于新政-民权体制的真诚支持，赋予了这一体制以两党共识的基础，从而使体制的正当性问题不再遭受严厉诘问。一些南方人展开宪法论辩，指责自由乘车运动分子（Free Riders）和小马丁·路德·金。他们的论辩足可获得尊重，然而到了1960年代初期，他们却面临若干棘手的选项：他们要么闭嘴，要么改主意，否则就会被当成想法古怪的家伙。

大部分人改主意了。他们仍是种族保守分子，但是为了保持自己的说服力而另辟蹊径。他们不再指责民权革命本身，转而为自身目的而操控民权革命的成果：布朗案究竟意味着什么？它究竟是扫荡种族从属关系的授权，还是更温和的、禁止政府基于种族做出区别对待的命令？南方保守分子持第二种观点，但是他们承认了布朗案判决和1960年代里程碑式立法的正当性；而只要让时光倒流十年，这种接受程度就会令人震惊。

故事的主线并不陌生，然而其宪法意义却遭到人为压制，压制者像律师那样，咬定联邦最高法院的裁判才是洞见关于民权革命宪法意涵的、压倒一切的来源。对于理解 1950 年代的发展而言，集中关注联邦最高法院可以提供一个似乎不差的起点，因为当时沃伦法院是唯一主张宪政领导权的政府分支。可是到了 1960 年代，领导权的衣钵随后传递到总统和国会——最重要的是美国人民——手中。是人民——而不是联邦最高法院——考虑到戈德华特对于《1964 年民权法》的当头攻讦，并报之以林登·约翰逊的压倒性胜利。是人民——而不是最高法院——持续支持华盛顿特区广泛的两党联盟，使其能够在 1960 年代后期到 1970 年代初期跟进出台一系列突破性立法，重新界定了"平等"的宪法意涵。

21 世纪的美国人不应再允许联邦最高法院垄断他们对于民权革命的愿景。通过《民权法》、《选举权法》和《公平安居法》，美国人民的**首席**发言人——小马丁·路德·金和林登·约翰逊、休伯特·汉弗莱（Hubert Humphrey）和埃弗雷特·德克森（Everett Dirksen）——阐明了我们社会契约的新条款。美国人民应当聆听他们的声音。美国人民应当把采信上述立法的集体决策置于大众主权的更宏大叙事之中，这一叙事始自布朗案，终于尼克松和国会在 1970 年代初期巩固里程碑式立法的努力。

为论证上述观点，我将引入并阐释**宪法正典**（*constitutional canon*）的概念：受过法律训练的专业人士应当将其置于宪法认知核心位置的文本。当现代法律人想要了解早期共和国留下的遗产时，他们主要关注最初的宪法、《联邦党人文集》，以及马布里诉麦迪逊案等马歇尔法院的著名判例。然而迄今为止，我们理解民权革命时，尚未同样广泛地运用宪法正典的概念。人们满足于依靠自己记不太清的经历来构建阐释联邦最高法院特定判决的背景。而当亲身经历褪色时，法律职业必须面对过去之事一去不返的现实。

正如先前的重建与新政时期，人们只能通过那个渐行渐远的时代所留下的印刷品和模糊影像来触摸民权革命。虽然有些幸运的史家可以毕生对档案钩沉探奥，乐此不疲，但是律师、法官和立法者享受不了这份奢侈。他们是决策的实践者：往昔的成就务必被打包成易读的形式，才能适应那些肩负承续我们宪法传统之责的忙碌男女。正典化对于法律职业来说是必需的。

正典化对于法律职业来说也是危险的。决策的实践者将某些文本置于法律对话的中心，令无数其他文本无人问津，这会不可避免地扭曲过往的意涵。宪政论者应当警觉这一危险，并且自觉地努力实现自我纠正。本书第一篇敦促新起的一代将正典的范围扩及布朗等案以外，将围绕该时代里程碑式立法的争论和判决纳入其中。为此，本书建立了三条相互交融的论证线索。

第一章探讨一个替代方案，它比接纳里程碑式立法更符合惯例。如果我们意图越出法院判例，则会发现新正典最显而易见的存在之所并非立法汇编，而是近年来通过的、正式的宪法修正案。根据我们关于正典生成的官方理论，这些现代修正案是我们人民的专有表达。那么，要填充我们对于20世纪遗产的认知，为何不倚仗修正案，忽略里程碑式立法呢?

首先,新政-民权体制诞生以来的正式修正案极少。假如通过的修正案准确反映了20世纪所发生的根本变革,那么数量少可能还不是问题。然而,正如第一章所指出的,如果法律人认真对待这些修正案,那么他们对于指导现代共和国的宪法原则的认知定会遭到严重误导。

系统性的信息不足是建构正典时极为严重的缺陷。全部做法的目的在于:接受过法律训练的普通人,只需凭借少量文本即可深刻、广泛地洞察我们的治理方案。如果我们分析的探照灯聚焦在某些文本上,而这些文本却引向死胡同,那么目的就达不到了。虽然现代的宪法修正案无疑属于我们官方正典的一部分,但是如果离开了大量辅助,它们就无法充当深刻见解的来源。

现代法律人士已然承认这一点。现代修正案尽管占据着我们人民庄严誓约的官方地位,总体上却被法律人士忽略了——如果拿第二十四修正案之类的内容突击测试宪法教授,估计大部分人都会不及格。(你答得不对,第二十四修正案不是赋予哥伦比亚特区居民选举总统权利的那个修正案!)

相反,法律人士**确实**非常认真地对待民权时代的里程碑式立法——只不过不将它们视作**宪法**原则的来源。他们自语道,《民权法》毕竟自称立法——而小小的立法当然不配获得高级法的特殊地位,那是留给根据宪法第五条所做的正式修正案的。

我的第二个论点反对这种形式主义的偏见。宪政论者必须承认：某些里程碑式立法确乎植根于人民深思后的判断，正是这些立法——而非正式的修正案——在 20 世纪充当了 9 大众主权法律表达的主要工具。

前文已述及我的核心观点：宪法第五条依靠国家和州立法机关之间的对话来修改宪法，而民权时代则倚仗国会、总统和法院之间的分权来表达我们人民的主权意志。

不过，还要付出很多努力才能让这个观点服人。第二章至第四章讨论了集体辩论和决策过程的各个步骤——从联邦最高法院介入布朗案，到 1960 年代的核心争论，再到尼克松时期各机关实现团结的最终举措——并且与先前世代通过分权为民代言的做法进行了详细比较。

这就是我先前研究的有用之处。它们包括对重建、新政和美国史上其他转折关头历史先例的连贯分析，而在各个先例之中，分权都被有效地用于获取为民代言的宪法权威。以这些先例为标尺，民权革命堪称美国史上宪法政治最成功的实践之一。21 世纪的律师、法官和政治家如果拒绝将这些里程碑式立法中代言民意的原则视作正典，就是对这一成就的不忠。

我的前两个观点涉及建构正典的核心问题。每个正典都必然是选择的产物，不仅可能将洞察性见解带给法律职业，也可能带来盲目。挑战在于如何将前者最大化，而将后者最小化。民权正典如果强调现代的正式修正案，就会迫令我们陷入盲目（观点 1）；而与里程碑式立法相结合的正典则可以将职业对话集中到正确的问题上（观点 2）：小马丁·路德·金、林登·约翰逊、尼克松和德克森等人不断努力赢得表达人民意志的制度权威，从中究竟产生了什么原则？

问题对路并不意味着答案达成一致。但这总比争论错误的问题要好得多——那会让我们对民权世代最伟大的成就视若无睹。我以此为全书第一部分作结。

最后，第一部分提出了支持将里程碑式立法视作正典的另一个理由。这个理由涉及 21 世纪爱思考的法律人士所面临的根本困境。当他们在专业上成熟起来，就会陷入绵延数个世纪的宪法成就的丰厚传统。他们如果意欲继往开来，就必须理解传统。如果他们遮蔽民权革命的里程碑式立法，则会令自己坠入盲目，没法指望宪法学说会有大发展。

我的第三个观点转向原旨主义。它并不涉及新起一代所面临的阐释传统的困境，而是关注那些动员起来支持 1960 年代平等主义全面突破的美国人。这些人很复杂。在阐释里程碑式立法时，**他们究竟如何理解自己的作为**？他们是否认为，伟大的民权和选举权立法可以正当地成为宪法第五条修正案的功能等价物？

问题太大了——不过，尽管他们对于当下正典的认证十分重要，却并不意味着这对于 20 世纪的立法者也是重要的。原旨主义的原罪就在于忘记这个简单的事实。穿梭在档案架之间、搜集些有关我们认为重要的问题的零星表述并非难事。但是，不该假定这些散碎发声在先前时代的辩论中居于中心地位。忽视这一点就会导致"法律书斋造史"（law office history）：论者排列出一连串个别言论，并错误地认为这代表着我们美国人民在先前划时代变革中**深思**后的判断。严肃的宪政论者应当拒绝这种诱惑。他们应当直面事实：许多对于我们而言重大的问题，过往历史连试都不曾试着回答过。

但是，先前的某场斗争**确实**能够有所启发。有时，开创的一代人会以符合宪法要求的严肃态度来关注当下的某个释宪问题——我们当然应当注意这种情形。

我发现了一场符合上述严格条件的民权斗争，并以此支撑将里程碑式立法视作正典的最后一个理由。该斗争涉及废止人头税的奋斗和成功。人头税将一代代黑人和白人挡在投票站外，却不曾引发严肃的宪法申诉。到了 1960 年，国会、总统和联邦最高法院联合行动，废除了人头税制度。

故事本身意义重大，但这并非我将其置于讨论中心的原因。这场斗争之所以值得关注，是因为人头税制度引出了一连串的重要历史事件，迫使当时的领导人面对我们分析的关键问题：里程碑式立法作为我们人民深思后的判断的表达，其功能可以在多大程度上替代根据宪法第五条所通过的正式修正案？

我们在书中会读到，这个问题成为《1965 年选举权法》获得通过的关键——该法后来引发了南方民主制的革命。正因如此，形形色色的重要人物都极其认真地对待这个问题——从小马丁·路德·金到林登·约翰逊，从全美有色人种协进会（NAACP）到司法部，从南方民主党人到国会中种族问题上的自由派。在民权革命前途未卜之际，总统和国会在小马丁·路德·金提供的关键帮助下，做出了意义重大的回答：他们自觉地摒弃了那种认为第五条应当垄断高级法的论调，选择将里程碑式立法作为以我们人民的名义发起宪法变迁的引擎。

在重新开掘这一命运抉择的深远意义之后，本书第一篇以三句话作结：现代的正式修宪未能开示新政－民权体制的根本宪法原则（第一章）；里程碑式立法真真切切地代表了我们人民在二十年间，借助分权机制的运作，所作出的深思后的判断（第二章至第四章）；最后，民权革命的领导人理解这一点，并且肯定了里程碑式立法能够正当地代替宪法第五条来表达我们人民经过深思的判断（第五章和第六章）。

如此看来，宪政论者择善而从，将这些立法置于民权正典的中心地位，岂非正当其时？

在第一篇的基础上，本书第二篇以里程碑式立法为契机，反思我们从 20 世纪继承而来的、富有启发的宪法原则。一如既往，我的反面典型是以法官为中心来定义正典的做法：这种做法将沃伦法院和伯格法院的判词视作法律解读的确凿渊源，并投注全部的目光。

对于只关注联邦最高法院的人来说，民权革命的隽永意涵，是对于重建时期宪法修正案的一系列突破先例的重新解释。重释之举始自布朗诉教育委员会案，终于罗伊诉韦德案（前后）。体制内的其他角色——总统、国会、选民——都是配角，仅仅支持或反对联邦最高法院开示的宪法变革之路。

我对里程碑式立法的强调则提供了一个不同的视角。联邦最高法院在 1950 年代的领导地位毋庸置疑，但其与里程碑式立法所阐明的原则之间，关系则更复杂——这种复杂性是以联邦最高法院为中心的观点所不曾承认的。

标准版本的故事是这么说的：布朗诉教育委员会案开启

了大法官之间的重大争论，而联邦最高法院在后续案件中大幅超越该案，提出了宏大得多的平等保护理论。数十年来，我们都紧跟联邦最高法院的多数派和少数派，看他们争论宪法究竟涉及歧视意图还是歧视结果，究竟是"色盲"还是允许纠偏行动。

无论分歧多么悬殊，联邦最高法院的意见领袖保有一条共识：正确的答案无论是什么，都应该一体适用，规制国家参与社会的各个方面。

而我们一旦将里程碑式立法纳入视野，这种普适论就显得非常靠不住。这些立法自觉地将世界切分为不同的生活场域：公共设施、教育、就业、安居、选举。它们对不同场域适用不同的规制——在选举中关注那些暗示不平等对待的统计样态，对餐馆的歧视适用以故意为基础的判断标准，居于二者之间的各种观点则适用于其他领域。对于社会和政治生活的不同场域，它们较普适论者更坚持具体问题具体分析，据此构筑平等的宪法意涵。

以法官为中心的故事版本还固守美国宪法平等承诺（无论含义如何）的另一个关键局限。宪政论者抱持联邦最高法院在 19 世纪的判决，径自认为平等保护条款仅及于国家行为，不约束私方主体。

这种观点在法律界是老生常谈，却当即遭到里程碑式立法的挑战。比如，《1964 年民权法》仅仅禁止私人雇主的歧视，并未改变规制公共部门的法律。这与标准学说恰恰相反：后者将平等主义原则与私方主体隔离开来，却对州主体厉行适用。《1968 年公平安居法》彻底禁绝私人安居市场中

13

的歧视，嘲弄了传统的公私界限，同样挑战着公认之理。

正如里程碑式立法所表达的：国家行为的限制对于活的宪法全不适用。我们会看到沃伦法院深知这一点。在1964年的贝尔诉马里兰案（*Bell v. Maryland*）中，联邦最高法院几乎废弃了州行为学说——然而由于国会决意取得《民权法》问题的领导权，联邦最高法院在最后一刻收手了。如今，法律界拿联邦最高法院在贝尔案中顺从国会说事，假装19世纪的州行为学说未遭触动。

21世纪的新正典开启了新视点。我们该听听汉弗莱、德克森、约翰逊和金所阐发的新宪法原则，虽然联邦最高法院及其后继者没能传递给我们。这些政治领袖将**制度化的羞辱**（*institutionalized humiliation*）置于美国种族主义问题的中心。就学时的种族隔离不过是个案，反映了更一般的恶——用沃伦在布朗案中的名言来说，就是系统地施加"低人一等之感"。在1960年代，里程碑式立法将沃伦的逻辑推广开来，禁止其他重要生活领域中的制度性羞辱，包括公共设施、私人雇佣和私人安居市场。通过这些决定性步骤，国会和总统远远超出了自共和党重建时期继承而来的、狭隘的国家责任观——他们要求私方主体和国家官员一样承担广泛责任，以实现宪法平等原则。

还原这种对于羞辱的特殊关切，有助于引出民权遗产的一个更重要方面——它致力于建构真正的社会学法理学。第二次重建并不自满于创设抽象的法律权利。它决然地介入真实世界，消除系统性的羞辱。下一代如果要忠于这一伟大成就，就该对制度化羞辱及其与法律的关系做出更为深入的反思。第七章旨在开启这一迫切需要的对话。

之后，我将转向里程碑式立法的另一独到特征。我称之为"量化管理"：立法不再因循古典法律传统的话语模式，转而依靠技术专家和数字目标来获得真实世界中的平等收益。对羞辱的强调也是原则之一，而更偏重定性，这不时与对硬性量化指标的关切发生冲突；我们会看到，这种冲突在公共教育领域最为尖锐。但是，在更深层次上，对定性和定量的关切所反映的是共同的抱负——采取措施切实改变社会生活，弥合书本之法与日常生活之法之间的巨大差距。

"量化管理"深植于宪法之中，可上溯到1887年州际贸易委员会对铁路的规制。新政实施以来，主要经济主体逐渐习惯将海量数据提交给民用航空局、联邦通讯委员会、证券交易委员会和不计其数的其他专业行政机关。但是在一个关键领域，即黑人和其他少数族裔的待遇方面仍无起色。只要南方白人在新政同盟中扮演关键角色，种族问题就无法进入立法议程。然而，1960年代的里程碑式立法击碎了新政同盟：北方的自由派民主党人和持温和种族立场的共和党人携起手来，打破了南方民主党人领导的、种族主义者反抗的回潮。

为了实现这一突破，兴起中的民权联盟调整了"量化管理"的新政传统，用于实现其平等主义目标。以选举权为例。自新政实施以来，联邦法院奋力保障南方黑人的选举权——他们失败得很苦涩。《1965年选举权法》如果因循旧例，照样会失败。起草者于是另辟蹊径，针对那些系统地拒绝黑人投票的州和地方，制定了量化标准，并命令行政和司法机关强制选举向所有合格公民开放。"量化管理"不仅发挥了技术作用——它还宣示了目标必达的决心。

15   这一宣示深植于新政宪法文化之中。技术手段曾令证券交易委员会和社会保障局得以在真实世界的经济运作中取得突破,"量化管理"的实践同样令《选举权法》在南部民主问题上实现了突破。我们在就业歧视和其他领域会看到相似的进程:"量化管理"一次次地昭示着崛起中的新政–民权体制的宪法严肃性。

法院在这一进程中扮演了复杂的角色——有时促进新体制,有时却加以阻碍。我将在第二篇中讨论这一复杂性,比较里程碑式立法所标定的四个不平等领域的进展——公共设施、选举、就业和安居。为了根除系统性羞辱,国会和总统与法院和行政机关一道,在每个领域都面临不同的问题,并综合运用不同的法律和技术原则来实现真实世界的平等对待。

然而,当今总括公认之理的普适论,并没有反映这种原则化了的复杂性。现在,司法学说愈加关注那些将人们按照种族或其他"可疑归类"加以划分的州行为。如果政府官员避免使用这种归类,就有望摆脱司法审查。只有使用了可疑归类,才会触发对行为服务于压倒性州利益的要求。这些轻率的形式主义者没能充分运用第二次重建的独特成果——令美国致力于超越抽象平等、在政治和社会生活重大领域中取得切实效果。

但是,如果我对现行司法学说的理解没错,那么该学说不过引出了进一步的困惑:律师和法官是如何设法将第二次重建的核心意涵替换成这个的？

为了回答这个问题，第三篇转向两个重要（且相互关联的）领域的司法学说发展——公共教育和族际通婚。与上一篇所研究的领域不同，在民权时代的各个阶段，总统和国会都拒不承担这些事务的宪法领导权。对于政治家来说，这些事务引发的问题过分棘手；他们乐得让联邦最高法院火中取栗，去寻找可以获得大众认可的解决方案。我们将循着大法官们曲折的探索之路——并且展示他们是如何转而固守法条，从而让自身远离政治上的反攻倒算，令司法独立免遭摧毁。

五十年后，理性的人们仍然没有就沃伦法院和伯格法院解决宪法领导权难题的方式达成一致。但是我们不该让这些分歧将我们从更重要的现象引开：在许多其他领域中，沃伦法院最初的举措并**没有**引起持续的争议，而是激发了一场规模恢宏的大众运动，这场运动在民权革命里程碑式立法的出台过程中获得了表达。在致力于表达我们人民的意志时，厄尔·沃伦与德怀特·艾森豪威尔、小马丁·路德·金与·林登·约翰逊，以及休伯特·汉弗莱与理查德·尼克松都留下了重要的宪法遗产，第十四章就回顾这些。不过，当下更要紧的是反思阻止法律界担起伟大使命的一个根本障碍。简而言之，律师和法官惯于将 20 世纪的美国人视作政治上的矮子，认为其最重大的成就也无法与杰出的前辈们比肩。我将这称作 **20 世纪问题**（*the problem of the twentieth century*），并鼓励读者认识到这个问题具有急迫性，值得长期辩论。

为了说明我的观点，请比较对于建国和重建与新政和民权革命的一般看法。律师和法官会毫不犹豫地说：詹姆斯·麦迪逊和乔治·华盛顿领导人民支持对原初的《邦联条款》做革命性变革，而亚伯拉罕·林肯和约翰·宾厄姆（John Bingham）在构思重建时期宪法修正案时扮演了同样的角色。然而，他们现在拒绝承认富兰克林·罗斯福和罗伯特·瓦格纳（Robert Wagner）、林登·约翰逊和小马丁·路德·金享有同样的地位。当我们讲述这些晚近革命的故事时，充当主角的不是我们人民，而是我们法官。法律人士不研究国家政治领袖的言行，而是关注联邦最高法院在 1930 年代和 1960 年代所采取的重大步骤，看其如何赋予 18、19 世纪巨人所制定的文本以新的意涵。

然而，这场争论的精微和复杂，让他们很容易忘却基本

17 前设：不知怎的，20 世纪的美国人在宪法上失声了，转而让法院为之代言。

美国大众主权已死：这便是指导围绕 20 世纪宪法遗产的法律辩论的、未曾言明的假设。

真相很苦涩——如果是真相的话。

但这不是真相。

我并不否认建国时代联邦党人和重建时代共和党人的成就是真切存在的。但是，现代时期并不意味着遥远过去的大众成就的衰败。相反，彰显其中的是美国最伟大的政治领袖一次次成功赋予美国大众主权的宪法传统以新的生命力。事实上，新政和民权革命为激进改革凝聚广泛大众共识的努力，在很多方面都比其前辈要更成功。

从显而易见之处说起：开国之初，代表我们人民的是白

人男性。直到 20 世纪，妇女，之后是黑人，才在宪法建构中扮演了重要角色。同样重要的是，建国时代的联邦党人和重建时代的共和党人在调动并赢得美国人民的认可时，仅仅以极微弱的优势胜选。他们虽然代我们人民发声，却几乎无法代人民行事。选民投票选举制宪会议的各州代表的时候，究竟将多数票投给联邦党人还是反联邦党人，永远也搞不清楚。[2] 类似地，当重建时代共和党挟联邦军队和大量高压手段迫使南方立法机关就范、力促第十四修正案和第十五修正案通过时，他们也只不过勉强赢得了身后同胞的多数支持。[3]

新政革命与此截然相反。如果说美国史上有哪个政治运动最明白地以我们人民之名发声，那么非富兰克林·罗斯福领导的民主党莫属。新政废弃自由放任，坚守能动的联邦政府，在每个地区和每个阶层都动员并赢得了压倒多数的认可——不止一次，也不止两次，而是贯穿 1930 年代至 1940 年代的连续多次选举。虽然小马丁·路德·金和约翰逊的运动从未赢得同样压倒性的支持，但他们所获得的多数远比林肯领导的政党在内战后所获得的要大，基础也更广泛。实事求是地说，无论从任何角度来看，20 世纪革命在大众主权方面所取得的成功都比 18、19 世纪的要大。

如果以运动的最终成就为标准，结论也是一样的。开国者意图建立一个自由州和蓄奴州的稳定联盟，让它们共同掌控新世界的经济发展。磕磕绊绊地走过一连串危机之后，开国大业在内战中倾覆，那是 1815 年至 1914 年西方世界所爆发的最血腥的战争。而开国时代国家设计的某些特征也加速了国家陷入内战的进程。[4]

18

重建时期的主要抱负则破碎得更快。短短一代人之后，黑人民权事业就屈服于南方白人的暴虐对待。到了 20 世纪初叶，第十四修正案和第十五修正案让重建时期国会带领人民进入平等新纪元的愿望彻底落空。

相反，新政的关键成就如今已存活 75 年之久。新政时期的社会保险和规制机构成为能动的福利国家进一步发展的先导，后来，老年健保步社会保险后尘而出现，而环保署则加入了证券交易委员会及一众其他专业机构，努力制衡自由市场上的资本滥权。

同理，第二次重建已经比 19 世纪的革命更好地经受了时间考验。《1964 年民权法》出台 50 年后，仍然是活的宪法的核心内容；在历史上的相似时刻，《1875 年民权法》早已被联邦最高法院宣告违宪。并且，1960 年代种族正义的决定性胜利，也为过去一代的妇女、同性恋者和残疾人的后续平等主义运动奠定了基础。

然而，新政–民权体制如今遭到攻讦。罗伯茨法院差点没有让《平价健保法》（*Affordable Care Act*）通过违宪审查，并正面攻击了《选举权法》的核心条款。如此一来，国会为了忠诚于民权时代的成果，就必须复活这部立法。

如果法律界还新政和民权革命以本来面目，承认它们是 19 美国人民在 20 世纪创制高级法的至上成就，那么这些判决根本不可思议。阻碍人们接受这一常识和真理的不过是法律职业所服膺的形式主义。这种看法并不陌生：我们人民发声的唯一途径便是遵循宪法第五条所列举的方式。如果美国人和他们选出的代表选择重新界定他们的根本宪法约定，那就更不妙了。要紧的是大众主权的形式而非内容。既然并没有根据第五条通过什么修正案，形式主义者们就情愿为罗伯茨法院的判决辩护，并无视我们人民在 20 世纪所做出的根本贡献。

本书第一篇直面这种形式主义偏见。我们要玩的游戏赌注很高。大众主权在 20 世纪获得重生和复兴，而法律界却将其说成衰亡的故事，这是件非常严重的事情。这种叙事不仅扭曲了我们的过往，而且让我们的未来陷入贫瘠。如果美国人在 20 世纪确实丧失了为我们人民发声的能力，那么 21 世纪为何不继续如此呢？

这是联邦最高法院安东宁·斯卡利亚大法官和克拉伦斯·托马斯大法官领衔的、宪法原旨主义学派所提出的更大的问题。严肃地看，他们要求排他地关注 1787 年的宪法文本及根据第五条做出的修正案，从而纯化宪法正典，这不仅加剧了现代判例法中已然显现的形式主义趋势，它还真真切切地意味着从精英主义出发，努力抹去我们父母和祖父母留下的宪法遗产。在 20 世纪，父辈与祖辈为恢宏的大众斗争而战，并赢得胜利，方缔造了这些遗产。

本书指向通往另一种未来的道路。

第一篇

界定正典

第一章

我们是个国家吗？

23　　　电话铃声响起，熟悉的对话又一次展开。自从 1989 年以来，国务院就不断纠缠我，要我参加代表团，为某些国家的宪政民主转型提供建议。我拒绝，拒绝，再拒绝：可别再让我出席宴请了，也别让我在自己几乎不了解的国家，当着一帮不认识的政客宣讲无知的（所谓）教导了。

　　　电话那端传来熟悉的、热切的中西部口音，宣称自己是副助理国务卿的副手的特别助理，语气里透着自命不凡。他向我保证：这次真的跟以往完全不一样。

　　　这一次，国务院没有让我用一种自己不懂的语言来制宪。我受邀为杰出的阿基尔·阿法拉比（Akhil Alfarabi）提供一对一的辅导。他精通欧洲和伊斯兰法律传统，想要拓展自己对于美国宪法的了解。电话那端的声音兴高采烈，并保证定能有教学相长之效：是时候弥合世界各大法系之间的可怕鸿沟了，并且他们只想占用我一周时间。

　　　何乐不为呢？我自问道。不久我就忍受着时差之苦，来到一个未公开的场合，问候微笑着的阿法拉比。喝了无数杯茶以后，我们切入正题，而我的切入点一如既往：从成文宪法谈起，自开头的"我们人民"一直说到文本结尾。

对 话

阿法拉比真是位大师，擅长从隽永的文本里阐发深刻的法律原则。他认真听取了我所谈到的美国开国和重建在宪法中留下的著名语句。经过几天的愉快交谈，我们进展到了最后一步：20世纪的文本。我把他当成一位聪明的法学院一年级学生，他却变得不耐烦，甚至有些不高兴。"何不换个位置，"他建议说，"让我牵头解释最后几条宪法修正案？"

实话说，我有点怀疑：从他学习的过程来看，他对美国历史的了解可谓"一团糟"。不过，毕竟我对他的国家的历史也一无所知，而这并没有妨碍我们很好地展开对话。

何乐而不为呢？我自问道，瞥见约翰·杜威的鬼魂忙不迭地点头赞许。"我们已经谈到第二十一修正案了。你觉得它是什么意思？"

"嗯，当时是1933年，富兰克林·罗斯福就职——他是那个宣示新政的人，对吧？"

我兴奋地点点头；这不单是我的习惯，我大大松了口气：我发现这家伙对我的国家历史的了解超过了我对他的国家历史的了解。

"通过阅读这条修正案，"阿法拉比说，"我明白人们为什么管那叫新政了。作为穆斯林，我非常遗憾禁酒令遭到了推翻，不过从法律人士的角度看，这条修正案显然带来了些新东西：我们人民要求大幅削减野心过大的联邦规制体制。更宏大的宪法原则很清楚：大政府时代已经结束了。"阿法拉比自信地说，正如杰出的法律人从不缺乏自信。

我还没想好怎么回答，阿法拉比就转向了下一条修正案。"这第二十二修正案嘛，"他得意地解释说，"正好印证了我的解释。它是哈里·杜鲁门执掌白宫时通过的——他不是罗斯福忠实的追随者吗？而修正案的文本表明，人民正是沿着罗斯福新政所指明的方向前进。1933 年，人民否定了大政府；如今他们将连任限制为两届，从而削弱了帝王般的总统制。毫无疑问，更宏大的观点在于：拜拜了，大政府！拜拜了，帝王般的总统制！——这可真称得上新政了。"

他喜形于色，自信已然精通了我在解读 18、19 世纪重要美国文本时所传授给他的解释技法。我刚想回应却又卡壳了，阿法拉比则径自解释下去。

25 当他咕哝着哥伦比亚特区的事情时，我不安地扫了一眼第二十四修正案，那一条禁止州和联邦政府在联邦选举过程中征收人头税。这是现代文本中唯一暗示民权革命将以种族正义为主题之处。阿法拉比能意识到这一点吗？

诚然，没有什么能逃脱他的法眼，但是他的解读却着眼于文本的字面含义。这条修正案在美国史上绝无仅有地公开谴责了财产歧视，而阿法拉比抓住这一点大做文章："如果政府不得就选举征税，那肯定也不得对其他根本公民权利施加负担。所以第二十四修正案提出的关键问题很明显：如何定义免遭不公平的经济歧视的基本利益的范围？"

"我可从来没往这儿想过。"我小声抱怨道，阿法拉比却径自说了下去，当他谈到保障 18 岁选举权的第二十六修正案时，他开始采用美国时兴的做法，将零散的思绪连缀起来。他问道："在禁止针对青少年的选举歧视和禁止针对穷人的选举歧视之间，起到连接作用的线索是什么？"[1]

他的眼光投向后续文本，指望从剩下的修正案里找到答案，然而他震惊地发现，自己已经到达了旅途的终点。自从1971年第二十六修正案通过以来，快半个世纪过去了，而美国人民一点新东西都没有往文本里放——除非你算上一小条禁止国会成员立即给自己加薪的边角料。那最初是在1789年提出的，然后被遗忘了几乎两个世纪，到了1992年才复活并获得各州签署。[2]

"呃，"阿法拉比说，"我估计在青少年争取选举权的历史性事件之后，就没啥大事发生了。不过，我现在可以提出现代发展的基本问题了：一个孱弱的联邦政府，加上遭到抑制的总统权威，如何能够尽量贯彻人民对于财富歧视的否定，以及对于青少年权利的背书？"

"这和我们美国人对20世纪遗产的理解不大一样。"我客气地说。

"真的吗？"阿法拉比说，"我错在哪儿了？"

"你错在太把这些修正案当回事，并且想从中得出重大的新原则。"

"但是你们美国人一直以来正是这么做的。第一修正案并没有明确保障结社自由，但是你们从文本下潜藏的原则中导出了这项权利。有时你们把这种导出的权利叫作半影，有时你们把它叫作发散物，有的时候——比如在结社自由问题上——你们几乎忘了宪法里根本没说这件事。但是你们一直是如此对待自己古老的宪法文本的，而我也正是这样对待你们当代的修正案的。既然这些修正案通过得更晚，难道它们不该更重要吗？"

"问题很好，但是美国人不问这个。"

"这很奇怪，"阿法拉比说，"人们为何视而不见呢？"

"您的天才解读大概就指向了一个看似荒谬的答案：如果我们认为晚近的修正案宣示了重要的宪法原则，我们就会篡改 20 世纪宪法成就的真谛。您知道，新政并不意味着否定大政府，而是压倒性的对大政府的大众认可。而民权时代给美国的种族平等大业带来了革命，其核心关切并不在于对穷人或年轻人的歧视。"

"我亲爱的阿克曼教授，您尽可畅所欲言，不过恕我直言，您看来是在无中生有地虚构。再恕我唐突，对宪法文本的解读根本无法支持您的观点。"

通往现代性之路

在通向 21 世纪的路上，美国人遇到了件怪事。我们失去了用既有办法书写宪法的新誓约的能力。对于美国来说，这个问题可不小：这个国家将自己视作在成文宪法下生长。

绵延八十年的假音（false notes）与小三和弦（minor chords），交织成寂静的交响——21 世纪也将与此毫无二致。1994 年到 2006 年，共和党掌控国会，他们围绕堕胎与宗教、联邦制与总统战争权，发起了宏大的辩论。然而，他们并未试图通过新的宪法修正案来解决这些问题——我们只看到了在焚烧国旗和同性婚姻之类事务上的失败尝试。

当他们严肃对待宪法变迁时，他们诉诸新政和民权革命所标定的路径。比如，他们通过立法禁止怀孕后期堕胎，宣示自己对于生命权的服膺。这部法律并没有展现出如《民权法》或《社会保险法》那样的广大雄心。但是，假如共和党在 2012 年后继续控制总统大位和国会，他们本会诉诸大众"授权"，借此出台里程碑式立法，直接否定罗伊诉韦德案的判决，并试探最高法院推翻该法的胆量。

同时，共和党总统约翰·麦凯恩（John McCain）和米特·罗姆尼（Mitt Romney）本可继续任命右翼大法官，使保守派在罗伯茨法院占据压倒多数。考虑到时机问题，麦凯恩–罗姆尼时期的国会不一定会通过里程碑式立法来确认生命权。罗伯茨法院可以自行其是，宣告罗伊诉韦德案"从下判决时起就错了"。一旦如此，麦凯恩–罗姆尼–罗伯茨法院就可能步新政时前辈的后尘——像现代法院自 1937 年以来对待洛克纳（Lochner）案那样对待罗伊案，用它来象征放纵"司法能动"的蒙羞时代。

民主党新近的胜利已经暂时叫停了这一进程。唯一的问题在于：在掌权的剩余岁月里，联邦最高法院的保守派多数是否会对 20 世纪发起全面的攻击。

危险迹象已然足够清晰了。面对《平价健保法》，五位保守派大法官向新政对于州际贸易条款的革命性重释疾呼自己的反对。[3] 不过，首席大法官罗伯茨缺乏坚守信念的勇气，另寻论证理路以支持该法，从而避免了联邦最高法院在大选年与连任的奥巴马发生危险的对立。刚刚避免了一场事关重大、令人联想起新政时罗斯福总统与守旧的联邦最高法院之间斗争的冲突，首席大法官就重新发动了保守派的攻势——推翻了《选举权法》的一个核心条款。我将在第十四章讨论这个重要判决。在死亡和残疾令他们的权力松动之前，五位保守派大法官是否会抓住短期内的机遇，扩大对新政–民权体制的攻击，仍是悬而未决的问题。

28 无论将来如何，有一点是清楚的：别指望通过正式修宪来引发大变革。我们人民看来无法通过我们宪法第五条所描述的方式来传递信息。我们书写宪法的机制已然重蹈打字机被淘汰的覆辙。

为什么？

有三种可能：问题出在机制上；问题出在美国人民身上；抑或两者都没问题。公论则给出了皆大欢喜的答案：正式修宪有困难是好事，否则宪法就会变得一团糟，充斥无意义的细节。

这个皆大欢喜的答案对了一半：修宪确实就该困难，但是制造困难的方法有很多。问题在于开国者制造困难的方法有没有道理。

我的回答是：有道理，又没道理——对开国者来说有道理，对我们则不再有道理。经过两个世纪的发展，美国的政治身份与奠基者遗留下的正式修宪体系已然对立。我们认为自己首先是美国人，其次才是加利福尼亚人。然而，开国者制定第五条时，所针对的人们首先认定自己是纽约人或者佐治亚人。我们人民已将国家置于中心，却受困于以州为中心的正式修宪体制。

以州为中心的形式与以国家为中心的内容之间，存在张力，并充当了活宪法背后的动力。尽管美国人礼敬宪法文本，却并未允许其阻碍国家意识的增长。自内战以来，美国人自觉而坚定地支持国家政治领袖及其任命的大法官，通过里程碑式立法和超级先例（superprecedents）来重新界定宪法价值。重大的挑战在于构建理解这些发展所需的、包含历史维度的范畴。

阿法拉比是我自己设想出的人物，我们的对话也纯属虚构。然而，现实中确有众多思想者和行动者相信：美国人是根据形式上的宪法行事的。[4] 当他们将世界霸权用作自身宪政安排的模式时，就造成了各种各样的危害——阿富汗和伊拉克的惨败不过是形式主义者一连串败绩中的最新"成员"而已。不过，愚弄其他国家是一回事，愚弄自己则完全是另一回事。美国政治身份经历了长期而复杂的转型，使得我们成文宪法所表述的高级法变得极端不完整。我们必须正视这个事实，否则就无法界定，更遑论解决我们根本的宪法问题。

就从以奠基者的视角看待奠基者做起。55 人奔赴费城，却只有 39 人签署了宪法文本。几乎所有参会者都在独立革命及其后建立了广泛的联系。他们一次次地展现了为国捐躯的决心。与普通公民相比，他们怀有革命性的国家主义观点。当他们在费城的秘密会议上以我们**合众国**人民为名倡导自己的宪法时，这种观点表露无余。他们迈出这一步，便打碎了 13 个州仅仅在 6 年前（1781 年）所签署的《邦联条款》。尽管《邦联条款》要求一切修正案都须获得全部 13 个州接受，然而奠基者宣布：只需要 9 个州批准就足够了。他们进而将当时各州的政府排斥在签署过程之外，要求各州召开非常批准大会，而这在州宪法上闻所未闻。[5]

为了充分认识到这些举措的重大意义，我们可将其与欧洲新近效法费城先例的尝试加以对比。在 2002 年和 2003 年，布鲁塞尔大会为欧盟提出了新宪法——以此应对费城的先辈也曾面临的、构建"更完善的联盟"的问题。正如 1781 年的《邦联条款》那样，欧盟条约要求，任何修约均须获得成员国无异议的赞同。然而，与费城不同，布鲁塞尔大会拒绝打破这一规则。它并没有宣布拟议的宪法只需获得三分之二成员国的赞同即可生效，也没有要求各国召开批准大会。相反，布鲁塞尔大会接受了无异议赞同标准，并允许各国自行设计批准程序。结果，当法国和荷兰的选民在 2005 年拒绝这一倡议时，整个立宪事业都归于失败。

如果费城大会也这样尊重既定法律形式，那么美国宪法就可能遭受相同的命运。北卡罗来纳和罗德岛就扮演了法国和荷兰的角色，他们断然拒绝联邦党人冒失的立宪倡议，甚至直到 1789 年华盛顿总统就职、第一届国会开幕时仍在抵制。[6] 如果规则仍然要求无异议赞同，那么这两票否决就会让联邦党人为"更完善的联盟"的奋斗拖后十年，甚至永远耽搁下去。

开国的联邦党人怀有革命性的国家主义观点，但他们也是现实主义者。他们知道自己不能回避设置一个完全以国家为中心的批准或修宪程序。正如伟大的联邦党人约翰·马歇尔（John Marshall）在麦考洛克诉马里兰案（*McCulloch v. Maryland*）中解释的："没有哪个政治梦想家会疯狂到企图打破各州间的界限，或者将美国人民混合成一个单一的群体。"[7] 于

30

是，革命性的决裂被第五条所束缚，仍然以州为中心：国家机关只能倡议，而不能批准修宪，最终决定权归于压倒多数的州。

更强大的国家人格直到内战方浴血而生。与开国者不同，重建共和党人赢得了权威，在第十四修正案中宣告国家公民身份优于州公民身份。通过这些话语，共和党人意图将联邦党人以州为中心的联邦转化为以国家为中心的联邦。

这场革命最终只取得了纸面上的胜利。国家公民身份在活宪法中获得中心地位，还是很久以后的事情。起先，重建共和党人没能为宪法将来的发展创设出以国家为中心的结构。相反，他们为了追求短期目标，极力拓展开国时宪法以州为中心的各种形式，以致越过了极点。

在南方各州拒绝批准第十四修正案时，危机达到顶峰：这让修正案无法获得宪法第五条所规定的四分之三多数。国会没有接受失败，而是报以武力——摧毁持异议的各州政府，建立新政府，并且罔顾宪法，将重建各州排斥在联盟之外，直到它们赞同扩张国家权力的新修正案。[8]

这些革命行动取得了短期成功，然而它们索取的政治能量如此巨大，以致耗尽了共和党与美国人民的宪法雄心。第十四修正案和第十五修正案一经重建后的南方各州政府通过，举国的政治注意力就转向他处。不曾有人考虑到：以国家为中心的、对于美国公民身份的新理解，是否要求修宪系统也应以国家为中心。

对 1876 年总统大选危机的反应也是如此。海耶斯（Hayes）与蒂尔登（Tilden）之间的争议通过宪法以外的途径获得了解决，从而回避了更重大的问题：通过虚构出来的、以州为中心的选举人团来选举国家主要领导人，对美国来说还合理吗?[9]

危机在 1873 年再度出现，联邦最高法院在屠宰场诸案（Slaughterhouse Cases）中的判决将第十四修正案所赋予的国家公民身份变成了笑话，且在事实上把它逐出了宪法。[10] 要想让美利坚国家的优先地位成为活生生的宪法事实，一条正式修正案是远远不够的。

这对我们来说太糟糕了。如果内战一代坚持理想并勇往直前，美国人本可在应对 20 世纪重大危机时处在更佳的地位。一次又一次地，我们迫切地需要以国家为中心的体系来修改宪法、选举总统和赋予公民权利。

有个原因可以很好地解释 19 世纪为何没能拯救我们。尽管第十四修正案的话语饱含勇气，但是 19 世纪的美国人对于是否服膺国家优先还存有不确定感。每个人都意识到分裂是不正当的，但是要让普通美国人都毫不含糊地将国家放在首位，还要经过 20 世纪的转折性事件。[11] 第一次世界大战连着大危机，大危机又连着第二次世界大战，这让整整一代人意识到有必要在国家层面处理战争、和平与经济福祉的宏大问题。下一代人在国内为民权而斗争，在海外为自由民主而战，使得美利坚共同体的观念更加强固。而"9·11"的悲剧又一次强化了这种观念。

国家意识不断深化，而更广大的社会和文化生活变迁则提供了支撑。一个世纪以前，美国还是欧洲定居者的共和国，瞻望着旧世界的文化领导地位。如今它以自身独特的腔调向世界发声——美国的文化既迷人又招人厌烦，但当之无愧是时代中的重要力量。美国或许不是个文明程度很高的地方，但确乎是独立的文明。生活在美国的人身居交通、通信、教育和商业变革的中心，这些变革合起来传递了一项重要的信息：虽然你今天可能住在蒙大拿，但是后天你或你的子女就可能到佛罗里达或者俄勒冈去为家族谋生计。如果你在这个大国的其他地方落脚，你就会发现，尽管存在地域差别，人们却都在说"美国语"。

话也无须夸张。直到今天，美国人也不觉得自己是像 19 ³²世纪的法国那样的单一制民族国家的公民。我们是美国人，同时仍然是得克萨斯人或者宾夕法尼亚人，但是第十四修正案文本的承诺终于成了活生生的现实：我们首先是美国人。随着国家公民身份在活宪法中获得力量，一旦普通美国人想要重新界定他们的根本誓约，那些内在于宪法文本的、以州为中心的、自开国起就从未改变的其他形式，就成了非常严重的问题。

界定正典

我与阿法拉比寓言般的对话意在于斯。绝妙之处在于：他对活宪法一无所知，以为官方的修正案表达了 20 世纪美国宪法身份的关键变化。

他提出了一个完全自然的假设。只不过恰巧错了。结果，他的解释被认为很古怪，因为每个美国人都直觉地意识到：现代修正案只讲述了 20 世纪宏大宪法故事中非常非常微小的部分——而我们需要另寻他法以理解故事的其他内容。

可是到哪儿去找呢？快速流动的集体意识之中，尚存有若干法律里程碑的模糊影像：《社会保险法》和布朗诉教育委员会案，《民权法》和米兰达诉亚利桑那州案（*Miranda v. Arizona*）——单子还可以拉得更长。无论你添加什么案件或里程碑式立法，我都很确信一点：你提出的所有文本都是国家而非州的机关制定的，并且符合我们**合众**国人民所达成的宪法决议。

当我们对单子上的案件和里程碑式立法加以比较，问题就来了。我的单子上可能有《行政程序法》，你的单子上却没有；你的单子上可能有罗伊诉韦德案，而其他人断然反对。除了比拼谁敲桌子更猛烈，有没有其他办法可以解决这些争议？可不可能从基本的宪法原则出发，阐发标准，使律师和法官可以有章可循、去芜取菁？

这就是正典的建构问题。为叙述简便起见，我们从**官方**宪法正典的概念入手——这是主流法律理论强调的核心文本。如今在美国，官方正典包括 1787 年宪法及后续正式修正案。然而，一条巨大的鸿沟将官方正典与美国人民以国家为中心的自我认知隔绝开来。为了弥补这条鸿沟，法律界试图将里程碑式立法和超级先例提升到宪法论辩的中心地位，使之成为**操作性**正典。迄今为止，这些尝试都是特事特办，然而，现在已经是时候更自觉地考虑这个问题，并且通过重构官方正典，使之囊括 1776 年以来**所有**世代的宪法成就，包括生活在 20 世纪的美国人。除非依一定原则承认现代的重大法律文本，否则宪法就不能为美国人提供直面未来挑战所需的指引。

宪法正典处在急剧重构的过程之中。参议院批准联邦最高法院新近提名者的听证会就提供了一个很能说明问题的基准。两党参议员花费大量时间，试图让被提名人就一系列20世纪的关键文本发表意见——不断提问他们是否认为罗伊诉韦德案等是我们法律中获得了特别加强的超级先例。被提名人的回应闪烁其词，但是提问本身表明了一个重要的步骤。提问表明，操作性正典当前包括至少两部分内容：一部分由官方正典组成；另一部分由司法超级先例组成。正如正式文本那样，超级先例是我们宪法传统中定论的结晶：联邦最高法院在发展司法学说时，无权贬低超级先例的重要性。事实上，与官方文本中抽取的正典原则相比，超级先例往往分量更重。布朗诉教育委员会案比诸如开国时对"共和形式的政府"的保障要重要得多。任何被提名到联邦最高法院的人只要拒绝接受布朗案就不可能获得批准，而他大可承认对于"共和"政府的含义颇有疑惑，也仍能在法院获得一席之地——虽然这一文本条款对于开国一代人来说居于绝对中心的地位。[12] 如果将视线从官方理论上稍稍移开，我们就会看到：活宪法是基于操作性正典来组织的，它并未赋予官方正典至上性，更未赋予其排他性。

然而，迄今为止，我们重塑操作性正典时都是一事一议的。[13] 尽管超级先例的概念渐为人所熟知，我们却尚未严肃地考虑里程碑式立法是否也配得上在现代宪法正典中获得中心地位。这将是本书的核心命题之一。

34

我的命题并非全新：亚伯拉罕·林肯反复重申，密苏里大妥协（Missouri Compromise）应当被赋予堪比宪法本身的"神圣"地位。[14] 在 20 世纪，一系列重要论者呼吁法律界将重大立法"当作法律渊源和法律推理的前提"——这是斯通（Stone）大法官的话。[15] 威廉·埃斯克里奇（William Eskridge）和约翰·费雷庄（John Ferejohn）新近做出开创性的工作，推进了这个观点，致力于为那些塑造了美国法律传统的"超级立法"（super-statutes）获取"准宪法"（quasiconstitutional）地位。[16] 而凯斯·桑斯坦（Cass Sunstein）也曾提出类似观点。[17]

我要更进一步，鼓励你不再迟疑，废弃残存的**"准"**字，赋予民权革命的里程碑式立法以完全的宪法地位。否则，我们对于美国这一重大胜利的观点就会遭到严重扭曲。[18]

不断反思这些立法将巩固、丰富不断发展的宪法解释大业。斯卡利亚大法官和其他许多人致力于挑战活宪法观念本身，反思里程碑式立法能够凸显这些努力的重要意义。我们会看到，斯卡利亚大法官的挑战是引诱我们将自身隔绝于美国人民 20 世纪的伟大宪法成就。

这种做法蠢透了。我并不打算将 20 世纪供奉到圣坛上。从开国至今，每一代美国人都为我们的宪法遗产做出了贡献。有些世代贡献得多，有些则少，而每一代人也各有其失误。然而，就因为美国人在表达他们新的宪法论断时，借助了国家层面的制度，而非开国者所设想的、以州为中心的制度，就要将自己隔绝于几乎一个世纪的、大众推动的变革——**这才蠢哩**。

我要强调自己观点的历史决定论特质。对我来说，"活宪法"并非一句实用的口号，企图将我们很不完美的宪法转化为某种更好的东西。虽然无时无刻不存在把宪法变好的诱惑，但是如此高调的抱负，其缺点也一目了然：完善美国的愿景有很多，且相互冲突，而宪法不应被其中任何一种愿景劫持。解释的目标在于理解美国人民曾经**真真切切地**结下的历史誓约，而不是某个哲学家认定美国人民本该结下的内容。[19] 在这一关键点上，我更接近斯卡利亚大法官而非罗纳德·德沃金教授。[20] 只是当斯卡利亚步阿法拉比后尘，认定宪法的正式文本包含着**全部**宪法正典，并因此自我隔绝于过去八十年间的宪法成就时，我才与他分道扬镳。

犯这个错误的不止斯卡利亚大法官一个人。几乎每个人都犯过，只不过形式较为和缓而已。为了申明我的观点，需要区分两个问题：正典的定义和正典的解释。前者致力于识别我们传统中的关键文本，而后者则想要搞清它们的含义。

几乎所有宪法论辩都是围绕后者展开的。有人认为，原始宪法高度抽象的意涵应当局限于制宪一代的特定理解；其他人则认为，对第一修正案、平等保护条款和正当程序条款的最佳解释取决于活着的人们。[21] 然而，双方关注的官方正典并无二致——从宪法第一条到 20 世纪最新修正案的正式文本。诚然，通过阐发古老文本的现代意涵，活宪政主义的支持者更容易领会 20 世纪变革的重大意义。但是他们的阐发方式有时会扭曲这些距今更近的成就，且他们有时从精英立场出发，将官方正典用作跳板，企图给美国价值观带来革命。

与此相反，死硬派的原旨主义者则缺乏坚守观点的勇气。没准托马斯大法官有心质疑纸币的合宪性，但我怀疑连他都会有些畏缩。当然，斯卡利亚大法官骄傲地自命为理性的原旨主义者，当开国者对宪法的理解与既存的先例和当代的实际过分脱节时，他的忠诚便打了折扣。可是，斯卡利亚大法官究竟什么时候是理性的，什么时候又是原旨主义的，他对此缺乏有原则的解释。[22]

是时候质疑组织起这些相似论辩的前提了。我们不能近视眼似的仅关注 18、19 世纪的重大文本，而是必须重新界定正典，从而更深刻地理解美国人在我们整个历史包括最为切近的部分中的得与失。

通过直面正典的定义问题，我们将为突破现有解释僵局开辟道路。一旦我们搞清楚应当解释的是**什么**，围绕**怎样**解释的争论就会变样。当下许多所谓的根本分歧，所争论的将不过是：相对于从 20 世纪以前继承而来的原则，我们应当赋予取自 20 世纪文本的原则以多大权重。[23] 相反，支持看似相同观点的人们有时会发现：他们的分歧之深超出先前所想。

假如我的方案获得采纳——比这更不寻常的事情都发生过——法律论辩就会大变样。如今，诸如"原旨主义"和"活宪政主义"之类的口号经常被剪辑成采访片段，用以彰显广泛存于热门政治话题中的观点冲突。而正典一旦被重新界定，就会在构筑我们宪法的持续对话中创造一系列前所未见的联盟。参与者并不会神奇地就重构后正典的唯一正确意涵达成全体共识，但是他们起码会交谈，而不是互相嚷嚷，以求廓清过去两个世纪以来不同世代所做出的贡献。

简言之，我的终极目标在于否定如下观点：法律不过是变换手段的政治，而宪法解释不过是掩饰之举。从马布里诉麦迪逊案到如今，尽管美国人不断努力为后继世代变更宪法基线，但是我们的法律文化仍然成功地为美国人提供了参照标准。如果我们任由这一文化崩解，沦为较量嗓门高下的派性之争，我们将会付出惨痛的代价。

然而，如果我们假装美国人民在过去八十年间没有取得什么重要成就，我们就不可能为法律解释奠定坚实的基础。有人曾经说过，法律的生命不仅在于逻辑，而且在于经验。[24]是时候根据美国历程的全部真谛为 21 世纪界定正典了。

第二章

活的宪法

宪法的历史是循环的。自 1776 年以来，新起的每一代人瞻望政治的鼎盛时期，都会发现当下的政局极端沉闷。一次又一次地，他们做出相同的回应：组织在野反对运动，以人民的名义要求收回腐化的政府，并重新界定美国的宪法文化。

起初，革命的呐喊是"无代表，不纳税"，而反抗乔治三世过往的斗争胜利之后不久，杰斐逊主义的共和党人就引领起第二次美国革命的大业。一代人之后，杰克逊主义者公开谴责国家银行（Bank of the United States）及其对普通美国人的束缚——不料，新起的共和党却联合人民抵制杰克逊主义者对蓄奴权的坚守，摧毁了杰克逊主义者的政治统治。又过了一代人，共和党人蜕变为现状的代言人，这激起了大众主义者的改良运动。

事情这次起了变化。1776 年以来的每次抗议运动最终都成功攀上了顶峰，而大众主义者却未能在 1896 年和 1900 年的布莱恩–麦金莱（Bryan-McKinley）大选对决中胜出；抗议的余波还延续了一阵子，其中包含着一系列中度规模的子运动，取得了一系列中等程度的、差异很大的胜利。以大萧条为契机，新政民主党人捍卫了能动政府，从而打破了这一僵局。这一决定性的转变建构起本书的中心问题——如何评价在民权革命达到顶峰的、大众主权的下一轮大循环？

循环每过一轮，反对运动都对公众及其问题进行诊断，主张修正——有时赢得了美国人民的大规模支持，有时则支持不足。不论某一具体运动的命运如何，循环的模式不断重现——这是美国革命启蒙与新教奉子成婚的产物。[1] 活的宪法便是大众主权不断循环的产物——活的宪法也为我们这一代提供了舞台，让我们为了以人民的名义发声而奋斗。

我们的研究要求小心体察两个世纪大业中所生发的主题和变量。历史充满惊奇。没有哪个循环周期是其他周期的精确复制。要想了解实际的、真切存在的美国宪法，我们就必须将每个周期都置于其他周期的背景之中，提炼美国人民在两个世纪的斗争中所达成的宪法结论。我们不能盲目地假定正式的宪法文本把我们需要知道的一切——甚至大部分——都告诉了我们。

运动、政党、总统职位

首先回顾将大众主权的开国模式与过去两个世纪以来反复出现的模式区分开来的制度鸿沟。费城大会并不希望，也没有预料到总统会声称获得了大众授权、发动广泛的宪法变革。这一公决主题早在托马斯·杰斐逊时就已出现，如今已延续到了贝拉克·奥巴马。[2] 开国者未能预见到公决主义的崛起是完全可以理解的：当时并不存在任何总统制的做法，而过去的历史则表明，大众集会是大众主权的特有场所。在光荣革命期间，为人民发声的肯定不是国王，而是 1689 年的非常议会（Convention Parliament）；在美国革命期间，殖民地大会起而反抗国王派来的总督，刚刚重现过这一场景。

费城大会是上述公民集会传统的一部分，并将这个传统纳入了对未来的规划之中。[3] 开国者的重要目标之一，便是防止总统之职沦为煽动民意者的平台。他们不仅将总统完全排除到修宪制度之外，而且设置了选举人团，使得总统宣称获得直接的大众授权变得尤其困难。他们的辉格式史观教导他们：共和国的最大敌人是尤里乌斯·恺撒（Julius Caesar）之流的民意煽动家，他们决意堵塞这条通往暴政的道路。[4]

39 然而，一旦付诸实践检验，他们的宪法机制就以惊人的速度崩解了。宪法墨迹未干，亚当斯的联邦党人和杰斐逊的共和党人便掀起党争，在 1800 年的大选危机中摧毁了对于总统制的原初理解。[5] 第十二修正案改革了选举机制，但是仅仅模糊地反映了这一根本变化。[6] 这一巨变使总统一职可以不时以美国人民之名发声，并且在制定高级法的持续过程中扮演重要的角色。

杰斐逊主义的胜出创造了回荡在整个美国历史中的三元大众主权模式。我称之为运动-政党-总统职位模式，其动力正在于活宪法的核心。由于开国者并未预见到这一模式，我们必须以普通法的方式来研究其发展，将总统领导制的每一个大周期与其他周期相比较。欲了解美国人民在过去两个世纪是如何维持对政府的控制的，舍此别无他法。

运动-政党-总统职位模式——定义在此不无裨益。运动的决定性特征是其行动者，也即一大群愿意投入大量时间和精力来追求新宪法议程的公民。杰斐逊共和党人宣称，要将共和国从联邦党人的"独裁制"（隐秘的君主制）当中解救出来，需要发起"第二次美利坚革命"，这并不是放烟幕弹。不论你我如何评价他们的诊断，**他们**的相信都是真真切切的；同样重要的是，他们还付诸行动。同样的情况也适用于林肯的自由地区共和党人（Free Soil Republicans）、罗斯福的新政民主党人，以及距今更近的罗纳德·里根的共和党人。

这就引出了运动型政党（movement party）的概念。大部分运动都不成气候，成气候的运动也大都没能组建新党或将旧党据为己有。而正如杰斐逊主义者所教导的，运动型政党可以获得巨大的能量，因为，对于那些坚定地将自己的大选看作根本变革的大众授权的人，运动型政党提供了一个大本营。运动型政党还大幅降低了争取公众同情的成本：政党标签可以告诉公众有哪些政治家支持新议程，而投票能够简单且直白地证明民主支持。

运动型政党要和时间赛跑。有些问题解决了，另一些问题消失了，挑战运动意识形态的新问题会产生，这导致理想主义干劲的减退。权力开始腐蚀运动的政治家，而政党越发吸引那些完全不关心运动原初理想的机会主义者。广泛的大众宪法变革运动无情地沦为记忆。

这叫作**运动政治的日常化**。[7] 它让模式的第三个元素更加重要：公决主义的总统职位。[8] 凭借其战略地位，运动型总统（movement president）拥有组织资源，能够动员国会中的盟友来支持里程碑式立法，并获准将运动法官（movement judges）

送入联邦最高法院。

所有这些都与开国者的预见相抵牾。然而，20 世纪的经验要求我们直面这些，因为它为第一章指出的宪法两难提供了钥匙。你可能还记得，我们的问题在于：自新政以来，正式修宪制度不再能够反映美国人民所认可的、宪法事业中的重大变迁。我已经指出，在正式修宪的联邦制框架和美国人民不断增长的国家意识之间，匹配的不当愈发严重，从而导致了这一失败。

由于这种匹配不当，允许极少数州——它们的人口可能占全美 5% 都不到——否决全国持续多数的新根本承诺，就不再合理。要想让大众主权在 20 世纪有前途，美国人需要发明一套可靠的宪法词汇，允许我们**合众**国人民去应对、有时去解决历史抛出的根本问题。

这就引出了我的下一个观点：正是由于运动-政党-总统职位模式早在杰斐逊时代就已出现，它提供了一套人们如今极为熟识的大众主权话语，并填补了宪法第五条制度的边缘化所留下的、公共心智中的空隙。

分水岭是成就富兰克林·罗斯福的运动-政党-总统职位动力机制——通过《国家劳动关系法》和《社会保障法》等里程碑式立法，通过维克德诉费尔本案（*Wickard v. Filburn*）和美国诉达比案（*United States v. Darby*）等超级先例，这一机制成功地赋予能动福利国家以正当性。我在"我们人民"系列第二卷《政制秩序原理：转型》一书中已经探讨了这一突破；在 1950 年代民权革命的黎明时刻，我要继续讲这个故事。

崛起的新政一代如今已臻政治成熟。他们不再是激进的改革者，而是政治和司法机关的领导者。不过，他们对新政正当性危机的记忆仍然鲜活，这一记忆后来也成为模式，用以解决民权斗争所提出的根本问题。

在决定性的时刻，罗斯福总统任上的宪法先例提供了关键的参照物。我们将看到：从前的新政官员林登·约翰逊宣称，罗斯福在 1936 年通过击败阿尔夫·兰登（Alf Landon）获得了人民授权，而他于 1964 年对巴里·戈德华特（Barry Goldwater）取得了压倒性胜利，这赋予他相同的授权。我们将看到：面对《1964 年民权法》意涵的毁坏，沃伦法院回溯新政对守旧法院（Old Court）的胜利。我们会目睹整个政治领导群体——从小马丁·路德·金到林登·约翰逊，再到埃弗雷特·德克森——在阐发里程碑式的《1965 年选举权法》时追随罗斯福，否定通过宪法第五条正式修宪来实现宪法革命法典化的需要。

但是，与过往一样，从过去继承而来的制度原理并不能原封不动。美国人民辩论并最终解决了民权运动摆在他们面前的关键问题，挑战在于：充分理解其中的制度动力机制，在此基础上将新旧元素整合成宪法正当化的新政-民权模型。是这个模型，而非新政的原型，塑造了当下世代所面临的宪法两难。

大众主权问题

在详考之前，先后退一步，思考指导讨论的基本框架。

就从大众主权的概念本身以及现代政治科学的严苛对待谈起。根据约瑟夫·熊彼特（Joseph Schumpeter）率先提出的怀疑观点，"大众主权"是虚构出来的遮羞布，用以遮掩更加严酷的、精英统治的现实。大众无知且可操纵。[9]至多，民主选举的仪式允许普通人用一名统治精英替换另一名——有时是因为反对党的候选人笑容更加迷人，有时是因为执政党要对某场大灾难负责，而有时根本没有可辨别的原因。

批评者紧接着补充道：这并不意味着他们是民主的死硬反对者。恰恰相反，正是他们的现实观点，让我们寻得了定期选举真正有价值的功能。尽管投票人可能在盲目挥霍选票，但政治机关偶尔易主是件好事。它让精英统治者更难对大众采取高压独裁——我们应当感恩于此，尽管选举换人只不过让新的精英得到统治。

不过，我们不要对民主眼含泪水，也不要指望人民（首字母是大写P）在一次次更换精英之外还能有其他作为。我们应当摒弃下述观点：普通的男女可以积极参与到自身的自治中去。这种杜撰不该进入中学公民课程。它不仅在政治科学上是错误的，而且极其危险——它会鼓励政客将自己装扮成保民官，并在攫取和维持权力的拼死角逐中将对手妖魔化。这种扯淡只会让权欲熏天的人更容易摧毁根本自由，并为货真价实的独裁压迫铺路。

我的回应是，一切取决于你如何定义"大众主权"。我当然无意凭空幻想出一个神秘的时刻，让"大写的人民"神奇地出现、发言，然后同样神奇地从现场隐退。美国宪法提供了一系列选举机会，让反对者挑战新兴运动的革命性改革愿景，从而给变革性政治运动设置了举步维艰的障碍赛场。如果制度能够运作，这些反复的挑战和回应会引发公众特别高密度的讨论，带来特别高水平的觉悟。

即便在公共争议达到顶点的时候，普通美国人也不会掌控华盛顿特区细致入微的论辩。然而，不寻常的事情将会发生：大部分选民**将会**意识到国家抵达了宪法的十字路口，他们**将会**认识到居于领先地位的公职候选人将把国家带往差异巨大的方向，而他们也**能够**理解系争集体选择的基本要点。在这种情况下，大众主权就不是个迷思——当美国人反复支持那些鼓吹根本变革的候选人时，他们知道自己在干什么。当这些获选代表抵达华盛顿，落实他们从人民那里得到的授权，他们的劳动成果就配得在宪法正典中获得荣耀的地位。

至少，这一大众主权理论在开国时就奠定下来，并且在 ⁴³ 共和国生命的后续转折关头得到进一步发展。问题在于，大众主权的精神在民权革命中是否再一次获得了实现。

有一件事是清楚的：我们通过检索这一时期通过的正式修正案，并不能发现关于宪法成就的、令人信服的证据。这是我与阿法拉比虚拟对话的要义所在。假如——这很可疑——宪法仍能为大众主权的现代实践提供可靠的框架，我们必须另寻他处：探诸总统、参议院、众议院和联邦最高法院之间的分权。要理解这么做的原因，需考虑这套制度如何发挥作用，建立为人民表达意愿所必需的、普遍动员的公众辩论和基础广泛的决策过程。

此处的关键是分权制下所创设的、公职任期的交错分布——众议院两年一换，总统四年一选，参议院任期为六年，联邦最高法院则采取终身制。这令一场政治运动几乎不可能只靠一次胜选就把变革方略灌输到法律之中——相反，在英式议会制等制度下，某一场选举确实可以掀起骤变。而在美国，类似的运动在能够正当地推行全面改革之前，必须经历贯穿总统、国会和联邦最高法院的艰难跋涉。这意味着，激进改革运动必须通过一系列选举的考验，方能赢得广泛而自觉的支持，而这是任何以美国人民名义发声的诉求变得可信的必要条件。许多运动都尝试过，但只有极少数人在这个举步维艰的障碍赛场成功维系了大众支持。下面，我要区分大众主权这一动态过程的六个阶段。

先谈第"零"阶段：**日常政治**。在这一阶段，不同的政治联盟有不同的优先议程，他们掌控着宪法所创设的、相互分隔的权力中心。不过，他们分享一个重要共识：任何人都不试图挑战现状。总统、众议院、参议院和联邦最高法院都致力于明智地调整体制的基本价值，以适应变化中的世界的要求——有时达成共识，有时陷入充满挫败感的僵局。但是任何主要政治力量都无意挑战根本前设。

44　　选民同样缺乏挑战意愿，他们比较冷淡地观望着华盛顿特区的折冲和倾轧。除了政治迷，较之关注围绕最新的农场法案或高速公路计划展开的斗争，他们有更好的事情去做。在他们旁观之际，组织良好的利益团体就特定举措展开争斗——（人们希望）这种争斗由具备常识且相当尊重公益的稳健政治家来监督。这一持续的往还过程实在不够扣人心弦，无法将住在环城高速路之外的人们吸引过来。他们也许会在选举日听从召唤，费神投票，甚至可能花时间听一两场辩论，或者嘲笑一则政治广告。但是他们关注的中心在别处——工作和家庭、体育和宗教、爱好和休假。这些而非政治才是真正重要的生活领域。

即便在最乏味的时刻，政治现实的另一面仍然活跃在边缘。只需将视线稍稍移出华盛顿，就能看到一系列运动在呼吁美国人放下自己的微末关切，直面地平线上步步逼近的根本问题。不过听者甚少，将生活的相当部分投入其中的人则少之又少。况且运动有很多——每一个对公共之善的诊断都不同，且经常相互冲突。

于是，日常政治家通常对意识形态唠叨中的刺耳杂音抱持谨慎姿态，就不足为奇了——虽然没必要惹这帮人不高兴，但是美国公众对哇哇叫的家伙实在不感兴趣，所以到此为止，我们还是继续为通过下一项征税法案而战吧。

这时，政治的化合价开始起变化。某个改革运动获得了分权制下某个机关的决定性回应——在重建时期是众议院，在新政时期是总统，在民权革命中则是沃伦法院。这开启了大众主权动态过程的第一阶段：**信号释放**(*signaling*)。

释放信号的机关宣称需要全面改革，要求仍被宪法保守分子控制的其他分支回应他们竭力规避的根本问题，以致很快与后者失和。起初的回合经常混沌不清：某个分支可能选择对释放信号的机关妥协，而其他分支则可能猛攻那些被古怪想法攫住了头脑却掌控了分权制下一个关键分支的假先知。

联邦制令升级中的辩论更加复杂。虽然宪法第五条可能过时了，但是各州在全国辩论中扮演着重大的角色。州长、州立法机关议员和州法院会运用自己的权力来促进或阻碍释放信号的机关的动议，参议员和众议员则会大力鼓动统治其选区的保守派或改革派阵线。

选举制度就在这里起作用。过往的每次选举都会促使双方重新校准其制度战略和政治修辞。保守派的胜利可能将改革者逐出其释放信号的机关，使得日常模式卷土重来，宪法时刻归于失败。而如果改革运动不断赢得选举，则体制会前进到**动议阶段**(*proposal phase*)。在这个第二阶段，众议院、参议院和国会最终同意通过里程碑式立法，与宪法现状决裂。

这一胜利改变了公共辩论的性质，进一步吸引了公众关注。根本变革的前景清楚且现实，鼓励普通美国人以新的严肃态度对待政治。如果他们不爱听自己在华盛顿的新代言人说话，现在岂不是到了扔瓶子的时候？

这让下一场选举——演进过程的第三阶段——获得了特殊的意义。如果保守派赢了，前冲力就在自己的轨道上遇阻消失，而撤销或掏空里程碑式立法的可能性则清晰可见。而如果革命性改革运动赢得选举的大胜，我就将之称作**触发性选举**(*triggering election*)：胜者不但声称已就眼下的改革获得了人民的授权，而且开始推动将其他全面改革方案纳入其行动框架。

这就开启了动态过程的第四阶段：**动员基础上的精心建设**(*mobilized elaboration*)。既然革命性的改革者在选举中击溃了反对派，分权就不再是进一步变革方略的巨大障碍。崛起中的运动已经在很大程度上掌控了所有关键机构——众议院和参议院、总统和联邦最高法院。随着胜选的加速，运动宣称获得的大众授权就拥有了日常政治条件下所缺乏的可信度。运动的挑战在于奋力推进一连串的里程碑式立法、司法 超级先例和（也许还有）正式修正案，实现人民的授权，并将其转化为隽永的宪法遗产。

这种开创时期从不长久。改革者野心愈大，大众支持就愈可能放缓；而运动领袖在尝试重新界定行动议程的前沿时可能发生冲突。经过几场选举之后，保守派可能赢回一局——这就引出了下一个重要问题：创制法律的制度应当在多大程度上严肃对待这一回潮（backlash）？

或许应当非常严肃地对待。回潮也许表明：大众普遍决意否定新近取得支配地位的宪法改革的前提。抑或只是表明：是时候叫停精心建设的加速阶段了。

下一场总统大选是关键的考验：有没有哪位严肃的竞争者鼓吹全盘否定？如果有，而且他还赢了，那么新体制就深陷困境——它的里程碑式立法和超级先例尚未牢固确立在宪法文化之中，面对国会废除和司法推翻等决定性举措仍显脆弱。而如果新任总统许诺支持新近树立的里程碑，就会产生第五阶段：**批准性选举**(*ratifying election*)，这场选举催生了旧体制已是过去时的集体意识。挑战变成了通过进一步的立法、行政命令和司法判决来提炼新宪法共识的内容。在这一**巩固阶段**(*consolidating phase*)，许多崛起体制的死硬反对者都转变为新体制下的保守派。他们放弃了回到"过去好时光"的努力，试图通过建构新宪法共识的内容来表达自身关切。他们只取得了部分成功，因为如今已经站稳脚跟的改革者拥有强大的力量来界定新的宪法协议。

于是整个制度又回到了第零阶段：日常政治。旧体制下的党争分子已然出局，而众议院、参议院、总统和联邦最高法院则围绕不那么重要的议题展开激烈争论。随着旧日的激情被新体制下的共识取代，普通公民也回到了场外旁观的位置，并更加明确地追求私人幸福。

回归日常政治只是暂时的——几十年以后，革命性改革47 的新召唤会响彻大地，新的领袖将直面另一场穿越分权制的艰难长征——以自己的方式释放信号、动议、触发、精心建设、批准，并巩固新的宪法意涵。抑或，努力会在某个阶段受阻，产生断断续续的一系列失败的宪法时刻。

在21世纪初叶，我们面临的问题是如何将民权革命置入这一不断重复的制度循环之中。我们应该把它看作一次失败的宪法时刻吗？如果是，我们能否准确指出其失败的阶段？

抑或，我们应该把它看作20世纪大众主权成就的典范，将充分的宪法承认赋予那些标志着革命隽永遗产的里程碑式立法和司法超级先例？

第三章

刺客的子弹

从托马斯·杰斐逊到贝拉克·奥巴马，总统都以运动政 48
党为后盾，独享将宪法改革的革命性议程置于美国政治中心
的主权权力。但是，到了 20 世纪中叶，发起大辩论的不再
是总统，而是联邦最高法院。本章探讨这一机构更替的诸多
意外效果。

法院的地位虽然根本，但也局限。布朗案充当了宪法信
号，促使普通美国人就第二次重建之需展开了愈加热烈的辩
论。单凭一己之力，联邦最高法院无法从辩论中胜出。布朗
案的命运悬而未决，直到约翰逊总统和国会在 1960 年代的
里程碑式立法中给予了其决定性支持。

不在根本上重组美国政治，这一切就无从发生。对种族
隔离的成功打击不可避免地摧毁了居于统治地位的新政联
盟，后者由南方白人和北方的种族论者组成，正是他们使民
主党获得了执政所需的多数。[1] 成功的政治家都不愿意放弃能
够胜选的方案，所以晚期的新政分子为布朗案而震惊、恐惧
也不足为奇。是什么战胜了他们的抵制？

部分答案来自民权运动。不过宪法结构和纯粹的巧合也
很重要。与第一次重建一样，在职总统的遇刺扮演了关键角

色。在 1860 年代和 1960 年代入主白宫的副总统将宪法过程导向了截然不同的方向——安德鲁·约翰逊向左，林登·约翰逊向右。导向的差异不仅影响了两场宪法革命的内容，而且影响了它们的形式：安德鲁·约翰逊的右转解释了 1860 年代的重建为何通过修宪来表达自我，而林登·约翰逊的左转解释了第二次重建为何采取里程碑式立法的形式。鉴于刺客的子弹的重要性，本章以反思意外事件在美国宪法中的角色作结。

第四章则讲述从 1963 年林登·约翰逊当政到 1974 年理查德·尼克松下台的故事。在那一章，我们会进入更加熟悉的历史领地，总统领导权取代了司法领导权，成为宪法变革的主引擎。但是，布朗案释出的独特政治力量使得总统制的主旨发生了重大变化。

这就要求重新评价理查德·尼克松的历史地位。法院中心论者强调，尼克松任命保守派入主司法领域，减弱了沃伦法院民权革命的势头。而我将强调故事的另一面：尼克松将以巩固新政–民权体制的关键推动者的面目出现，他为新秩序下里程碑式立法所表达的根本原则盖上了两党一致的许可大印，并断绝了废除这些立法的政治可能。这让美国人民确信不会回到 20 世纪上半叶统治种族关系的旧体制，从而继续前行，应对其他挑战。

日常政治及其中断

第二次重建是绵延数代人的行动的产物，这些行动在布朗案之前很久便已开始，一直延伸到 21 世纪。不过，本书无意为这段内容宏富的历史做出直接贡献。[2] 相反，本书关注从 1954 年到 1974 年的 20 年，普通美国人——既有白人也有黑人——正是在这一时期与国家机关集中互动，直面并解决种族正义的根本问题。从这一宪法视角出发，布朗案的决定性重要地位无可否认。

为了论证我的观点，我将时钟拨回 1954 年 5 月 16 日，也即厄尔·沃伦宣布自己那份著名判词的前一天。华盛顿场景的一瞥堪称日常政治的教科书式典范。1950 年代早期，每个重要机关都接受了新政的主张，没有留下任何明显的机构空隙来严肃挑战其宪法成就。

主政白宫的是德怀特·艾森豪威尔。共和党人推选的总统候选人是他，而不是人称"共和党先生"的罗伯特·A. 塔夫脱。塔夫脱渴望重新掀起反对新政的运动，他呼吁人民抛弃罗斯福的遗产。但是共和党全国大会深知，全盘攻击新政必定失败。最后是一位大众战争英雄打破了新政对白宫的掌控。艾森豪威尔战胜阿德莱·史蒂文森（Adlai Stevenson）标志着新政体制巩固的最后阶段。虽然共和党人最终攫取了总统之职，但是艾森豪威尔标榜的"现代共和党观"吸收了罗斯福的宪法遗产。事实上，他的首要内政举措便是历史上最大规模的公共建设项目：州际公路系统。虽然哈里·杜鲁门已经运用行政命令去除了武装力量中的种族隔离，但是艾森豪威尔丝毫没有可能步其后尘，将民权置于自身政治议程的中心。[3]

国会呈现出相似的图景。紧跟着艾森豪威尔在 1952 的胜选，共和党在国会中也赢得了微弱多数，但是，民主党人在1954年重新控制了国会。由于南方民主党人控制了许多关键委员会的主席职位，国会不可能充当种族正义运动的先锋。相反，占据宪法舞台的是约瑟夫·麦卡锡所领导的反共运动。[4]

全美有色人种协进会（NAACP）及其法律保护基金会（Legal Defense Fund）已经辛勤工作数十载，虽然稳步取得了一连串的政治和司法小胜，但是尚不足以触发大规模的全美对话。美国日常政治的场景总是充满了紧张的利益团体活动，数不清的团体向不同方向力推，并欢呼自己的微小胜利。然而，战后数年里没有丝毫线索指向很快将席卷美国人观念的大规模动员——伯明翰市的公车杯葛直到1955年下半年才发生，而小马丁·路德·金当年刚要从教会学校毕业。

在这样的背景下，布朗案的冲击犹如投下炸弹一般，迫使各方直面一个威胁毁掉日常政治架构的议题。

作为信号的布朗案

51 　　法律中心论者夸大了布朗案的意义，而政治科学家们则贬低了它，[5]我在二者之间取中道，将布朗案称作一个宪法信号。在法律中心论者看来，沃伦法院在民权时代始终居于故事的主角地位，它领导迟疑中的国家历尽艰险，服从重建时期修正案的命令。政治科学家嘲笑这种以法官为中心的观点并无不妥——布朗案一直非常脆弱，直到约翰逊总统任上的宪法政治加固了联邦最高法院。然而，虽然布朗案没能在1950年代实现许多南方学校的种族融合，但是它确实以美国（乃至其他任何国家）罕有的方式激发了一场愈演愈烈的辩论，这场辩论最终渗透到国家的职场、教堂、早餐桌和酒吧间。[6]

贬低布朗案的人对此现象的看法不够公道，但这一点恰恰是关键。在美国，高级法的制定从来不是一蹴而就，它是一个持续十年或二十年的过程，始自一个政府机关发挥领导作用、开启长期的非常政治辩论，在全部三个分支都以我们人民的名义生产出决定性的法律文本时达到高潮。布朗案猝然开启这一进程的角色意义重大。在它的确保下，根本变革只要发生，就不会是高层勒令的产物，而是自下而上的辩论和决策的结果。

可是，美国人真的**会**和吉姆·克劳制决裂吗？

只有一件事情是清楚的：政治体系在回应这个问题时会遇到特殊的困难。[7]当林肯和罗斯福利用大选来提出同样根本的问题时，他们所在的政党已经达成了足够的一致，能够通过全国选举来掌控国家。而今，联邦最高法院取代了总统，主张释放信号的权力，各党只好紧急应变，处置布朗案所酿成深刻宪法危机。

共和党人占得了先机。作为新政体制下的少数党，他们获得了利用议题、促使执政联盟南北分裂的良机。作为"林肯的政党"，共和党人无力与民主党人竞相讨好南部的种族主义情绪。但是他们处在绝佳位置来争取迅速膨胀的北方黑人选票。在1930年代，北方的黑人转向支持新政民主党人。 52

布朗案考验着这一新近的转向：沃伦是共和党人，由1932年以来的首位共和党总统任命；作为回报，黑人在1956年把将近40%的选票投给了艾森豪威尔和尼克松。整个1950年代，美国选民——无论黑白——都一直认为共和党才是激进的自由派政党，尽管该党的优势并不大。[8]

虽然艾森豪威尔本人缺乏热情，但是共和党的领导层普遍持反对种族主义的观点。尽管他们的主要关切在于让经济规制变得对业界更加友好，但是布朗案也并不要求从根上重组该党的DNA。

民主党的处境截然不同。1956年，当阿德莱·史蒂文森竞选总统时，他面临着典型的新政困局。他必须同时吸引南方白人和北方种族论者（黑人只是其中许多重要群体之一）的选票。作为回应，他在民权问题上采取了明显弱势的立场——有望当选总统的约翰·F.肯尼迪也是如此。[9]

1956年民主党全国大会上的一个片段，将这一点呈现得淋漓尽致。史蒂文森打破旧例，请求大会为他选定竞选搭档。与肯尼迪一道参加角逐的是田纳西州参议员艾斯特斯·科法尔沃（Estes Kefauver），后者最近拒绝签署同事起草的、指责布朗案的《南方宣言》，以致声名狼藉。结果，种族主义的代表成群结队地投到肯尼迪一边："虽然种族隔离论者向一个哈佛毕业的罗马天主教徒欢呼实在太怪异了，但是密西西比州的二十位代表一边大呼着当年南方反叛的口号，一边把票投给那个新英格兰人，而斯特罗姆·瑟蒙德（Strom Thurmond）的南卡罗来纳州代表团则始终有节奏地喊着'我们要肯尼迪，我们要肯尼迪'。"[10]

当总统和国会转向民权议题时，党内也呈现出类似的动态。虽然艾森豪威尔本人并不热心，但是他的司法部长赫伯特·布朗奈（Herbert Brownell）在种族问题上是个强硬的自由派。他不但确保提名加入联邦最高法院的人无条件支持布朗案，而且还推动一连串南方的种族温和分子到联邦最高法院起诉。1956 年，当总统展开连任竞选时，布朗奈说服他支持本部门的计划，自重建以来首次认真考虑出台新的民权法。[11]

布朗奈的动议很温和，但其通过具有重要的象征意义：共和党又一次作为林肯的政党重登舞台。[12] 南方民主党人恐惧北方佬的统治，威胁要以冗长发言阻挠新法的讨论；针对南方人的坚壁清野战略，副总统理查德·尼克松策动了先发制人的打击。1957 年，当参议院安排议事的组织工作时，尼克松发表讲话，提出了一个内容难解、后果却非常明显的宪法问题：既然三分之二的成员都是从上届延续而来，参议院还有必要从头开始安排组织工作吗？抑或，参议院是一个连续体，约束上届的规则同样能够约束本届？

这个形而上的问题并没有正确答案，但它在实践中至关重要。如果参议院是个连续体，就意味着以冗长发言阻碍讨论的规则——也即需要三分之二多数方可结束辩论的规则——会自动适用。而如果参议院不是连续体，由共和党人和北方民主党人组成的 49 票简单多数就可以在国会开幕之日废除三分之二的要求。

在传统上，参议院议长都以参议院是连续体为前设来行事。而尼克松另立新说，让南方大吃一惊，开启了布朗奈立法顺利获得通过的道路。[13]

这就给林登·约翰逊出了个大难题。作为参议院多数党领袖，他曾拒绝签署《南方宣言》，无意疏远来自北方的同事。但他也完全不愿意斩断和南方同仁的所有联系。约翰逊使出全部政治手腕，在国会中施放烟幕，成功地令尼克松对以冗长发言阻碍讨论的攻击有所偏出。[14] 然而，约翰逊在程序上的胜利反而彰显了共和党种族自由主义诉求的复兴：在规则之战中，尼克松与林肯站在一起，而约翰逊则捍卫南方种族主义者的事业。

约翰逊但凡动过当总统的念头，就承受不起这样的烙印——特别是，自 1937 年他加入国会以来，在种族议题上基本采取标准的南方立场。[15] 除非能改变这种形象，否则他就绝对无法获得北方的足够支持以赢得民主党总统提名。于是，在保住以冗长发言阻碍讨论的规则之后，约翰逊改弦更张。他致力于说服自己的南方同仁接受"妥协后的"、对现实世界的吉姆·克劳制影响不大的民权立法。为了确保这一策略取得成功，他需要肯尼迪参议员等北方民主党要人正式认可其无中生有的"妥协方案"。

肯尼迪就此成为焦点。他所在的马萨诸塞州是民权团体的温床，这些团体四处游说，强烈反对任何可能掏空立法的妥协。然而，当请命变成了推搡，肯尼迪就拒绝了本州诉求，与约翰逊一道投票，将法案削弱到了致命的地步。他的决定反映了所有民主党总统候选人的困局：正如约翰逊需要象征性的民权立法来绥靖北方，肯尼迪也需要证明自己无意二次重建，方可打消南方白人的疑惧。末了，约翰逊和肯尼迪拼凑出一个孱弱的民权法案。倒是尼克松顺势披上了正义的外衣，谴责这个妥协是"参议院史上最悲伤的日子之一，因为这是用投票来反对投票权"。[16]

南方针对布朗案的反扑加剧了未来民主党总统所面临的政治困难。新政以来，新一代南方民主党人加强了政府推动的经济发展措施，例如田纳西河谷水利局和乡村电气化，要求白人骑在黑人头上的呼声也不那么刺耳了，这些都逐步改善了种族迫害的情况。然而，布朗案激起了南方白人的强烈反感，他们投票把知名的温和派们拉下马。[17]新起的一代政治家很快意识到了这一点。乔治·华莱士初次参选时，以种族温和面目出现，结果落选；他发誓再也没人"可以利用黑人让我出局了"。[18]

南北分界线上的阿肯色州的政治形势成为时代的风向标。州长奥尔沃·法尔巴斯（Orval Faubus）在小石城公开挑衅，遭到艾森豪威尔派遣第101空降师的回应；作为嘉奖，阿肯色州的选民给了州长一次压倒性的大胜。白人种族自由派指责艾森豪威尔对采取军事措施明显态度勉强，虽然如此，小石城复活了两党种族政策的历史界定：正如重建时期那样，共和党的总统压制了民主党白人的强烈抗议。

当1960年总统大选到来时，布朗案的命运仍存有很大疑问。借联邦最高法院及时判决之力，小马丁·路德·金领导蒙哥马利的黑人，连续381天抵制公车上的种族隔离，最终在1956年12月取得了胜利。[19]但他发起的后续运动则效果不明。[20]与此相反，成百上千的南方种族主义者结队涌入白人公民理事会（White Citizens' Council）的分支机构，这不但鼓励了邪恶的暴力行为，而且促使州为了摧毁黑人组织而通过一波又一波立法。大规模的抗议使得去除种族隔离在南方的广大地域遭到搁置。[21]

　　肯尼迪和尼克松的竞选对决无助于化解僵局。二人均另有优先事务——最值得一提的是对外政策，他们都宣称自己是冷战的超级斗士。在内政方面，关注焦点在于经济而非种族。1960 年竞选高潮之际，科丽塔·金（Coretta King）的丈夫被佐治亚州政府投入监狱，肯尼迪给她打了电话，并利用自己在民主党（白人）内的人脉，设法让这位民权领袖获释。这个姿态争取了黑人选票，但也只是一个电话而已，并不足以构成肯尼迪 1950 年代的"南方战略"的决定性转向。

　　选举日成了惊险片。让两位候选人分出高下的只有100 000 票——也即 0.1% 的差额。[22] 假如尼克松胜选，他本来能够以自己的民权记录为基础，鼓励美国黑人重新加入林肯的政党。

　　果真如此，我们假想的尼克松会把 1960 年席卷南方的静坐抗议潮看作重大的政治机遇，呼吁国会通过强有力的选举权法案，自重建以来首次让黑人能够在南方建立一个强大的共和党。这一成就也会鼓励美国国内其他地方的种族自由派死心塌地地投入共和党阵营，让民主党沦为死硬的种族主义分子。

　　1960 年代总统主导的动态过程本来会类似 1930 年代。罗斯福对劳工运动的处置提供了有用的参照。新政承认集体谈判是一项根本权利，从而与旧体制决裂。[23] 其立法举措引发了大规模的工会化运动，组织者在行进中高举标语，上书"总统希望你加入工会！"[24]

　　尼克松本可以做出相同的处置，推动强有力的民权立法，表达现代共和党的原则和政治利益。然而，对于肯尼迪来说，自由乘车运动（Freedom Rides）和静坐抗议不是机遇，而是问题。在多数情况下，他将焦点转向别处——苏联的海外威胁、通过凯恩斯式的减税来确保国内经济繁荣，从而成功地控制住了民主党内的南北张力。在肯尼迪执政的前100天——乃至前900天里，没有出台任何促进种族正义的重大举措。经典的运动–政党–总统职位策略可以实现宪法变迁，但也会给新政民主党人带来政治自杀的危险，所有人都完全清楚这一点。

事情直到1963年才迎来转机。伯明翰市的民权示威遭到了种族主义者的暴力回应。警察野蛮地抽打和平示威者，激起了全国的强烈反感，促使肯尼迪在电视讲话中第一次发出了道德谴责。紧接着他提出了一份总统动议，要求实现民权立法的决定性突破。[25]

随后，小马丁·路德·金在8月下旬通过华盛顿大进军（March on Washington）把运动政治引入了新的阶段。站在林肯纪念堂前，面对25万行动者，他不仅仅梦想了遥远的未来，还提出了一个行动纲领：

> 有人这样问投身民权的人："你们什么时候才能满意?"（1）只要黑人还是警察暴行不可名状的恐怖的受害者，我们就绝不满意。
>
> （2）只要我们的身体经历舟车劳顿后却不能在高速路旁的汽车旅店和城里的旅馆歇脚，我们就绝不满意。
>
> （3）只要黑人的流动从本质上仍是从小贫民窟流向

大贫民窟，我们就绝不满意。

（4）只要我们的孩子被"仅限白人"的标志剥夺自我、盗走尊严，我们就绝不满意。

（5）只要密西西比的黑人不能投票，只要纽约的黑人觉得自己的投票没有意义，我们就绝不满意。[26]

其时，里程碑式立法很快就将奠定民权革命的宪法正典，而小马丁·路德·金展望了立法的内容：《1964年民权法》果断回应了他在公共设施（2）和公共教育（4）之中结束吉姆·克劳制的要求，而《1965年选举权法》扫除了黑人选举的障碍（5），《1968年公平安居法》则开启了白人的郊区化（3）。小马丁·路德·金没有明确针对职场歧视——那是《民权法》的最优先内容之一。但是不要忘记，他发表演说的场合是"为了工作和自由的华盛顿大进军"（March on Washington for Jobs and Freedom）。[27]

虽然小马丁·路德·金在林肯纪念堂赢得了话语之利，但是肯尼迪的支持仍不稳固。南方白人是他1960年赖以胜选的差额所在。如果他公开为突破性的法案背书，就铁定会引发参议院内阻挠议事的冗长发言，遭到南方蜂拥而上的公开谴责，而他当时正在为连任做准备。如果巴里·戈德华特成为他在共和党内的对手，并且将反对联邦民权立法作为竞选的核心议题，那么这些大吵大闹就会造成严重伤害。[28] 小马丁·路德·金事后回忆道，如果肯尼迪一直健在，"就会不断拖延，每时每刻都想回避（民权立法），并且每时每刻都淡化之"。[29]

57

毕竟，这一切在 1957 年的第一部民权法上都原原本本地发生过，并且在 1960 年重演：当时，林登·约翰逊先是严重削弱了众议院的民权法案，才推动参议院加以通过。[30]

事实上，小马丁·路德·金正是准确预见到了前路的障碍，才没有停下自己的行动计划："我的朋友，今天我要对你说，即便我们今天和明天都面临困难，我仍然有一个梦想。"[31] 他意识到，运动–政党–总统的动力机制已经陷入停滞——至少在 1965 年如此，也许会永远如此，他的梦想至少在一定程度上回应了这一点。

有什么可以打破这个僵局吗？

行刺与宪法变迁

刺客的子弹，李·哈维·奥斯瓦德（Lee Harvey Oswald）为立法的果断措施创造出宪法空间，为林登·约翰逊拯救民权革命铺就了道路，代价是摧毁了新政联盟。

此处包含着多重矛盾，而其根源都在于对宪法创设副总统一职的误解。现行选举制度赋予总统候选人强大的激励，让他们提名与自己来自不同地域、操着不同意识形态腔调的竞选搭档，从而平衡竞选班子。[32] 这意味着刺客的子弹会引发双重震荡：国家不仅要哀悼一位领袖的逝世，而且要应对接替者将政治引向不同方向的渴望。这种模式一次又一次地重复：说得好听点，进步派的泰迪·罗斯福（Teddy Roosevelt）就是反动的威廉·麦金莱（William McKinley）的异类接替者，而副总统继位的其他案例中大多也发生了类似的错位。

重建提供了最有启发性的先例。1864 年，林肯选择了内战中崛起的南方民主党人安德鲁·约翰逊来平衡竞选班子，这令约翰·威尔克斯·布茨的子弹将一个种族保守主义分子送进了白宫，而共和党当时正酝酿在内战后发起大跃进。1865 年 12 月，当国会首次开会时，第十四修正案并非高度优先的议程。共和党人正酝酿以新近获得签署的第十三修正案为平台，推动一系列里程碑式立法，捍卫国家新生的平等承诺。是约翰逊的反复否决迫使共和党人把第十四修正案当作 1866 年大选的平台，抗击约翰逊将他们赶离权力的凶狠斗争。[33]

如果布茨在福特剧院（Ford's Theatre）失准，法律人士如今讲述的重建故事会大不相同。如果林肯安居白宫，他本可以骄傲地签署约翰逊所否决的里程碑式立法——并且用强硬的共和党大法官来填充联邦最高法院的职缺，依靠这些人维护里程碑式立法，以雄辩的司法意见推翻德莱得·斯科特案。[34] 只要有里程碑式立法和超级先例在手，共和党就无须更进一步提出第十四修正案的第一节。1860 年代的重建就会更像 1960 年代的重建，正式的修正案扮演的角色更小，而里程碑式立法和司法意见在共和党的宪法遗产中地位凸显。

可是约翰·威尔克斯·布茨横插一杠子，在最糟糕的时刻引爆了副总统职位的结构性缺陷。虽然美国人曾经投票支持林肯，安德鲁·约翰逊随即将总统之职篡改为敌视平等主义革命的重要机关。一旦失去总统宝座，共和党人就不能再指望联邦最高法院推翻德莱得·斯科特案。他们要想确保美国黑人享有充分的公民权利，只有一条道路可循，那就是运用他们在国会的最后堡垒，提出宪法修正案，明确写入这些保障。

即便这种举措也将面临难以克服的障碍。宪法第五条要求五分之三的州的批准，而南方白人立法机关早已准备好否决第十四修正案和第十五修正案，使其法律正当性化为乌有。虑及这种前景，国会中的共和党人使用了军事力量和其他绝望的、宪法上的权宜之计，强迫南方立法机关接受他们的修正案。这些强硬措施导致南方白人世世代代与联邦离心离德。可是，因为刺客的子弹，军事重建对于让美国人就黑人公民权表态就是必要的了。[35]

现在快进到1960年代。与林肯一样，肯尼迪为了平衡自己的选举班子，选择了一位叫约翰逊的南方人。[36]然而，刺客的子弹这一次将总统猛推向了民权革命一边。安德鲁·约翰逊否定了1860年代的平等主义共和党人，而林登·约翰逊否定了肯尼迪对于种族关系的保守态度。[37]

转折的动因部分在于个人信念——约翰逊确实比肯尼迪更加坚定地服膺平等主义。但是两位总统所面对的战略问题也很不相同。对于肯尼迪来说，参议院如果发生以冗长发言阻碍议事，无异于政治噩梦，这会在连任运动正需要南方白人选票的时候与这些人反目。而对于约翰逊来说，如果发生以冗长发言阻碍议事，就给他提供了绝佳的机会来宣示自己并非刻板的南方种族主义者，配得上举国支持。[38]正如他所言："我知道，如果我不站出来面对这个问题，（自由派）就会抓住我的把柄……我必须提出比肯尼迪如果健在所能通过的版本更强硬的民权法案，否则我在竞选前就将出局。"[39]

作为自安德鲁·约翰逊 1869 年不光彩去职后入主白宫的首位南方总统，[40] 他就算在种族平等问题上采取道德优势策略，也可以指望家乡地区"宠儿"选票的有力支持。[41] 随着民权运动达到高潮，1964 年的总统选举运动也逐步升温，新任总统与金一道，推动《民权法》在 7 月 2 日成为法律。

在进一步探讨总统领导权的这一实践之前，最好先暂停一下。究竟是什么将新总统和金连接到一起，使得一位南方来的总统可以践行布朗诉教育委员会案的诺言？

主宰命运

我一直在强调民权运动区别于美国史上更早转型的制度特征。第一个特征是：联邦最高法院的判决将种族议题置于美国政治的核心——迫使政党系统完成自身重组，允许美国人就种族问题表达宪法意志。

共和党人显然是变革的推动者。布朗案并不威胁他们的传统，而拆散新政统治联盟对于该党的利益大到简直无可抗拒。然而，当尼克松 1960 年败选时，宪法秩序面临着更深刻的挑战。小马丁·路德·金在 1963 年华盛顿大进军时呼吁突破是一回事，而肯尼迪和他的民主党国会履行诺言且不导致本党分裂，则完全是另一回事。

为了回应政治困局，民主党人可以发起新一轮渐进立法，正如 1957 年和 1960 年所通过的法案那样。然而，由于民权运动的兴起，渐进做法可能导致大规模的众叛亲离。可以预见，运动领袖会将政治机关斥为种族主义的辩护士；当权的政客则会谴责极端主义和无政府主义。疏离的加剧将会同时威胁到鸿沟两侧的修桥人。如果金没能实现立法突破，他的甘地式公民不服从理念将被诉诸黑人力量的更激进做法所彻底取代。[42] 如果运动转向暴力，种族保守主义分子就更容易策动白人反扑；而国会和行政部门的自由派努力超越渐进做法，出台突破性立法，给真实世界的日常生活带来看得见的改善，白人反扑将会挫伤这种努力。

这可被称作**政治阻塞问题**。过去两个世纪里，这个问题摧毁了全球众多民主宪制——有时是因为国会以外的运动攫取了权力，有时是因为威权依恃法律与秩序的强力发动政变。不过，1960 年代的美国并没有发生这个问题。

是暴力行径——肯尼迪总统遇刺——消除了政治阻塞，使得街头政治运动不致与现行政党体制疏离，这是悲剧，看起来也不可思议。李·哈维·奥斯瓦德用约翰逊换下了肯尼迪，将总统大权交给了这样一个人：他既有政治兴趣，又有政治能力去与另一位重要的修桥人，即小马丁·路德·金结盟，而不惜损害居于统治地位的新政同盟。约翰逊和金携手并进，成功地将宪法政治的能量导入不朽的里程碑式立法之中。尽管前方会有许多的暴力和反扑，这些立法成就坚定了一个信念：美国人民是自己命运的主宰，能够将国家导向新的、更佳的航道。

然而，刺客的子弹在成就这一宝贵胜利当中的作用，对于宪法秩序的根本性质提出了令人不安的诘问。事实上，如果一个体制要依赖如此悲剧的巧合方可存续，那还有任何秩序可言吗？

我的答案是肯定的。但是，如果把宪法看作启蒙的机器，无须后世的持续创造便可完美运作，那就无法理解这个答案。[43] 问题并不在于真实世界的激情和不幸会不会有规律地打破这一启蒙想象；它们过去已经打破，它们今后还会打破。问题在于，后世能否掌握治国的复杂技艺，从而征服命运、复兴大众主权的开国传统——抑或，他们会不会被这些悲剧击败，让传统陷入破坏性的衰退循环，挫败美国人的信心，使他们不再认为自己确实可以统治自己。

以这一标准观之，民权时代应被视作美国宪法史上最伟大的成就之一——远比带给我第十四修正案和第十五修正案的 19 世纪的重建要伟大。1860 年代的共和党人面对刺客子弹所造成的灾难性后果，仍然推动了第十四修正案和第十五修正案的出台，从而征服了命运。然而，他们所使用的，包括军事占领在内的手段，越出了宪政常规，在很大程度上诱发了接踵而来的白人反扑。相反，面对可能离间合作、撕裂国家的突发暴力，1960 年代的领袖成功获得了更加持久的宪法正当性。

这一切并不是理所当然地发生的。我们的下一项任务就是探讨美国人如何避免了宪法崩溃。政治领袖与选民对话，提出了更具建设性的替代方案，我们将追溯这一过程背后的机构互动。国会中的民主党人和共和党人、总统，以及民权行动家和普通选民，他们一道步步为营，建立起一个宪法框架，通过这个框架，美国人民将持久和自发地同意给予里程碑式立法，标定了平等主义的突破。

对这一机构过程的研究为我的更宏大的论题提供了最佳的论证：我呼吁将民权时代的里程碑式立法全数接纳到宪法正典之中。我们如果尊重第十四修正案和第十五修正案，就更应该尊重这些里程碑式立法。它们出台的方式远比 19 世62纪的前例更包容、更民主。它们并没有将南方各州逐出国会，也没有让南方在北方的军事占领下签署宪法修正案。它们以远比前一世纪更纯正的方式，表达了大众主权。

第四章

新政转型

　　为了建构他们关于民权的论辩和决策，美国人高度依赖新政革命时期所建立的宪法正统（constitutional legitimation）范式。

　　这并不意外。大多数参与者都曾亲历过 1930 年代戏剧性的政治和机构僵局。对于罗斯福的百日新政、守旧的联邦最高法院（Old Court）戏剧性地宣告《国家产业复兴法》（*National Industrial Recovery Act*）违宪、新政的第二波里程碑式立法，以及联邦最高法院在罗斯福于 1936 年取得压倒性胜利后的退缩，他们都记忆犹新。这些记忆提供了宪法范式，指导了他们那一代人的民权斗争。

　　历史从不自我重复。虽然关于 1930 年代的集体记忆提供了宪法参照点，但是在约翰逊和尼克松总统整个任上，新政主题都反复呈现两点变化。

　　这两点都源自沃伦法院行使领导权的最初举措。新政人士遭遇了一个充满敌意的联邦最高法院，而新兴的民权联盟则面临相反的问题：即便到了总统和国会都准备担当宪法领导者的时候，联邦最高法院仍不愿放弃其重要地位。这不时引发美国史上前所未见的各色政治-司法斗争。

同样重要的是，联邦最高法院早期的领导地位导致了新政联盟的分裂，迫使约翰逊总统和小马丁·路德·金诉诸自由派共和党人，方可通过民权时代的里程碑式立法。他们需要建立一个囊括自由派民主党人和现代共和党人的两党联盟，这与新政革命时所上演的、经典的运动－政党－总统动力机制形成了鲜明对比。在 1930 年代，罗斯福将劳工运动整合到民主党针对共和党与联邦最高法院的斗争之中——后者起初死守旧体制。相反，在 1960 年代，运动政党的中介机构都付之阙如。虽然有总统的坚强领导，有强大的大众运动，但是要将所有这些能量导入里程碑式立法，还需要治国者大量的创造性劳动。不过，领导者们证明自己配得上这一挑战，尼克松和他任内的自由派国会将约翰逊时代的突破加以法典化，使里程碑式立法成为美国宪政遗产的隽永篇章。

我们走得太快了。让我们从林登·约翰逊登上总统大位时讲起。

第二阶段：动议

新总统一分钟也没耽误。肯尼迪遇刺后第五天，他就对国会宣示服膺前任的事业。

但是，那个事业到底是什么？

> 比起尽早通过他长期为之奋斗的民权法案，任何纪念演说或颂词都不能更明白地表达对于肯尼迪总统的敬意。在这个国家，我们谈论平等权利的时间已经够长

了，都谈了一百多年了。是时候书写新篇章了，是时候把它写进法典了。

正如我在1957年和1960年所做的那样，我再次呼吁你们通过民权法，让我们能够前进，在这个国家消除一切基于种族或肤色的歧视与压迫的痕迹。对于这个国家来说，无论在国内还是国外，都再没有更强大的力量之源了。[1]

在约翰逊的讲述中，民权乃是肯尼迪内政的头号要务。这是出于良好愿望的忽悠，但是所传递的信息则很清楚：经过十年耽搁和不彻底的举措之后，总统如今准备行使民权问题上的宪法领导权。[2]

他真的这么想吗？

约翰逊在演说中自豪地回顾了他在参议院于1957年和1960年出台民权立法时的领导角色。然而，约翰逊在参议院的记录还有暗淡的一面。在两次立法过程中，他都削弱了众议院民权法案的力度——以此换取他的南方同伴的认同，后者威胁要以冗长发言置法案于死地。[3]在两次立法过程中，众议院的共和党人都激烈反弹，他们这么做事出有因：他们加入自由派的众议院民主党人，支持强力法案，为此饱受政治责难，却目睹了民主党的约翰逊在参议院背叛他们，一面却虚伪地将自己扮作民权斗争的领袖。脸皮真厚！

在众议院共和党人当中，威廉·麦卡洛克（William Mc-Culloch）是民权问题的关键人物，他宣布：再没有下一回了。[4]虽然他准备支持自由派民主党人，为新的突破性法案背书，但是他要求约翰逊保证不再重演 1957 年和 1960 年的故技。他认为，参议院未来的任何"妥协"都意味着对南方民主党人的屈服，并要求获得否决权。这个要求实在不同寻常：众议院少数党的一名成员要求获得控制参议院两党协议的权利，我想不出还有哪次发生过类似的情况。

然而，行政部门接受了这一不同寻常的要求。[5] 正如我们所看到的，面对即将到来的选举，约翰逊的胜选策略迥异于肯尼迪。他仍然可以指望南方把自己当成本地的"宠儿"加以支持，他也希望突破性的《民权法》可以令人信服地向北方证明：他并不是另一个南方来的种族主义者。麦卡洛克的支持不仅对于他赢得众议院的战略至关重要，而且也是真正艰巨任务的前提——鉴于南方不可避免地会以冗长发言来抵制强力的民权法案，必须说服共和党少数派领袖埃弗雷特·麦金利·德克森来破解这一做法。

任务艰巨，但并非不可完成：虽然德克森不及艾森豪威尔和尼克松那样服膺现代共和党理念，但是他十分认同自己作为林肯政党一员的身份。他认可联邦规制私人企业的正当性——特别是当州未能履行这一职责时。鉴于全国民调显示强力法案的支持率达到了 70%，[6] 德克森宣布：一项里程碑式立法代表着一个"正当其时的理念"。[7] 他与麦卡洛克合作，与民主党领导人达成了妥协，这标志着决定性的突破。法案付诸表决之际，司法部长罗伯特·肯尼迪这样问道："就在一年前，谁能想到这一切会发生呢？"[8]

宪政领导权已然决定性地从联邦最高法院转移到了总统和国会，而新政的经验则提供了最重要的先例。1936 年，罗斯福为了回报人民，推出了一系列里程碑式立法，表达了能动政府的新宪法观，包括《国家劳动关系法》、《社会保障法》和《证券交易法》（*Securities and Exchange Act*）。而这一次，约翰逊步入 1964 年选举之际，只带了一部里程碑式立法——《民权法》，但这部法律囊括了就业、公立学校、公共设施和选举，彻底重新定义了平等主义的价值。

请允许我讲一句行话：高级法律制定系统正在换挡——从信号释放阶段换到动议阶段。总统和国会以通过突破性立法的形式，提醒美国人民：讨论阶段已经过去，是时候为千秋万代构建一个广泛的法律框架了。

可是选民会同意吗？

第三阶段：触发性选举？

在历史上的类似时刻，回答这个问题的方式直接明了。想想 1936 年，共和党提名埃尔夫·兰登（Alf Landon）对抗罗斯福，或者 1864 年，民主党推出乔治·麦克莱伦（George McClellan）对抗亚伯拉罕·林肯。那两次，反对一方的候选人都公开谴责总统和国会提出的革命性动议，呼吁人民在权力交接之际拒绝这些革命行动并重申旧体制的根本合理性。

反对党通过提名兰登和麦克莱伦，在高级法律制定的动态过程中发挥了关键作用。如果他们推出附和变革的候选人，支持以激进举措推动新兴体制，那么选民就被剥夺了一个重要的选项，让政治精英而非我们人民来达成新的解决方案。

反对党在 1964 年面临类似的情形：共和党提名了巴里·戈德华特，此人公开指责《民权法》，并呼吁美国人民以违宪为由推翻之。然而，提名遭遇了很大的困难。

在前两个周期当中，无权的政党曾经是旧体制的当权派：民主党在 1860 年前掌权，而共和党在 1932 年前掌权。但是，运动政党的总统林肯和罗斯福完成第一个任期之后，（19 世纪的）建制派民主党人和（20 世纪的）建制派共和党人是在为自己的政治生命而战，他们对此心知肚明。毫不奇怪，他们选出来的总统候选人呼吁人民否定华盛顿提出的革命举措，并且（尽可能地）回归到实践表明可行的旧路上去。

1960 年代的政党关系则不同。在联邦最高法院和民权运动的引领下，两党围绕如何回应都发生了分歧。我已经强调了这对于新政民主党的威胁，而民权运动同样导致了共和党的分裂，鼓吹自由放任的戈德华特派拉开架势，对抗承认联邦层面需要突破的现代共和党人。如果共和党否决戈德华特，推出一位附和变革的候选人，那么选民就会失去一次关键的机会，在根本变革和维持现状之间做出取舍。

竞选之初，局面似乎向着推出一位附和变革者发展。早期最受欢迎的是纳尔逊·洛克菲勒（Nelson Rockefeller），他是一位鲜明的种族自由派，入局时携有大量政治资本。他不仅在纽约州的州长任上积累起可观的政绩，还是洛克菲勒家族的一员——多年来，这个家族运用竞选现金，已经构筑起了覆盖全美的支持者网络。他准备加大投入，全力争胜。

然而，他的离婚和闪电再婚酿成丑闻，疏离了共和党内的传统派，从而打断了进击之举。就在道德说教声音渐弱之际，洛克菲勒诞下头胎的消息又复活了丑闻，而时机再糟糕不过——正赶在洛克菲勒与戈德华特就关键的加州初选鏖战之际登上了头版。[9] 戈德华特在加州的胜出让他赢得了提名，也为美国人民提供了一次就《民权法》"做出选择，而非简单附和"的机会。

或许，即便对手没有因为辱及传统派而自取败绩，戈德华特也能够占得上风——其时，新保守派运动已经冉冉升起，追随者一经动员，完全可以压倒洛克菲勒的政府内线和一掷千金。我想强调的是，高级法制定的动力虽然贯穿民权革命始终，却也异常脆弱。作为运动政党的总统，林肯和罗斯福都领导了新宪法议程的塑造，而紧随其后的总统大选为反对党提供了显而易见的焦点，他们要拼命呼吁人民勿失时机、悬崖勒马。但是，在1960年代，新兴的运动把两个政党都分裂了，这让共和党人得以既不提名纳尔逊·洛克菲勒，也不提名巴里·戈德华特。

68

1964年6月18日，戈德华特走上了不归路。他不顾埃弗雷特·德克森的反复请求，站上参议院的讲台，公开指责《民权法》，而该法已然成功进展到最终通过的一步。戈德华特的演讲在全美各地登上了头版，人们发现，他的真正敌人原来是新政宪制。他将规制"私人企业在所谓公共设施和……就业领域"的活动的立法努力，都指为沦入农奴制的新步骤。[10] 戈德华特宣称这些努力完全违宪。在他看来，只有根据宪法第五条出台宪法修正案，并获得各州批准，方才能够将正当性赋予能动国家政府的这一激进扩张。[11] 这一强硬立场将令民权运动难逃失败命运，因为第五条赋予了南方十三州立法机关以否决权。但是在戈德华特看来，为了抗拒利维坦的诱惑，这个代价值得。

林登·约翰逊表达了与此截然不同的观点。距离大选仅剩一周时，他赶赴南方的进步城市——田纳西州孟菲斯（Memphis），阐发他所寻求的、美国人民的授权。他首先针对戈德华特的攻讦，为经典的新政事业辩护，之后转向未来：

> 1930 年代已经尘埃落定的议题，不该在 1960 年代又拿出来，而这恰恰是你们要做的选择。你们究竟想要回到 1930 年代，还是继续生活在 1960 年代？……
>
> 如果你们拿起我的圆规或者尺子，画一条穿越人群正中的直线，以此自我分隔，那我们什么也办不了；而如果我们像现在这样团结一心，就几乎无所不能。你们知道，我一辈子都住在得克萨斯州，每次投票也都在这里，而我的祖辈就有两位南方邦联的老兵，但是我认为有件事是我们该做的，那就是擦除横亘在我们政治之中的梅森-迪克森（Mason-Dixon）线。
>
> 我们是善良的人，我们是公正的人，我们也是正义的人，我们笃信《圣经》，所以我们应该遵循金律（Golden Rule）："己所不欲，勿施于人。"如果照办，我们就该擦除那条机会分配之中的种族界线。
>
> 本次大选的授权将是实现举国团结的授权。这个授权要求缝合伤口，拨正历史，让吾国吾民在上帝之下合

众为一，不可分割。[12]

在辩论的驱动下，约翰逊越出了新政体制的边界。针对戈德华特对《社会保障法》和《民权法》的攻击，约翰逊呼吁美国人超越 1930 年代，打破新政分子当年作为社会进步代价所接受的种族藩篱。[13] 正如他后来所解释的："我的结论是，如果戈德华特想给选民一个选择机会，那么我们就给选民一次**真正**的选择机会……我们已经参与到一场围绕我们政府体制根本原则的宏大争论之中。"[14]

巴里·戈德华特在竞争人民授权的运动中同样冲锋在前。自从罗斯福于 1936 年大胜兰登，共和党提名了一系列接受新政基本前提的、附和变革的候选人——温代尔·威尔基（Wendelll Willkie）、托马斯·杜威（Thomas Dewey）、艾森豪威尔和尼克松。对于这些现代共和党人，戈德华特只有蔑视。[15] 他的目标是领导人民推翻新政，拥抱古典共和党的原则——权力受限与自由放任。

活的宪法正在过大关：两位总统候选人针对重大分歧议题相互攻击，而非自说自话。双方又为国人提供了一项标准，即 1936 年的新政派大胜，据此辨别一方是否赢得了论战的决定性胜利。

这些基本观察反映出现代美国宪制中实践与理论的背离。在实践中，每场总统大选都不可避免地引发一场围绕胜者所获"大众授权"性质的大规模辩论——有些人否定新总统获得了任何授权，另一些人则夸大授权的范围。但是，从法律工作者的宪法论述中，你绝对猜不到这些东西的存在，因为那些人从不直面"授权"这个概念，更不消说努力将其规范地运用于特定大选之中了。

这是个耻辱，因为我们如果不直面林登·约翰逊的大胜，就根本无法评估那个时代里程碑式立法的正典地位。那场大胜是否标志着美国大众主权现代实践的核心，即触发式选举，就如民主党在1936年的胜出一样？

大选授权？

全国大选可以触发大众授权，质疑这个观点本身并不难。[16] 毕竟，选民的关切总是很多，且截然不同。但是，"大众授权"与"主张突破性举措的倡议"之间的密切联系，却证明这种质疑是错误的。

不妨将这称作捆绑问题：比如，戈德华特不仅反对《民权法》，而且否定伟大社会的经济正义观。作为回应，约翰逊把对外政策也糅合到讨论之中，把戈德华特描绘成"胡乱开枪"的军国主义分子。[17]

议题的捆绑引发质疑。如果许多美国人运用手中的选票支持约翰逊所承诺的、外事中的审慎节制，似乎就不该把民主党的大胜看作对种族正义的授权。

虽然从议题捆绑角度的质疑符合直觉，但是我反对它。它在法律上过于宽泛，在哲学上又过于浅薄。

从法律上讲，应当注意的是，议题捆绑并不仅仅挑战通过总统领导修正宪法愿景的现代形式，它同样会给第五条修正案带来麻烦：选民在登记选举国会或州立法机关的时候，通常并不关注候选人对可能的修宪所持的立场。相反，他们的注意力集中在一系列其他议题上。而官方正典仍然把新的正式修宪视作我们人民的、无可置疑的表达。

这引出一个更深刻的问题。某些宪法体制当真想要回应从议题捆绑角度所产生的质疑，为此将宪法事务的决策移出民选政客的权限范围。自进步时代以来，特设公投程序已经成为州宪实践的常见部分——且成为许多外国的定制。但是美国宪法与此不同。无论在联邦模式（根据第五条）还是在国家模式（根据活的宪法）下运作，美国宪制都让我们的政治代表来决定：以我们人民之名阐发隽永宪法文本的机遇何时成熟。当制度在联邦模式下运行时，这些文本以第五条下的修正案为表现形式；而在国家模式下运行时，正典则由里程碑式立法和超级先例构成。简言之，美国体制依靠各种形式的**代议**民主而非**平民**民主来决定是否真的存在大众授权。

直接民主与代议民主体制各有其优劣，但是它们面临着同样的问题——空谈无用，而民选官员也很容易在条件并不具备的情况下就声称获得了人民授权。[18] 鉴于此，两种体制71 虽然相互对立，但是都让声称拥有授权的人很难取得制度承认。不过它们尝试做到这一点的路径并不相同。

在直接民主制下，检验授权成色的是特设公投程序，将最终决定权留给选民。而在代议制下，检验授权成色的是分权制。在常态下，统治不同政府分支和不同地域的政治联盟都不一致，但是如果同一个变革运动连选连胜的时间足够长，它对联邦或国家的主宰就具备了决定性，那么它以人民之名发声就是可信的了。

美国宪法坚定地服膺代议制，对于改革运动赢得授权的资格严加检验。在联邦模式下运作时，古典体制要求运动在国会两院均取得三分之二多数的支持，并获得四分之三的州批准，方可令正式修正案生效。而在国家模式下运作时，活的宪法要求运动在面对保守政府分支的强大异议时保持胜选势头，直至最终赢得政府全部三个分支的持续支持，方可巩固其里程碑式立法和司法超级先例。

上述两种体制的优劣各不相同。在直接民主制下，付诸人民公投的问题可能具有误导性，而选民可能对议题实际涉及的利害知之甚少。而在代议制下，虽然政治和司法部门领导人对关键议题的了解更充分，但是他们却可能在法律文本中表达显著背离大众理解的新宪法选择。

没有哪种制度是完美的——但这就是生活。虽然两种体制都有很大的改进余地，但是我的任务在于阐释美国宪法的实然而非应然状况。[19] 从实然的角度看，以议题捆绑为由提出质疑根本就不恰当：它错误地认定，我们的宪法为了检验授权的主张，所采取的措施是将议题分离开来，使选民专注于一并做出决定。事实上，美国大众主权在检验授权主张时，运用的方法与此截然不同——让选民及其代表参与一系列选举，给宪法运动设置一连串严苛的制度障碍，让反对者不断获得在投票中击败其动议的机会，并且只把授权赋予存活下来的运动。我的六阶段分析旨在描述这一连串障碍，并确定民权派究竟是否冲过了终点线。

根据这个框架，1964 年的大胜对于竞选运动三大主题的意义截然不同。在这一年早些时候，约翰逊总统发表国情咨文时，已经正式对贫困宣战，所以他的大胜只是开启大众辩论阶段的制度信号。[20] 然而，美国人民并没有像对待民权革命那样，以在选举中持续支持反贫困之战来回应这个信号。之后十年里，反贫困运动无法保持政治势头，而当理查德·尼克松在 1972 年决定性地击败运动的拥护者乔治·麦戈文（George McGovern）时，运动的命运已定。从那以后，支持经济再分配的人转而通过常规政治渠道来追求其目标——几乎未尝取得胜绩。

约翰逊释放的反贫困战争信号无果而终，而他的越战政策也全无宪法意义。这位总统并没有宣示对外政策的新起点，而是试图恢复国人的信心，让人们相信他会严格地在哈里·杜鲁门和德怀特·艾森豪威尔所达成的两党共识之中行事。宣称需要全新策略的是戈德华特，而不是约翰逊——但选民站在了约翰逊一边。

与上述议题截然不同的是，民权议程正处在另一个发展阶段。在法院，在立法机关，在餐桌前，在职场，民权成为辩论的热门话题已有十年之久，而约翰逊和戈德华特围绕《民权法》的冲突清楚地表明国家处于转折点。[21] 在赢得了堪比 1936 年的大胜以后，约翰逊和他的国会很有底气地宣称：选民已经给予他们罗斯福式的授权以推进民权革命。[22]

这正是我将 1964 年大选称作触发性选举的原因。虽然那次大选是大众主权动态过程的一个关键阶段，但是我并不认为它本身足以将《民权法》迅速改造为我们宪法正典的核心内容。尽管约翰逊取得了压倒性胜利，保守力量仍然可能卷土重来，击败自由派对现状的攻讦。

不过这么做越来越难了。比如，假定在 1966 年、1968
年和 1970 年的选举中，戈德华特派不同寻常地赢得了政治
复兴——昂然入主总统宝座并执掌国会，废除 1964 年的立
法，进而推翻新政宪制的根本原则。如果发生这种情况，今
天的法律工作者在回望时，就会把 1964 年看作一个噪点，
除了表明肯尼迪之死所造成的短暂的集体休克之外毫无
意义。

上述思想实验有助于提炼触发性选举的意义。在 1964
年大选之前，民权与州权之间的大辩论处于相对均衡状态，
任何一方在争取公共支持方面都没有明显占据上风。而在约
翰逊和激进自由派执掌的国会赢得竞选大胜之后，即便是死
硬的种族保守分子也承认：全国的主流民意都与他们相抵
牾，他们得趁早把潮流扭转过来，否则那就该成为宪法主
流了。

第四阶段：动员基础上的精心建设

在这个时候，联邦最高法院对《民权法》的回应就变得
无比重要。如果联邦最高法院宣告该法较有革命性的特征无
效，那么约翰逊、小马丁·路德·金和他们在国会的盟友就
得把相当一部分选举授权浪费在对付联邦最高法院的不妥协
上，而不是继续进取，出台《1965 年选举权法》和《1968
年公平安居法》。

罗斯福就曾面临那种处境：尽管在与兰登的对决中取得
了决定性胜利，他却无力将自己的触发性选举转换为新政立

法的大丰收。1937 年，许多讨论确实被发动起来，但都围绕着总统针对联邦最高法院的攻击——而这不无道理。除非罗斯福能够克服对新政突破的持续司法抵制，否则宪法危机就有扩大以致失控的威胁。为了应对这一危险，守旧的联邦最高法院最终实施了著名的"及时转向"，批准了总统计划的关键内容。然而，联邦最高法院在大选后与罗斯福的对峙，消耗了后者的大量政治动能。

与此相反，沃伦法院让总统和国会能够更有建设性地利用动员后的精心建设时期。这不是偶然的。沃伦法院的成员无论自由派还是保守派，都认同一个观点：1930 年代的守旧法院对抗新政是个悲剧性的错误，这个错误绝不该犯第二次了。

74　　联邦最高法院没让全国等多久，就明确传递了这个信息。约翰逊总统于 7 月 2 日签署了《民权法》，大法官们于是加快审理挑战新法合宪性的案件，于 12 月 4 日做出判决——仅仅一个月前，选民就让总统和他的自由派国会大获全胜。亚特兰大之心旅店（Heart of Atlanta Motel）案和麦克朗（McClung）案的判决不仅否定了戈德华特式的反民权法说词，而且将法院的无异议背书给予了突破性立法。[23]

表面上的全体一致并不属实。加密档案显示，大法官们在处理新法时着实犯了难。他们面临的麻烦是要遵循先例。重建以后，联邦最高法院于著名的 1883 年民权系列案（Civil Rights Cases）中，推翻了一项公共设施立法。如果沃伦法院遵循这一重要先例，它就有义务推翻新法的核心条款。

诚然，当大法官们将遵循先例原则用于教育领域并判决布朗案时，这个原则并没有阻止他们推翻普莱西（Plessy）案。但是，不该过分夸大沃伦法院的能动性。我在研读时发现，当时，由五人组成的微弱多数其实已经做好准备：为了支持新立法，如果没有别的选择，他们就会切除民权系列案的"关键器官"。（我会在第七章细说此事。）然而，约翰·M.哈兰（John M. Harlan）大法官明确表示自己会报以强烈的异议——其他法官也很可能加入。[24] 如果法院做出分裂判决，那么，面对反对1964年立法的风潮，宪法的尊重度将会因为异议一方而显著提高。[25]

正当此时，新政宪制出手相救。哈兰大法官是艾森豪威尔任命的——和所有现代共和党人一样，长期以来，他都和继承自1940年代的、对贸易条款的宽泛解释和平共处。他愿意支持亚特兰大之心旅店案和麦克朗案——只要判决是完全基于对贸易条款的新政解释，不去挑战自第一次重建时期继承而来的、关于平等保护的既有学说。

仅就短期内的形势而论，联邦最高法院的其他大法官有理由勇往直前。他们在总统、国会和选民的判断之中，增添了自己全体一致的声音，使得死硬反对派丧失了看似权威的宪法基础。[26] 然而，汤姆·克拉克（Tom Clark）大法官代表法院发言时，却几乎把里程碑式立法的宏大目标说成一个耻辱，并宣称：国会即便"立法打击道德错误"，其根据新政贸易条款所享有的权威也"不会稍减"。[27] 与此相反，他的解释很乏味：新法之所以适用于那家偏僻的餐厅，是因为餐厅老板购买了"价值15万美元的食品，其中69 683美元用于买肉，占金额的46%……这些肉购自一家本地供货商，而供货商则是从州外进的货"[28]。不论这些陈词滥调是出于怎样的实用主义考量，它们都加强了我的主要论点：如果 21 世纪的法律工作者当真想要理解现代史上平等主义的最重大成就，他们的眼光就不能局限于《美国报告》（*United States Reports*）。为了理解《民权法》的真正宪法目标，他们必须倾听小马丁·路德·金、林登·约翰逊、休伯特·汉弗莱和埃弗雷特·德克森的声音，是他们以美国人民的名义缔造了这一里程碑式立法。

那将是本书第二篇的目标。眼下只需强调：在塑造 1960 年代高级法制定体系的过程中，新政宪制的角色无所不在。不但 1936 年罗斯福与兰登的竞选成为 1964 年林登·约翰逊要求授权的关键参照，而且对于高级法制定过程的下一阶段——动员基础上的精心建设——而言，联邦最高法院所服膺的新政司法学说至关重要。

从功能上表述这一点：在现代体制下，为了控制精心建设阶段的各种力量，联邦最高法院扮演了看门人的角色。如果联邦最高法院像 1930 年代那样把门关闭，许多政治能量就得花到开门上去；而如果像 1960 年代那样大开门户，宪法运动就可以将自身的全部能量都投注到一系列里程碑式立法之中，以此精心阐发其愿景。

这个基本观点有助于解释新政与民权时代之间的巨大差异。尽管罗斯福在 1936 年取得了压倒性胜利，但是在他的第二个任期，立法成就的步伐显著放慢。1933 年至 1935 年通过的里程碑式立法仍然在塑造着 21 世纪的活宪法——想想《证券交易法》、《国家劳动关系法》和《社会保障法》。

然而，尽管以压倒性优势战胜了兰登，罗斯福却无法再接再厉，在第二个任期内取得与此相当的胜利——很大程度上是由于他要分心给填塞法院的运动，以图让守旧的法院向新政看齐。[29] 行至中途，罗斯福任命了一系列同情新政的大法官，解决了这一危机，而这些法官则通过一系列超级先例将新政愿景化为正典。[30] 可是，短期内同守旧法院的斗争，导致总统无法将 1936 年的大胜用作跳板，催生一系列雄心勃勃的里程碑式立法。

到了 1960 年代，宪法转型的节奏与先前迥异。肯尼迪任上只取得了有限的成就，第一部重大的里程碑式立法直到他遇刺后才获得实施。[31] 但是，与新政相反，约翰逊在 11 月的大胜开启了让《1965 年选举权法》和《1968 年公平安居法》获得通过的闸门。虽然其他因素也对这一独特的动态过程产生了影响，但是联邦最高法院行使看门人权力的重要性很容易被忽略。

不过，我们的故事还没有结束。尽管 1964 年举行了触发性选举，尽管联邦最高法院亮了绿灯，但是美国人民仍然完全可能收回授权，否定里程碑式立法。

关键大考在 1968 年到来。当美国人民返回票箱的时候，他们是将选出继续服膺新生的新政-民权宪法的总统和国会，还是将投票倒拨时钟？

第五阶段：批准性选举

新政经验再一次提供了比较的视角。当共和党人面临

1940 年总统大选时，他们需要做一个艰难的选择：要么继续全力与新政开战，要么接受新兴宪法秩序的正当性。该党痛苦地重估了形势，选择了第二条道路。他们的候选人温德尔·威尔基（Wendell Willkie）简直称不上共和党人——他直到 1938 年还登记为民主党党员。[32] 尽管该党做出了迁就的姿态，选民仍然在 11 月以 55% 对 45% 的票数，让罗斯福获得了一场决定性的胜利。

这比 1936 年 61% 对 39% 的大胜要缩水不少，但是大众的意见足够清楚了。随着共和党人收回对新政毫不妥协的反对，美国人民宪法不愿意回归胡佛-兰登版的有限全国政府。1940 年的投票扮演了批准性选举的角色。

1968 年的选举也扮演了这一角色吗？

77　　回答这个问题，需要重新思考人所熟知的、对于尼克松的成见。他是自由派痛恨的家伙——从 1940 年代通过"抹红"并迫害他人而声名鹊起，到 1970 年代因为水门事件而不光彩地下台，他的职业生涯不断挑起大众心理的道德质疑。但我希望更集中地关注他作为总统候选人在 1968 年所扮演的角色。从里程碑式民权立法的角度来看，历史无比清晰：理查德·尼克松就是 1968 年的温德尔·威尔基，他表达了共和党对于最近宪法革命的肯定。

只不过，"威尔基"这次赢了。

具体说来：戈德华特在 1964 年的惨败，迫使共和党又一次痛苦地重估形势——而正如 1940 年那样，该党拒绝选择意欲继续强硬谴责新体制的候选人。这一次，谴责民权革命里程碑式立法的是罗纳德·里根，而采取支持态度的则是理查德·尼克松。[33] 共和党全国大会选择了尼克松，这人长期服膺民权——回忆一下：他早年作为参院议长，曾经在1957年努力摧毁通过冗长发言来阻挠议事的陈规。本书第二篇将会解释：尼克松在确保《1968年公平安居法》获得通过的进程中也扮演了关键角色。当时，国会中的南方代表为了阻挠这一里程碑式的举措，大搞冗长发言，而尼克松鼓励共和党人与自由派的民主党人联手加以化解。[34]

在秋天的竞选中，尼克松对民权法的承诺受到了进一步考验。其时，休伯特·汉弗莱在民调中强势复苏，而登记支持乔治·华莱士的比例高达21%，这令尼克松陷入严重的政治危机。如果他是个十足的机会主义者，他本可讨好支持华莱士的选民，让他们以为自己将容忍对民权立法的严重削弱。[35]

但是这个假设并没有成真。尼克松的竞选**确实**主打法律与秩序，但他从未放弃对于里程碑式立法的支持。[36] 尼克松的关键一战在1968年10月到来，当时，民调显示汉弗莱正强势复苏。更纯粹的机会主义者本来会改弦更张，暗示对里程碑式立法采取某种灵活态度，从而将数以百万可能支持华莱士的选民吸引到自己一边。然而，正如西奥多·怀特在他的名作《铸就总统》(*The Making of the President*) 中所言，"引人瞩目的是，尼克松充分考虑到后果，仍然坚守良知，拒斥了所有种族主义选民，把他们赶到华莱士一边"。[37]

尼克松是位讲原则的人——我为何敢这么说？他在一系列涉及种族的议题上诉诸沉默的大多数，但是拒绝与华莱士合流，谴责里程碑式立法——而他也赢得了这场赌博，以极微弱的优势战胜了汉弗莱。[38] 与 1940 年一样，共和党和民主党的候选人都倾向于新的宪法共识。尼克松不会将国家带回吉姆·克劳制时代，正如威尔基不会呼吁美国人重回赫伯特·胡佛的年代。

正如 1940 年那样，1968 年发生了一次批准性选举。

随着两党就新生的民权体制达成共识，高级法制定系统进入了最后阶段：巩固。虽然尼克松不是巴里·戈德华特，更不是乔治·华莱士，但他没有计划进一步推动民权事业上的决定性突破。小马丁·路德·金遇刺以后，民权运动发生分裂，而政治也更趋回归常态：自由派的国会领导人致力于和总统达成协议，而后者却另有优先考虑之事。运动型总统以人民之名发声的时期结束了。

但是，尼克松在阐发新宪法协议具体条款的过程中，扮演了重要角色。本书第二篇表明，这位总统未能满足自由派的许多诉求，特别是在以校车接送促进种族融合的问题上，争议不断扩大。但是他以非凡的气魄支持了众多其他诉求，包括纠偏行动，并且签署了一系列巩固性立法，显著加强了约翰逊任上出台的里程碑式立法。到尼克松时代结束时，所有三大政府分支都以复杂的方式协力强化了新政–民权体制。而在 19 世纪重建时期的相应阶段，格兰特政府却未能恪守第十四修正案和第十五修正案的承诺。[39] 不过事情并没有重演——纸面上的法律变成了通行全国的有力现实。

第二次重建并不意味着美国最终战胜了自身的种族主义遗存。但是与第一次重建相比，这已经算得上胜利了。在20世纪的黎明，布克·T.华盛顿（Booker T. Washington）和W. E. B. 杜波依斯（W. E. B. Du Bois）审视重建时期的修正案，只能把它们看作对于宪法诉求的糟糕戏仿。我们与民权时代的距离和他们与重建时代的距离相当，而境况大不相同。虽然罗伯茨法院愈发好斗，威胁到了里程碑式立法，但是这些法律仍然构成活的宪法的核心事实，而这非同小可。

从运动型政党到媒体政治

在上文中，我们将民权革命置于历史视角之中，探讨了其与既往大众主权周期的关系——主要是重建和新政。这让我们既能够指出差异，也能够看到共性：联邦最高法院而非总统是如何充当信号释放机关的；在1960年代，刺客的一粒子弹是如何将宪法领导权交到一位运动型总统手中，而不是像1860年代那样交到运动型国会手中；在1964年，新政的先例是如何让林登·约翰逊得以要求从人民那里获得罗斯福式的授权，又是如何鼓励最高法院顺从这一授权，支持《民权法》。

上述每个对比都值得进一步反思。不过，我想关注一项关键差异，它很容易逃过注意，因为其中的狗并不叫。和托马斯·杰斐逊时代以来的历次宪法转折相反，民权时代并不存在充当大众主权主引擎的运动型政党。[40] 虽然小马丁·路德·金和其他人确实赢得了数以百万计的黑白追随者的支持，但是他们既没有控制既有政党，也没有自行组建政党来起事。自新政以来，民主党的人格就是分裂的，北方的自由派和南方的种族主义者结成了一个不稳定的政治联盟。共和党也是如此，诸如巴里·戈德华特之流的新政反对派拒绝民权举措，而在包括理查德·尼克松在内的现代共和党人和埃弗雷特·德克森等林肯主义者看来，这些举措完全可以接受。运动与政党体系的这一分裂局面，使得将宪法政治转化为宪法法律的任务变得尤为棘手。

最显而易见的是，运动为了推进有抱负的立法计划，需要向总统和国会施压，而这将变得尤其困难，因为这可能引出严重的政治张力，预示着两党都可能被撕成碎片。这意味着运动领袖的政治技艺十分重要——最明显的就是金将甘地主义的崇高原则与灵活的媒体政治结合起来。小马丁·路德·金在规划南方的运动时，就有意引导电视播放种族暴行的恐怖画面。[41] 这些戏剧性的画面让国人良心震撼，激励两党在种族问题上的自由派以最高道德标准来对待民权问题。[42]

一言以蔽之，小马丁·路德·金运用媒体政治来代替运动型政党，充当高级法制定的引擎——这一招奏效了。但这也埋下了危机。他把自己变成了媒体业利益算计的人质：如果电视节目生产商认为黑人好战分子能够提高收视率，他所鼓吹的非暴力就很容易被在沃茨（Watts）发生的暴动所取代。虽然运动型政党会逐步丧失冲劲，但是丧失的速度并没有媒体运动领袖那么快。

运动型政党的缺位也给普通选民带来严重的麻烦。如果美国人在 1866 年反对第十四修正案，或者在 1936 年反对新政，他们很容易就能说不——他们只要将 19 世纪的共和党人或者 20 世纪的民主党人赶下台就可以了。可是，如果一位像纳尔逊·洛克菲勒那样的现代共和党人在 1964 年赢得了总统提名，那么在这个决定性的转折点上，选民就将失去做简单是非判断的机会。

幸运的是，在高级法制定过程中的正确时刻，涌现出了合适类型的共和党人——与民主党人一道通过《民权法》的德克森，在 1964 年提出清晰选项的戈德华特，以及在 1968 年支持新体制，并在其后加以巩固的理查德·尼克松。

事情还有另一种可能。举国期待的种族关系新起点，本来可能被种族骚乱、党派争执和立法僵局所淹没。运动型政党的缺位，给政治领袖的行动带来了格外沉重的负担，促使他们推动构筑集体决心的进程。厄尔·沃伦、德怀特·艾森豪威尔、约翰·肯尼迪、小马丁·路德·金、林登·约翰逊、埃弗雷特·德克森、巴里·戈德华特和理查德·尼克松，这些人的结合充满张力，让美国人民得以通过有意义的程序来辩论和决定他们的宪法命运。尽管面临挑战，也发生过悲剧，但是美国人成功超越了日常政治的细琐与大众行动的混乱，重申了他们对于一系列里程碑式立法的支持，并以此打中了本国吉姆·克劳制的要害。

民权革命的正典化

问题在于，当今的美国人能否应对一个较小的挑战——尊崇这一集体成就。在 21 世纪的宪法正典当中，法律界会给予这些里程碑式立法以中心地位吗？

形式主义宪法一派做出了否定回答。他们看不透一个事实：在 1960 年代和 1970 年代，根据第五条进行的修宪并未表达民权革命的核心宪法成就。至多，形式主义者讲述了一个辉格式的故事，将那个时代看作践行一个世纪前由重建时期修正案所做出的宪法承诺。在最糟的情形下，他们可能会指责里程碑式立法部分违宪，因为这些立法超出了自 19 世纪继承而来的重建时期架构。

我的目标是提供普通法的工具，使得法律界能够承认第二次重建的本来面目——美国史上大众主权的最宏大举措之一。形式主义者对此大加拒斥，他们拜倒在约翰·威尔克斯·布茨的圣坛之下。他们没有意识到，正是布茨的子弹打破了总统领导制的标准范式，而那种范式自杰斐逊时代以来即居于宪法政治的核心。如果布茨在福特剧院失手，那么正式的宪法断不会修改并写入第十四修正案平等保护和正当程序条款。相反，此后数年间，共和党人为了阐发公民身份和平等的宪法意涵，须得在很大程度上借助里程碑式立法和司法超级先例。

换言之，是 1860 年代而非 1960 年代，构成了宪法发展史上的例外。总统实施领导，运动提供支持，以美国人民的名义推动宪法变革——民权时代不过是这一宏大主题的又一变形而已。诞生于这一大众主权时刻的法律里程碑，不应仅仅因为采取了立法和超级先例的形式就遭到贬低。

诚然，国会只需要简单多数，就可以在总统的支持下推翻民权立法的主要原则。可是，国内的多数派只要意志足够坚定，也可以推翻马布里诉麦迪逊案，从而决定性地摧毁现行司法审查的实践。而这一点并没有令马布里案失去我们传统中的正典地位。和马布里案一样，除非大众动员达到与民权运动先前催生里程碑式立法时相当的力度，并且指向与之完全相反，否则不可能发生对里程碑式立法的倾巢攻击。

对于我的论证来说这就足够了。我无意构建永恒的宪法正典。在 21 世纪的黎明一刻，界定有意义的正典就够困难了。我并没有拿个水晶球站在你面前：如果未来的某代人当真集体努力推翻 1960 年代的里程碑，那么美国人就将生活在一个全然不同的宪法世界之中，并且须得为自己界定全然不同的宪法正典。对于我们来说，公平地看待自己的过去，并为后继者提供一种关于他们宪法遗产的有价值的理解，就足够了。

第五章
转折点

　　本书的这一部分旨在进行三步论证，而我们现在已经抵达了终点附近的直道。

　　第一步：我与阿法拉比的对话表明，法律工作者如果从根据第五条所做的正式修宪入手，就无法真正理解民权革命（第一章）。

　　第二步：为了应对这一伟大的宪法成就，我们必须遵循六步走的程序。在第二次重建期间，美国人民及其领袖正是循此缔造并巩固了伟大的里程碑式立法（第二章至第四章）。

　　现在轮到了第三步：证明小马丁·路德·金、林登·约翰逊和其他领袖当年都意识到了自己在用里程碑式立法修宪——并且**他们将这一选择视作第五条所设定道路的立法替代之选，公开加以辩护**。

　　决定性的一役发生在人头税之争，这是南方种族主义最重要的标志之一，也是改革派最早的目标之一。自 1930 年代以来，种族问题上的自由派反复尝试动员联邦政府投入废除该税的运动之中——但始终起色不大，直到 1962 年和 1966 年的溃堤。短短四年间，第二十四修正案、《选举权法》第十条和哈珀诉弗吉尼亚州选举委员会案（*Harper v. Vir-*

ginia State Board of Elections）就将人头税一扫而空。

如今的法律工作者只记得其中一个文本了——令人不解的是，他们记住的是哈珀案的判词。我说"令人不解"，是因为第二十四修正案乃是根据第五条所做的修宪——根据官方正典，它理当居于最为显著的地位。而事实上，没人拿第二十四修正案当回事。如果突击考察该修正案的内容，许多领军法学教授都会不及格。《选举权法》第十条则离雷达屏幕更远：哪怕是最热衷的选举法迷在回忆第十条时也会出错，因为该条如今并无法律意义。相反，法律工作者们很容易指出：哈珀案以谴责根据财产限制选举权而闻名。

这可被称作"人头税之谜"，并且突出地证明了业内唯联邦最高法院是瞻的大势。尽管**官方**的正典将第二十四修正案置于优先地位，**操作上**的正典却将之弃置在阴影里。我在下文呼吁重组操作上的经典，将第二十四修正案和第十条放到法律上的显要位置。

"第二十四修正案也就罢了，"我听到你说，"但是为什么要抬举那已被遗忘的第十条呢？它不过是部立法而已，并非宪法修正案，因而在官方正典中没有地位。它如今默默无闻，这难道不是活该吗？"

在 1960 年代，情况并非如此。在我们的历史上，第二十四修正案与第十条的组合独一无二。它们都指向同一个问题，即人头税。它们都谴责该税——宪法修正案针对联邦选举中的人头税，立法则针对州选举。它们几乎同时出台——宪法修正案出台于 1964 年，立法出台于 1965 年。但是，掀起宪法革命的是立法而非宪法修正案。第二十四修正案禁止在联邦选举中以人头税为标准，这一举措并不彻底，本来可以通过立法来补足。相反，第十条攻击的是联邦制的核心原则之一——授权各州决定选举资格（第十五修正案和第十九修正案所明文禁止的情形除外，这两条修正案分别针对黑人和妇女）。如果说确有必要根据第五条修宪，本应禁止州征收人头税。

人们当年很清楚这一点。事实上，通过立法绕开第五条修宪的革命性举措，曾经威胁到整个《选举权法》的通过。但是约翰逊拒绝这么做。他刚刚以压倒性优势战胜戈德华特，就与金、埃弗雷特·德克森和尼古拉斯·卡增巴赫一道立法禁止一切人头税，捍卫了让南方政治发生革命性变革的大众授权。举措步步推进，公众支持也越来越广，最终，总统和国会公开做出了清晰的决策：是的，**已经**是时候用现代里程碑式立法体系补充修宪的古典模式了。

这个故事应该引起最多的关注。毕竟，关于宪法根基的辩论不是每天都会溢出法庭和教室，进入美国公共生活的正中。通常来说，比起谈论宪法理论，政治家们有更合适的事情去打发时间。然而，对于宪法体系以美国人民之名实现根本变革的能力而言，在某些时刻，法律形式的问题确实会成为中心。

本章所讲述的就是这样一个时刻。

为什么是第二十四修正案？

作为背景，想想第二十四修正案各源头之间的矛盾。我们就从修正案的主要发起人、佛罗里达州参议员斯皮瑟得·霍兰德（Spessard Holland）说起。人们可能以为，领衔攻击人头税的参议员应该是小马丁·路德·金的有力支持者。

错了。霍兰德毕生都是种族隔离分子。[1] 他签署了《南方宣言》，并且投票反对 1957 年和 1960 年的《民权法》。[2] 他本来还想投票反对《1964 年民权法》，甚至《1965 年选举权法》。1962 年，是什么促使他一反常态，成功说服国会提出第二十四修正案？

全美有色人种协进会的反应也迥异于日常。该会激烈反对修宪，认为联邦政府已经拥有足够权力在联邦选举中禁止人头税。该协进会担心，国会决议走根据第五条修宪之路，会制造"一个无法改变的先例，使得后续一切民权立法都转入修宪程序"[3]。还有一些自由派团体也加入了谴责霍兰德动议之列，包括美国犹太人大会、美国人为民主行动组织、反诽谤同盟和汽车业工人联合会（United Automobile Workers）。[4]

这些抗议并不足以挡住霍兰德的脚步。在进一步讨论该修正案出台的围观政治之前，我们暂停一下，思考一个更宏大的问题：既然霍兰德丝毫不为种族主义立场感到难堪，全美有色人种协进会也坚决反对，那么国会的三分之二成员以及更广大的公众为何仍将第二十四修正案视作争取投票权的步骤？

新政奠基

答案在于新政。大众对于废除人头税的认知，奠基于1930 年代以来、持续一代人的政治和法律运动。这一努力绵延数十年，其公共意涵已然牢固确立，绝非最后时刻的冲刺游说所能改变。

　新政时期的进步派是从阶级而非种族的角度来反对人头税的。[5] 罗斯福发动斗争，肃清民主党内来自南方的反动领导层，而人头税问题在其中居于关键地位。[6]1937年，南方派与共和党人沆瀣一气，搅黄了罗斯福填塞联邦最高法院的计划；作为反击，罗斯福在党内次年的南方初选中支持自由派挑战者。[7]人头税改革在这一更广泛的举措中居于核心地位。正如他对一位来自南方的密友所言，"我认为南方与你我的看法是一致的。困难之一在于南方的**白人**中有四分之三无法投票——因为人头税等原因"（强调系后加）。[8]

当罗斯福公开他的整肃运动时，他指责南方领导人是"人头税党"的代表。[9]然而，自由派的起事者未能在初选中罢黜他们，罗斯福只得匆忙退却，公开拒绝支持以联邦立法"剥夺州直接或间接征收人头税的权力"[10]。

但他反对"人头税党"的慷慨陈词并未被遗忘。这令废除人头税长期居于要务的地位：要想让自由主义在南方有未来可言，令贫穷的白人有权投票就至为关键。之后几十年间，进步运动继续在各州发展，并取得了显著的胜利。[11]

废除人头税有助于摧毁阶级藩篱，但是对黑人的影响则没有那么大。在种族主义相对不那么严重的城区，这一举措确实产生了积极影响。[12]然而，在南方乡村，即便黑人已经缴税，投票登记处仍然判定他们未能通过文化水平测试，以致声名狼藉。[13]人头税问题产生于新政时期，它首先也主要是个种族问题。

现在轮到我们来猜透斯皮瑟得·霍兰德的谜题了：在1960年代早期，一个骄傲的种族主义者为何要抓住机会，推动废除人头税？霍兰德的观点并非为了回应新兴的民权运动，而是植根于他早年在佛罗里达州的从政经历。1937年，废除该州人头税的运动达到顶点，他当时在州内任参议员。[14]身为后起之秀，他完全赞成让贫穷白人能够投罗斯福的政党一票。[15]当政治窗口在1960年代早期显现时，已届老年的霍兰德意欲重启自己早年的成就，推动联邦层面的修宪——不过，静坐抗议和自由乘车运动正在全国舞台上结成一股迥然不同的政治力量。

新政遗产还塑造了沃伦法院对于这一问题的理解。1937年，联邦最高法院迎来了一宗重要的人头税案——布里德拉夫诉萨图斯案（*Breedlove v. Suttles*）。其时，哪怕最倾向自由派的法官也无意在司法能动一事上再冒风险。他们由皮尔斯·巴特勒（Pierce Butler）大法官领衔，签署了一份无异议判决，在匆忙间驳回了上诉。[16]

当人头税问题于1960年代重回联邦最高法院时，新政的回声仍清晰可闻。布里德拉夫案是胡果·布莱克作为大法官所判决的最早的案件之一，在哈珀案推翻布里德拉夫案、推动平等主义大跃进之际，他毫不含糊地发表异议。[17]正如斯皮瑟得·霍兰德意欲重启自己新政时期在佛州参议员任上的投票，胡果·布莱克也想要重启自己新政时期在联邦最高法院的投票。

过渡期

因应布里德拉夫一案，全美有色人种协进会和其他自由派团体转向国会。他们组建了一个单一议题游说团体——全国废除人头税委员会（National Committee to Abolish the Poll Tax）[18]，"以免将该运动与相关的黑人选举权之争相混淆"[19]。虽然由全美有色人种协进会领衔，但是委员会的存在本身就表明，该议题仍被界定为种族问题。[20]

废税分子精心打造其政治策略，为此还改变了立法目标。由于布里德拉夫案无异议地否决了以第十四修正案为基础实施联邦干预，改革派转向 1787 年宪法的第一条，该条授权国会控制实施联邦选举的"方式"。文本焦点的转移暗示了立法意图的限缩：由于第一条只涉及联邦选举，改革派最初的立法动议略去了州选举。目标一经缩小，他们就很快取得了实质性的进展。

珍珠港事件提供了窗口。国会不顾南方反对，通过立法禁止州针对为国而战的现役男女军人的缺席投票征收人头税。[21] 艾莉诺·罗斯福展望战后时代，认为这一举措开启了联邦干预的新时代。[22]

她的丈夫则更为犹疑。人头税党的运动归于失败，让他警醒起来，深知自己"走在一条纤细的钢丝上"，需要平衡自己对于平等选举权的关切以及对于获得南方保守分子持续支持的渴望。他在私人信件中清楚地表明，"修宪（是）消灭（缴税情况）评估的唯一可行渠道"[23]。

总统的预言更准确些。1944 年，民主党仍然对人头税问题保持沉默，而共和党的纲领则支持废除联邦选举中的人头税——不过只能通过修宪而非立法来做到这一点。[24]

此后情况没有变化，直到 1946 年，新当选的参议员斯皮瑟得·霍兰德为了根据第五条修宪，开启了长期斗争。霍兰德的首次动议在众议院获得通过，但是在参议院的审议被冗长发言所阻挠。[25]此后十多年间，霍兰德在每届新国会上都重提他的方案，但只不过是又引发了两次冗长发言的阻挠而已。[26]

从长期来看，他的行动虽然失败，却意义重大。它牢固确立了人头税修正案在自由派改革议程中的地位，将这一议题预先加以包装，以备政治条件向好时使用。修宪的象征意义不断提升，而实践意义却逐步下降。新政联盟在逐州废除人头税的运动中缓慢胜出。[27]到了1960年，只有深南部的四个州还保留该税，而弗吉尼亚州则加入其中，成为第五个顽固派。[28]

新政的目标在很大程度上已然实现——贫穷的白人得以投票，而黑人选举权的主要障碍如今在于文化水平测试的歧视性运用。如果民意浪潮高涨，迫使南方参议员从吉姆·克劳制的防线实施战略撤退，那么霍兰德修宪动议的吸引力就很明显：大多数南方参议员虽然会牺牲人头税，但并不会改变所在州的政治现实，而且让他们能够集中力量，投入保卫文化水平测试的最后一战。

1960年代

当心时代倒错。虽然民主党如今站在少数族裔权利一边，但是在1960年代早期，情况并非如此。

肯尼迪总统对民权抱持常规的自由派看法，但是他的热情被引向了别处——在海外与苏联争斗，在美国国内通过凯恩斯主义的减税措施追求繁荣。在他看来，静坐抗议和自由乘车运动带来的政治问题是头等大事，有摧毁他与南方民主党委员会主席之间关系之虞，并威胁到他 1964 年再次当选的机会。

结果，肯尼迪在很大程度上止步于口头支持重大民权立法。他在 1962 年的国情咨文中强调，"不应再利用……文化水平测试和人头税……来拒绝给予投票权"。而白宫内的匿名信源随即提醒记者说，总统对新立法并"没有迫切要求"[29]。

在这一背景下，霍兰德不断鼓吹人头税修宪大有裨益。如果这位佛罗里达州来的参议员获得了南方同事的勉强支持，那么政府就会乐得顺势支持霍兰德，宣称在民权上取得了胜利，从而取悦北方的支持者。而修正案如果在 1964 年 11 月前获得批准，就能够增加原先征收人头税的各州的黑人选票，甚至可能帮助肯尼迪赢得连任。

霍兰德在肯尼迪上任前即已展开行动。他把自己的修正案附在一份更大规模的法案之后，于 1960 年 2 月 2 日获得了参议院通过——这是该举措首次清除这一关键障碍。这在众议院内开启了另一场晦暗不明的国会运作，而一切最终只换来众议院司法委员会自由派主席伊曼纽尔·塞勒（Emanuel Celler）的承诺：后续将单独推动人头税修宪通过众议院审议。[30] 有了塞勒的承诺，霍兰德又回到参议院争取 67 位议员联署；经过了国会内的更多折冲樽俎，修正案交付辩论，由此引发了以阻挠议事为目的的、长达十天的冗长发言。在民权运动勃兴的背景下，支持者最终在表决中以 77 票对 16 票让动议过关。[31] 当法案回到众议院时，塞勒众议员证明了自己言而有信：他采取了一系列非常举措来克服南方的抵制，将此事付诸最终表决，并赢得了下发各州签署所需的三分之二多数。[32]

这些程序细节如今可能显得乏味，但是对于 20 世纪的观众而言，它们的意义十分重大。在几代人的时间里，南方大亨都擅长操控国会程序，扼杀实现种族正义的努力。如今，是由一位南方人领导的自由派在南方人自己的游戏里击败了他们。

这种胜利并非头一回发生。多数党领袖林登·约翰逊曾经推动 1957 年和 1960 年《民权法》获得通过，成就了相同的伟业。而在这些情形下，胜利的代价都是高昂的。[33] 为了战胜南方的抵制，进步派们不得不缓和自身的动议，同意只将禁令适用于联邦而非州选举。但这岂不是在进步之路上又前进了一小步吗？

可是，全美有色人种协进会和许多其他自由派团体都做出了否定的回答，他们正酝酿在民权斗争中搞个大跃进。[34] 全美有色人种协进会的克拉伦斯·米歇尔（Clarence Mitchell）在众议院的听证会上解释道，"如果采用修宪的方式来清除人头税……就会树立一个坏的先例：只要考虑民权立法，就必定引发宪法问题。如果这次妥协了……这种做法虽然可以让不那么热心支持民权的人得以避免一场恶战，但也会让反对者能够在州的层面阻挠修宪"[35]。

全美有色人种协进会及其盟友向宪法第五条宣战，绝非只是说说而已。民权领袖们牺牲了人头税问题上的进步，因为有多达四分之三的州都可能批准第二十四修正案。他们这样做，是为了维护一个原则：第五条的联邦主义前设已然不足以表达举国服膺的种族平等，而后者恰恰是他们掀起第二次重建运动的核心。

运动在宪法问题上的严肃态度开始获得更广泛的倾听。当霍兰德的修宪案交付参议院最终表决时，来自纽约的自由派共和党人雅各布·贾维斯（Jacob Javits）动议：另定禁止人头税的立法以取而代之。他强调了米歇尔的忧虑：正式修宪对于未来的发展可能产生毁灭性影响。[36] 参议员保罗·道格拉斯（Paul Douglas）是位民主党的大人物，他也和同事一道谴责霍兰德的运作是个"陷阱"[37]。

肯尼迪当局不为所动。助理司法部长卡增巴赫为第五条的方案强力背书：

> 我们认为，近来判决的趋势（表明），各法院最终会支持这样一部立法，但这并非毫无疑问。无论如何，从实际出发，考虑到参议院第 58 号联合决议（Senate Joint Resolution 58）的众多赞助者所提供的广泛支持，如果通过修宪来让人头税寿终正寝，速度可能比立法并通过诉讼确保其有效性要快些。我们都知道，长期拖延一般说来是诉讼的固有特征，特别是涉及重大宪法问题时，情况尤其如此。考虑到上述情况，司法部支持修宪方案，将之视作寻求早日取消人头税的现实手段。[38]

卡增巴赫承认，联邦最高法院确实可能推翻布里德拉夫案，并支持废除人头税的立法。但是现实政治迫使他远离立法选项。既然霍兰德的举措获得了"广泛支持",那么根据第五条修宪就是速胜的唯一"现实"路径。况且,如果国会启动立法,霍兰德就会领导南方议员通过冗长发言来阻挠议事,这是尽人皆知的事——而肯尼迪也不愿意倾全力来杜绝争论。[39] 一边是轻易获胜,一边是代价高昂的落败,面对这个选择,政府决定对贾维斯的立法动议冷眼旁观。动议以 59 票对 34 票未能通过,国会为批准霍兰德的修宪案做好了准备。[40]

从霍兰德的角度来说,短期内的政治局势同样紧迫。在写给一位愤怒的分离主义选民的信中,参议员把这一点谈得很清楚:

> 我们反对终止对文化水平测试法案的讨论,并以 53 票对 43 票胜出,相信该法案在星期一就能最终通过,你对此怎么看?你似乎很反感人头税修宪案,但是那让许多参议员只需要就一个相对不那么重要的宪法问题投票,并且抽身处理文化水平测试法案这样重要得多的事情,这是一个重要的考量因素。

> 为了捍卫美国体制下最为珍贵的价值,我夜以继日地与一个极端自由派的政府和极端自由派的国会的多数做斗争,如此却收到你信中这样的反馈,实在让人失望。[41]

对于霍兰德和卡增巴赫来说,修宪是政治上的明智之举,而贾维斯的动议则强调了潜伏着的远忧:如果今后针对吉姆·克劳制的动议都被导入第五条的轨道,那么,即便是堪与小马丁·路德·金相媲美的大众动员，都不足以击败南部十三州立法机关的否决。

在1962年夏天，将这些问题留给未来的某个时刻再解决似乎是妥当的。国会通过了第二十四修正案，并交付各州签署。这个时候，小马丁·路德·金还没有领导华盛顿大进军，约翰逊也只是位没有实权的副总统。肯尼迪当局勉力安抚南方保守派和北方自由派，此时，几乎没有清醒的政治家预见到：在短短三年之内，政治版图将发生何等巨变。

阴影渐浓

一旦选民在1964年秋天给予林登·约翰逊及其自由派国会以决定性多数支持，选举权问题就回到了舞台中心——同时回归的还有已然获得象征意义的人头税问题。第二十四修正案在1964年2月就已获得了四分之三州的支持，但是除非彻底废除对选举权的限制，否则民权领袖不会罢休。只有终结各州的人头税，并取消文化水平测试，才能让黑人顺利投票，从而给深南部的政治带来革命。不出所料，霍兰德参议员和其他南方代表利用第二十四修正案的先例，反对一切超出联邦选举改革的立法动议。[42]关键问题在于，霍兰德能否将北方宪法保守派从民权联盟分裂出来。

1962年，正是这种焦虑让全美有色人种协进会和自由派国会领袖反对第二十四修正案。他们的担忧在1965年全部言中——但是方式不同于预期。是约翰逊自己的司法部长尼古拉斯·卡增巴赫充分认可了霍兰德的宪法关切。民权上的

"前突"帮助约翰逊大胜戈德华特，而正当总统感到庆幸时，他自己的司法部却大搞立法倒退，阻挠国家向一部里程碑式法律迈进。[43]

不过，小马丁·路德·金在亚拉巴马州塞尔玛街头掀起了争取选取权的运动，由此带来的冲力是上述力量无法制约的。这场危机促使约翰逊总统采取行动，在他对国会发表的题为《我们必将战胜》（We Shall Overcome）的著名演说中，他提出制定一部革命性的《选举权法》。[44] 国会受困于前突和倒退之间，摇摆不定，努力达到新的宪法均衡。然而，当推力变得猛烈时，国会推翻了第二十四修正案所建立的先例，自觉地换下第五条，代之以基于里程碑式立法和司法超级先例的现代高级法制定体系。

既然从选民那里获得了广泛的授权，林登·约翰逊会把选举权当作 1965 年的头等大事吗？[45] 小马丁·路德·金作为诺贝尔和平奖得主赴奥斯陆，回程时访问了白宫，但并没有得到清晰的答案。[46] 他迫切要求总统做出承诺，但对方却躲躲闪闪，表示伟大社会立法更能改善黑人境况。他决心打破政治平衡："我离开了奥斯陆的山巅与白宫的山巅，两周之后就去了亚拉巴马州塞尔玛的山谷。"[47]

与此同时，约翰逊也在考虑他的可选方案。小马丁·路德·金到访后不久，他就让卡增巴赫"召开最大规模的午夜立法起草会"，以确保黑人的选举权。[48] 如果立法不能冲破宪法藩篱而生效，那么司法部就应当通过起草修宪案来突破障碍。

12月28日，卡增巴赫呈给约翰逊一份备忘录，力促他走宪法第五条之路，并附上了一份雄心勃勃的修宪案。该部的草案不仅要填补第二十四修正案所留下的缺口——它为选举权建立了全新的基础。宪法因未能保障美国人的选举权而臭名昭著——它将此事留给州来处理，只要各州不实施种族或性别歧视即可。而司法部的方案做了根本改变。它彻底废除了文化水平测试和人头税，禁止运用其他排斥性手段，只留下少数零星的、相对没有争议的例外。[49]

问题很明显——第五条设置了巨大的障碍。卡增巴赫并不乐观：

> 很难预测这种修宪会遭到多大程度的反对。除了南方的抵制，还有人的反对是出于真诚的忧虑：联邦介入了一项传统上留给州来处理的根本大政。可行的替代方案之一——遵循人头税修正案的先例并将新修正案限制在联邦选举上——虽然可能削弱反对，但也会损及措施的效果。[50]

注意，针对约翰逊的政治问题，司法部的回应是法律性的：如果拟议中的第二十五修正案遭到严重反对，那么最佳策略**并非**放弃古典的修宪系统，而是继续遵循第五条的轨道，并将南方的死硬反对派与"真诚"地担心州权的严肃保守派区分开来。将修正案的范围限缩到只包括联邦选举，这种退却是妥当的。这招在第二十四修正案上奏效过，第二十卡增巴赫虽然强烈倾向正式修宪，但是他的备忘录也探讨了替代方案。方案二提出"立法授权由一个联邦委员会来实施联邦选举的登记工作"[51]。这一立法并不针对州选举，所以拿到了健康证。一旦谈到通过立法"直接控制联邦和州选举的选民注册，只要该地潜在黑人注册者的实际注册比例较低"，卡增巴赫就"多了些犹疑"。他把这视为最末选项，因为那样不但在宪法上值得质疑，而且在政治上很成问题：居于关键地位的共和党温和派曾在 1963 年否决过"一个有些相似的方案"。[52]

约翰逊最终选择了方案三，将其纳入《选举权法》，并于 3 月 15 日向国会致辞时提出。但是几个月在政治上就算很长时间了，在 1 月初，当局仍摇摆于头两个选项之间。[53] 当总统于 1 月 4 日发表国情咨文时，他宣布将"在六周内"提交一份关于选举权的详细方案。[54] 与此同时，他的发言人比尔·莫埃尔斯（Bill Moyers）则强调：当局尚未确定究竟要修宪还是立法。[55] 更准确地说，按照卡增巴赫备忘录的意见，当时可行的方案是：一方面通过修宪断然终结州和联邦选举中的"种族歧视性操作"，另一方面仅就联邦选举中的黑人登记问题立法。之后两个月间，是什么因素让总统迅速转向方案三？

答案是塞尔玛的选举权运动。到了 1 月初，小马丁·路德·金已经获得了举国媒体关注和广泛的公众支持，准备在国会实现决定性的突破。在 1 月 15 日的一次电话交谈中，金寄望于约翰逊的政治直觉，他指出，总统只差收服那些

"黑人登记投票率不足 40%" 的南方州了。他呼吁约翰逊建立一个 "黑人选民和广大白人选民的联盟，这将真正建立一个新的南方"。

约翰逊说："你讲得很对。我认为很重要的一点是……我们应该采取这种立场：每个出生在我国的人只要达到一定年龄，就有权投票，正如有权斗争一样。"[56] 三周以后，金从塞尔玛飞到华盛顿，与总统举行了一次 "非常成功" 的会谈，他后来称赞约翰逊对选举权有 "坚定的承诺"。[57]

但是司法部跟进很慢。1 月 18 日——也即第一次塞尔玛游行的日子——卡增巴赫向总统保证在一周内拿出草案。[58] 可是他什么也没弄出来。日子一天天过去，公众对于采取决定性措施的诉求愈发高涨；作为应对，将立法局限在联邦选举（选项二）就愈发显得不够。但是该部仍然纠结于其对更全面立法（选项三）的宪法疑问。民权领袖和自由派议员都迫切要求实现立法突破[59]，于是，司法部副部长莱姆希·克拉克（Ramsey Clark）在 2 月中旬告诉约翰逊，"修宪方案并不符合要求"[60]。

此后，司法部度过了躁动的一个月，于 3 月 18 日将立法草案提交给国会。[61] 针对情况最恶劣的南方州，当局方案采取了特殊措施——中止文化水平测试，授权联邦登记官介入并为黑人登记，确保他们充分参与州和联邦选举。[62] 更重要的是，该法撕去了后进各州一切以主权为名的矫饰。这些州再也不能改动涉及自身选举系统的规则了。法律命令：在这些州选举法的修改生效之前，必须事先获得联邦法官委员会的许可。如此猛烈地攻击联邦制，自重建时期以来从未见过。

该法要求事前许可，还准备派出联邦注册官干预各州，这让禁止各州征收人头税的条款相形见绌。然而，之后短短一个月间，第二十四修正案就将人头税之争转化成了一场盛大的公共讨论。

"我们必将战胜"

3月7日是"流血的星期天"（Bloody Sunday），塞尔玛的运动在这一天达到高潮：在埃德蒙·佩特斯桥（Edmund Pettus Bridge）上，警察野蛮地实施暴力，毁掉了和平游行。[63]19世纪做的恶要多得多，但是电视改变了一切，它将恐怖的画面转化为了丑陋的象征，举国观众为之震惊。[64]愤怒的反弹势不可当，但是林登·约翰逊还没准备好以公开宣告有针对性的措施来回应。他的司法部仍在勉力起草《选举权法》的革命性架构，而总统不能在没有一份完备草案的情况下冒进。[65]

时间已经过去一周，他面临着丧失政治主动权的危险。当他宣布计划在国会发表特别演说时，《基督教科学箴言报》（*Christian Science Monitor*）解读说，他"正拼命试图在塞尔玛的民权危机引发举国愤慨前抢先行动"[66]。3月15日，总统驱车从宾夕法尼亚大道前往国会山，而司法部仍然在挑灯夜战。虽然总统对国会领袖承诺说，立法草案在演说前就会备好，但是司法部直到此后几天才提出了正式的草案——甚至直到那时还在返工修补。[67]

所有这一切都全然不重要了。七千万美国人打开电视机，聆听他们的总统对眼下的危机做出诊断：

> 塞尔玛所发生的事件，是一场宏大得多的、深入到美国每个部分及每个州的运动的一部分。那就是美国黑人为确保自身享有美式生活全部恩典所做的努力。
>
> 他们的事业也应当是我们的事业。因为，不仅仅是黑人，我们所有人都真真切切地需要战胜偏执与不公的遗毒。
>
> 我们也必将战胜。
>
> 作为深深扎根在南方的人，我知道种族情绪会带来多少痛苦。我知道重塑看法和我们社会的结构有多困难。
>
> 然而，自从黑人获得自由以来，一个世纪、一百多年已经过去。可是他今晚仍然没有完全自由。
>
> 早在一百多年前，另一党派的伟大总统亚伯拉罕·林肯就签署了《解放黑人奴隶宣言》，但是解放如今仍是宣言而非现实。
>
> 承诺至今，已过百年。而承诺并未获得信守。
>
> 实现正义的时刻已经到来。[68]

这些伟大的语句将危机的意涵系于宪法经验之内，但并非经由法律工作者所熟知的标准叙事。当他们诉诸重建时代，他们的眼光搜寻到了第十三、十四和十五修正案的文本。而当约翰逊求诸历史之时，扮演关键角色的就成了亚伯拉罕·林肯和他的《解放黑人奴隶宣言》。

所有法律工作者都知道，《宣言》并未确保黑人的公民平等，遑论选举权；甚至林肯有没有发布这一命令的宪法授权都存有疑问。[69] 但是对于约翰逊的听众来说，这些拘泥于法律的吹毛求疵无关紧要。在他们看来，林肯是伟大的解放者，而约翰逊则追随他的脚步。前路便是对于民权运动的集体担当，而不把它仅仅看作南方抗议者或美国黑人的事，因为"我们所有人都真真切切地需要战胜偏执与不公的遗毒"。"我们必将战胜"中的"我们"正演变为"我们美国人民"。

通过诉诸大众主权，总统呼吁国会"与我一道加班工作——如果需要，就牺牲夜晚和周末——以通过这部法案"。虽然他欢迎"加强这一法案"的建议，但是他坚持："这一次，在这个问题上，绝不能拖延，绝不能迟疑，我们的目标绝不退让。"

然而，当政府几天后提交法案时，却在一个重大事项上"迟疑"和"退让"了：司法部在人头税问题上有所保留。方案虽然中止了文化水平测试及"其他测试和手段"[70]，但是仅仅通过制度机制来便利黑人缴纳人头税。[71] 第二十四修正案投下了长长的阴影。

这在众议院第一轮听证中表露无余：

> 主席：您知道，我们已经修宪废止将人头税作为联邦选举的条件。您是否认为人头税在州选举中也应被废止？
>
> 卡增巴赫先生：是的，我希望摆脱人头税。
>
> 主席：您无须修宪，只通过立法就达到这个目

的吗？

　　卡增巴赫先生：主席先生，我认为很难通过立法来做到这一点。有个案子现在最高法院待审，最高法院将在下个审期听审，并可能下判。从宪法上可以这么论证：将人头税用作投票的前提，是对投票的限制，且没有宪法依据，无论其适用有无歧视性。我们打算就这样论证给最高法院听。当然，如果最高法院下判——我认为会的——人头税就将从州选举中清除出去。[72]

简言之，国会如果企图废除人头税，就是自找麻烦。它应当冷眼旁观，让最高法院去决定是否推翻布里德拉夫案。在卡增巴赫看来，文化水平测试已经取代人头税，成为关键的障碍："黑人如果因为其他测试而无法注册，就没有任何动力去缴纳人头税了。"[73] 虽然民权委员会（Civil Rights Commission）已经指出人头税也起到了排斥作用，但是卡增巴赫说，委员会的数据过于薄弱，无力支持立法设禁。[74]

自由派们不为所动。在伊曼纽尔·塞勒（Emanuel Celler）和泰德·肯尼迪（Ted Kennedy）的带领下，两院司法委员会在方案中写入了无条件禁止人头税的条款。[75] 然而，这些举措不过引发了复杂的授受过程。

突破

南方民主党人如期启动冗长的发言，企图阻挠议事，给委员会的法案设置障碍。在发言者絮絮叨叨的一个多月里，参议院民主党和共和党领袖——麦克·曼斯菲尔德（Mike Mansfield）和埃弗雷特·德克森——为了达成结束辩论所需的三分之二多数而努力寻求妥协。作为协议的一部分，他们将人头税的禁令剥离出法案。[76]

这一刺眼的删节引起非议，德克森则解释说，卡增巴赫强调了"我们采纳肯尼迪的修改意见（所涉及）的宪法风险。司法部长说，宪法路径——也即来自佛罗里达州的参议员（霍兰德先生）所走的道路——才是恰当的道路"。[77] 虽然德克森和卡增巴赫决意尊重第二十四修正案所建立的先例，但是他们也意识到，如果以不作为来应对，就会损害约翰逊所坚持的观点：应当"绝不退让"地满足小马丁·路德·金的要求，清除南方充分政治参与之路上的**一切**障碍。

受困于保守的宪政观和运动的压力之间，只有一条出路：法律创造力。卡增巴赫为曼斯菲尔德和德克森提供了一条前无古人的两难之路——这条路一方面保留了司法部对于立法设禁合宪性的顾虑，另一方面允许国会强硬反对人头税。[78]

为了领会其中的独到逻辑，需要回忆卡增巴赫最初在众议院司法委员会的演说。当时他认为，关于人头税歧视性影响的数据过于薄弱，无法支持立法设禁。而司法部的质疑如今变成了法律柔术的跳板。卡增巴赫为德克森和曼斯菲尔德制定了一项新条款，使国会能够以全新的形式行使宪法领导权：

第九条（a）鉴于呈报国会的证据表明，某些州将缴纳人头税作为投票的条件，从而否定或削减了美国公民的投票权，**国会兹宣布**：这些州将缴纳人头税作为投票的条件，确已否定或削减了美国公民的投票权。为确保这一权利不被以违反宪法的方式否定或削减，司法部长应即刻在这些州采取……措施，针对一切人头税的实施，争取宣示性判决或禁制令救济。[79]

第九条提出了更新宪法的独特机构动态过程——先由国会在薄弱的数据基础上宣布积极进取的宪法结论，再由最高法院运用这些结论来推翻牢固确立的先例。这一"协作"模式在美国史上前无古人，我将在第六章评论它的更大意义所在。[80] 但我们的故事还没有结束。

自由派的反击

卡增巴赫的法律智慧让共和党争取到了打破冗长发言所需的票数，但是参议院的自由派迅即发动反击。克利福德·凯斯（Clifford Case）参议员嘲笑司法部的操作，质问雅各布·贾维斯："在他多年的法律工作者生涯里，（他可曾）见过所谓替代方案想要生出的那种动物……他在整个生涯中可曾见过类似的奇事？"

贾维斯则回应说："曼斯菲尔德-德克森关于人头税的条款确实是一种珍稀鸟类。我们相当于对司法部长说，'我们获知了一些证据。很抱歉，我们没法下决心。所以，司法部长先生，请您让最高法院替我们下决心吧'。"[81]

贾维斯夸大其词了，因为该条款其实已经"宣布"了

"公民宪法权利"由于"缴纳人头税"而遭到了"否定或削减"。但他强调国会的发声方式前所未有，则是正确的——虽然宣示了宪法判断，但并没有像通常那样针对行为进行立法。在他看来，这种只谈宪法的发声方式什么用都没有，因为司法部长明明可以"诉诸法院"，无须立法巩固就可以进行法律论证。

贾维斯误会了。国会其实是在呼吁最高法院用新的"超级先例"来掀起法律革命——"超级先例"如今已是通用术语，当年还未有人知。立法之所以特别授权给司法部长，就是为了赋予这一国会-联邦最高法院协作的新模式以重大意义。就此看来，贾维斯和他的自由派同道都是法律保守派，他们一门心思要让司法部的"珍稀鸟类"即刻灭绝。

在一件事上，诸如斯特罗姆·瑟蒙德（Strom Thurmond）之类的南方种族主义者和他的自由派对手没有分歧："命令司法部长挑战某部州法的合宪性，会形成先例，人们今后会为此而后悔。"[82] 霍兰德参议员补充说，国会就宪法问题发声的方式只有一种，那就是提议修宪。[83]

但是贾维斯已经听够了霍兰德的忠告。他呼吁自由派的同道们"从经验中学习"："我们曾被引到（第二十四）修正案的田园小径上去……而今，是时候鼓起勇气、担起责任，立即、彻底地最终废除人头税了。"[84]

肯尼迪参议员引用约翰逊的"我们必将战胜"演说，加入了大合唱。他解释说，除非以立法彻底禁止人头税，否则无法确保黑人能够投票反对世上的一切乔治·华莱士之流，并阻止塞尔玛的悲剧再次发生。[85]

所有这些抗争都无济于事。肯尼迪的修改方案以45票对41票被击败，而卡增巴赫超出修宪和立法设禁之外的、非常规的"第三条道路"则获得了参议院通过。[86]

与此同时……

与此同时，众议院司法委员会主席伊曼纽尔·塞勒则收到了一份共和党提出的替代方案——其中不包括禁止人头税。[87]他拒绝在这个原则问题上让步，而小马丁·路德·金打电话给总统施压，让他考虑"我们怎样才能彻底阻绝（共和党的替代方案）"[88]。

约翰逊的回应是重新界定议题。他告诉金说，塞勒及其在众议院的反对者双方都错了，而金应当支持卡增巴赫在参议院所做的妥协。他警告说，如果塞勒的修改方案获得通过，就可能严重激怒法院，使之"宣告整部法律无效"。他还明确表示卡增巴赫在法律上的担忧起了决定性作用。他继续说道，即便民权领袖"对于司法部长信心不多，他们仍然会陷入麻烦，因为我们指望依靠司法部长来获得帮助……您既然征询我的建议，我就都告诉您了，您要么信任我和卡增巴赫，要么选择您信任的其他领袖并跟着（他）走"[89]。

约翰逊的意思再清楚不过："要么照我说的办，要么就不办。"总统没有重新审查卡增巴赫的方案，而是呼吁金向前看：参众两院会议委员会（House-Senate conference committee）将尝试调和两院立场的冲突，那将是个关键时刻。两院携起手来，必将在南方"狡猾的国会专家"自己的游戏中击败他们：[90]

那我们就开会去。想想我们把他们都请到一间会议室里，对他们讲话，之后每个人都对他们讲话，并说："请你们达成共识吧，我们希望跟着司法部长前进……如果你们信任我，如果你们信任司法部长……我会不遗余力地推动通过这部影响至为深远的法案。"[91]

球被踢到了小马丁·路德·金的脚下：他究竟会力挺塞勒及其自由派盟友，还是转而支持卡增巴赫及司法部的宪制创见？

卡增巴赫–金妥协

小马丁·路德·金的最后一战迫在眉睫。在众议院的投票中，塞勒主席以 215 票对 166 票成功保住了他的人头税禁令。[92] 于是，他率领强大的自由派代表团参会，力图扼杀卡增巴赫的妥协方案。一切取决于参议院的代表团。参院司法委员会主席、来自密西西比州的詹姆斯·伊斯特兰德（James Eastland）挑选了他的同事、种族隔离主义者拉塞尔·朗（Russell Long），只给自由派民主党人留下了两个席位——托马斯·多德（Thomas Dodd）和菲利普·哈特（Philip Hart）。余下的两席归于少数派领袖德克森和他的同事、共和党人罗曼·赫鲁斯卡（Roman Hruska），这让德克森拥有了对结果的决定性影响。

由于《选举权法》对联邦制的攻击如此全面，与会者疲于解决一大串的冲突。不过，他们的进展异常迅速，直到撞上人头税的坚壁。[93] 塞勒的力量大到令人生畏，但德克森的角色也不容忽视。他（与赫鲁斯卡一起）可以否决参众两院的一切协议。虽然全美有色人种协进会及其参院盟友施加了压力，但是他们无法推翻加法定律。德克森立场坚定。[94] 一股无法抗拒的力量遭遇了一个毫不动摇的目标——除非某个第三方介入调解。

卡增巴赫是个显然的选择。在紧要关头，塞勒很难对抗民主党当局。而德克森早在与曼斯菲尔德达成协议时，就公开信任卡增巴赫了。[95] 在 7 月 19 日那一周，参会者陷入了僵局，卡增巴赫则返回司法部另定新法，将第二十四修正案的幽灵从活的宪法中驱逐出去。

他在之后一周准备停当。他的新方案维持了参议院法案的"两步走"结构——国会将继续以宪法为据，发声谴责人头税，并命令司法部长提起特别诉讼，以说服最高法院推翻布里德拉夫案。

不过，国会将以更强烈的方式表达谴责。卡增巴赫修改后的条款被编为第十条，其中不仅认定人头税在某些州产生了种族歧视效果，而且认定该税一贯导致"不合理的财务困境"，这种困境与"州的任何正当利益都没有合理关联"。[96] 在 7 月 27 日的一次私下会晤上，德克森和塞勒签署了这个更严厉的版本。[97]

德克森的同意确保了参议院代表团中的多数支持，但是当会议委员会在同一天晚些时候会晤时，塞勒却受到了众议院多数参会者的反戈一击，这迫使领袖们孤注一掷。全美有色人种协进会和国会中的自由派已经在立法设禁上下注甚多，此时只有一位民权领袖拥有打破僵局的道德权威：小马丁·路德·金。

卡增巴赫于周三夜间致电金。在新法的命运悬而未决之际，金选择了约翰逊总统在早先的电话中所指明的道路。次日，卡增巴赫致信塞勒，汇报了他的成功：

> 昨天晚上，我和小马丁·路德·金讨论了拟议中的选举权法案如今在会上的处境，特别是涉及人头税的新条款。他向我表达了让法案尽快生效的强烈渴望，并说他认为这才是压倒一切的大事……
>
> 在人头税条款问题上，他是这样向我表达自己的观点的："虽然我本来希望法案这次可以消灭人头税——一劳永逸地消灭——但是国会毕竟在该法中明确宣告了人头税削减并否定了选举权。况且，国会命令司法部长'即刻提起'诉讼，在仍然征收人头税的四个州消灭人头税或阻止其运用。我相信，法案中的人头税条款，加上司法部长的有力措施，将最终埋葬这一邪恶的做法。"[98]

塞勒当即召开会议，宣读了来信，并获得了剩余的自由派不合作者的同意。[99]之后，他赶赴众议院全体会议，提交委员会的报告，结果遭遇了愤怒的漩涡。

四处弥漫着遭到背叛的感觉。来自纽约州的罗伯特·麦基文（Robert McEwen）议员动议重新组织委员会，指责与会者令选举权法案"缩水"到了只剩"半口气"。[100]德波特·拉塔（Delbert Latta）议员公开谴责了妥协方案："我们反对人头税……（并且）我们不希望这个问题继续拖延，以致拖到下一场运动中去。"[101]

但是，塞勒毫不动摇，并且以 328 票对 74 票胜出，帮助法案通过了众议院的审查。[102] 在全体会议辩论期间，塞勒都对金在最后时刻的介入保密。[103] 但这事次日就上了《华盛顿邮报》的头条，[104] 而卡增巴赫的信也很快被转载到《国会记录》（Congressional Record）之中。[105]

实情一目了然：《选举权法》之所以能够获得通过，靠的是司法部的宪法创见和金的决定性支持，二者结合在一起。"我们必将战胜"——约翰逊总统在对国会所做的伟大演说中，将这句话用作民权运动的口号，其影响远超预料。这句话获得了小马丁·路德·金的权威，埋葬了第五条的幽灵，照亮了通向宪法转型的新路径。

在签署这一里程碑式立法时，约翰逊总统特别提到了这一成就。以下来自他对全国的电视讲话：

> 致力于塑造和通过这份法案的国会成员和许多公民个人，都将因为这部法律而在我们的历史上分享荣耀。
>
> 有人说，这种不公由来已久，无须着急。可是，从（第十五修正案）将选举权赋予全体黑人，已经过去 95 年了。
>
> 等待已经结束。
>
> 有人说，应当尝试力度更小、更为渐进的措施。但是这些措施都试过了。在漫长的岁月里，不断尝试，尝试，再尝试，却失败，失败，再失败。
>
> 失败已经告终。

有人说，这个问题头绪繁多、非常复杂。然而，无论怎么看，否定选举权都极端错误。

不正义已成往事。

这届了不起的国会——第89届国会——在通过这部法律时行动迅速。我将会同样迅速地执行这部法律。

明天下午1点，司法部长将奉命起诉，挑战密西西比州人头税的合宪性。我相信，这将开启法律进程，迅速禁止一切州将交钱定为行使投票权的条件……

总之，我相信，我们要一步一步地——经常会感到吃力，但是愿景很清晰——走在通往美式自由的路上。[106]

可是，联邦最高法院会沿着小马丁·路德·金、约翰逊总统和美国国会所照亮的道路，迈出下一步吗?

第六章

通过司法来抹除？

围绕人头税的斗争倏然间将第五条推到政治舞台的中心——在现代共和国，它还能够充当宪法变迁的排他模式吗？

答案是否定的：《选举权法》否定了第五条，表达了广泛的大众授权，要将南方政治中**一切**排斥黑人的做法都荡涤一空。国会和总统在缔造《选举权法》第十条的时候，并非只是在最后一刻敲定规则细节。他们为了在现代共和国维护大众主权，推翻了一座根本的宪法障碍的大山。

第十条的宪法意义已然湮灭在时间里——大多数选举权专家都不知晓，遑论更广大的职业共同体，更不用说广大公众了。如何解释这不同寻常的湮灭？

集体遗忘是沃伦法院能动实践的出人意料的遗产。在哈珀诉弗吉尼亚选举委员会案中，大法官们完成了《选举权法》赋予他们的使命，以宪法的名义推翻了残存的一切人头税。但是，实用主义的能动派威廉·O. 道格拉斯（William O. Douglas）撰写了多数意见，其中拒绝将判决的基础建立在第十条或第二十四修正案上。道格拉斯撰写哈珀案判决的时候，问题的解决仿佛完全取决于大法官们。

132 政制秩序原理：变革

回忆一下，新政时期的最高法院在布里德拉夫案中，曾经投票以 9：0 支持人头税。在推翻布里德拉夫案时，道格拉斯并没有宣称 1937 年的判决是错误的。相反，他骄傲地否认最高法院会被 19 世纪通过平等保护条款的美国人的"政治理论所束缚"。在阐发当下的时代精神时，他完全没提到长达五十年的、反对布里德斯拉夫案对平等保护狭隘解读的政治运动。相反，他将联邦最高法院称为 20 世纪我们人民的唯一代言人，以和**他**对当下宪法意涵的理解不符为由，废除了弗吉尼亚州的人头税。

后世法律工作者从字面上理解道格拉斯，将对于能动重释第十四修正案的赞誉（或谴责）都给予沃伦法院。他们只关注《美国报告》，使道格拉斯得以抹去金、约翰逊、德克森、曼斯菲尔德和塞勒的努力，而正是他们打破了旧的、以 19 世纪美国人名义设置的宪法藩篱。

在这个案件中，集体遗忘的错误尤其严重。道格拉斯的意见能够被《美国报告》收录纯属意外。联邦最高法院刚开始讨论哈珀案时，阿瑟·戈德伯格（Arthur Goldberg）大法官领衔起草了法院意见，其中超越了第十四修正案，强调我们人民在 1960 年代的宪法判断。而约翰逊总统随后说服戈德伯格从最高法院辞职，出任驻联合国大使，领导越南和平行动——这就让道格拉斯有机会用一份完全不同的意见来填补真空。既然道格拉斯抹去记忆之举纯属偶然，那么现代法律工作者就负有特殊的责任，理应铭记现代美国人及其政治领袖在重新界定宪法平等意涵时所扮演的历史角色。

我们探访哈珀案的案卷，又为重新理解涉及《选举权法》的另一宗大案，即卡增巴赫诉摩根案（*Katzenbach v. Morgan*）开辟了道路。这次轮到了威廉·J. 布伦南（William J. Brennan）大法官代表最高法院撰写意见。与道格拉斯相反，他赞扬了国会在里程碑式立法中行使权力，引领界定平等的现代意涵。并且，摩根案在业界正典中保有重要的位置，它充当了多年来国会权力之争的参照点。这让我们可以将摩根案当作跳板，重新将人头税的故事引入现代宪法正典。

在之前几章里，我努力从宏观上描述 1954 年至 1974 年高级法制定过程的制度图景；而本章与此迥异，将对一系列司法案件做微观分析。但是，宏观和微观的路径最终通向同一目的地：21 世纪的宪制论者对他们的公民同胞负有义务，须得阐发民权革命的伟大成就，超越最高法院的判决，关注由里程碑式立法表达的变革原则。本书第二编则更精细地研究这些里程碑，探讨它们如何丰富了我们对于 20 世纪宪法遗产的理解。

合作模式

首先把哈珀案置于显微镜下——我们先看被从《美国报告》中抹去的里程碑式立法。第十条标志着现代高级法制定系统演进到了新的阶段。

当富兰克林·罗斯福在新政期间阐发现代总统领导制的模式时，他采取了直白的方式。以动员起来的全体选民的强力授权为后盾，总统和国会通过里程碑式立法，直接挑战宪法正统观念。

这些新立法迫使联邦最高法院做出明确的抉择。它要么继续保卫旧的宪法正统观念，要么实施"及时转向"。最高法院以在 1937 年做出转向而闻名，它在一系列超级先例中支持了新政立法的突破，至今仍在塑造宪法。这称作**挑战模式**——总统和国会挑战最高法院，要求法院掀起宪法司法哲学的革命，否则就要冒自身遗产遭到更大攻击的风险。[1]

第十条则采取了不同的进路。它提出了合作而非对抗的前景。在这一模式下，国会只宣示其宪法改良的观点，并且"命令"司法部长运用这些观点来努力说服最高法院，促使后者否定旧的司法哲学，创设新的超级先例，以表达后起一代所服膺的宪法变革。

第十条闯出了一片新天地：几个世纪以来，从没有立法让司法部长充当信使前往司法部门。毕竟，司法部长是行政分支的成员：如果他有老板，那一定是总统而非国会。通常来说，国会一旦"发号施令"，就标志着国会与总统间就最高地位展开全面战争。但是，1965 年的时机很不寻常。在促使国会发出进军令的过程中，卡增巴赫本人扮演了关键角色。第十条并不标志着恶斗，而是表达了政治分支之间超乎寻常水平的合作，它们力图让最高法院支持重释平等意涵的事业。

为了给民权时代奠定新的司法学说，这一条提出：

> 国会的结论是：将缴纳人头税作为投票的前提①阻碍了收入有限的个人投票，或对这些人施加了不合理的财务负担，以此作为他们行使选举权的前提条件，②与

州在选举实施中的一切正当利益均无合理关联，且③在某些地方还存在基于种族或肤色而否定投票权的目的或后果。在这些结论的基础上，国会宣布：某些地方要求将缴纳人头税作为投票的前提，这否定或削减了公民的宪法选举权。[2]

这些"结论"具体阐发了植根于两代宪法政治之中的承诺。前两项标志着新政时期让穷人能够投票的斗争达到了顶点；第三项则将眼下的民权运动推到了台前。

虽然国会是以结论的形式表达这些判断的，但是这不是普通的事实调查结论。国会的前两项结论即新政的遗产显然是在从规范而非描述的角度谈宪法：人头税施加了"**不合理**的财务负担"，并且"与州在选举实施中的一切**正当利益**均**无合理**关联"（强调系后加）。第三项结论即民权革命的贡献则更多在谈事实：其中宣称的种族主义"目的或后果"在原则上是可以证伪的。

第十条以一条规范判断作为结论：它"宣布"那三项结论表明"某些地方"否定了"公民的宪法权利"。这一结论却并不能从该法的前提中导出。如果国会的前两项结论属实，那么人头税在*所有*地方都是违宪的，而不仅仅是在某些地方。只有第三项结论——涉及种族主义目的或后果——看起来可能限定于南方某些地区。那么国会的真实意图是什么："某些"还是"所有"？

在机构间合作的背景下，这个模糊点就对联邦最高法院构成了根本挑战。联邦最高法院可以撰写一份（相对）狭隘解释的意见，强调民权运动对活的宪法的贡献。如果选择民权，那么法院意见将强调国会的第三项结论，并命令下级法院调查仍然征收人头税的州的"目的或后果"。

而最高法院的判决如果更有抱负，就应该根据前两项结论，将**一切**人头税都视作对选举权施加的"不合理的财务负担"，并加以废除。如此判决是将第十条看作一场大众运动的顶点，它始自罗斯福让所有美国人不分贫富均可投票的努力，最终导向了金－约翰逊－德克森－曼斯菲尔德的合作，成就了《选举权法》。这和选择民权不同，可称为新政－民权合题。

到底选哪个：狭义解释还是宽泛解释？

不论大法官们如何回答，只有一件事情确凿无疑：国会和总统希望斩钉截铁地否定布里德拉夫案，并且根据法治为此提供了条件。

诉讼中的意外

这一信息从未传递到最高法院。导致信息偏出的是美国公民自由联盟（ACLU），该组织早在国会启动《选举权法》立法之前将近两年，就开始在司法上挑战弗吉尼亚州的人头税。由于布拉德拉夫案仍然是板上钉钉，美国公民自由联盟在下级联邦法院的挑战徒劳无功，因为下级法院认为联邦最高法院在1937年已经做出了无异议判决，审核该判决并非其职责所在。这些断然回绝在意料之中。于是，在1964年晚些时候，美国公民自由联盟请求联邦最高法院管辖哈珀案，推翻其先前支持人头税的判决。[3]

此事于 1965 年 2 月呈递到大法官们面前——当时，金正从塞尔玛飞往华盛顿，要求约翰逊总统启动选举权立法，而距约翰逊将《选举权法》呈交国会还有一个月时间。

尽管到了最后关头，联邦最高法院仍然拒绝认真对待美国公民自由联盟的挑战。讨论之初，六位大法官投票支持重申布里德拉夫案，而且只需简短判决即可，甚至无须全体开庭和辩论。在仓促交谈间，有人提到第二十四修正案最近获得施行，但是几乎没人提到人头税即将寿终正寝，联邦最高法院无须出手埋葬。只有沃伦、道格戈斯和戈德伯格简短地表达了异议。[4]

110　　如果哈珀案是根据调卷令而获得审理的，那么联邦最高法院就有完全的裁量权来决定是否管辖该案，多数意见就不那么重要了。可是，该案是上诉到最高法院的，严格从法律上看，由六人组成的多数无权拒绝审理实体问题。总统的"我们必将战胜"的演说开启了废除人头税的运动；而如果多数派固执己见，那么早在此前一个月，联邦最高法院就会草草维持布里德拉夫案的实体部分。只是因为阿瑟·戈德伯格的介入，才阻止了他的同事断然为宪法现状背书。他要求同事们再给些时间，等他写篇成熟的异议再判不迟，而同事们当然尊重他。

这一幕挑战了流行的、对沃伦法院的刻板印象：法院的最初反应并非司法能动，而是拘泥于法律的小心谨慎。这种态度在司法部也占主导。回忆一下，卡增巴赫曾对总统建议，推翻布里德拉夫案的最佳手段是根据第五条修宪。当戈德伯格撰写他的意见时，司法部总算摒弃了对于第五条的形式主义忠诚，开始起草《选举权法》的革命性方案。联邦最高指挥官的法律官员开始追赶上宪法政治的动态过程。

戈德伯格的草稿将两条论证线索结合起来——一条源自沃伦法院关于"一人一票"的新近判决，另一条源自国会围绕第二十四修正案的辩论。根据这些辩论，他驳回了弗吉尼亚州的主张：人头税有助于确定选民是否"在州务中有足够利益"，而这个利益是正当的。戈德伯格强调，众院司法委员会在汇报第二十四修正案一事时，曾经遇到过"一模一样的观点"。他以同样方式否认了人头税具有重大的财政筹款功能。[5] 3月4日，他把草稿发给大法官们传阅，沃伦和道格拉斯加入了他的意见——此时距离塞尔玛的流血星期天还有3天。[6]

塞尔玛事件次日，哈珀案回到了会议桌上，布莱克、布伦南和拜伦·怀特（Byron White）改变了态度——他们投票在下一审期全体开庭并审理该案。[7] 做出这个决定时，他们不会想到，短短五个月之内，第十条就为废除人头税的明确目标创设了特别司法程序。当联邦最高法院全体讨论哈珀案时，下级法院已经在根据第十条废除人头税了。[8] 美国公民自由联盟的职责在于，强调立法观点获得了判决背书，而这加强了他们在哈珀案中早就向下级法院表达过的主张。毕竟，让最高法院推翻自己的先例并不容易，而第十条实乃天赐良机，让美国公民自由联盟挑战布里德拉夫案容易了许多。可惜的是，美国公民自由联盟完全没能把第十条整合到对弗吉尼亚州立法的攻击当中。在过去两年里，联盟的律师完全倚仗平等保护条款，他们的思维不够活跃，无法克服死抠法条的惰性。

如果戈德伯格始终在位并继续完善他的意见草稿，那么这个问题还不严重，反正戈德伯格已然强调了考虑当下宪法发展的重要性。然而，戈德伯格在哈珀案下判前就辞职了。当最高法院开始认真面对人头税的时候，这个问题就要靠他的同事来处理了。

会有人填补这一智识空缺吗？

答案是肯定的。《选举权法》一经通过，司法部副部长瑟古德·马歇尔（Thurgood Marshall）就受邀介入哈珀案以表达政府立场。虽然马歇尔没读过戈德伯格未发表的意见书，但是，在他的办公室所提交的概述中，论证线索却与戈德伯格相仿——只不过超出了第二十四修正案，强调第十条在该案的中心地位。

年轻的理查德·波斯纳（Richard Posner）时任司法部副部长办公室助理，这份概述在相当程度上都由他撰写。概述将聚光灯投向国会邀请联邦最高法院展开合作一事。[9] 该文强调，人头税"与州的正当利益"并无"合理关联"，这是第十条的结论，而类似的结论"早先在国会倡议制定第二十四修正案时也做出过"[10]。波斯纳总结说："国会考虑人头税问题也有一些年头了。国会经过研究，在充分的事实和经验的基础上得出结论：人头税是州不正当地行使了投票设限的权力。无须进而论证这一判断对最高法院有拘束力，我们认为，这一判断的分量很重。"[11] 政府传递的信息既响亮又清晰：只要下判推翻布里德拉夫案，第二十四修正案和第十条就配得居于核心地位。

可是，当司法部副部长马歇尔就哈珀案做口头发言时，他并没有根据这条线索来论证。不过，当最高法院转而审理哈珀案的姊妹案——巴茨诉哈里森案（Butts v. Harrison）时，这个问题还是被提了出来。根据官方记录，一位大法官（可能是哈兰）[12] 提到，"有人"——大概是卡增巴赫——曾在国会听证会上作证说，合宪性的问题在"立法上可能存有疑问……不过他们看起来确信……就算国会不能那么做，最高法院也可以"[13]。在本案中，马歇尔离开了讲台，而由巴茨的律师罗伯特·L. 西格（Robert L. Segar）来回答大法官的提问。

西格无力应付局面。他没能指出：国会为了回应卡增巴赫的疑问，在第十条中谴责了人头税。他也没能以司法部副部长的概述为据，主张国会的判断"分量很重"。相反，他明确否定了那部里程碑式立法："我没有（参加国会听证）。我们论证的依据不是国会说了什么……其实，我们的案件早在《1965 年选举权法》出台前就启动了……顺便说一句，我们提交的概述中也没有引用该法。"[14]

之后，对话从第十条转向了第二十四修正案，但是仍然于事无补：

> 联邦最高法院：按照你的观点，第二十四修正案根本就是多余的。

西格先生：就是怎样的？

最高法院：多余的，你根本不需要它。

西格先生：啊，是这样的，毫无疑问。[15]

西格又一次搞砸了。他没能呼吁法院——就像戈德伯格大法官和政府的概述那样——将最近修宪废除人头税之举看作重新思考布里德拉夫案立场的原因。联邦最高法院提出，他基于平等保护的论证是让法院把第二十四修正案当成多余的东西，这个观点敌意十足，他竟然接受了，其辩术之差令人发指。

小意外的累积速度令人心惊。如果戈德伯格一开始没有 113 要求额外给他时间撰写异议，那么联邦最高法院就会在 1964 年简单地重申布里德拉夫案——如此一来，当联邦最高法院在 1965 年或 1966 年根据第十条重新考虑这个问题时，案件就会通过从下级法院上诉的途径到达该院。在最高法院决定就哈珀案举行全体庭审之后，戈德伯格却离职了，将第十条带回舞台中心的任务只能落在司法部副部长身上——可是，瑟古德·马歇尔在口头辩论中却未能直中要害。这样一来，只能靠美国公民自由联盟来填补空缺了。联盟的律师却宣称，1960 年代的宪法政治与法院听审的案件根本无关，这简直离题万里。

通过司法抹除第十条宪法意义的舞台已经搭建完毕。

抹除

在哈珀案中，道格拉斯大法官代表联邦最高法院发表意见，他拒绝根据第二十四修正案或第十条推翻布里德拉夫案。他的判决完全建立在第一次重建所留下的文本之上：

> 平等保护条款并不受制于特定时代的政治理论。我们（大法官）在决定哪些政策具有违宪歧视性时，从没有局限在平等的历史观念上……究竟何种做法构成平等保护条款意义上的平等对待，这种观念**确实**会变化……1896年，本院曾判决：某些法律给黑白公民提供种族隔离的公共设施，并没有剥夺第十四修正案所要求的、黑人的平等保护和待遇。当时，参与审判的8位大法官之中有7位赞成法院的意见，于是一起表达了对于何谓不平等和歧视性对待的看法，而这如今听来很别扭。而在1954年——半个多世纪以后——我们在公共教育问题上推翻了普莱西案的"分离但平等"学说，并指出："在考虑这一问题时，我们无法将时钟倒拨回第十四修正案通过时的1868年，甚至也无法倒拨回普莱西诉弗格森案（*Plessy v. Ferguson*）下判时的1896年。"[16]

如果最高法院在1954年至1965年判决哈珀案，那么道格拉斯以布朗案为据就完全在情理之中。沃伦拒绝"倒拨时钟"乃人所共知，也确实充当了推翻布里德拉夫案的最重要依据。可是现在已经到了1966年，第二十四修正案和第十条的施行已然根本改变了法律大局。

道格拉斯在把握这一点上出了问题。当年，总统和国会¹¹⁴无意担起宪法领导权，打击种族主义，联邦最高法院为此制定了司法策略；而今道格拉斯深陷旧策略之中，就像参加过上一场战争的将军一样。如果他具有戈德伯格那样活跃的智识，他本来可以写出一份强有力得多的意见书。

将平等保护从"特定时代的政治理论"当中"解脱"出来，存在一个明显的问题：道格拉斯何以认定自己在为时代精神代言？最高法院可能只不过在替一小撮不切实际的司法改革者说话。

道格拉斯口气淡漠地宣称，布里德拉夫案支持人头税所造成的"不平等和歧视性对待"只不过"如今听来很别扭"——仿佛这是个音乐鉴赏问题，因而被指责为精英主义。如果他援用第十条的"结论"来证明重新考虑布里德拉夫案的前提是正当的，那么他的论证本来会令人信服得多。

当我们转向道格拉斯的推理细节时，第十条遭到抹除这件事就更令人费解了："引入财富或缴费作为限制选民的手段，就是引入一个不可测或无关的因素。歧视的程度与本案无关。在这种情况下——也即被当作投票的条件时——要求付费会导致'不公正'的歧视，从而与平等保护条款相冲突。"[17]道格拉斯所宣称的，人头税会引入"一个不可测或无关的因素"，就是把第十条的结论换一种说法而已：该税与"州的一切正当利益"均无"合理关联"；他谴责缴费是"不公正"的，也契合国会的结论：该税施加了"不合理的财务负担"。[18]那么，他为什么不提国会刚刚肯定的宪法观和他表达的完全一致？

回忆一下，第十条邀请最高法院在两个选项之中择一，一是民权选项，也即只谴责那些具有种族主义"目的或后果"的人头税；二是新政－民权合题，也即谴责一切人头税。道格拉斯选择了后者，这注定会引发争议，但他对厚重的大众斗争史弃之不顾，正是后者赋予了第十条更深刻的宪法意涵。这实在不合常理。[19]

出人意料的是，只有异议者听到了 20 世纪我们人民的声音。道格拉斯认为，人头税没能促进提升"公民责任"这一"合理"目标。而约翰·哈兰反对这一点，并获得波特·斯图尔特（Potter Stewart）加入：[20]

> 诚然，这些观点如今听来大都与实际不符。现在，这些观点不被认可，证据之一便是几乎所有州都自行制定政策，废除了财产或人头税限制；**与此相关，国会和四分之三的州迅速签署了第二十四修正案……**但是，在我看来，如果最高法院采纳在我们史上特定时刻广获接受的政治学说，据此宣告所有其他学说都不合理或不公正，并禁止理智之人在按照政治程序办事时将之作为选项，那就大错特错了。[21]

哈兰和斯图尔特认为第二十四修正案设定了严格的限制：我们人民禁止在联邦选举中征收人头税，而最高法院无权走得更远。因为道格拉斯甚至压根没提修正案的事，所以他没有机会挑战这种解释。

道格拉斯对修正案保持沉默，也让布莱克大法官的工作变得容易。他的异议不出所料，对整个活宪政理论发起了抨击："在我看来，如果我们宪法所包含的'政治理论'过时了，本院的多数派不仅没有另选新的宪法政治理论的宪法权力，而且我国人民可以根据第五条行事，这远比本院的多数派更能胜任。"[22] 布莱克虽然给第五条唱赞歌，却没有提到第二十四修正案，更没有考虑该修正案的出台是否严重削弱了布里德拉夫案。

如果戈德伯格大法官还在位，他肯定会挑战这套喋喋不休的絮叨。[23] 他未发表的意见已然照亮了通往更深刻进路的方向。它承认第二十四修正案并未明确废除州的人头税，将这称作"在这一领域取得一些进步的……必要妥协"[24]。有第十条的背书，加上司法部副部长在概述中力主该条应具有"很重的分量"，戈德伯格本来可以让自己的论证变得更有力。我在戈德伯格的草稿中添写了几句话，以提示这一宪法动议的力量所在：

> 最后，第二十四修正案积极致力于在联邦选举中取消人头税；即便如此，该修正案的话语或历史均不曾表明：国会和州立法机关暗暗企图在这一重要领域取消第十四修正案的适用。**相反，《民权法》所做的宪法判断邀请我们将新近修宪所表达的原则拓展到州选举之中。我们同意国会的结论：这些税收针对"收入有限的个人"施加了"不合理的财务负担"，并且"与州的一切正当利益均无合理关联"。据此，我们认定该税在宪法上是一种不公正的财富歧视，并加以谴责。**

如果上述"戈德伯格脚本"成真，那么21世纪的律师和法官将从哈珀案习得全然不同的教义。戈德伯格本来可以让该判决成为大众主权动态过程的顶点，而1960年代的美国人在其中起到了关键的推进作用——他们首先通过第五条这一古老形式表达了自己的宪法判断，然后通过里程碑式立法这一现代方式进行了表达，最后通过最高法院的意见，将自己崭新的宪法判断转化为新政-民权体制的基本原则。

历史并未照此发展。然而，法律界如今应该超越历史的一系列意外，阐发戈德伯格的深刻见解。

重拾合作

当我们转向沃伦法院的另一宗大案——卡增巴赫诉摩根案，[25] 问题就简单多了。虽然该案下判时间仅比哈珀案晚三个月，但是布伦南大法官代表最高法院发表的意见却拒绝追随道格拉斯的指引。运用摩根案，他将现代平等保护法推向戈德伯格的道路——强调最高法院与国会协作在阐发二次重建宪法意涵当中的关键作用。并且，摩根案在业界正典中保有中心地位，这让我们可以用人头税的故事来加深既有的、对于合作推进宪法变迁的可能性的理解。[26]

我们从一些引人注目的相似之处说起：摩根案和哈珀案都是对于《选举权法》革命性突破的司法回应，而摩根案关注的排斥性做法与哈珀案截然不同。当说西班牙语的波多黎各人移居大陆时，由于州法要求懂英文，他们经常被禁止投票。《选举权法》第四条禁止这种做法——虽然最高法院不久前下判予以支持。最高法院已经在 1959 年判决了拉希特诉北安普顿县选举委员会案（*Lassiter v. Northampton County Board of Elections*），这给国会根据平等保护条款行事设置了新障碍，而且比 1937 年的布里德拉夫案还难以克服。[27]

国会没有被吓倒。和第十条一样，第四条拆除了这一投票的藩篱，但是采用了不同的方法。为了摧毁人头税，第十条破天荒地设计了一个协作模式；而为了摧毁只考英语的文化水平测试，第四条直截了当地下达了禁令。[28]

如此一来，联邦最高法院就面临着熟悉的挑战模式，支持里程碑式立法的人呼吁大法官们推翻拉希特案，而批评者则吁请法院遵循成例。布伦南的回应超越了这一标准的二分法，提出了解决宪法变迁问题的"第三条道路"方案：他撰写的法院意见维持了拉希特案，但是与国会的里程碑式立法协作，重新定义了选举平等。

布伦南解释说，《选举权法》骤然改变了决定司法审查范围的机构均衡。拉希特案的结论仅仅是：**各州所坚持的、选举只能说英语的政策符合平等保护的要求**。而第十四修正案赋予国会额外的权力去执行其命令，布伦南对这一权力的界定足够宽，使国会得以在其权限内介入并保护说西班牙语的人。

布伦南将他对第十四修正案执行条款的解读系于约翰·马歇尔（John Marshall）的名言："只要目的正当且在宪法范围之内，只要所有手段均适当并完全与目的相合，且不被宪法禁止，而与宪法的条文和精神相符，就是合宪的。"[29]

在布伦南–马歇尔测试之下，里程碑式立法很容易取得及格分数。布伦南认为，国会并不仅仅让说西班牙语的个人能够投票，还给"波多黎各社区"提供了一个关键的工具，用以确保"公立学校、公屋和执法等公共品的供给"没有歧视。[30] 由于选举和公共品的供给联系密切，布伦南毫不费力地指出，《选举权法》是执行第十四修正案的适当手段。

哈兰大法官没有被说服。他在异议中强调了执行条款的救济性，并获得波特·斯图尔特的附和。国会在实施救济之前，必须证明确实存在宪法问题：没有错误就没有救济。而根据拉希特案，文化水平测试只考英语并无不妥——那就没有需要救济的错误了。 118

布伦南认为，将波多黎各人从选举中排除的做法，与在公共服务供给中搞歧视的威胁，二者是联系在一起的；而哈兰不为所动。他指出，国会并未调查此事的实情；之所以禁止文化水平测试只考英语，仅仅是因为"立法者宣称：国会认为州法肯定会违反宪法，剥夺平等保护"[31]。布伦南将国会宣称的内容照单全收，允许国会修改"本院根据第十四……修正案所做的宪法判决"[32]。虽然布伦南大胆搬出约翰·马歇尔当救兵，但摩根案却是司法弃权的遗迹而已。

布伦南的回复是不认罪——他填写了一个脚注，明确否认了哈兰的指控：他把大权拱手托给了国会。相反，他坚称，大法官们可以确保国会只运用摩根案的授权去"执行"，而非"稀释"联邦最高法院对于平等保护的实体解释。[33]

布伦南的迅速回击引出了一个显而易见的问题：大法官们如何区分"稀释"和"执行"呢？[34]不同的平等保护理论对此做了不同的区分。如果布伦南的意见授权国会在各理论之中自选，那么摩根案就确实允许国会以自己的判断取代联邦最高法院的判断；如果不准国会自选，那么尽管布伦南做出了仿效马歇尔的姿态，但是他的"第三条道路"究竟是小径还是开阔的高速路，还要看联邦最高法院后续如何界定"执行"的含义。

在过去半个世纪里，布伦南与哈兰的对峙引发了许多讨论。但是，法官和学者们在处理这个问题时通常无视历史，他们为了根据摩根案推翻最高法院的判例法，企图提出界定国会权力范围的通法。

但这样做是错误的。摩根案回应的情形非常特殊。在1964年的大选中，巴里·戈德华特坚称，《民权法》及类似举措必须作为第五条下的修宪案来通过，否则就没有宪法效力。虽然有这些反对存在，约翰逊总统、民权运动及他们在国会中的盟友在选举中大获全胜，赢得了进一步突破所需的大众授权。

119 况且，民权同盟在缔造《选举权法》的过程中，曾经遭遇了最坚决的戈德华特式反对意见：斯皮瑟得·霍兰德将第二十四修正案说成先例，以图从根本上限制立法权的正当范围。民权领袖们并没有对这些反对意见置之不理，而是非常认真地加以对待，并自觉地支持国会有权以《选举权法》代替修宪。

在上述背景下，我们可以看到：布伦南和哈兰都为这场著名的辩论贡献了关键的深刻见解。正如哈兰所指出的，摩根案承认国会有权通过"立法宣示"新的平等保护学说，据此超越拉希特案，这是破天荒的事。但是他没有意识到，总统和国会已经**赢**得了以宪法之名发声的权力——这在人头税一事上最难论证，但仍属实。

布伦南所撰写意见的长处则在于认识到了这一点。事实上，他搬出约翰·马歇尔这个举动本身，就表明了宪法时刻的非常特质。不过，他的具体论证于事无补。国会所做的并不仅仅是"执行"平等保护条款；它重新**界定**了该条款——并邀请最高法院与之协作，为第二次重建开创一系列超级先例。

然而，布伦南下决心维持最高法院在协作中的高级合伙人地位。他授权国会担当"执行者"的角色，却坚称国会无权"稀释"——无论这是何义——在平等保护问题上居于主导的判例法，其用意就在于此。在当时的历史背景下，布伦南的焦虑完全情有可原：在1954年至1964年，总统和国会对布朗案的支持不冷不热，以致南方的反攻倒算可能占据上风，甚至摧毁联邦最高法院对于终极宪法权威的诉求。联邦最高法院打了十年艰苦的堑壕战，很难想象自己其实赢得了我们人民的决定性支持；布伦南对"稀释"的忧虑就表达了苦斗所遗留的焦虑。

这些担忧值得认真对待。布伦南在1966年下判时，不可能知道《民权法》和《选举权法》所表达的根本变革会不会逆转：或许共和党人会在1968年提名另一个戈德华特；谁知道此人会不会横扫白宫，获得国会支持去推翻里程碑式立法？

一旦发生那种情形，最高法院将退无可退，被迫保卫布朗案免遭"稀释"或被彻底掏空。用前几章的宏观话语来说，布伦南撰写摩根案判词时，一场触发性选举刚刚发生，他正赶上在动员基础上的精心建设阶段。他不知道会不会发生批准性选举，使得宪法时刻进入最后的巩固阶段。[35] 在这种情况下，最明智的做法便是一面按照最坏的情况，即遭到"稀释"来打算，一面肯定立法突破引人瞩目的特质。

将所有这些历史巧合都考虑进来，摩根案配得上法律界所赋予的、在宪法正典中的崇高地位。但是，过去半个世纪应该让我们更深地领悟该案的隽永意义。毕竟，我们如今知道的东西比布伦南和哈兰在 1966 年交锋时要更多。虽然布伦南对反攻倒算的担心合情合理，但是美国人在 1968 年明确拒绝了乔治·华莱士，而尼克松也确实履行了竞选时的诺言，于 1970 年签字更新了《选举权法》。既然布伦南为之焦心的全面反攻倒算并未成真，那么，他在摩根案中所主张的第三条道路，就应当被解读成昭示了一条普遍的真理：围绕里程碑式立法和超级先例，总统、国会和最高法院通力协作，缔造了宪法更新的协作模式——在现代环境下，该模式替代根据第五条正式修宪的模式是正当的。

如此解读摩根案也符合人头税的故事，这是道格拉斯在哈珀案判词中所遮蔽的，但被我们挖掘了出来。虽然对在政治上排斥说西班牙语的波多黎各人构成严重的不公，但是，直到这一问题与那一时代的核心斗争——黑人民权和政治权力运动——连接到一起，才提上了行动日程。人头税的故事是这场斗争的关键内容之一，它提供了绝佳的窗口，展现了里程碑式立法和超级先例是如何代替了第五条。我们只消将摩根案与哈珀案所掩藏的人头税的故事相比对，就能看到，约翰逊总统、金和国会领袖是如何用《选举权法》阐发了现代高级法制定系统的内容，这一系统通过里程碑式立法和超级先例来表达我们人民的意愿。

作为国家宪法记忆的守护者，法律共同体有义务向公民同胞们传达摩根案和哈珀案所遗留下的、更具普遍意义的信息：第二次重建并非沃伦法院的恩赐，而是规模恢宏的大众运动的产物，这一运动由普通美国人掀起，他们支持开创高级法制定的新方法，当后世在几十年后面临宪法危机时，这些方法可以用作先例。

第五章和第六章关注《选举权法》及其司法承认。从制度的角度看，这些个案研究以高度的政治自觉，充分地论证了我的观点。不过，这些先例并非凭空发生——在早先围绕《1964 年民权法》的斗争中，领导者们所奏响的旋律，便是《选举权法》的先声。

那么，就让我用埃弗雷特·德克森参议员在《1964 年民权法》出台的关键时刻所做的演讲，为本书的第一篇作结。当时，南方民主党人正以无休止的冗长发言阻挠议事，法案的命运握在德克森手中。离开共和党的支持，自由派民主党人无力凑足终止冗长发言所需的 67 票；而作为共和党在参议院的领袖，只有德克森能够提供压倒多数所需的额外选票。德克森与民主党领袖达成了重大妥协，让共和党人改变主意并投票终结了辩论，从而确保法案最终获得通过。在参议院全体会议上，他是这样解释自己的动议的：

> 之所以终结辩论并出台彻底的民权措施，有许多理由。

> 第一个理由。据说，维克多·雨果在去世前夜的日记中写下了这样一句话，大意如下：

> 比所有军队都强大的，便是一个正当其时的观念。

> 在政府管理、教育和就业中分享机会平等的观念眼下正当其时。既无法阻止，也无法否认，它确实到来了。

> 第二个理由。……自从（最高法院推翻《1875年民权法》以来），美国已经变了。当年总人口只有4500万，如今是1亿9000万。我们在《对国旗效忠宣誓》（*Pledge of Allegiance to the Flag*）中吟诵："上帝之下的一个国家。"确实如此。这个国家结成了一体。航空、铁路和高速公路运输让这成为现实。共同的语言让这成为现实。平等适用于白人和非白人的征税方式让这成为现实。文化普及让这成为现实。8000万辆汽车带来的流动让这成为现实。34个州和哥伦比亚特区的住宿法让这成为现实。30个州的公平就业行为法让这成为现实。是的，自从最高法院于1883年下判以来，我们的国家已经变了。

> 正如林肯曾讲过的：

> 实际情况中的困难越积越多，而我们必须根据实际情况发展。我们的事业是全新的，所以我们必须以全新

的方式思考和行动。我们必须首先解放自己，方可解放这个联盟。……

美国在成长。美国在变化。而在民权问题上，我们必须根据实际情况发展。这要求终结辩论并出台民权法案。

第三个理由。（两党通过各自的民权政纲，分别与人民达成了协议。）……

第四个理由。（德克森首先引证了其他"正当其时"的观念——干净食品和药品立法、公务员和绩效体制、工时立法、参议员直选、妇女选举权、联邦所得税——然后继续说：）

……这些事务涉及人民切身利益，遭到了坚决抵抗，激起种族主义者尖锐刺耳的呼喊，让死抠法条的人感到不舒服，还令一些人为国本动摇而痛心疾首。然而，在这些领域，一股不可阻挡的道德力量荡涤了抵抗；如今，它们已被接受为美国社会、经济和政治结构的组成部分。[36]

一个观念正当其时：高级法制定的口音清晰可辨，但切莫把发言者当成小马丁·路德·金或者林登·约翰逊。[37]德克森所代言的是那一代主流保守派，他们先入为主地反对新政中能动主义规制国家的扩张。而今，他呼吁共和党的同道抓住历史机遇，重申他们对于林肯的党的认同。他骄傲宣布"正当其时"的消息成为头版新闻。[38]

在集结他的保守派同道时，德克森的话语明确表达了我们的主题。他引用了 20 世纪的一系列根本改革的努力，并没有局限在涉及修宪的事项上，比如所得税。他强调说，诸如联邦最低工资法这样的里程碑式立法，同样构成令人信服的先例：驱动它们的是"一股不可抗拒的道德力量"，这股力量"荡涤了……死抠法条者的不适"，如今已被接受为"美国社会、经济和政治结构的组成部分"。

德克森认为，自己投身其中的是宪法政治的新一轮周期，他拒绝让南方参议员通过"死抠法条"来将国会束缚在宪法的历史之中。

我们的下一项任务便是直面这些死抠法条的做法，并且考量它们在多大程度上仍然从坟墓里统治着我们。尽管，德克森坚定地决心走相反的路。

第二篇

重建的里程碑

第七章

羞辱的领域

假设你被说服了。假设你同意美国人在 20 世纪确实失去了就宪法发声的能力。假设你把第二次重建看作大众主权的真实展现。假设你承认，1960 年代的里程碑式立法表达了美国人民的意愿，丝毫不逊于 1860 年代的修宪。假设你投身到了为 21 世纪构建宪法新正典的事业中来。

你还有很长的路要走。在更新正典时，法律共同体并非在一张白纸上作画。为了表达民权革命的意涵，共同体已然发展出一系列范畴和叙事。现有的叙述颇富创见，如果为了追求拓宽理解的视野而失掉来之不易的智慧，那就太蠢了。挑战在于如何将新旧理解融合为民权遗产的更深刻合题。

本章从传统的起点出发——布朗诉教育委员会案。但是本章的目标并不合传统。传统的叙事以法院为中心，布朗案在其中作为先声，拉开了以广泛的司法努力对抗基于种族、人种、宗教、性别和性偏好的歧视的序幕。而我的叙述则强调布朗案是如何塑造了此后十年的宪法政治，为休伯特·汉弗莱和其他立法领袖缔造《1964 年民权法》提供了条件。我首先将布朗案的逻辑和关于里程碑式立法的核心论点联系起来，然后回过头来，探讨最高法院对于这场国会辩论的复杂回应。我们从 1954 年的最高法院，转到 1964 年的国会，再转到最高法院对于大众肯定里程碑式立法的回应，借此构建新的正典，以理解司法机关、政治分支和美国人民是如何协力为第二次重建奠定新基础的。

128

新的民权正典引出一系列新观点，首先便是对布朗案本身的重新理解。虽然法律界围绕平等保护的争论方兴未艾，但是布朗案现今的地位非常奇怪：争论中，人们都不把沃伦首席大法官的意见当回事。无论分歧何在，律师和法官都没有认真研读沃伦的话语，而是把它看作一个小站，前路则通向某个壮丽得多的原则。这才是真正的论辩的起点。为了向自满的同胞证明第十四修正案的正当性，沃伦和他的同伴踏上了伟大的征程，但是他们不知何故，没能宣示司法学说的"真谛"，引得各法律学派间聚讼不休。

宽泛地说，两大对立阵营统治着关于司法学说的讨论。[1]一派以布朗案为据，主张反归类原则（anti-classification principle）。他们说，除非有令人信服的依据，任何立法或规制均不得基于种族和其他可疑范畴，对人民进行归类。据此，布朗案的精神要求国家以个人自身的情况来评价之，而不考虑种族或其他可疑的归类。

反归类学派（尚？）未决定性地战胜长期以来的竞争对手，后者关注群体而非个人的命运。按照这种观点，在吉姆·克劳制下过活的黑人，典型地反映了一个更普遍的问题，这个问题在 21 世纪仍然折磨着许多群体。这个问题就是遍布四处的社会歧视。据此，布朗案的要害在于无权群体处在彻底的屈从地位，并要求通过针对群体的救济，尤其是纠偏行动来根除历史上根深蒂固的不公正。

反归类对抗反屈从：我们将看到，沃伦的判决书拒绝接受其中任何一项原则，这恰恰是两大学派都不把沃伦判决的文本当回事的原因。如此蔑视判词实在太奇怪了。毕竟，我们在谈的这份判决书标定了最高法院史上最伟大的一刻。难道其中的信息不值得就事论事地仔细研读吗？

沃伦的判决书包含着巨大的智慧，不过眼下只需理解其中最重要的一项见解：最高法院强调了制度化的羞辱所特有的错处。我将把布朗案中的反羞辱原则与两大传统进路相比较，论证沃伦的判词是如何为大众主权的更广泛实践提供了129 宪法框架，让这种实践在 1960 年代的里程碑式立法中达到顶峰。我希望这样做可以鼓励律师和法官跳出当前学说的僵局，开掘制度化羞辱的独到意涵。这样做也提示了新正典在释宪时的承诺：强调里程碑式立法并不会让最高法院变得不重要，而是往往会赋予最高法院的贡献以更深刻的意蕴。我们将看到：最高法院通过其他许多伟大的判决，为美国人在民权时代制定高级法的宏大过程做出贡献，这些判决恰恰具有这种深刻的意涵。

布朗案失落的逻辑

反归类和反屈从原则都具有广大的抱负。反归类原则挑战**一切**使用种族等可以归类的国家行为；反屈从原则拷问次等身份的**一切**普遍形式。而沃伦的判决做了自我限制，仅仅宣告普莱西案"在公共教育领域"没有立足之地，这一点众所周知，也让两大进路均感到不满。[2] 由于布朗案让普莱西案在其他领域继续存活，反归类和反屈从原则都只能将该案看成一个小站。它们还向往更广大的愿景。

布朗案分领域讨论的做法理应获得更有同情心的解读。其特殊的关注对象反映了整个判决的社会学司法哲学框架：一是界定问题的性质；二是强调传统的、以死抠法条来应对社会生活的不足；三是解释公立学校为什么是宪法应予考量的一个特殊战略领域；四是探讨羞辱的重要性；五是解释社会科学为何应当在宪法中有一席之地。

关于第一步，正是社会学的司法哲学让最高法院拒绝了似是而非的原旨主义（originalism）进路。沃伦解释道，在平等保护条款出台时，"免费公立学校运动……尚未统治（南方）。……甚至连北方公办教育的情况也和今日的现状不相类似……许多州的学期只有三个月长；强制入学简直闻所未闻。因此，几乎没有历史依据表明第十四修正案意图对公办教育产生何种影响，也就不足为奇了"[3]。

而到了1954年，公办教育领域已然发展成熟，积累了130正反经验，其实践和前景均有独特之处，从而区别于家庭、职场和日常生活的其他地带。以沃伦的社会学视角看来，如果认为19世纪论辩者的只言片语可以给这个话题下定论，就太愚蠢了；主张他们谈到"公立学校"时是在严肃地应对20世纪的现实，这不是搞笑就是讽刺。

对原旨主义的社会学批评，要求从根本上更新法律思维的固有范式。在重建时期的共和党人看来，只有三个生活领域值得区分：政治领域，涉及选举及类似事务；民事领域，涉及以法律保护生命和自由，包括财产和契约权利；以及社会领域，涉及其他一切事务。[4] 在这种传统的三分法之下，重建时期的修正案保护政治权利和民权，但是不保护社会权利。

就在这里，沃伦做出了第二项根本贡献：他提出进一步细分社会领域。布朗案的逻辑的第二步的关键就在于：美国人生活在多种多样的社会机构之中，每个机构都有自身的实践和预期。比如，学校作为社会领域，其组织原则迥异于家庭、职场、教堂或者小酒吧。因此，某个行为在家庭中大有深意，到了学校或者职场却可能大错特错，反之亦然。布朗案并非模糊地指向生活的整个社会面向，而是敦促我们直面社会领域多样性这一现实，看到每个领域都有自身的规范形态，并且理解我们宪法所承诺的平等是如何影响着真实世界的意涵，正像美国人日常在领域间穿梭时所遭遇的那样。[5]

这就引出了布朗案的逻辑的第三步：既然法院承认了社会领域的多元性，那么首先就要分清主次。哪些领域对于保障平等保护至关重要，哪些领域不那么重要？布朗案的答案如下：

> 如今，教育大概是州和地方政府最重要的职能。强制入学法和高额教育支出，表明我们认识到了教育对于我们民主社会的重要性。对于履行我们最基本的公共义务，甚至在武装力量中服役而言，教育都是必要的。教育恰恰是良好公民身份的基础。如今，教育是对儿童进行文化价值启蒙的首要途径，是为儿童今后的职业训练

131

做准备的首要方式，也是帮助儿童正常适应环境的首要措施。当下，任何孩子的教育机会一旦遭到否定，期待他取得人生成功的合理性就值得怀疑。这样一个机会，只要州承诺提供，就是一项权利，必须让所有人根据平等的条件享有。[6]

沃伦为了论证公办教育的特殊地位，关注的是该领域和其他关键领域之间的关系："公民身份""服役""职业训练"——同样地，这些领域的实践、预期，以及行为建构意义的模式都各不相同。

布朗案所反驳的是"分离但平等"，其逻辑当然并不适用于包罗一切的所有社会关系。第三步要求法律通过复杂的计算，一方面考量某一领域内在的重要性，另一方面考量其与在社会学上意义重大的其他领域之间的战略关系，从而选出维护平等的关键领域。

现在我们可以进入第四步了。鉴于公办教育是一个关键领域，最高法院的下一项任务便是确定：居于主导地位的规则和实践是否侮辱了黑人儿童。法院写道："仅仅因为种族而将他们（黑人）与资质相仿的同龄人区隔开来，会让他们觉得在社区中的地位低人一等，这将会以无法开解的方式影响他们的心智。"[7]这些著名的语句已经永远镌刻在国家的良心之上。沃伦在写这些的时候，有没有开创什么新的方法？

与前三步不同，此处的答案是否定的。沃伦不过是呼吁法官和我们其他人用常识来判断社会实践的普遍含义。那个时代最伟大的法律思想家卡尔·卢埃林（Karl Llewellyn）曾经令人信服地论证道：法律就算处理最普通的案件，也必须依靠这种判断力，他将之称作"情境意识"。[8]离开了常识，他们就无法判定：被告是不是个诈骗无辜受害人钱财的冒牌专家？他在当时条件下的行为是否合理？沃伦在这一步论证中所强调的是宪法原则，而非司法方法。他坚持认为，宪法要求大法官们运用情境意识，判断实施种族隔离的学校是否全面羞辱了黑人儿童。

132　　正是在这一点上，布朗案与普莱西案分道扬镳。普莱西案曾指出，"原告论证的根本错误就在于，假定将两个种族强制分隔开会给有色人种打上低人一等的印记。果如是，则原因并不在于这种做法本身，而仅仅是有色人种选择那样去理解这种做法"[9]。而在沃伦看来，法官必须超越"这种做法本身"，探讨真实世界行为的社会意涵。这些意涵源于特定生活领域中居于统治地位的普遍规范。司法的任务在于解释这些规范，而非满足于普莱西案的误导，仿佛这些规范仅仅取决于个人"选择"。为了强调这一点，沃伦将一些下级法院的判决提到了中心地位："公办学校将白人和有色人种儿童隔离开来，对有色人种儿童造成了不利后果。这一后果一旦获得法律认可，就更加严重；**因为，种族隔离政策通常被理解为给黑人群体打上等而下之的符号**。"[10]关键词是"通常被理解为"：沃伦依靠司法情境意识来判断学校种族隔离是否"给黑人群体打上等而下之的符号"。如果打上了，就要受到平等保护条款的谴责；如果没有打上，就不受谴责。

具体到该案中，只有火星来客才得不出正确的答案：在学童和他们的家长眼中，南方式的学校种族隔离确实"通常被理解为"具有羞辱意味。司法情境意识足以论证这一关键结论——查尔斯·克拉克（Charles Black）教授当时就强调了这一点，但是人们往往因为过分强调布朗案论证的第五步，也即最后一步，而忽略了这一点。[11]

在最后一步中，联邦最高法院用社会科学的发现加固了通过常识得出的结论。由于判决书涉及的是真实世界中的耻辱烙印，而非法律分类问题，所以这一步的理由很充分。然而，众所周知的是，沃伦过分依赖肯尼斯·克拉克（Kenneth Clark）对学童的心理学研究，以致惹上了麻烦。虽然克拉克的工作难当大任，但这并不能损害沃伦最后一步论辩在总体上的吸引力。

第一位运用社会科学说服法院考虑司法学说对真实世界影响的人，不是瑟古德·马歇尔，而是路易斯·布兰代斯（Louis Brandeis）。早在 1908 年，联邦最高法院支持女工最高工时法，主要依赖的就是著名的"布兰代斯概述"[12]。此后数十年间，法学院成为运用社会学和经济学批判主流的法律形式主义的中心，其中尤为突出的是哈佛大学的弗兰克福特和庞德（Pound），以及耶鲁大学的道格拉斯及其法律现实主义同道者。随着新政的胜利，社会科学的进步主义应用转化为司法哲学的基石——专业资质是新生的行政国家的命脉，新政时期的法院则承认社会科学与广大的领域关系密切。布朗案延续了这一传统。虽然克拉克的研究还不够，但是正确的做法是加强研究，同时运用司法情境意识，依据常识揭示真相：南方人拒绝让黑人儿童和他们的白种同龄人一起就读公立学校，就是在侮辱黑人儿童。

总结一下：联邦最高法院虽然将其判决限制在教育领域，但是并非怯于提出宏大法律理论去攻击全社会的屈从或种族归类。法院以社会学的方式，逐个领域进行讨论；当普通美国人进入社会生活各关键领域时，联邦最高法院要求宪政论者让平等原则影响到他们。

如果公共教育都不算关键领域，什么领域才算呢？

而如果校园种族隔离都没有羞辱意味，什么才有呢？

这些早就不再是法律辩论的首要问题，但是在1950年代至1960年代，它们处于宪法政治的正中。国会和总统在缔造里程碑立法时，并不旨在寻求普世的解决方案。他们走的是沃伦的道路。一步一步地，他们标定了宪法介入的战略地点——越来越多的社会生活领域：公共场所、私人雇佣，以及公平安居。然后，他们根据各个领域的普遍实践和意义建构来设计道路，着手实现真实世界的平等——有时成功，有时不那么成功。

简言之，布朗案并不仅仅是联邦最高法院在院史上的伟大时刻所做的一份无异议判决。它还表达了里程碑式立法的鲜活逻辑。在美国史上最伟大的时刻之一，美国人民支持了这些立法。综上所述，法律共同体寻回布朗案失落的逻辑，岂非正当其时？

本书的第二篇为此提供了框架。各章分别探讨不同的领域，折射出反羞辱之争，或者我所说的"各领域平等"的不同侧面。不过，让我们首先更细致地考察一下布朗案对更宏大辩论的贡献，那场辩论随着1960年代里程碑式立法的出台而达到顶峰。

布朗案的澄清

在撰写判词时，沃伦的社会学司法哲学还反映在另一个方面：他将主要读者群瞄准广大公众而非法律业界。他避免对先前的判例法做纯法律的讨论，论证简明易懂。他努力诉诸普通美国人，这一点非常重要，因为艾森豪威尔总统无意领衔，国会对联邦最高法院的倡议则存在严重分歧。这样一来，布朗案用白话写就的常识，为下一个十年的宪法辩论打下了牢固的基础——它既成为反对者的目标，又成为捍卫者的凝聚力所在。如果沃伦写了一份复杂的纯法律论述，除了业界无人能懂，这一切就不会发生。

这就引出了一个矛盾的现象：虽然沃伦的判词开启了下个十年的宪法大辩论，但是联邦最高法院却没有一直参与这场辩论。在小石城的危机中，大法官们回到了舞台中心，要求州服从他们的决定，但是他们拒绝进一步阐发布朗案的推理——虽然有许多机会这么做。在 1950 年代，下级法院援用布朗案，通过判决推翻了更多生活领域中的种族隔离——公共交通、公园、高尔夫球场、海滩。虽然联邦最高法院维持了这些判决，却拒绝说明原因，只是在《美国报告》中留下些只有一行字的维持意见。

更糟糕的是，联邦最高法院支持州禁止种族间通婚，我们将在第十三章继续关注这些判决。不过眼下只需处理由于联邦最高法院司法哲学多变而造成的矛盾：按照 1950 年代末的法律，弗吉尼亚州不得禁止跨种族的情侣在公共海滨浴场游泳，但是有权判定他们结婚的行为构成犯罪。这种矛盾导致赫伯特·威克斯勒（Herbert Wechsler）等领军学者指责联邦最高法院的种族判决毫无原则——而这又促使布朗案的学术辩护者针锋相对，提出令人信服的论证。[13] 虽然学界吵成一片，最高法院却无意进一步阐发或修攻布朗案的逻辑。

广大公众无视学界争吵。迄今为止，沃伦当初的说法仍在界定着民权斗争所提出的宪法议题。想想蒙哥马利（Montgomery）的公车抵制事件。1955 年 12 月，当罗莎·帕克斯（Rosa Parks）被捕引发大众行动时，她只"知道"一件事："这是我最后一次以这种令人感到耻辱的方式坐车了。"[14] 在其他场合，帕克斯的话可能只表达了对正义的无畏信念。而沃伦的判决将她拒绝"以耻辱的方式乘车"转化为清晰的宪法诉求——次年，联邦最高法院介入蒙哥马利事件，禁止乘车中的种族隔离，从而支持了帕克斯的诉求。[15] 威克斯勒的支持者抱怨说，大法官们在蒙哥马利公车案中的判决只有一句援引了布朗案。而对于帕克斯和成百万的其他人来说，如此引用足以将他们针对制度化羞辱的斗争扩及社会生活的其他关键领域。

1963 年，这场斗争在亚拉巴马州伯明翰市达到了新高峰。一群年轻的行动派发起了公民不服从运动，而绰号"公牛"的治安官尤金·康纳（Eugene Connor）报以大规模逮捕。电视上的暴力场景引发举国震动，小马丁·路德·金随即加入游行——结果他也身陷囹圄。在伟大的﹃伯明翰市狱中来信﹄里，他呼吁美国人直面根本问题：

我猜，那些从未被种族隔离刺痛的人很可能会说"且慢"。然而，当年仅六岁的女儿缠着你问，为什么她不能去刚登上广告的公共游乐园，你张口结舌，努力解释说反斗城（Funtown）不对有色人种儿童开放。眼看着泪水涌出她的小眼，眼看着低人一等所凝成的沮丧之云开始在她幼小的心灵天空中积聚，眼看着她幼稚的人格开始被无意间与白人结下的愤怒所扭曲。当年仅五岁的儿子问："爸爸，为什么白人对有色人种这么不好？"，你痛苦难耐，却要编个答案给他；当你驱车穿越全国，发现自己不得不夜复一夜地宿于车上不舒服的角落，因为没有哪家汽车旅馆对你开放；当你日复一日，被写有"白人"和"有色人种"的标识所无休止地骚扰；……当你无休止地与一种令人堕落的、觉得自己"什么都不是"的感觉缠斗，到那时，你就会明白我们为什么觉得不能再等了。[16]

小马丁·路德·金的公开信是为了回应由亚拉巴马州的8位白人"自由派"牧师所签署的批评，所以他的论述带有很强的宗教意味。但他对制度化歧视的强调支持了他的更宏大诉求："为了我们由宪法和上帝所赋予的权利，我们已经等了超过340年"，而获得决定性突破的时刻已经到来。[17]

在联邦最高法院和社会运动的推动下，反羞辱这一主题在国会领袖论证《1964年民权法》时扮演了关键角色。参议院是这场全国辩论的主论坛。两党领袖分别是民主党的休伯特·汉弗莱和共和党的托马斯·库切尔（Thomas Kuchel），他们都很清楚这场辩论的历史意义：他们精心发表演说，为整场辩论引入了更广大的目标，而且在立法讨论的每个重要阶段，担任全场监督的两党参议员都发表了类似的演说。这一系列讲座值得大书特书，理应在我们对第二次重建的理解中居于中心地位。为了阐发第十四修正案的含义，法律工作者们精研约翰·宾厄姆（John Bingham）和查尔斯·萨姆纳（Charles Sumner）的言辞，而他们也该听听休伯特·汉弗莱是怎样对我们讲述《民权法》的：

> 我们大多数人都很难理解种族歧视让我们的黑人公民同胞蒙受了多么巨大的羞辱和不便。如果白人在热天感到口渴，他可以就近找个冷饮柜。如果他饿了，他可以就近去家餐厅。如果他需要去洗手间，他可以就近找个加油站。如果夜里他走累了，他可以选一家有空床的汽车旅店或者旅馆。
>
> 而对黑人来说，情况截然不同。想在午餐柜台买瓶冰茶，可能招来大骂和侮辱，除非他不嫌麻烦，比如走到镇子的另一头去。他从不能指望用一下洗手间、找到体面的栖身之所、买份好饭。对白人来说，这都是些小事；而对于大约两千万美国黑人来说，这都是须得计划周详的重要事务。他们制订旅行计划时，活像通过敌区的将军确保后勤补给一般。[18]

"巨大的羞辱"——这是公共场所条款意在消除的。在和来自佛罗里达州的乔治·斯梅瑟斯（George Smathers）的对话中，汉弗莱回到了这个问题，把它谈得更清楚：

我想问问参议员：在他看来，佛罗里达州或者明尼苏达州的参议员知不知道当黑人是什么感觉。当被告知不能进入餐厅，当被告知不得进入旅店，当被告知不得将自己的孩子送到学校……人们在这些情况下会做何感想，不知参议员怎么看？

正在发生的主要不是经济问题，虽然这导致了经济剥夺。也主要不是教育问题，虽然我们知道有人的教育机会遭到了否定。**正在发生的是羞辱，一种强加于人的、缺乏尊严的感受**。[19]

汉弗莱进一步坚称："免遭羞辱的自由"应当与富兰克林·罗斯福的"四大自由"并列——言论自由、良心自由、免于恐惧的自由和免于匮乏的自由。[20] 一个月以后，林登·约翰逊响应道："我们大多数公民都认为自己拥有**人类尊严的要素**，我们不能拒绝将这给予一群我们自己的人民、我们自己的美国公民。"[21]

这里对羞辱及其与人类尊严之间关系的强调，可能让大多数美国宪法工作者感到惊讶。虽然尊严的观念在欧洲和其他地方充当着宪法权利的基石，但是美国法律工作者通常是从平等保护和正当程序的观念中导出自己的基本原则。

这是一个误解——原因就在于没能认识到，在围绕1960年代里程碑式立法的斗争中，布朗案失落的逻辑得到了强化。美国法律工作者如今应该倾听第二次重建的声音，并且尊重它们，就像尊重宾厄姆和萨姆纳在第一次重建时期代人民立言那样。只要我们选择倾听，就会发现宪法中大量存在对于尊严的要求。[22]

尊严的概念以多变而闻名，但是汉弗莱和约翰逊追随沃伦和金，赋予其独特的形态，要求消灭曾被全面"强加于人"的"羞辱"。十年之间，由布朗案所初次奏响的这一主题远远超出法院的范围，获得了代表美国人民的领袖的审慎赞同——而这非同小可。

论羞辱

我们几乎每个人都曾遭受过羞辱。所以我们可以回顾自己的亲身经历，以更明确地把握这一观念的特征。通过反思日常生活中的实例，我们可以更好地理解布朗案和立法所谴责的制度化羞辱所造成的特定的恶。[23]

138　　从一个常见的案例谈起：在上班时，你干砸了。你本该修机器，结果机器坏得更严重了；或者你本该准备报告，结果却胡扯一气，如此种种。算总账的日子到来了，要么你向老板和同事坦白，要么他们自己也会发现。

在这个关键时刻，你大概会觉得难堪，毕竟，你知道你的表现不合格。但这也不一定。或许你很强悍或者玩世不恭，成功压制了这种紧张情绪。不论如何，难堪和羞辱不是一回事——后者只发生在下述场景之中。

你的同事得知你搞砸了，关键在于他们接下来会如何做。他们可能会同情地回应："看，每个人都会犯错误。让我们看看你下次怎么避免发生同样的问题。"在这种情况下，即便你仍然觉得很难堪，你也并没有被羞辱。不过，回应当然也可能没那么友善："你真是个傻帽儿。你怎么可能搞成这样？"

我们就在这一刻遭到了羞辱，我将羞辱定义为**一种当面的、被受害人默默承受的不敬，意在质疑受害人在特定生活领域中作为最低限度适格主体的资格。**

这些术语需要解释。我们就从"当面"这个限制性条件说起。假设你的老板没有当着你同事的面羞辱你。他当着你的面表示同情，转身回到办公室，却马上提交了一份严厉的在职报告——"那家伙完全不称职！"如果老板当面和你说这些，你就被羞辱了。但他没有，所以这份报告并不符合我的定义。

或许我的定义太窄了。作为测试，假设老板的报告说服了公司高层，拒绝给你渴望已久的晋升。你被叫到总经理办公室，总经理尽可能和蔼地告诉你这个坏消息："你干得不错，但是你的竞争者干得更好。也许下次就轮到你了。"在我看来，这并不构成羞辱，因为你的"最低限度适格主体的资格"并未受到质疑。

但这个结论只会加强反对的力量。你的老板在写给总经理的报告中指责你"不称职"，假设这是你未获晋升的原因。再假设你非常失望地离开了总经理办公室——你**真心**想要那个职位。更糟糕的是，虽然总经理甜言蜜语，你却觉得自己的职业生涯走进了死胡同。这动摇了你对自我价值的认知。既然影响如此具有破坏性，为什么不说老板的报告羞辱了你呢？

因为，羞辱并不是个筐，仿佛一切让人非常失望的做法

139

都可以往里装。它指向特定的损害，即使有人在我们背后说难听话，我们仍可以处世如常，并获得同事的标准回应："早上好。午餐后的会上见。"而当面表示的轻蔑则突然打断了我们：不论你多么试图假装什么都没发生，你的老板都当面侮辱了你，让你面临艰难的选择——要么心有不甘但默默承受这种严重的不敬，要么直接反抗不敬之人。

只有在你咽下这口气时，对你的羞辱才告完毕。如果你反抗你的老板，他就没能成功羞辱到你。当然，对于你的反击，他可能报以当场炒鱿鱼——如果这样的话，当你高昂着头颅离开时，就会面临可以把人压垮的财务负担。相反，如果你默默承受，你或许可以保住工作；如果从长计议，甚至还能获得成功。关键在于，羞辱并非世界运转的另一种心理或经济"成本"。它首先且主要是一种主体间的对抗。

我们必须记住这一点，才能澄清"默默承受"的含义。当你默默地面对老板滔滔不绝的不敬之词，你心里可能翻腾着许多念头。你可能怒气升腾，发誓一有机会就报仇；你可能痛苦地顺从生活的不公；你甚至能主动承认老板有权让你遭受公开非难。无论你心里如何反应，现实仍然是你默默承受了对自己的贬损。当你的老板把你置于这种境地，他做的事情本身就错了，不论造成了什么心理或经济后果。

迄今为止，我分析的都是个人所受的羞辱，背后的前提是社会公共资格。我所设想的场景之所以会带来伤害，是因为这会剥夺受害人一直以为自己拥有的资格，从而在相关共同体中侮辱到他们。相反，当社会实践剥夺了整个群体一直以为自己拥有的资格，羞辱就制度化了。把全面侮辱的程式强加于人，甚至比个体化的形式还要恶劣——再一次地，后果无关紧要。

这便是罗莎·帕克斯在回忆蒙哥马利事件时所表达的看法。当她反抗公车司机的命令时，她并不清楚自己的行为最终会导致何种后果；或许伯明翰的白人会成功镇压抵制行动，让黑人在城内出行更为不易。她只"知道"："这是我最后一次以这种令人感到耻辱的方式坐车了。"

在帕克斯发起反抗之前，她所遭受的羞辱是当面进行的。当她沿着过道走向公车后部时，她可能也试着不理睬白人的注视。但她知道，当她走到车上"适合她的位置"时，她默默忍受了剥夺尊严的程序。在种族隔离的其他许多情形之中同样如此。想想黑人在职场中只被允许做多卑贱的工作。在与白人上司的无数次互动中，他们都被迫以言行表示"他们知道自己的地位"。如果拒绝这么做，他们就会被炒掉——这向其他人表明了"不服"的危险。

不过，羞辱一旦制度化，就经常以缺乏直接当面对抗的形式发生。比如，想想吉姆·克劳制下南方旅馆或餐厅公开宣称"黑人禁入"。如果黑人不顾一切地进去，他肯定会遭遇强力羞辱的程序，乃至被警察当成非法侵入者并拖出去。这些威胁如此有力，以致在长达几十年的时间里，没有人胆敢挑战禁入标识，这让羞辱的一幕隐于无形。正因如此，1960年代早期的午餐柜台静坐抗议，扮演了和罗莎·帕克斯在蒙哥马利的反抗之举相似的角色——向全世界表明黑人不会再被羞辱的威胁吓倒。

我详细分析这一点，是为了强调，即便餐厅取下了标识，即便雇主不再公然将黑人限制在低贱的岗位上，即便这一切过去了很久，制度化的羞辱仍会存在。即便在某个社会领域里，黑人被正式接纳到生活的授受之中，他们仍然可能和同胞参与者发生羞辱性对抗，这种对抗稳定存在，同样传递着蔑视性的制度信息。即便显性的种族侮辱被减到最少，同样的病理还可能转为隐性。

比如，假设我们虚拟的老板对员工过失的反应严重因人而异。当白人男子犯错时，他把他们叫到私人办公室聊一聊，并表示同情。而当黑人女性犯了相同的错误，他就在同事面前公开羞辱她们。办公室里的每个人都会很快领会显而易见的信息："黑人女性要当心了。你犯的错误再小，都会把你变成嘲讽的对象。"

从这个角度来说，即便群内成员在某个领域成就超凡，也几乎无法否定制度化羞辱的存在。在种族主义最黑暗的时代，诸如拉尔夫·邦齐（Ralph Bunche）或杰西·罗宾逊（Jackie Robinson）这样的人尚能在各自的社会领域内牢固确立自己的资格。然而，这改变不了不适格的假设，而正是这样的假设让群内无数其他人遭受日常的羞辱。

和个体化羞辱一样，制度化羞辱的存在也是分领域的。黑人进旅馆或餐厅的现实形势可能已经不再严峻——然而，在全国各地的许多工作场所和公立学校，问题可能仍然根深蒂固。按照布朗案的观点，判断问题是否严重的唯一方法，便是评估特定领域的常态是否最宜"被理解为给黑人群体打上等而下之的符号"。

这将是后续各章不断回旋的主题，不过眼下只需指出一点：虽然在 21 世纪，黑人在某些生活领域不再遭受制度性羞辱，但是吉姆·克劳制下的南方绝非如此。相反，他们面对的是各个领域的一系列羞辱，累积而成对于他们作为适格成年人资格的整体质疑。用金的话说，这让他们落入"无休止地与一种令人堕落的、觉得自己'什么都不是'的感觉缠斗"的境地。

小马丁·路德·金的《伯明翰市监狱来信》提出了一个根本问题：民权革命所缔造的宪法体制是否强调黑人屈从地位的整体性？或者说，1960 年代的里程碑式立法是否追随布朗案的引领，仅仅试图在选定的战略领域消除制度化羞辱？

领域性

就从《民权法》的结构说起。该法并没有写入关于普遍适用性的抽象原则，而是明确接受了领域性（sphericality）：第二篇涉及公共场所，第四篇涉及公立教育，第七篇涉及就业，如此种种。

后续各章将以更长篇幅处理其他领域，所以我们在这里只关注公共场所。围绕"墨菲女士的家庭旅店"的争论尤其能够说明问题。对于德克森参议员和其他人来说，不难想象有墨菲女士这样一位女房东：她为了贴补家用，把自家房子租出去几间，但她发自内心地厌恶和黑人在一个屋檐下居住。那么，第二篇是否应当要求她超越这些种族主义本能，从此以非歧视的方式行事？

休伯特·汉弗莱的答案是否定的，他用布朗案分领域讨

论的逻辑来论证"墨菲女士的例外":

> 设置这一例外的目的不证自明：和整个法案一样，第二章旨在触及最严重的歧视类型。起草是谨慎的，本性是节制的。该法无意规制纯属个人或私人的关系。所谓墨菲女士条款是基于对下述事实的承认：一些人把自己的家开放给客人暂住，这往往和普通的生意不一样，只是为了补贴家用。与大多数商业机构相比，这种情况所涉及的关系更为紧密，且更具人身性，这一点是明白无误的。[24]

社会学的法哲学再一次为汉弗莱的论证提供了框架：他将"家"说成是包含"人身"关系的独特领域，并且认为，即便墨菲女士决定"把自己的家开放给客人暂住"，以此换点钱花，她的家也仍然是个特殊的地方，这是"不证自明"的。她与房客的关系比"大多数商业机构"所在的关系"更具人身性"，这也是"明白无误"的。

143　　对比一下，汉弗莱很照顾墨菲女士，却拒绝容忍黑人在被告知"不准进旅馆"时所遭受的"羞辱"。在他看来，这两种排斥黑人的做法显然具有不同的社会意涵。劳顿的黑人一家可能对墨菲女士的决定深恶痛绝，但是他们把自己看作她个人选择的受害者——这与制度化羞辱截然不同，后者发生在旅馆接待员按照标准操作流程将他们拒之门外时。

注意，汉弗莱自信地认为，上述情形之间的差异是"不证自明""明白无误"的——哪怕只有一丝一毫情境意识的人都不会否认这一点。为了得出这个结论，汉弗莱复活了厄尔·沃伦在布朗案中的逻辑，回顾了他那份伟大判决的第三步和第四步。

相反，惯常观点把布朗案看作通往更宏大平等保护理论之路上的小站，汉弗莱对"墨菲女士例外"的辩护让这个观点难堪。就从反屈从原则说起。此处的问题在于，众多墨菲女士的"个人"选择累积起来，产生的影响会对黑人群体施加非常沉重的负担。而这种累积效应并不足以说服汉弗莱扩展立法关切的范围：只要问题源自个人而非制度性的决策，就超出了里程碑式立法的视域。

虽然汉弗莱论证的关注面要比反屈从原则更窄，但是它比传统上被视为替代方案的反归类原则要宽得多。里程碑式立法禁止成百上千私有机构的歧视，即便法律和政府官员拒绝认可他们的种族主义行为。[25] 相反，当黑人被拎出来加以特殊对待时，反归类原则仅仅审查政府及其代表的行为。而汉弗莱代他的同道发声，将这一根本限制扫除净尽——这恰恰是因为，宾馆接待员拒绝给黑人顾客开房，就构成了对黑人的侮辱，这和政府官员拒绝允许黑人禁入公共会议厅时的勾当别无二致。

注意，这种反对制度化羞辱的根本承诺，只在分领域讨论的前提下兑现。比如，假设一个黑人的前雇主违反第七篇，公然以种族主义理由炒掉了他，搞得他一文不名，然而，当就业领域的受害者进入公共场所领域时，第二篇并不允许他喊冤叫屈。如果他没钱付账，宾馆有权依法拒绝为他服务。只有当他**确实**有钱时，第二篇才发挥作用。

最高法院会介入吗?

1964 年春,当国会缔造第二篇的条款时,大法官们在一宗待审案件中也面临着完全相同的议题。贝尔诉马里兰案(*Bell v. Maryland*)让联邦最高法院有机会重新考虑 1883 年的划时代判决——推翻《1875 年民权法》,也即第一部全国公共场所立法。众所周知,在这些所谓'民权诸案"(Civil Rights Cases)[26] 中,约瑟夫·P. 布拉德利大法官宣称,"在接待客人、邀请同坐马车和出租马车或火车车厢、准许参加自己的音乐会或戏剧的问题上,或者其他交往及运营事务中,个人认为适当的任何歧视行为"都不得被国会立法禁止。[27]

他在多数意见中宣布,平等保护条款只适用于各州,不适用于根据中立法则行事的个人。他的判决将第一次重建时产生的基本三分法变成了制度,认为最近的修宪只保障民事和政治平等,不保护社会平等。

在 19 世纪,联邦最高法院区分民事和社会领域的首要工具是私人财产权。每个公民都享有基本民权,可以要求法院保护其私人财产免遭他人侵害。而只要他的财产权获得了法律保障,他就可以在社会领域追求自己的目标,联邦政府不得强制他以不歧视的方式对待黑人。

1964 年 6 月,德克森参议员在以演说打破阻挠议事的冗长发言时,已经呼吁国会超越民权诸案。[28] 不过,自新政以来,联邦最高法院逐步打破布拉德利所划定的公私界限[29];在 1963 年的一系列静坐抗议案中,联邦最高法院继续拓展国家责任的范围。[30]

贝尔诉马里兰案同样涉及静坐抗议，但那是当时最严重的一起。抗议者拒绝听从经理的要求，离开巴尔的摩的一家餐厅；马里兰州法院当即针对他们适用种族中立的、关于非法侵入的刑事立法。如果法院的做法足以符合州行为的标准，那么，财产所有权人除非履行尊重平等保护条款的义务，否则就不可以再请警察介入。民权诸案将被最终埋葬。

该案于 1963 年 10 月 15 日举行口头辩论。美国政府出任法庭之友，并由代理司法部副部长拉尔夫·斯普利策出庭。斯普利策强调，"总统正寻求……立法……所针对的正是引发此类诉讼的问题"[31]。他呼吁联邦最高法院尽量收窄本案判决的范围，给国会多留些余地。

斯普利策对于司法节制的请求在大法官会议上遭到了冰冷的回应。布伦南、沃伦、道格拉斯和戈德伯格大法官希望给民权诸案提出的"州行为"理论以决定性一击。[32] 布莱克大法官无法接受这一点，他凑齐了五位大法官构成的多数，维持了对静坐抗议的定罪："一家私有企业为一大部分公众服务的事实本身，并不意味着宪法要求它服务于全体公众。"[33]

四位自由派大法官一旦发现自己成了少数，就转而热情支持司法节制。戈德伯格在之后一次会议上说：

> 我相信，如果我们允许在公共场所实施公共歧视，就会无限期推迟立法。那样一来，我们的社会就将染上罪恶的病毒，并把种族界线冻结起来。如果以 5 票对 4

145

票来决定这个问题，就会深深伤害这个国家。立法迫在眉睫。联邦政府的主张并非不合情理。[34]

这一请求失败以后，布伦南就领导四位自由派大法官，采取一系列拖延措施，让国会有机会通过《民权法》。[35] 他拖延时间的第一招，是说服斯图尔特大法官加入四位自由派，要求司法部副部长就"系争的更广泛的宪法议题"补充一份概述。[36] 面对新概述，保守派不为所动，于是自由派们在异议中连珠炮似的质疑布莱克，迫使他不断修改判决书草稿，以维持他的微弱多数。[37] 到了 1964 年 5 月，布莱克终于做好准备下判，斩钉截铁地重申民权诸案的判决——不料克拉克大法官在最后一刻倒戈了。[38]

6 月初，克拉克传阅了一份草稿，敲响了州行为司法学说的丧钟：

> 正如麦克林恩（McLean）大法官先生在美国诉麦克丹尼尔案［*United States v. McDaniel*，7 Pet. 1，15（1833）］中所言，"习惯不能改变法律，但它是对法律习惯性理解的证据；……习惯……一旦成为某种普通法……就约束在其相应范围内活动的人的权利和义务"。我们知道，若论哪些习惯已经成长为"某种普通法"，最合适的莫过于所有人在公共餐厅问题上所体认的习惯。……我们的人民数以百万计地到餐馆去，预期并获得了服务。任何其他习惯都没有这么强的经验支持。举止得当的人都会受到欢迎。在某些社区，唯一的例外是有色人种。于是，这种习惯性待遇在某些社区成长为一种标准，并与

平等保护条款相抵触。[39]

克拉克是在沿着沃伦在布朗案中（回忆一下第四步）所开辟的道路前进。首席大法官认定校园种族隔离"通常被理解为给黑人群体打上等而下之的符号"；与此相似，克拉克诉诸日常"经验"中所形成的"预期"："举止得当"的顾客"都会"受到公共餐厅的"欢迎"。巴尔的摩的餐厅拒绝为黑人服务，就是在质疑他们没有资格做有能力满足普通行为标准的成年人。我们已经看到，这种对根本社会适格的质疑，恰恰是制度化羞辱的核心所在。[40] 毫不意外，沃伦热情地在克拉克的意见书上签了名，并预言这将"成为经典"。[41]毕竟，这是宣布私人市场中的制度化歧视会导致普通法上对平等保护条款的违反，就像布朗案所谴责的那样。

6月11日，克拉克赢得了多数支持。[42] 这是转折的时刻：克拉克在判决书草稿中呼吁国会采取"必要步骤"，出台清晰规则，以"满足形势之需"；[43] 如果联邦最高法院以5票对4票做出该判决，就几乎将决定性地超越第一次重建。几乎与此同时，德克森和他的共和党于6月10日打破了南方人阻挠议事的冗长发言。立法最终获得通过的前景变得光明起来，而克拉克如果代表联邦最高法院发表意见，本来可以为第二篇提供与第二次重建相匹配的宪法基础，将从19世纪继承而来的、关于州责任的狭隘观念的残余扫荡一空。

然而，在最后一刻，威廉·布伦南叛离了克拉克的多数派，将联邦最高法院引向了截然不同的方向。他担心，"如果我们赋予贝尔诉马里兰案以宪法基础，就会扼杀民权立法"[44]。很简单，风险在于南方的参议员可能利用克拉克的判决去说服中立派，阻挠最终通过立法：他们会说，既然联邦最高法院已经替国会把事情办了，何必还要推进第二篇立法呢？

如果这一诡计得逞，民权运动和政治领袖的士气将会受到严重打击，而领袖们当时几乎就要满足美国人民开创种族关系新起点的诉求了。更糟糕的是，在破除吉姆·克劳制的攻坚阶段，联邦最高法院一份5票对4票的判决，成效比一份国会命令要差得多——特别是，种族隔离主义者可以利用黑人的激烈反对，调动新一轮的顽固抵制。

当然，这一切都并不确定：法案背后的动力足够强大，很有可能越过最后这道障碍并获得通过。但是，风险也大到足以让布伦南背离克拉克的意见。在最后一次战略转向中，147 他加入了先前属于布莱克保守派战线的斯图尔特大法官一边，建立了新的多数，支持在判决中**只字不提**州行为司法学说的未来。[45] 他的新判决抓住了一个事实：巴尔的摩最近通过了一项地方禁令，禁止在公共场所实施歧视，这让州法院得以宣告对示威者的定罪无效，因为当时的旧体制如今已经被推翻了。当总统和国会接近独立达成宪法结论时，布伦南的判决将该案发回马里兰州重审，让联邦最高法院继续作壁上观。

上文的详尽回顾是为了让你体会到，在高级法制定过程中的关键时刻，联邦最高法院与国会的关系非常多变。概述我的观点：联邦最高法院之所以没有在贝尔诉马里兰案中掏空民权诸案，是因为法院自觉地认识到，由政治分支来做这件事会更合适。

大法官们不插手是对的。他们的节制意味着约翰逊总统和他的自由派国会必须对打击吉姆·克劳制负起全部责任来——这就让巴里·戈德华特有机会在总统大选中抛出其宪法批评。如此一来，决定国家前途的机会就交到了选民手中，他们要么支持约翰逊的新政-民权愿景，要么支持戈德华特对新政前提的全面攻讦。

相反，如果克拉克的判决获得采纳，那么公共场所领域的平等主义突破就会被视作我们联邦最高法院、而非我们人民的馈赠——这让戈德华特不公正地同时获得攻击约翰逊和联邦最高法院的机会，去呼吁选民推翻新兴的宪法民权愿景。

不过，当我们回望半个世纪前的民权遗产，最高法院的自制之举给今天的美国人施加了特别的义务。在大法官们看来，推翻私人部门歧视的**唯一**出路，就在于将平等保护条款的范围扩张到民权诸案所限定的州行为之外。然而，他们一旦撤出战斗，就为国会经由另一条司法学说路径达到同一目标开辟了通道：国会可以诉诸新政时期的州际贸易条款，借此清除将私人企业隔离在平等主义义务之外的古典障碍。正如罗斯福的国会可以运用这项权力出台全国最低工资法，约翰逊的国会也可以诉诸同一权力，确保黑人有平等的权利进入公共场所。毕竟，餐厅和宾馆都不可避免地与州际经济活动有联系，无论是他们采购的产品还是他们服务的顾客。虽然单个企业的州际联系可能很弱，但是根据新政遗下的主要先例，再弱的联系都够用。[46] 这意味着国会无须否定旧时的民权诸案即可支持新的《民权法》。这条迂回进路有一个很大的实际好处：国会的自由派百分之百确信联邦最高法院会根据州际贸易条款支持里程碑式立法，因为在任大法官均未显露挑战新政判决的任何倾向。相反，贝尔诉马里兰案当时保密的情况表明，如果国会完全依赖"私人餐厅和宾馆拒绝接待黑人违反平等保护"这一诉求，就要冒很大风险。既然州际贸易条款的路一定可以走通，何必去冒遭到司法否决的风险呢？

在整个立法过程中，实用都是第一要务，并塑造了政府和国会自由派的战略。在界定第二篇的范围时，里程碑式立法根据联邦最高法院新近的判决，写入了对州行为的宽泛解释，但是并没有更进一步地推翻整个司法学说。[47] 为了实现普遍适用，该篇添写了一条，热情支持新政对贸易的扩张性界定——比如将"**提出**为州际旅行者服务"（强调系后加）的餐厅和宾馆纳入规制范围，又如将"通常提供电影、表演、运动队……或其他形式娱乐"的剧场和体育馆纳入规制，只要娱乐活动"在（州际）贸易中发生"[48]。

当联邦最高法院在里程碑式案件亚特兰大之心旅店案和麦克朗案中考察《民权法》的合宪性时，国会对州际贸易条款的强调产生了重大影响。联邦最高法院遭遇根本问题的速度令人炫目：约翰逊总统于 7 月 2 日签署该法案，使之成为法律；到了 10 月 5 日，大法官们已经在聆听最后陈词了；

而到了 12 月 14 日，他们就做出无异议判决，支持了新
法——此时，距离戈德华特的宪法异议被 11 月选举中的大
败所埋葬，只过了一个月多一点。

这五个月里发生了多大的变化！就在 6 月，布伦南大法
官在贝尔诉马里兰案中的平淡判决刚刚做出，掩盖了多数派
在最后一刻从克拉克的意见撤退、拒不掏空州行为理论的现
实。此后，国会以新政州际贸易条款的名义，对一系列私人
企业施加了平等主义的义务，从而决定性地摧毁了长期以来
在州行为问题上的限制。12 月，当沃伦法院做出宪法判决
时，他们会信守克拉克意见书中的诺言，抓住机会为平等保
护奠定新基础，以符合第二次重建之需吗？

这完全取决于联邦最高法院如何权衡短期内的权宜之计
和长期的发展。如果沃伦法院的多数派利用亚特兰大之心旅
店案推翻民权诸案，那么有一件事确定无疑：他们的意见会
引发约翰·哈兰大法官，或许还有其他在 6 月持异议的大法
官的激烈反对。[49] 这在短期内会造成严重后果，因为南方的
种族主义者仍在以暴力反抗新法的命令，强烈的异议会鼓励
他们继续殊死抵抗。相反，哈兰大法官曾与新政州际贸易条
款握手言和。他完全愿意加入无异议判决，在罗斯福革命的
基础上支持民权革命。从当时的实际出发，并不令人费解的
是：联邦最高法院在支持新法公共场所条款时，选择无异议
判决，并且完全依赖州际贸易条款——这让道格拉斯和戈德
伯格只能在附议中探讨平等保护方面的意义。

然而，从长期来看，法院的战略转向导致判决非常肤
浅。[50] 如今，法律工作者翻阅《美国报告》，思考 20 世纪最

伟大的平等主义突破的隽永意涵，他们发现，判决文本将里程碑式立法当成了乏味的商业规制。虽然我可以理解导致这一讽刺结果的实用主义考量，但是，我们是时候考虑另一种可能的判决了——在另一条道路上更进一步，那是布朗案所开辟的，是金、汉弗莱和德克森在成功争得《民权法》时所重申的，也是克拉克在他未发表的贝尔案判决中所追寻的：

1964 年民权诸案

（亚特兰大之心旅店案/麦克朗案）

大法官布伦南先生发表法院意见：

在普莱西诉弗格森案中，本院多数意见拒绝承认种族隔离"给有色人种打上了等而下之的符号"。该案宣称，针对黑人的羞辱并不存在于"（建立种族隔离制）这种做法本身，而仅仅是由于有色人种选择那样去理解这种做法"。

布朗案推翻了这种观点。该案否定了一个迷思：主导性的社会意涵是学童和他们的父母所自愿"选择"的，而不是他们所栖身的制度强加的。我们判决：第十四修正案要求我们超越法令全书，承认校园种族隔离给黑人儿童带来的日常羞辱。

现在，布朗案的进路获得重申，并扩及新近出台的《民权法》的公共场所条款。正如汉弗莱参议员所解释的：

"我们大多数人都很难理解种族歧视让我们的黑人公民同胞蒙受了多么巨大的羞辱和不便。如果白人在热天感到口渴，他可以就近找个冷饮柜。如果他饿了，他可以就近去家餐厅。如果他需要去洗手间，他可以就近找个加油站。如果夜里他走累了，他可以选一家有空床的汽车旅店或者旅馆。

而对黑人来说，情况截然不同。想在午餐柜台买瓶冰茶，可能招来大骂和侮辱，除非他不嫌麻烦，比如走到镇子另一头去。他从不能指望用一下洗手间、找到体面的栖身之所、买份好饭。对白人来说，这都是小事；而对于大约两千万美国黑人来说，这都是须得计划周详的重要事务。他们制订旅行计划时，活像通过敌区的将军确保后勤补给一般。[51]"

作为法案的全场监督，汉弗莱代表国会发言，决意终结这种强加于我们公民同胞的、"大骂和侮辱"的普遍做法。正如布朗案谴责公立学校中的制度化羞辱，《民权法》谴责它在公共场所的存在。不过，新立法在将布朗案的反羞辱原则推广到社会生活的新领域时，也要求我们重新考虑 19 世纪的另一个先例。就如普莱西案曾经那样，该先例至今束缚着对于平等保护条款的主流理解。

1883 年的民权诸案推翻了国会出台全国性公共场所立法的初次努力。在多数意见看来，平等保护条款只授权国会通过州的官员，而不是私人小酒馆的老板来打击歧视。只要私人企业利用肤色中立的非法侵入法将黑人拒之门外，国会就不得阻止他们。这一判决深刻塑造了后世对于重建时期修正案的理解。如今，下述看法已经

151

成了传统观点：这些修正案的抱负是有限的，它们只意图保障政治权利和民权，并不要求在社会生活的更广大领域内实现平等。然而，正如德克森参议员在为新《民权法》背书时所宣称的那样，"自从最高法院于1883年下判以来，我们的国家已经变了"[52]。

我们同意这一点。我们尊重遵循先例原则，因此本来可以在推翻民权诸案前就自行打住。但是，考虑到国会出台新法的主要动机，我们再也不能接受19世纪对于国家宪法承诺的狭隘理解。和普莱西案一样，民权诸案未能意识到制度化羞辱的罪恶所在——无论是由私有餐厅还是公办学校造成的，这种罪恶都真切存在。虽然有民权诸案在先，但是平等保护条款赋予国会以坚实的基础，让国会决策对在市场上为大众提供服务的私人企业全面施加平等主义的义务。

纯就法律而言，我们也可以根据州际贸易条款来维持新的公共场所立法。但是，这个条款未能充分表达宪法理想，而正是这个理想激励着国会和总统，让他们代美国人民发声并出台该法。在整个20世纪，州际贸易条款都被用作一系列立法努力的基础，矫正了诸多损害公共福利的市场失灵。但是眼前这部立法有着不同的目标：它是本国为种族平等所做斗争中的决定性进展，我们唯有考察它和平等保护根本原则之间的关联，方可公正地对待它的重要意义。

我们支持国会有权将平等保护的范围扩及市场，但也充分认识到维护私生活领域的重要性：那个领域应该留给看上去专断，甚至可憎的自由选择，应该留给广大公民。然而，自 20 世纪以来，只有某些类型的私人财产是发生真正的人身关系的场所，这一点越来越明显。比如，在本案中，某些房主将空余房间出租给旅行者时，拥有保护自身隐私的正当利益，国会于是将它们谨慎地排除在法律适用之外。但是，当亚特兰大之心旅店的接待员拒绝让黑人入住空余房间时，并不涉及类似的利益。有的只是侮辱性的含义：黑人不配获得服务。

我们赞同国会意见，认定这种人格攻击在宪法上不 ¹⁵² 可接受，国家有义务终结之。

我假定由布伦南大法官来撰写这份虚拟的判词，因为判词立足于他在卡增巴赫诉摩根案中所开创的宪政协作模式。[53] 正是这种协作模式成为我倡导重构民权正典的基础。

我撰写的 1964 年民权诸案判词还反映了三大主题，这是本书剩余部分将会进一步阐发的——本书将越出公共场所问题，以各章分述选举、就业、安居、公办教育和婚姻领域的发展。

第一个主题直面反羞辱原则的局限。总体说来，该原则用于界定底线，禁止制度化侮辱的典型形式。但是，消灭羞辱几乎无法确保平等机会，遑论平等结果。

比如，我们已经看到，一位老板即使没有公开在同事面前羞辱某位员工，也仍然可以否定该员工获得晋升的平等机会。我们会在分领域讨论时阐发这一点。虽然各个领域的法律都超出了反羞辱原则的范围，但是它们采用了一系列法律和技术手段，实现了该原则的平等主义目标。我希望，通过阐述这些做法的多样性，从而论证本书的一个基本论点：不能用一条普世的公式来总结民权革命。民权革命给我们留下了复杂的遗产，包含反羞辱和其他更有抱负的平等主义原则，需要缜密部署各种法律工具方可成功地实现它们。

第二个主题则质疑我的核心前设。虽然分领域讨论是我的论证的核心，但是这样做对那时的里程碑式立法和伟大的法院判决究竟公不公平？当宪法时刻达到顶峰时，总统、国会和联邦最高法院可曾为了某个更宏大的目标——也许是反屈从，也许是反归类——决定拒绝分领域讨论？

第三个主题则审视另一个根本论点——里程碑式立法配得在民权正典中占据中心地位。就算承认这一点，我的方法论转向也无法澄清某些重大的解释问题。虽然国会、总统确实在许多领域行使了宪法领导权，但是，在其他领域，他们的里程碑式立法没有做出任何立法指引，将直面关键问题的工作留给沃伦和伯格法院。这一基点让我们将本书余下的篇章分成两大部分。第二篇处理里程碑式立法在界定美国宪法承诺时扮演了关键角色的各个领域；第三篇考量那些大法官有义务填补关键空白的领域。

第八章

计算的领域

所有人都理解羞辱。要明白餐厅或体育场上的系统性歧视如何可以剥夺人们的尊严，并不需要在大学拿个学位。当联邦最高法院通过布朗案、国会通过《民权法》禁止这些做法时，他们将宪法转译为用常识就能理解的命令：*汝毋得羞辱*（*Thou shalt not humiliate*）。种族主义者虽然会抵抗，但并非不承认这种程式具有侮辱性——相反，他们认为那对管束黑人至关重要。

不过仅仅禁止制度化羞辱还不够。想想选举：诚然，在历史上，南方黑人如果胆敢迈进县选举登记处的大门，就会遭到羞辱性的对待。可是，就算官员今后会以礼相待，但是同一批官员还可以操纵文化测试和类似手段，从而阻止他们投票。不难想到，其他领域中也会有类似场景——想想看，当不动产中介将黑人买主礼貌地引向"合适"的社区，起作用的仍是种族因素，如此不胜枚举。

这一普遍现实促使里程碑式立法超越反羞辱原则，追求更有抱负的目标，尤其是追求真正的机会平等。除非变革的首要促进者从法院转换为行政机关，否则这一目标就无法实现。正如新政建立了国家劳动关系委员会（NLRB）和证券交易委员会来完成规制任务，民权立法也依靠一系列新设机关来实现种族正义，这些机关都以字母来简称：平等就业机会委员会（EEOC），安居与城市发展部（HUD），以及卫生、教育和福利部（HEW）。在建立这些新的行政机关时，里程碑式立法并未盲目复制新政模式。相反，它们展现了高度的创造力，为政治和社会生活的不同领域精心设计了不同的行政体制。这些不同的设计使得不同领域中发展出不同的规则和原则。

我们将在后续各章探讨这些不同点。不过，眼下我想强调一个广泛的相同点。新政体制催生了一种独特的行政风格：**数字治国**（government by numbers）。这种技术至上的模式从根本上挑战了标准的法律叙事，后者传统上从质的而非量的角度处理宪法问题——由此带来的张力将是本书中不断再现的主题。

数字治国有深刻的历史根源。早在 1887 年，州际贸易委员会就通过监测数字来判定铁路是否剥削了承运人和消费者——而众所周知的是，新政人士强调他们新设行政机关的专业技能，这些机关往往从量的角度设计规制。1960 年代让这一事业获得了新的形态和新的正当性。此时正处在计算机时代的黎明，这大大提高了官僚机构持续、系统地采集数据的能力。并且，机关里的专家如今能够建立数学模型，将他们的数据转化为经济和社会的切实指标。[1]

在政府的各个部门，这种建模能力都提高了技术治国的信誉——从罗伯特·麦克纳马拉（Robert McNamara）的国防部，到沃尔特·海勒（Walter Heller）的经济顾问委员会

（Council of Economic Advisers）。而这也给民权带来了特殊的希望——和特别的烦恼。

从积极的一面来看，数字治国在传统法律语言和诉讼的无尽细节和混乱之外，提供了一条新路。它带来了新的前景：条理分明的数字指标将理性而准确地指出现实世界中最重要的问题，并提供消除这些问题的客观改进措施。

消极的一面则在于，布朗案的反羞辱原则除非从质的角度加以表述，否则就失去了意义。这要求法官和行政官员解释社会意涵，确定某一社会实践是否全面地给黑人或其他群体打上了烙印。而在技术治国体制下，衡量成效时的评价机制是以数字为导向的。可想而知，定性判断与这种机制不相容，这就引发了一个独特的难题：在实现美国人民所要求的、更平等的社会的过程中，质与量之间、技术治国和情境化判断之间的矛盾逐渐暴露，那么如何处理这种矛盾？

并不奇怪的是，为了以令人满意的方式将质和量综合起来，国会、总统、行政机关和法院曾遇到了困难。不同的里程碑式立法涉及不同地方的不同场所，成就各不相同——尤其是在布朗案即将度过二十周年时，联邦最高法院在米立肯诉布拉德利（*Milliken v. Bradley*）一案中扮演了灾难性的角色。我把故事的消极一面留到第三篇再讲，这里先关注技术治国获得更大成就的领域——就从选举权说起。

我首先要修正重建时期修正案的历史，强调缺乏官僚制架构是如何加剧了这些修正案在 19 世纪的失败。之后，我考察现代行政政府是如何有助于确保第二次重建取得更大成功，并运用这一框架来描述选举权问题上的突破，这一突破是通过 1965 年和 1970 年的里程碑式立法实现的。

共和党人重建的失败

根据主流的法律叙事，重建时期的三大修正案为了确保解放后的奴隶获得平等，所选定的道路并无根本错误。后来，直到联邦最高法院和国家政客背叛了人民在内战后做出的承诺，才真正出了问题。

我的观点更消极：这些修正案从一开始就注定难逃一劫。核心问题在于它们采取了形式主义进路。只要赋予自由民形式上的选举权，赋予他们形式上在法庭的自辩权，他们就能获得对抗先前白人主人、保护自身利益所需的一切手段——这些修正案大致是这么认为的，无须实施更全面的经济和社会变革。

众所周知，这一关键前设遭到了激进共和党人（Radical Republican）的非议，比如萨迪厄斯·史蒂文斯（Thaddeus Stevens）和查尔斯·萨姆纳，他们呼吁国会和国家超越如此浅薄的形式主义。既然奴隶是南方财富的源泉，那么自由民最终就该得到他们应得的一份——"四十英亩土地和一头骡子"。由于黑人奴隶学习文化曾构成犯罪，他们如今应当有权免费获得公办教育。[2]

157　　在激进共和党人看来，至少要经过一代人的时间，新培养的、受过教育并拥有财产的自由民方能有效对抗他们从前的主人。重建时期修正案注定会失败——他们以死抠法律为荣，利用对于平等公民身份的形式承诺，奄盖了黑人居于屈从低位的真相。就在众议员们准备投票通过第十四修正案时，萨迪厄斯·史蒂文斯对他的同事发出了谴责：

> 从青年、成年到老年，我都曾天真地梦想：当幸运的机缘到来之时，我们的制度将被短暂地打破，把我们从人类以自由的名义所强加的最专横的义务之下解脱出来；而这个共和国睿智、纯粹和公正的人将会忠实于职业和自己的良知，他们将改革我们的一切制度，将人们从人类压迫的一切残余中解放出来，不再经历权利的不平等、对穷人的有意凌辱，以及富人的高高在上。简言之，在纯化的共和国中，任何区别对待都不被容忍，除非这种区别源自优长和举止。这个美好的梦想消失了，"如同虚无缥缈的幻景一样"。我发现，我们有义务满足于对古老建筑最糟糕的一部分修修补补，然后置之不理，任由它被专制统治的豪雨、严霜和暴雪所横扫。[3]

史蒂文斯说得没错，不过，现代宪政论者对他的诊断不感兴趣。他们未曾明言的前设是，重建时期的修正案在根本上是合理的。联邦最高法院在后续的普莱西等案判决中巩固了南方的吉姆·克劳制，他们对此持批评态度。而在他们哪怕最严厉的批评背后，都藏着一个盲目乐观的想法：联邦最高法院的判决如果更好些，本可以弥补重建时期深刻的经济和教育失败。

然而，如果激进共和党人是对的，他们必须反思自己**为何**没能获得举国支持。史蒂文斯和萨姆纳作为道德和政治领袖，虽然地位崇高，却面临着巨大的障碍。1860年代的联邦政府缺乏一个规模庞大的民事行政机关，在自由民无力自保的漫长时间里保护他们。这意味着只有一个方法能够实现激进共和党人的计划：既然当时存在的唯一联邦行政机关是军队，保护黑人的唯一途径便是将南方置于军事占领之下，并持续数十年时间。

这一无情的前景震惊了成百万的共和党人，他们本来可能赞同激进派的计划。持续军事占领动摇了共和主义自治理想的最核心之处。虽然史蒂文斯雄辩地指责旧宪法秩序是曾经"以自由的名义强加"的"最专制"的体制，但他是不是威胁以更糟糕的军国主义专制取而代之？19世纪的美国人面临着悲剧的选择：要么以保护被解放奴隶的真正自由为名，实施军事占领；要么实施共和主义的自治，让白人得以运用经济力量和文化权威，嘲弄重建时期的修正案。

重大抉择的时刻并不是在联邦军队按照1877年妥协办法（Compromise of 1877）从南方撤出时到来的。那个时刻出现在1868年，当时，共和党国会重新接纳南方各州，以此作为批准第十四修正案的条件。一旦南方人开始在华盛顿真正执掌政治权力，那么他们强迫联邦军队撤离、建立政治真空并自行填补，就只是时间问题了。联邦政府显然缺少在敌对领土上执行修正案所需的民事行政机关；一小部分联邦法官就算有一群联邦执法官员做后盾，也无济于事。[4]

一个世纪以后，美国人动员起来支持第二次重建，让这一页彻底翻了过去。如今，全国政府已经调集了足够的行政资源，有能力重塑日常生活，只有在危机时刻才需要依靠联邦军队。并且，美国人民无意质疑新政的这项遗产——这也是巴里·戈德华特在 1964 年选举日学到的教训。所以，新里程碑式立法经常运用行政手段追求种族平等，就再自然不过了。那么让我们思考，从总体上讲，这个选项是如何引发了对于第一次重建的根本超越的。

超越法院

纸面上的法律在真实世界发挥成效之前，须得发生三件事：必须有人起诉，必须有人判决法律要求矫正，必须有人制止违法者。第一个是**识别**问题，第二个是**解释**问题，第三个是**执行**问题。

法院有能力解释，但是他们要依靠当事人去识别和执行。而行政机关则有能力履行识别和执行职能，且无须私人协助。进一步地，行政机关不断努力解释立法对他们发布的命令，这也影响着法院和立法机关最终界定宪法指导原则的方式。

行政机关在执法阶段的优势一目了然——法院程序成本高昂，行政机关履行职责的成本则可能更低些。但是，行政机关对于识别和解释问题的独到贡献则更为复杂。

假设一个虚拟行政机关的规制范围很宽。由于该机关的预算有定数，它无力负担调查每一起潜在违法的成本。它必须制定识别战略，关注最严重的问题。怎么办？

新政传统下的答案很清楚：行政机关应当运用其可获得的最佳社会科学知识，以此发展自身的专业能力。[5] 而到了1960 年代，计算机革命又让数据导向的政策制定变得更加可靠。

但是并非在每个领域都如此。有时继续以依靠法院为主是完全合理的。以公共场所领域为例：一个黑人坐在午餐柜台前，而服务员却无视他，转而为后到的白人提供服务。他不难发现自己成了歧视的受害人。在标准的案件中，法律解释的问题也不大。如果他遇到了严重的麻烦，那一定是在执法环节。

而在其他社会领域，识别和解释可能是非常严重的问题。当一位黑人的求职请求遭到礼貌的拒绝，他如何能辨别自己失利的原因究竟是种族，还是求职对手更胜一筹？

更宽泛地看，一些机构决策的内在逻辑对于受影响的人是不透明的，这种机构充斥在现代社会之中。数字治国的兴起，正是为了打穿这些黑箱。如果数据显示，选民中黑人比例很高，但到场投票率低得出奇，或者大企业报告的少数族裔受雇比例低得出奇，那就有理由做进一步调查。

以技术至上回应机构不透明，还对解释活动产生了独特的影响。法律是一套解决问题的方案：如果你从量的角度界定问题，那么合理的做法就是也用数字来界定法律解决方160案，根据技术指标在两者之间分配举证责任和稀缺资源。关键在于认识到数字治国在法律解释，而不仅在法律执行中扮演基础角色。

这要求我们超越传统观点，不再将联邦最高法院看作"原则的论坛"。[6] 在民权革命期间，联邦最高法院和各政治分支还与官僚系统持续对话——根据数据指标所反映的经验来修改宪法原则。

我通过研究《选举权法》来引入这些观点。该法于1965年获得通过，在之后数年引发了行政和司法的一系列创造性回应。这些判决开启了第二轮政治重估，后者在1970年《选举权法》的修订中达到顶点。这一时期发生了许多高能见度的活动，尼克松总统和国会为过去五年的许多行政创新背书，将数字治国融入宪法秩序的根基之中。

《选举权法》的故事也创造了条件，让我们研究从就业到公立学校等其他领域的不同反馈回路。

《1965 年选举权法》

在 1965 年以前，国会出台了一系列立法，依靠法院对南方黑人选民遭到的排斥实施攻坚。这些法律要求司法部证明：选举登记处的歧视性对待构成了"常态或惯例"。[7] 然而，这些冗长的诉讼仅仅引发了一轮接一轮的抵制，南方的登记处针对法院判决发明了新的规避伎俩，这又激起了更多轮次的诉讼。

在塞尔玛发生了惊心动魄的一幕之后，这种应付差事的局面不再被容忍：国会、总统、运动和选民都要求采取决定性措施。作为回应，新的里程碑式立法用技术性的语言来下达命令，摒弃了法律的定性措辞。如果某县运用文化测试或类似手段来限制投票，那么关键问题在于：选民在 1964 年历次选举中的登记或参与率是否低于 50%。一旦人口调查局（Census Bureau）发现这一门槛遭到了突破，该法就在五年内中止一切限制手段的实施，并授权司法部派遣联邦选举登记员，防止地方的进一步抵制。[8] 有七个南方州落入了这一禁令之中。[9] 它们唯一的脱身之道，就是证明自身在过去五年间完全没有实施过歧视性行为。[10]

如此断然采用数字治国，遭到了强烈反对，而且反对者不都是南方人。在整个 1960 年代，众议员威廉·麦考洛克都是共和党内民权立法的关键支持者之一。然而，他谴责这场"数字游戏"是"专横的手段"，拒不相信"人为设计的数学公式"能够可靠地识别"搞歧视的州"，而不需要"司法程序或某种听证"。[11]

麦考洛克的反对被大众对于决定性措施的要求所压倒。比如，自由派共和党参议员雅各布·贾维斯就强调，执法的击发机制引出了"一个根本的原则问题"，充当了行政宪制体系的基石；在这个体系之下，行政行为对于战胜机构抵制起到了关键作用。[12]

随着第一次重建的遗留问题愈演愈烈，国会辩论集中到了联邦直接干预南方的风险和收益上。不过，《选举权法》和所有优秀的规制立法一样，眼光并不局限在当下，而是为司法部克服今后出现的新型机构抵制提供了工具。第五条禁止对象州和地方改变其选举体制，除非事先得到司法部或哥伦比亚特区由三位法官组成的联邦特设法庭的许可。

这是革命性的一步。参议员萨姆·欧文（Sam Ervin）恰当地指出，该条前无古人地"翻转了我们法律的根本原则：除非明确证明违宪，州立法的所有举措都被推定为合宪"[13]。国会的共和党要人也有同样的担忧。威廉·麦考洛克反复盘问证明第五条合宪性的证人，并且在他动议的替代方案中彻底删去了类似要求。[14] 然而，麦考洛克的反对再一次被彻底终结南方抵制的无尽循环的集体意志所压倒。

这给我们的宪法带来了根本的变革。年复一年，诸如亚拉巴马州和密西西比州之类南方州的骄傲代表都要毕恭毕敬地赶往华盛顿，争取司法部长的某位下属的批准。而且，如果他们对司法部的决定不满，他们不能上诉到本巡回区内联邦法官组成的法庭——那些法官的职位得自赞成批准他们任职的南方参议员。他们只能上诉到哥伦比亚特区的一个联邦法庭，该庭的法官总体上更支持国家权力。

司法强化

与先前的《民权法》一样，离开了联邦最高法院的认可，《选举权法》的革命性举措就无法确定落实。我们已经看到，联邦最高法院在 1966 年春天行动迅速，在人头税（哈珀案）和文化测试（摩根案）问题上支持了《选举权法》。而新法全部努力的核心在于彻底采用数字治国和行政干预主义的做法，联邦最高法院也迅速行动，解决这一方面的质疑。当南卡罗来纳州不出预料地提起挑战时，大法官们拒不等待下级法院自行做出实体判决。相反，他们罕见地动用初审管辖权，让州把案件直接起诉到联邦最高法院——这使得厄尔·沃伦可以在联邦最高法院维持里程碑式立法其他革命性特征的同时，判决南卡罗来纳州诉卡增巴赫案（*South Carolina v. Katzenbach*）。[15] 南卡罗来纳州一案提出了与摩根案相同的问题：如何应对《选举权法》对既定宪法原则的攻击？

我们在第六章看到，在摩根案中，虽然联邦最高法院在1959 年做出过无异议判决，根据平等保护条款，支持以只说英文的文化要求作为投票的门槛，但是《选举权法》决意扫除这种门槛，从而让攻击既定宪法原则的问题变得突出。[16]作为回应，布伦南大法官代表联邦最高法院发表了一份开创性的判决，界定了"协作宪政"的一种新模式，强调根据第十四修正案所赋予的执行权，国会拥有独立的权威来扩展平等保护的范围。而沃伦面对的是相同的根本挑战：《选举权法》不同寻常地授权联邦政府中止州法的实施。

他的回应与布伦南如出一辙。为了支持新法，他指出国会享有"执行"权——只不过，全面支持里程碑式立法彻底重新界定联邦制的基础，不是第十四修正案，而是第十五修正案。为了论证这一点，沃伦还效法布伦南，援引约翰·马歇尔的著名论述为据："只要目的正当且在宪法范围之内，只要所有手段均适当并完全与目的相合，且不被宪法禁止，而与宪法的条文和精神相符，就是合宪的。"[17]

然而，《选举权法》对联邦的授权不同寻常，**这当真**"符合"宪法的精神吗？

布莱克大法官的答案是否定的。如果联邦制不是空话，那就意味着"州有权通过法律并修改自己的宪法，而无须事先派官员跑上几百英里，乞求联邦当局批准"。否则，州就"与征服而来的行省几无二致"。[18] 布莱克是联邦最高法院中唯一一位来自深南部的大法官——而他对第一次重建的深刻记忆也深深影响了他。

不过，对于他的同事来说，答案却是肯定的。在他们看来，1860 年代的持续军事占领与 1960 年代的行政介入当然不可同日而语。各州反复向华盛顿联邦当局汇报的程式完全符合宪法精神——但这并不意味着美国人在 20 世纪从根本上改变了这一精神。沃伦之所以自信地引用马歇尔的名言，是基于 1930 年代以来兴起的"合作联邦制"的复杂实践。虽然《选举权法》的集权化行政举措大大超出了既存的联邦协调形式，但是联邦最高法院正确地拒绝了布莱克的看法，不认为它们不容于不断发展的宪法传统。到 1960 年代，更宜将它们视作问题导向的回应执法，针对的是破坏整个新政–民权体制正当性的严重不公。

《选举权法》强加于南方的义务只是暂时的。五年以后，如果国会无意更新这些条款，该法就会删除它们。这一时间限制有助于解释联邦最高法院为何从速受理南卡罗来纳州的起诉。如果联邦最高法院等待案件获得联邦上诉法院立案，那么五年时间就有相当一部分要损失在新一轮的南方抵制与司法部诉讼上。在联邦最高法院扫清道路之后，联邦的努力全面提速，大见成效：1965 年至 1968 年，在立法所针对的南方各州，黑人投票率从 29% 上升到了 52%；其中，密西西比州从 6.7% 飙升到 59.4%，令人瞠目结舌。[19]

然而，执法行为一旦落到实处，就不可避免地引发新一轮诉讼，这促使联邦最高法院另就两宗案件下判，而当时理查德·尼克松和国会正着手考虑更新《选举权法》。这两份判决于 1969 年出台，强调了联邦持续干预的革命性特征。艾伦诉州选举委员会案（*Allen v. State Board of Elections*）反映了密西西比州的一个县在黑人选民进入体制后仍竭力维护白人政治权力。[20] 在只有白人能够投票时，县议会（Board of Supervisors）的五名成员均由不同的区选出。而当黑人开始投票时，他们更希望候选人可以同时在多个区胜出。于是，选举委员会转而采用"赢者全得"制度，让遍布全县并占据多数的白人可以排斥一切少数族裔代表。首席大法官沃伦代表联邦最高法院下判，他否定了这种操作，扩展了立法的关注范围，以包括选举法的一切修改，即便修法并不会直接限制投票：

> 和完全禁止投票一样，稀释选票的影响力也可以侵蚀选举权。见雷诺兹诉希姆斯案［*Reynolds v. Sims*，377 U. S. 533（1964）］。少数族裔选民虽然可能在某个区占据多数，但是在整个县里居于绝对少数。如此修改法律会让他们失去选出心仪候选人的能力，这和禁止他们投票的后果一样。[21]

沃伦远远超出了雷诺兹诉希姆斯案所宣称的"一人一票"的著名原则。《选举权法》出台前，除非案情极端恶劣，联邦最高法院向来无意推翻种族主义的选区重划。[22] 而在艾伦案中，联邦最高法院支持《选举权法》所承诺的彻底的联邦干预，消灭稀释黑人选票影响力的一切规则。

联邦最高法院的第二份判决则更进一步扩展了第二次重

建的范围。州或地方即便在立法的技术性检验中不过关，也并不一定会遭到联邦更长时期的控制。相反，《选举权法》允许该州立即脱身，前提是州可以证明，在立法实施的五年间，自己从未将文化测试或其他排斥性手段用于歧视性地排斥黑人。[23]

北卡罗来纳州的加斯顿县（Gaston County）钻进了这个逃生舱，主张自己有权恢复文化测试——不料遭到司法部的根本反对。司法部举证说，该县的学校实施种族隔离，给黑人提供的教育严重低人一等，导致他们未能通过文化测试的数量多得不成比例。

该县回应称，《选举权法》只涉及选举，不涉及教育，所以学校系统的状态是否符合布朗案的要求与本案无关。只要选民登记官以一丝不苟的公正态度举行文化测试，就应当允许该县逃脱立法禁令。应当由《民权法》，而非《选举权法》给法院和卫生、教育和福利部提供解决校园种族隔离的工具。哈兰大法官代表联邦最高法院发表判决，拒绝了上述主张。尤其值得一提的是，这份判决在很大程度上符合我的观点。[24]

前已论证，第二次重建在布朗案的引领下，采取分领域讨论的方式应对种族不公。加斯顿县案是这一规律的唯一例外。即便该县可以证明其登记官在过去五年的表现并无不公，哈兰仍然拒绝允许该县逃脱《选举权法》的特别规定。他坚称，该县在教育领域的表现同样与案件相关。由于校园种族隔离骗走了黑人的公平教育机会，该县对于黑人在文化测试中的较差表现难辞其咎。这足以切断该县逃脱持续适用

《选举权法》禁令的道路。

加斯顿县案打破分领域讨论进路的做法很容易理解。毕竟，教育和选举两大领域之间的联系尤为紧密，因为该县一面对文化水平提出要求，另一面却剥夺了许多黑人达到这一水平的公平机会。不过，这仍然是我总体论点的一个反例——而如果还有许多其他反例，我就得重新解释第二次重建的一个关键要素了。

不过，正如以下各章所表明的，其他的反例并不多。

法典化：1970年《选举权法》

南卡罗来纳州案、艾伦案和加斯顿县案：它们对联邦制的传统原则构成了严峻的挑战，但是它们的影响能够延续下去吗？

当《选举权法》在1970年面临更新时，这是个大问题。第四条和第五条包含着对特别干预的授权，五年后如无重新授权则自动失效。这让支持者需要论证特别干预的长期重要性，而此时的政治环境已大不同前。白宫的主人从林登·约翰逊变成了理查德·尼克松；小马丁·路德·金已经去世了，新兴的黑人自决主义和不断升级的贫民窟骚乱都在威胁着他的遗产。用本书第一篇的话来说，高级法制定的动态过程如今已到了巩固阶段——政治体冷静地重新审视最近的创制，决定它们配不配作为我们宪法遗产的根本要素而存续下去。[25]

在竞选期间，尼克松公开肯定了《选举权法》的里程碑意义，而他上任之初的动议还进一步强化了这部法律。该法起初只在第四条和第五条所针对的七个州中止了文化测试，而政府的举措则欲将另外十四个州的类似做法荡涤一空。[26] 正如司法部长约翰·米切尔所言，"选举权不是个地区问题"，而是"牵涉每一个美国人的举国关切，必须在全国范围内处理"[27]。米切尔计划还在其他领域采取了类似的国家化举措。[28]

然而与此同时，新政府取消了让南方白人倍感痛苦的特殊地区条款。米切尔根本不认为对投票权的抵制可以用数学公式来测算。他本想回归更熟悉的体制：只要司法部长"有理由确信"选举权法遭到了操弄，且具有削减选举权的"目的或效果"，他就可以起诉到法院去。联邦不应该在州法生效前就审批，而州法生效后则应该依靠司法部到法院起诉来解决问题。[29]

这就把宪法问题直截了当地摆在了国会面前。用参议员赫鲁斯卡的话说，"政府的法案将把执法的责任从现行的行政程序上拿走，还给司法过程。这很重要。……在特殊情形下，以行政程序取代司法救济可能是必要的；然而一旦基本条件获得改善，就不应当继续这么做。……在受到规制的各州，选民登记和投票的人数都已大幅增加。现在让我们回到法院去吧"[30]。

赫鲁斯卡来自内布拉斯加州而非南卡罗来纳州，他的话本来会在同事间引发共鸣。毕竟，参议员和众议员是依靠诉诸本州和本地的独特价值才胜选的。他们通常赞同联邦制的传统价值，支持总统复兴这些价值的呼声。

但这次却是个例外。国会虽然为尼克松的国家化举措背书，但是，为了应对最恶劣的滥权现象，国会拒绝放弃采取技术手段定位违法，也拒绝让行政机关停止事前审批。对于国会中共和党和民主党的领军人物来说，数字治国已经成为选举诚信的根本保障。

想想众议员威廉·麦考洛克的角色变化。在 1965 年，这位共和党的关键领袖还强烈反对数字治国和联邦审批。不过，听听他在短短几年后怎么说：

> 当我投票支持《1965 年选举法》时，我希望五年的时间就够用了。可是，对进步的抵制是如此的狡猾和奏效，越来越超出我的预料。选区边界被恶意重划，选举被改成了"赢者全得"模式，一些县被合并起来，一旦黑人有望胜选竞选职位就被取消，竞选程序被任命程序所取代，选举工作人员拒不公布投票或竞选的必要信息，并且同时使用生理和经济的胁迫手段。第五条的本意是阻止以上的大部分勾当。然而……联邦政府过分怯于执法。我希望艾伦诉州选举委员会案是变革的前兆。[31]

麦考洛克不仅认了错——这在政治上可够稀罕的——而且赞成艾伦案的判决，呼吁尼克松的司法部最大限度地利用《选举权法》的革命性授权。

这位众议员的态度转变带来了更大的启示。从改革联邦制的最初实验中，美国人确实**学**到了些东西。1965 年，南方人预言第一次重建的灾难将会重演，而当时无法用经验来反驳他们。但是，司法部实打实的成就表明，南方人的担忧被过分夸大了。白人当局竭力继续把持大权，这是意料之中的事；而黑人投票人数的激增表明：为了控制白人当局的企图，关键在于监督权的进一步集中。

尼克松取消联邦对南方强力监督的企图失败了。他的努力的唯一成果，无非是极不情愿地重申了革命性的集中监督权的必要性。同样事与愿违的是，他的努力还促使国会扩大了联邦控制的范围。新版的《选举权法》修改了数学公式，瞄准了诸如曼哈顿、布鲁克林和布朗克斯之类地区。[32] 这对深南部算是个小小的安慰，而后者仍然是联邦监督的主要焦点所在。这一做法也深刻地重新界定了里程碑式立法的宪法原则：联邦行政干预不再是对地区问题的紧急回应，而是在全国范围内维系民主完备性的根本机制。

只剩下一个障碍了：理查德·尼克松。他会赞成对自己最初的动议做如此巨大的更改吗？

出手否决的诱惑显而易见。只要将法案打回国会，他就可以向南方白人证明，如今能够约束第二次重建的过火做法的是共和党，而不是民主党。与此同时，尼克松可以对北方的温和派解释说：他完全乐意签署实施全国性的举措，前提是要尊重联邦制的传统观念。[33]

法案的另一项特征也会让尼克松倾向于否决。在参议员迈克·曼斯菲尔德的领导下，国会在 1965 年立法的基础上向前迈进了一大步，要求州允许年满 18 岁的人投票。[34] 尼克松深知，"如果我们签署"[35] 法案，允许数以百万计的青少年在下次大选中投票反对他在越战中的作为[36]，那么他就会"丢掉选票"。并且，针对曼斯菲尔德的条款实施否决，还能让总统占据有利位置：尼克松可以倚仗诸如耶鲁法学院院长路易斯·波拉克（Louis Pollak）这样的自由派领军人物，他们坚持认为，强制各州将普选权扩及年轻选民必须通过修宪来完成。[37] 再加上尼克松的心腹米切尔和布莱斯·哈洛（Bryce Harlow）都强烈支持否决，总统几乎就要落笔了——事实上，米切尔甚至告诉众议院立法规则委员会（House Rules Committee）主席、密西西比州众议员威廉·科尔莫（William Colmer）：尼克松会否决该法案。[38]

然而，尼克松最终选择了另一条道路。在一份题为《〈选举权法〉——签署还是否决?》的内部备忘录里，总统169的首席撰稿人雷伊·普莱斯（Ray Price）就更大范围的政治利害提出了一些富有洞察性的见解。普莱斯承认"否决的政治诱惑"，因为那样做"①或许可以在1972年不让21岁以下的人投票，且②因为扼杀选举权立法这件事本身而取信于南方（白人）"[39]。然而，至关重要的是"牢记：选举权几乎是所有美国人都认同的事情，无论他们怎么看待黑人的其他诉求——安居、就业、就学，等等。所以，在这件事上，如果我们**看上去**与瑟蒙德、伊斯特兰德之流成了盟友，我们就会被打上标签：恬不知耻的种族主义"[40]。他的结论是，"在当下的环境中，出手否决不会被看作前进中的失败，而是会被当成蓄意的、精心算计的倒退，企图回到充满压抑和胁迫的陈旧（且依然残存的）模式去"[41]。

尼克松显然无意搞这种"蓄意的、精心算计的倒退"。他批准了这部法律，不仅肯定了《选举权法》过往的成就，也重申了该法对未来的承诺："该法实施5年以来，将近100

万黑人首次登记投票，超过 400 位黑人当选地方或州的职位。这不仅是选举的统计，还表明了希望，并且深刻表明了美国体制行之有效。有人宣称，除了上街，别无求助之法。而这些统计就是对那种说法的回复。"[42] 总统在签署法案的声明中认为，《选举权法》对 1960 年代的骚乱和种族动乱给予了决定性的"回复"。联邦干预的"统计表明了希望"，证明"体制行之有效"。数字治国的成功，为《选举权法》在活的宪法中赢得了特殊的地位。

尼克松的措辞围绕法律与秩序展开，这也应被看作挑战标准的成见。他曾经乞灵于种族主义的密电码，以此团结"沉默的大多数"，从而对抗自由派的进步观念，如今这令他臭名昭著。在某些情况下，此言不虚——最突出的是他对沃伦法院刑事司法革命的攻讦。然而，正如《选举权法》的故事所表明的，尼克松的形象有时恰恰与此相反：他巩固而非损害了新兴的民权体制。[43]

在《选举权法》一事上，尼克松的承诺是真诚的。针对未能迈过修订后的计数门槛的州和地方，尼克松的司法部采取积极步骤加强监督。而在上一任政府时期，约翰逊的司法部的头等大事是让南方黑人在现行规则下登记投票。这项工作非常费时，以至于该部未能全面行使职权，阻止那些通过修改规则极力压减黑人影响力并逃避监督的行为。结果，大多数南方地区一仍旧例，在通过新的选举法时并未事先从哥伦比亚特区征得同意。

《选举权法》一经获得重申，尼克松的司法部就出台规章，为受规制的州规定了事先获得审批的详细行政程序——

这让申请数量迅速翻了两番，从 1970 年的 255 宗飙升到 1971 年的超过 1000 宗。[44] 案件负担的增加，反过来促使司法部为行政审查制定了操作标准，而这又帮助法院在有争议的案件中做出定性。[45]

经过五年的实践经验积累，以及第二轮政治辩论，宪法巩固正迅速实现。在新体制下，联邦以技术手段支配各州，而总统、国会和联邦最高法院都在积极论证新体制的正当性。

民治？

如果这个故事还不能把抱持传统观点的人从他们的教条之梦中点醒，那就没有什么办法能叫醒他们了。依照惯常的看法，联邦最高法院是"原则的论坛"，而行政官员只是在执行阶段跟进而已。相反，司法部在南方的行政运作为一个更宏大的过程提供了关键的一环；经由这个过程，我们人民经过深思熟虑，就宪法承诺做出判断。南卡罗来纳州案、艾伦案和加斯顿县案让根本问题显露出来，而对于它们长期价值的真正考验则很实际：司法部会履行《选举权法》的承诺，在南方实现真真切切的进步吗？

只有在司法部证明行政干预确实行之有效之后，国会和总统才能做出深思熟虑的判断。政治分支将《选举权法》的革命首创精神，转化为新兴民权体制的三大隽永要素，而"行政宪制"[46] 是这一过程中的基本内容之一。

第一个要素涉及州主权。密西西比等州不再享有更改选举规则的自由，而恰恰是这些规则界定了它们对于代议制政府的理解。它们必须事先赶赴华盛顿特区以获得批准——而当它们到达那里以后，甚至不需要获得联邦法官对它们方案的同意。相反，对于它们来说，沿着立法规定的第二条路线，获得司法部专家的批准，通常更容易些。这引出了宪法价值的第二项转变：变得更支持在全国建立行政国家了。

最后，当行政机关或法院审查州的方案时，他们不仅考虑新的选举规则会不会损及每位公民选举权的有效行使，还进一步判断新规是否稀释黑人选票的影响力。从贝克诉卡尔案（*Baker v. Carr*）所确立的个人主义的"一人一票"标准，到直截了当地支持群体权利，这是巨大的一步。

州主权的局部中止，联邦行政权威的重申，以及对群体权利的主张，这其中没有哪一项是一蹴而就，都是通过集体审议的三步过程发展起来的。

第一步：当约翰逊总统于1964年取得决定性的选举授权之后，他和国会就迎来了绝佳时机，可以出台《选举权法》以回应小马丁·路德·金在塞尔玛的呼吁。鉴于美国人要求实现决定性变革，这部里程碑式立法适时超越了既往以法院为中心的进路。旧的进路因为没能给南方的抵制以致命一击而臭名昭著，如果重张旧制，只会引得人们怀疑华盛顿是否有意服从大众要求变革的命令。数字治国不是通过行政部门自上而下的自我扩张实现的。它回应了美国人民的命令：与宪法的过去决裂。

第二步：但是，数字治国会切实引发变革吗？这不该由联邦最高法院来决定。只有通过行政过程，在真实世界中积累经验，才能证明变革确实发生了。

从这一阶段宪法实验所学到的启示，构成了第三步的基础：一位与前任截然不同的总统经过冷静的重新思考，最终被说服加入国会和联邦最高法院，在根本宪法价值的名义下，支持数字治国。

如果这都不是民治，什么才算民治呢？

领域之间相互分离？

172   选举权的故事或许不无启发，但这只限于单个领域——选举权。我们要当心别过早推广到其他领域去。

比如，我们讲过关于《民权法》公共场所规定（第二篇）的故事，而那个故事就和选举权的故事截然不同。两个故事的起点是一致的：全面羞辱和排斥。

一位黑人男性走进餐厅，身上带着在餐桌前获得一席之地所需的钱财；当他被公然拒绝服务时，他的基本社会资格遭到了质疑。一位黑人女性走进选举登记办公室，她的教育水平足够通过文化测试；当她被嗤笑着拒绝时，她的基本公民资格遭到了质疑。

然而，两部里程碑式立法对这些滥权的处置并不相同。《民权法》瞄准拥有公共场所的个人，主要依靠黑人个别诉诸法院来强制该人履行义务。[47]而《选举权法》的路径则更具行政性和技术性。二者为何不同？

我在前文提出了答案的框架，现在是时候深挖一步了。就从公共场所说起。总体上讲，黑人在这个领域识别歧视要容易得多——他们要么被彻底拒绝服务，要么被赶到电影院的后排就座。这很有利于他们威胁起诉，而法院在维护他们的权利时，也不会遭遇严重的证据问题。

对于商业激励来说，有效司法回应的前景能够引起良性反馈效应。某家餐厅如果去除种族隔离，就要承担把所有种族主义白人顾客让给竞争对手的成本。而一旦所有餐厅都面临法律危险，他们就会同时解除种族隔离，种族主义的白人顾客将无处可去（或许私人俱乐部是个例外）。

而政治领域则呈现出截然不同的特征。就从识别问题说起：虽然种族主义登记官员在拒绝黑人的申请时，个人可以从羞辱黑人当中得到很多快感，但是他完全可以用不那么无礼的方式达到相同目的——对黑人以礼相待，但是给他们提的问题要比给白人的问题更难。和本地餐厅或电影院不同，选举登记处是一个不透明的机构：《选举权法》要想践行大众对正义的要求，就必须将这一事实考虑在内，并设计更易测量效果的指标，才能瞄准可疑对象。

机构不透明只是问题的一个方面。第二方面则涉及政治 领域截然不同的反馈回路。与市场中的积极过程不同，将黑人登记到选民名单上会引发负向反馈——白人政客会操纵其他选举规则，稀释黑人选票的影响力。唯一有效的救济便是联邦对所有选举改革做事前审查，考量其对真实世界中黑人作为群体，而不仅仅是个体选民的政治力量的影响，这是艾伦案的主张，也获得了国会的认可。

这个问题可称作机构抵制，它和选举登记机关的不透明性一道，使得公共场所领域的反归类规则，转向了《选举权法》所背书的实效量化进路。从反归类转向群体充权（em-powerment），并不表明内在不一致，而是表明，种族主义给真实世界中两个迥异的领域带来了截然不同的问题，而法律为了适应这一状况，对行政国家的规制权力作出调整，展现了引人注目的老练。

并且，国会在两个领域都做对了。经过黑人群体的进一步推动，《民权法》所追求的、以法院为导向的经典进路确实能够满足需要，在南方的公共场所解除了种族隔离。而在政治领域，最终攻克种族主义者抵制这一顽症的，还是《选举权法》的群体导向和技术路线。

两个生活领域；两套法律制度；落实法律的两场胜利。

人们很容易忘记这些成功，以为"进步"是不可避免的。相反，我们应当还原这些里程碑式立法的本来面目：它们是美国人民的骄傲成就。

这些成就是否复制到了其他领域？

第九章
工作场所的技术之治

我们是从一个非常明白易懂的情境开始探讨数字治国 174
的。《选举权法》对可疑选举系统的检测遵循全有或全无的
逻辑：某地如果没能达到立法的量化目标，就将被置于联邦
管控之下，并且长期不得脱身。唯一重要的是结果。联邦制
的传统原则被压倒了，代之以依靠专家衡量施政表现。

采取这样明白无疑的效果测试，乃是一段苦涩经历的产
物。司法部一直在努力运用传统诉讼手段来战胜南方的抵
制，而这些努力却乏善可陈。普通美国人明确要求取得决定
性突破，而数字治国便是唯一令人信服的回应。

而当我们转向职场，故事就会更复杂些。肯尼迪当局从
未将就业歧视当作要务来办。约翰逊总统为这一举措注入了
新的能量，而参与者则遭遇了制度设计的根本问题。对于民
主党人而言，国家劳动关系委员会便是显而易见的模板，他
们积极试图为平等就业机会委员会创设堪比劳动关系委员会
的权力。而对于共和党人而言，国家劳动关系委员会却是新
政干预主义恶劣至极的标志，他们为传统的、以法院为中心
的模式而战。

结果便产生了制度创新，国会建立了平等就业机会委员

会，而该机关与法院接触的方式别具一格，形成了数字治国的"第三条道路"。与投票权相反，这个领域并没有和个人责任的传统观念断然决裂。"故意"歧视的观念虽然仍很重要，但是获得了重释，更加强调少数群体人数的重要性，不过并未赋予其决定地位。结果产生了**依靠技术的个人主义治**

175　**理**（technocratic individualism）——这个标签并不好看，却精当地描述了最终生成的特殊宪法原则。

和在选举权问题上一样，我们将目睹一部三幕大戏。第一幕涉及第七篇在 1964 年获得通过。第二幕则追踪平等就业机会委员会和法院在后续八年的活动，它们为依靠技术的个人主义治理开发出了独特的工具，提出了独特的关切。这为第三幕搭起了舞台——在这一幕里，国会和总统于 1972年重审关键议题，将平等就业机会委员会与法院合作开创的、宪法价值的独特混合加以法典化。

第一幕：最初的突破

第七篇的表达使用了原则性的宏大话语：基于"种族、肤色、宗教、性别或民族出身"而"歧视任何个人"都是"非法雇佣行为"。[1] 这一命令适用于私人部门雇工较多的一切雇主[2]，但其并未拓展到任何公共雇主之上。这一限制在实践和理论上都很重要。从实践上说，这样做排除了南方各州的行政机关，虽然这些机关因为种族隔离而恶名昭彰。而对于 21 世纪的法律工作者来说，更重要的是这样做的理论意涵。

逆向州行为？

由于排除了公共雇主，第七篇建立起"逆向州行为"体制：将私人*而非州*主体置于特别严格的平等主义要求之下。

按照常理，如此扎眼的反向模式会引发联邦最高法院的密集审查，从而再一次迫使该法院考虑推翻民权诸案。然而，非常引人注目的是，这一问题从未发生。简言之，原因就在于亚特兰大之心旅店案。一旦联邦最高法院运用州际贸易条款来支持第二篇禁止私人餐馆和旅店的种族隔离，第七篇对私人企业的排他关注就不再成为问题。州际贸易条款再一次充当了救星，尤其是联邦最高法院还可以将新政时期支持《华格纳法》的著名判决作为依据：如果州际贸易条款在1937年足以支持劳工加入工会的权利，那么在1964年就足以支持劳工获得公平对待的权利。[3] 这一点是如此显而易见，以致沃伦法院从未费心就这一问题撰写意见。该院未经解释，就假定第七篇符合宪法——所有合格的法律工作者都能填补这个空当。

不过，考虑未曾选择的道路也很重要。花点时间设想一下，如果联邦最高法院出台了一份类似于我在第七章中所拟就的、1964年民权诸案的判词，把支持第二篇的根据换成平等保护，并且驳斥基于州行为学说的反对意见。这样一份判决会鼓励原告挑起针对第七篇逆向州行为理论的争议，让沃伦法院再次获得机会，通过布朗案式的论证，推动平等保护法超越1883年民权诸案。如果这样的情形成真，《美国报告》中就会留下另一份判词，论证私人雇佣就像公共场所一样，是现代世界社会生活的关键领域之一。制度化歧视无疑会造成"（黑人劳工）在共同体中的地位长期低人一等之感"，而1883年民权诸案却错误地对这些严重的侮辱不加考量，以为它们不值得受到宪法打击。我强烈建议你据此自行撰写假想的判词，因为我将布朗案式的独特论证范式当作民权法今后发展的模板，而写判词对于搞清你对这一范式的看法大有裨益。不过，我已经充分论证了关键论点：典型的当代律师/法官从没有考虑过逆向州行为问题。

又是现代正典极其狭隘的属性在作祟。宪法律师在解读民权革命的意涵时，只求教于《美国报告》。既然沃伦和伯格法院都没有处理过逆向州行为问题，我们就可以忽略它。他们就是这么干的。

这种看法大错特错。《民权法》是重建以来最重要的平等主义举措。就宪法平等的意涵而言，它当然对我们不无教益。第七篇断然坚持私人雇佣领域具有关键意义，我们重新理解这一点，岂不正当其时？

德克森-曼斯菲尔德妥协

我们应该以同样的态度对待第七篇所规定的操作标准。177 对于反歧视原则，国会采取个人主义的理解方式；如果根据雇员所处群体在"相关职工总数"中的比例，判断该群体的代表性存在不足，那么不得仅仅根据这个事实就"优待"这些雇员。[4] 仅当企业"故意"实施某项"非法雇佣行为"时，才支持劳工的诉求。[5]

上述条款是在转折关头添上去的：埃弗雷特·德克森以

之作为与曼斯菲尔德妥协条件的一部分，打破了国会中为了阻止议事而进行的冗长发言。[6] 那么，我们应该稍停一下，准确地理解这些条款究竟要求的是什么，以及并不要求什么。

这次妥协直白地否定了次年《选举权法》所支持的旗帜鲜明的数字治国。这些条款继续使用"故意"歧视这一传统的法律语言，并且规定统计上的"失衡"本身不足以证明存在歧视故意。但是，这些老套说法并不意味着彻底拒斥数字治国。在现代商业企业的独特环境下，这些条款搭建起一个基本框架，让法律传统展现出非常的潜力，将量化指标引入对于"故意"的解释之中。

让我们从基础知识讲起。传统上，法律对于故意问题采取客观理解：如果行为的结果是"自然且可能"发生的，就推定人们"希望"这个结果发生。当这条通则被适用到现代企业人事主管所面临的特定情境时，它就会把数字治国重新带入考量之中。当我们所设想的主管为企业制定聘用和晋升政策时，如果这种政策**可以预见**将会对黑人不利，就构成了**故意**歧视。只有一种途径可以逃脱这个推定。"我的政策确实对黑人造成了不合比例的伤害，"主管可以这样解释，"但是这对于确保我的目标，即合格的劳动力队伍的实现是必要的。"只有为了运营之需，消极影响才会被算成决策在无意间造成的负面效果，而不是有意造成的后果。

立法史并不挑战这种理解。有人提到休伯特·汉弗莱的意见，即"对故意的明确要求旨在澄清：缺乏故意或纯属偶然的歧视并不违反该篇"[7]。但是，这个说法只不过廓清了德克森–曼斯菲尔德妥协提出的一项根本法律挑战：在每家公司的雇佣政策中，如何将"缺乏故意或纯属偶然"与"自然且可能"区分开来。

在现代世界之中，要做出这种区分，只有一个方法可靠，那就是利用统计工具来评估可能性。只有在卢德运动中人才会抵制这些现代手段，而这种人在华盛顿特区恰恰稀缺。

国会新组建了平等就业机会委员会，使之能够承担繁重的统计工作。立法授权该机构对其"有理由相信"实施了歧视的任何企业提起行政控告。[8] 这个任务可不轻松，因为立法想要涵括超过三十万家企业，人数占全部劳动力的四分之三。[9] 该会如果仅仅坐等劳动者个人控告，就会放过那些最蛮横的雇主，后者可以通过威胁报复来阻止劳动者发声。对于宏观雇佣模式的统计分析，可以帮助新设立的委员会准确把握大局，锁定最恶劣的违法者。

这都是显而易见的，立法也明确授权委员会命令企业"保存……记录"，以供该会有效履行职责之需。[10] 不过，各方竞逐的东西还有很多。对于自由派民主党人而言，仅仅让委员会调查和锁定那些搞劳动歧视的企业还不够。他们想要让委员会获得进一步的权力，也即签发停止令（cease-and-desist orders），并且可以通过司法来实施。他们的模型是国家劳动关系委员会。正如国家劳动关系委员会强令雇主与工会交涉，平等就业机会委员会也该强令雇主处理偏见。雇主如果对平等就业机会委员会的命令持有异议，可以到联邦法院发起挑战，但是要承担证明委员会恣意妄为的责任。

民主党人梦想的机构不啻为共和党人的噩梦。对于德克森参议员和许多其他共和党人而言，他们的整个政治生命都投注在谴责国家劳动关系委员会干涉运营权上。眼看着要克隆一个国家劳动关系委员会，再发一波停止令，他们对此极为厌烦。所以，德克森－曼斯菲尔德妥协剥夺了新委员会签发停止令的权力，也就不意外了。根据他们的协议，新委员会仅仅发挥调解功能，规劝雇主回应由委员会或者劳动者个人提出的控告。如果委员会无法在六十日内让争议双方解决问题，只有涉案的劳动者——而非委员会——有权到法院请求保护他们的权利。[11]

所有这一切造就了一种行政机关与法院协作的独特模式。里程碑式立法追随新政的足迹，新建了由五位委员组成的独立机关，该机关有权调查劳动力市场，锁定潜在违法者，并回复个人控告。而在执法阶段，该法却依靠法院而非行政机关来查明劳动者的控告是否正确。

诚然，国会并未完全采取以劳动者个人为中心的思路，而是同时授权司法部起诉一切"阻碍"劳动者权利"充分行使的常态或惯例"。然而，从实践来看，这个例外非常狭窄——司法部民权司是一个精英群体，职责繁多，无力采取大规模执法行动。主要的负担还是落在劳动者身上，他们拥有全国有色人种协进会法律保护基金会（NAACP Legal Defense Fund）和其他团体的帮助，而这些团体的资源也有限。总之，可以说第七篇创造了一个准新政式的思路，把公共和私人主体混合成一个独特的模式，以实现其雄心勃勃的目标。只剩下一个问题：这样行得通吗？

答案基本是否定的。立法完全没能给个人的指控提供有效的救济。不过，在运用统计工具大范围调查劳动力市场、锁定最恶劣违法者，以及曝光普遍存在的歧视惯例方面，新法的成就更大。通过 1972 年的巩固性立法，国会确认了这些新政式的成就。简言之，我们的故事与《选举权法》在1965 年到 1970 年的三阶段发展类似——但也有重要的制度变化。

第二幕：依靠技术的个人主义治理的兴起

1964 年的立法设置了一年的实施前准备期，让平等就业机会委员会能够投入运作，也让雇主有时间检讨其现行做法。可是，委员会浪费了这个机会——距离法律实施只差一个月的时候，委员会还没有委员，没有职工，没有办公室。最后，约翰逊总算敲定了主席人选——小富兰克林·德拉诺·罗斯福，而这位名门之后更加属意纽约市长之职，并无意为自己麾下的机构开辟道路。[12] 他甚至没有驾临国会山，就机构预算做出说明，导致委员会在头一年只得到了很少的经费。[13]

与此同时，民权团体正在组织一场运动，想用个人控告的洪水淹没尚在婴儿期的委员会。"修改〈第七篇〉的最佳路径就是证明它行不通，"杰克·格林伯格（Jack Greenberg）解释说，他是全美有色人种协进会法律保护基金会的负责人。[14]

180 从中期来看，格林伯格的策略奏效了，促使国会加强了委员会的权力。但是从短期来看，该策略却造成了大混乱。

一位职员回忆说："我们最初计划（在头一年）处理大约2500件指控。而我们收到了6000件。我们此后一直在垂死挣扎。"[15] 在受理的头 1.5 万宗案件中，委员会仅仅成功调解了 110 件——这并不奇怪，因为委员会只聘用了 5 位调解员，却要应付整个国家的案件。[16] 情况并未好转：1968 年，委员会新收到 1.5 万件控告，仅调解了 513 件。[17]

委员会受理 60 天后，雇员就有权把控告诉诸法院。但是这个渠道也不奏效。整个 1968 年，提起的诉讼不足百起——并且几乎全部败诉。在最初 4 年里，只有 4 位劳动者靠自己的力量获得了救济（其中 3 起有司法部提交的法庭之友陈述）。[18]1964 年的妥协失败了。

数字治国

婴儿期的委员会本来可能被控告的洪流打沉。非常值得一提的是，委员会为了走出困局、另寻他途，设法积聚力量，推动了一项试验。新战略的起点是要求每家受其规制的企业按年提交平等就业机会一号表格（Form EEO-1），定量报告自身雇员的种族构成。运用这些数据，委员会就可以锁定最恶劣的违法者，而无须依靠复杂难测的个人控告。

这项努力背后的推动者是一位法学教授——阿尔弗雷德·布鲁姆罗森（Alfred Blumrosen），他是委员会初创时期的顾问。甚至早在委员会开张之前，他就呼吁委员会采取数据驱动战略："我认为，这大概是一切遏制就业歧视的计划中最为重要的工具……至少，这为政府发起行动提供了基础，而无须指靠控告，并且可以有效锁定那些可能的潜在歧视者……反歧视项目长期面临人手和经费短缺。如果政府通过汇报机制，能够锁定那些执法最为不足的雇主，就有可能在与歧视的斗争中胜出。"[19]

布鲁姆罗森很快得到了罗斯福的支持，但是这还不足以让他的设想落地。鉴于德克森参议员在创设委员会过程中的立场，他本来完全可以阻止这个设想，宣称其与国会的意图不符。然而，当他被问到时，他迅速批准了这个设想——这进一步表明，国会两党多数非常期待委员会能够像新政那样发挥专业性。[20] 于是，1965 年 8 月，也就是委员会投入运作的第二个月举行的白宫平等就业机会会议上，委员会大力鼓吹这一方案。

然而，委员会却意外遭遇了民权团体的抵制。供职于全美有色人种协进会的克拉伦斯·米歇尔（Clarence Mitchell）坚称，报告种族构成将"开启歧视之门，如果你不同意这一点，我恐怕要说你对这个国家的问题了解得还不够"[21]。读者大概会认为，民权领袖的反对足以扼杀尚在婴儿期的委员会的设想。

但是，扼杀并未实现，而原因则涉及本书论点的核心。委员会的职员明确指出，种族报告机制对于锁定最恶劣违法者至关重要——而他们获得了各州公平就业机构成员的支持。[22] 在"委员会的成败攸关大局"的反复警告声中，采取行政措施的观点最终胜出。白宫会议的支持为委员会提供了建立全国报告系统所需的动能。1966 年初，该系统投入运作。[23]

在某些保守分子看来，种族报告的诞生就是民权活动家控制了委员会的明证。但是，领军民权团体对白宫会议的抵制，证明这种观点不合情理。并且，一项严谨的实证研究表明，委员会的成员"完全覆盖"了保守派和自由派。[24] 根本没有证据表明"民权鼓吹者"掌控了政策的制定。[25]

我们不该满足于时髦的各色"俘获"理论，而是应当把一号表格看作针对一个标准的规制问题的、典型的新政式回应：委员会如果无法追踪充斥其广大规制领域的、歧视样态的变化，就将背弃自身对于专业性的诉求。离开定期汇报，就没有希望切实定位最恶劣的违法者；不能成功锁定，就几乎不可能弥合法律条文与社会现实之间的差距——而第二次重建的全部目的正在于此。[26]

一旦企业开始向委员会提交表格，委员会就会采取第二个逻辑步骤：自 1967 年起，委员会举办了一系列公共"论坛"，目标直指歧视问题丛生的市场。[27] 委员会的新主席小克利福德·亚历山大（Clifford Alexander, Jr.）这样向制药业代表阐述召集他们开会的理由：

> 首先，你们每个人无疑都了解自己公司里雇佣少数族裔的状况，而我们想要为贵方展示整个产业的图景。我们相信，贵方并不会为这样的图景感到骄傲。
>
> 其次，我们想要提出有助于改变这一图景的措施。**如果我们今天想要推动的自愿行动不奏效，那就只能代之以耗时耗力的控告程序。为贵我双方利益计，我们希望避免这种情形。**[28]

亚历山大最后的威胁大抵是虚张声势：委员会的天量积

案会让调解工作一拖再拖——而雇主如果选择抵制却并无后顾之忧，因为受害的劳动者（在极少数情况下则为司法部）只能去法院寻求救济。

然而，委员会的举措为从根本上重新界定种族歧视的操作含义打下了基础。它迫使企业做出选择：要么继续在一号表格上填报糟糕的种族数据并承担诉讼风险；要么来年改进数据以摆脱困境。

保守分子指责这一举措违法，但是这种指控并无依据。[29]尽管立法禁止委员会"要求"雇主为少数族裔预留名额，但是委员会并没有**要求**雇主做任何事，更不用说划定名额的底线了。委员会只不过告诉受规制的企业：本会意在如何分配稀缺的调查资源，以实现立法所赋予的使命——谨慎的企业能够从中获得足够的信息，小心规避可能发生的、破坏性的法律干预。正如亚历山大所言，这一措施行之有效，并且服务于各方的最佳利益。

诚然，每家公司都可以认为委员会只不过是在虚张声势，也可以质疑劳动者或司法部提起诉讼的严肃性。[30]但是，委员会决定重拾新政对于专业技能的期待，让数字治国的问题重回政治议程：今后，这种就量化目标展开"自愿"谈判的模式——以诉讼威胁为后盾，值不值得推翻或加强？

尼克松的回答响亮而清晰：他给予这个模式以确定无疑的支持。从1969年到1972年，委员会的预算翻了一番还要多，人数更是翻了两番，从359人激增到﹒640人。[31]他新任命的主席威廉·布朗三世（William Brown III）积极贯彻亚历山大的策略，并于1970年实现突破，与美国电话电报公司

（AT&T）达成和解，创下了先例。协议不仅为受害的雇员提供了 1500 万美元的欠薪补偿，而且促使这家电话公司为今后录用妇女和少数族裔设定了量化目标。有调解协议在手，布朗骄傲地呼吁"各企业自觉行动，实现守法"。[32] 通过其他行动，委员会还强化了这一信息——最著名的当属费城计划（Philadelphia Plan），该计划力度很大，要求建筑业的联邦承包商提出量化目标。[33]

所有这一切为 1972 年的国会辩论奠定了基础，那场辩论将决定委员会的未来。不过，在进入这一轮政治重估之前，先考察一下制度的另一项发展，这项发展同样凸显了依靠技术治理的正当性问题。

标准化测试

在运用集体智慧进行决策的组织之中，治理越来越依靠技术，而数字治国是这场革命的一部分。美国业界处在前沿：大雇主越来越依赖标准化测试来做出聘用决策，到了 1960 年代，测试活动已经实现了专业化。量化雇佣给平等就业机会的含义提出了新问题。不过，在 1964 年，国会并不一定要直面这些问题。而国会却这样做了——这很大程度上是机缘巧合。

媒体在其中扮演了关键角色。在报道伊利诺伊州公平雇佣行为委员会（Illinois Fair Employment Practices Commission）新近裁决的一桩案件时，《纽约时报》的专栏作者阿瑟·克罗克（Arthur Krock）敲响了警钟。该案中，一位 28 岁的黑人男子利昂·米亚特（Leon Myart）服役期满后，申请到摩托罗拉公司担任质量控制监督员。公司拒绝了他，理由是他没能通过一项包含了 28 个问题的通用专业能力测试——但是公司从未给出他的测试成绩。米亚特拒不承认自己未能通过测试，并且他在公平雇佣行为委员会的重测中达标了。

伊利诺伊州的听证官并不关心这些事实争议。他从宏观上对标准化测试提出了谴责，而并不考虑米亚特所参加的那项测试能否很好地预测他的工作表现。[34]

184　　在克罗克看来，米亚特一案"形象地反映出"对于"私营部门雇佣和解雇政策"的"专横控制"，这种控制如今威胁到了国家整体："如果国会通过了第七篇所包含的拟议措施，……联邦政府就会经由立法而成为私营部门的高级合伙人"，"每当'歧视'议题出现时，就会"运用"权力来掌控……标准……"。[35]克罗克将米亚特一案推到了全美读者面前，使之成为有争议的大案，吸引了志在削弱第七篇的南方人。

领头的是得克萨斯州参议员约翰·陶尔（John Tower）。他的修法方案打算创设一个安全港，容纳所有"专业开发"的测试，只要该测试被"设计用来……预测"雇员是否"适合或可培训至胜任"某职位。[36]这一方案以 49 票对 38 票被否决，领衔反对的是汉弗莱参议员。[37]不过，两天后，汉弗莱就支持了陶尔方案的缩减版，明确宣告不是任何专业开发测试都能为雇主所用。根据他的修法方案，测试如果被用来歧视少数族裔，仍然构成违法。[38]可是，平等就业机会委员会或者法院该如何判断用途有无歧视性呢？

参议院没有任何人问起，更遑论回答这一关键问题。汉弗莱的关切得到满足以后，修正案不经进一步辩论，就迅速以口头表决的方式获得通过。[39] 在何时应当禁止使用测试这个问题上，参议院并没有给委员会或法院提供清楚的指引。

平等就业机会委员会的回应是新政式的。既然陶尔与汉弗莱都强调"专业开发"的测试，委员会于 1967 年出台的指南就主要立足于美国心理学会（American Psychological Association）最近开发的标准。[40] 尼克松任命的委员会仍在 1970 年推出了后续的、更加详尽的一系列标准，尽管这会带来沉重的行政负担。

这一经典的新政式举措所产生的效果，完全处于专业心理学工作者的常识范围之内。委员会强调，"最终的标准……并非测试成绩，而是工作表现"，并且只有当统计能够证明测试是少数族裔"工作表现"的"有效预测工具"时，才支持运用测试。[41]

可是，法官们会同意吗？这便是联邦最高法院于 1971 年下判的格瑞格斯诉杜克电力公司案（*Griggs v. Duke Power*）的核心议题。* 涉案的南方公司多年来只允许黑人做力工。第七篇出台后，杜克电力公司意识到了时代变化，宣布黑人今后可以升入其他部门工作——而前提是通过一项标准化的智力测试（或者拥有高中文凭）。

该公司并未试图运用统计方法证明其测试能很好地预测工作表现。虽然黑人不及格的比例高于白人，但是杜克公司认为，只要意图是好的，就足以达到陶尔修正案的要求。该

185

---

* 该案判词中译见阎天译：《格瑞格斯诉杜克电力公司案》，载《宪政与行政法治评论》第七卷（2013 年）。——译者注

公司还对平等就业机会委员会的不同观点发起了广泛的攻击。

杜克电力公司知道自己在打逆风仗。自新政以来，行政机关在解释和适用其授权立法时，从联邦最高法院获得了大量的机断空间。但是委员会的处境不同。杜克电力公司认为，委员会只应扮演调查者和调解者的谦卑角色，并强烈呼吁联邦最高法院挫一挫委员会自以为是的锐气，维护司法对于法律解释的控制权。

首席大法官沃伦·伯格拒绝了这一请求。他代表法院发表一致意见，坚称委员会的释法应当获得法院普遍授予新政机关的"巨大裁量权"，并且将委员会的指南用作评价公司论点的关键标准。[42] 杜克公司自辩的主要依据在于，下级法院认定其管理层在采用标准化测试时并无种族主义动机。而伯格认为读心术与本案无关，拒绝采纳，转而支持传统观点，即行为人对于其行为的可预见后果怀有故意意图。该公司采用未经证实有效的测试，无疑是故意为之。杜克一案的判词根据委员会关于测试的指南，谴责这一做法违反法律。标准化测试如果并不能真实预测实际表现，那么，它就不过是蒙蔽雇主的技术手段，使他们对于每位求职者的真实资质茫然无知；而如果黑人求职者的不及格率高得不成比例，那么，公司的技术手段就是职业歧视的花招。伯格强调，第七篇的总体目标是个人主义和优绩主义（meritocratic）的——迫使雇主评估候选人胜任特定岗位的资质，而不是不切实际的应试能力。在这一框架下，第七篇对雇主的要求不仅仅是善意，它还要求消除一切"形式上公正但实施起来有歧视性的做法”。[43]

通过解读里程碑式立法，伯格表达了新政–民权体制的特有抱负——将法律在纸面上表达的平等主义理想与就业市场的日常现实联结起来。他的观点并不在于让政府或业界不再依靠技术进行治理，而是弹出了宪法上制衡主题的新变奏，让政府的技术人员去制约业界的技术人员，以确保测试不脱离立法的总体目标——真实世界中的平等机会：“如果这些关卡行事不公、实施歧视，国会所要求的就是去除就业中人为、恣意且不必要的关卡。”[44]

格瑞格斯案判决对企业提出的要求很严格，但并非毫无节制。在职场内，伯格只关心平等机会，并不关心更普遍形式的屈从地位（subordination）。比如，由于教育隔离的缘故，大多数黑人都不太可能在就业测试中表现良好，即便测试确实能够预测工作成就，而格瑞格斯案判决并不要求企业补偿这些更深层的亏欠。

这一原则可称作“依靠技术的个人主义治理”：企业有义务消除针对合格黑人的“不必要”障碍，但是对于那些同为黑人，却从未获得公平机会来获得应试能力的人则没有义务。通过划定这个限制，格瑞格斯案的判词采取了分领域讨论的思路，这正是第二次重建的特色。里程碑式立法并没有强推某个普适的公式，而是致力于为每项制度量身定做方案，以解决真实世界中的不公正问题。伯格的意见落脚于此，他把民权时代的机会平等理想和新政时代的专家治国理想出色地结合了起来。

联邦最高法院对这个问题并不享有终极权威。就在下一年，尼克松总统和国会就从根本上重新考量了第七篇。

第三幕：巩固

我们所讲述的故事可谓意外不断。婴儿期的平等就业机会委员会被个人控告所淹没，却几经周折，提出了一个精细的思路架构，以解决一个棘手的问题：在委员会广大的规制范围之内，如何识别那些最严重的滥权。

作为回应，委员会的答案有两部分——一是锁定最恶劣的违法者；二是锁定可疑的做法。一方面，委员会推行技术策略，运用硬性数字指标，鼓励后进企业自愿设定雇佣目标；另一方面，委员会动用专业知识，集中关注现代人事管理的一项核心技术——标准化测试。[45]

委员会在两个方面的成功，很大程度上都得益于业界实践方兴未艾的革命。到了1960年代，大企业都设立了人事部门，致力于通过技术手段管理"人力资源"——以数据为导向，运用计算机技术，针对雇佣、晋升、标准化测试及类似事宜制定政策。[46]这个新行业欢迎平等就业机会一号表格，将之视作证明自身专业性的新机遇。他们把近期录用少数族裔的情况与企业的长期记录做对比，如果数据显示没有"进步"，就可以警告高层管理者提防若隐若现的政治危险：企业一旦在公共听证会上被委员会盯死，岂会不面临公关灾难？

委员会的表格也增强了这些专业工作者和企业运营部门打交道时的影响力。正如伯格在格瑞格斯案中所言，人力资源专业工作者并不想要在雇佣中为少数族裔留出特定配额。他们意在推动重新审视那些能够充分释放雇员潜力的措施，拆除那些阻止少数族裔和妇女获得他们所能胜任岗位的人为障碍。

这些拿数据说事的对话——既发生在委员会与企业高管之间，也发生在人事部门与运营部门之间——为法律语言的重大转变奠定了制度基础。这可称为**判断故意的专业化**（*professionalization of intentionality*）。人力资源部门由于负责分析统计行为惯例，如果不把为委员会整理的数据纳入考量，就会不专业。在现代企业里，判断歧视的故意是否存在，要用数据说话：糟糕的数据除非在商业上完全正当，否则就构成种族偏见，人力资源工作者不能无视之。联邦最高法院在格瑞格斯案中的一致意见揭示了这一更宏观的商业现实，这也为1972 年的政治复议设定了基本议题。

当尼克松和国会开始重新考量第七篇时，他们发现自己正处于决定性的时刻。一方面，委员会处理个人控告的记录充满苦涩。截至 1972 年，委员会积压的控告已经达到 5.4 万件，而每宗案件需要 18 个月或更长的时间才能进入调解阶段。[47] 鉴于这一失败，国家政治领导层本来可能下令重回传统的、以法院为中心的思路，废除委员会，让劳动者承担全部责任，去说服法官和陪审团相信自己遭到了错误对待。另一方面，他们可以集中关注委员会依靠技术所取得的成

188

就，坚持新政所设想的、混合式的架构。重回经典的、只靠法院的思路，还是进一步完善依靠技术的个人主义治理，该选哪个呢？

答案清晰得令人吃惊。没人企图折断委员会的翅膀，争论全在于如何增强委员会的权力才最好。

新生的共识在尼克松执政早期就露出了苗头。当共和党人重掌白宫时，他们遇到了约翰逊团队在最后一刻提出的方案，引爆了政治辩论。临别之际，即将离任的一届政府指出，平等就业机会委员会处理个人控告的记录简直可耻，并要求将该会转型为另一个国家劳动关系委员会，赋予它充分的制止违法权。[48]

共和党历来厌恶国家劳动关系委员会，令人惊讶的是，即将上任的尼克松派并未马上否定这一方案。事实上，负责民权事务的新任司法部长助理杰瑞斯·莱纳德（Jerris Leonard）认为，该方案"整体上令人满意"，并建议做进一步加工。[49]不过，更保守的一批人最终胜出，包括年轻的威廉·伦奎斯特（William Rehnquist）和高级顾问阿瑟·伯恩斯（Arthur Burns）。然而，他们也认可加强平等就业机会委员会的必要性。他们虽然反对赋予委员会制止违法的职权，却建议让委员会成为第七篇的主要执法机关，授权委员会直接向法院起诉，追究违法者的法律责任。[50]

当局将上述动议公之于众后，遭到了传统民权团体的坚决反对，他们坚称，新政模式才是未来的最佳方案。此后三年都被这场辩论充斥——众议院和参议院各自支持某种模式，但是直到1972年才联合起来出台法律。[51]自德克森-曼斯菲尔德妥协以来，基本前提发生了重大变化，这不该被长期的意见分歧所遮蔽。与 1964 年相反，共和党的主流如今附议自由派民主党人，认为强有力的委员会对于践行第七篇关于真实世界的承诺至关重要。他们只是对于通过哪种方式给委员会充权才最好有不同意见。

这让南方的保守派陷入了政治孤立。他们打了一场精巧的拖延战，阻止法律通过达三年之久，但是大难显然即将临头。更糟的是，冗长的辩论使得当局依靠司法充当主要释法和执法机关的意见更加深入人心。甚至《纽约时报》——他们可不崇拜尼克松——最后都得出结论："尽管民权团体会更倾向让委员会执行签发禁止令，但是我们相信，与其依靠一个政治任命、成员随总统轮换的委员会，不如依靠法院救济。"[52] 当尼克松把动议变成法律时，人们广泛认为这是一个决定性的进步。

同样重要的是，委员会早期数字治国的经验，改变了国会对于反歧视本身含义的理解。1972 年 1 月，哈里森·威廉姆斯（Harrison Williams）参议员在开启参院就该问题的最后一轮辩论时，所做的论证就是一例。作为民主党该法案的共同负责人之一，他这样解释法案的核心逻辑：

> 说句大实话，第七篇并没有取得什么值得一提的成就。1964 年，人们倾向于把就业歧视看作一系列孤立的、可以区分开来的事件，并且主要归因于数得出来的某些个人或组织的居心不良。当时认为，问题主要出在人身上，解决问题的最合适架构应该强调调解，而不是

强制手段；只有偶尔发生顽抗事件的时候，诉讼才是必要的。不幸的是，过去七年的经验并不支持这个观点……委员会自从成立以来，收到的指控数量逐年增长。单单是在1970财年，委员会就收到了14 129件新指控，而今年预计会有超过32 000件指控涌向委员会。

（委员会所做的）守法状况审查和就业调查表明，从前的局面仍在持续。少数族裔劳动者如黑人、拥有西班牙语姓氏的人、东方人或印度人，都处在报酬最低、最不招人待见的岗位上——前提还是他们首先要被雇佣……统计数据已经很形象了，而我只想列举一部分比较显著的结果。[53]

190　　委员会的守法状况调查促使国会重新界定问题的本质：歧视并非"孤立的、可以区分开来的事件……归因于数得出来的某些个人的居心不良"，而是经济生活的系统特征，需要系统地重构执法体制加以应对。正如委员会曾经运用报告要求促使企业采取行动，数字治国如今也促使国会重新思考行政法的基础前设。

国会还挫败了推翻委员会与美国电话电报公司等企业所达成的和解协议的企图，这些人由欧文参议员领衔。协议设定了雇佣少数族裔的量化目标。欧文参议员谴责其中包含了"反向歧视"，这颇有先见之明，然而他的批评恰恰反映了时代变化之大。1964年，欧文领导议员们通过冗长发言抵制第七篇的一切版本，而八年过去，他却以1964年立法真诚维护者的形象登场，抗议尼克松当局让行政机关滥用该法：

"我不明白联邦政府为什么命令雇主实施就业歧视，他们本来是该阻止就业歧视的。"[54]

陶尔的修法方案本想禁止美国的一切"官员"在雇佣时带有任何形式的种族观念，这会推翻将数字目标与硬性配额区别开来的观点。[55]而参议院以多过赞成票一倍的反对票否决了这个方案。[56]

哪怕到了决定性关头，陶尔参议员也并不试图挑战联邦最高法院在格瑞格斯案中的判决。1964年，他曾在摩托罗拉与米亚特的纠纷中捍卫标准化测试；后来，摩托罗拉的发言人在国会做证时公开接受格瑞格斯案的判决，而他却拒绝重启争论。[57]这个转向象征着公共观念的更宏大变化——数字治国成为第二次重建的使命。

参议院采取相同观点，确认了格瑞格斯案解释1964年立法时对技术的依靠。为了给法案的最终通过铺路，参众两院会议的领袖在汇报的开端，就明确支持"法院所发展出来的现行判例法"，宣称判例将"继续支配……对第七篇的解释"[58]。

简言之，制度实验和巩固的有机过程，到1972年立法时达到了顶点。此前数年，委员会不仅创下了专业行动的重要范例，而且提供了真实世界的经验，令国会和总统得以直面关键问题——委员会努力实现新政关于行政与执法专业化的理想，这种努力究竟应该加强，还是废止。

于是就产生了新政主题的独特变奏。与国家劳动关系委员会模式不同，平等就业机会委员会并不充当劳管纠纷的专业仲裁者，也不通过停止令解决纠纷，而是充当专业诉讼当事人，运用专业技术能力说服法院去解释立法，为职场制度的真实状况带来公正。

从仲裁员模式到原告模式的转变是合理的，因为法院在新政和民权时代所扮演的角色不同。当国会于1935年通过《国家劳动关系法》时，联邦最高法院中的保守派四人组（Four Horsemen）威胁推翻整个行动。虽然该法最终未被司法审查所绞杀，但是国会如果指望大法官们会同情地解释其命令，恐怕就太傻了。常识指向与此截然不同的方向：通过制度设计，让国家劳动关系委员会发挥立法首要解释者的功能，并阻绝法院对于该会的干扰性审查。

与此相反，沃伦和伯格法院都领衔支持民权革命，完全有理由期待法官继续沿着这条道路前进。在这个前提下，专业原告模式让委员会管理数字、让法院发展法律，就显得胜算更大。即便委员会的起诉热情逐步消退，伯格法院的成员也可以终身任职。要想改变法律的航向，总统和参议院需要长得多的时间。

委员会的权力一经加强，就迅速获得了积极运用。在尼克松的支持下，从1972年到1973年，委员会起诉了141家企业，其中包括许多全国范围内的领军企业——最终达成了一系列引人瞩目的和解协议，让企业同意在雇佣和晋升中设定量化目标。[59]

从前，委员会在试图说服大企业承诺设定量化雇佣目标时，基本是虚张声势罢了。而一旦进入司法，力量对比就发生了反转。格瑞格斯案判决明确指出，业界不得针对其少数族裔雇员设置"人为、恣意且不必要的关卡"。如果委员会准备充分，法院就会尊重他们所提供的、证明差别影响 （disparate impact）的统计性证据。全面执法而非个案调解占据了议事日程。

世事无常。或许，后世的大法官会拒绝坚守由 1964 年和 1972 年里程碑式立法所赋予的使命——毕竟，第一次重建的成就也曾长期面临相似的命运。但是，在 1972 年，宪法巩固获得了完全的实现。委员会获得了国会和总统的新授权，重拾数字治国的承诺；它所掀起的新的和解浪潮，为各地人事经理提供助力，将国家的宪法使命转化为职场现实。[60]

走向综合

现在，我们可以走出对于就业法的详细记述，将其整合到我们先前对于公共场所和选举权的研究之中。

为了简便起见，让我们从对比就业和选举开始。它们的故事都遵循宪法发展的三步态势：首先，在大众动员和举国共识的顶点，一项里程碑式立法获得通过；其次，由此开启了一个行政和司法实验的阶段；再次，行政官员和法官所获得的实践经验，为尼克松时期的新一轮政治决策设置了框架，使得 1960 年代的突破获得了立法巩固和精细加工。总体而言，这一态势有着特别的意味——真正意义上的集体学习和协商的实践。

1964 年，唯一清楚的是：美国人民对其民选代表发出命令，为种族关系建立新开端。能否将这个命令转化为坚固的法律结构，取决于总统和国会。1964 年和 1965 年的立法必然引发许多制度实验。当德克森和曼斯菲尔德参议员公布他们就第七篇所达成的妥协时，没有人确知他们的准新政式方案能否奏效。正如《选举权法》彻底倒向数字治国时，没有¹⁹³人知道：对于深南部的行政干预，究竟会重演19世纪重建时的灾难，还是会通过建设性的行政参与压倒民众的抵制？

时至1970年代初，尼克松总统和民主党掌控的国会获得能力去回答这些疑问——而他们最终通过两党协作，将就业和选举的体制都巩固下来。在我们所讲述的两个故事中，尼克松的观点并不相同。在选举问题上，他希望将立法的关切推行到全国，取消针对南方的特殊措施；而在就业问题上，他希望加强平等就业机会委员会，但是否认国家劳动关系委员会是个合适的模板。他在前一场争论中落败，在后一场胜出，而两场争论有一个共同特点——政治讨论的各方参与者都深入了解了先前的行政和司法经验。如果《选举权法》重演了第一次重建时期地方的激烈抵制，恐怕就会迫使华盛顿焦虑地重新评估里程碑式立法。正是因为目睹了1965年立法实实在在的效果，国会才拒绝去冒走回头路的风险。鉴于主流意见大都站在国会一边，尼克松承认有必要延续并扩展新生的专业技术手段，并且将矛头对准北方若干地区和南方广大地域。1965年，数字治国或许被看作确保基本选举权的紧急措施；而到了1970年，数字治国已然成为新政–民权体制的一块基石。

第七篇则呈现出另一幅图景。虽然立法通过之初，很多企业自愿遵循，但是到了1972年，该法所建立的准新政式执法方案遭到了完全的失败。[61] 如果放任这种状况持续下去，当时的体制将纵容强硬违法者逃脱制裁，并且促使那些更具合作态度的企业重新考虑他们早先的平等主义态度。

这一次，尼克松当局毫不犹豫地认定：倒退的风险是不可接受的。他们与国会联手，加强了平等就业机会委员会经验中最具前景的部分，并且建立了行政机关与法院协作的崭新模式，承诺取得比国家劳动关系委员会更佳的成果。

我讲这些故事，并不意味着这些承诺在后世获得了成功践行。而是说，这些故事反映出活的宪法何以将民权革命转化为原则性的法律事业。从这个角度来看，这一体制该拿高分。诚然，尼克松、德克森与汉弗莱不断争夺政治优势和参加哲学研讨班不可等量齐观。但是，如果把他们看成毫无道义的权力政治玩家，就错得更离谱了。

194

当下，由于所谓的理性选择理论支配了美国政治学界，这一危险更为巨大。在这个耳熟能详的框架中，"理性"的政客只在乎追逐选举优势，为了将自己连任的可能性最大化而选择政策（直到他们在职业生涯末期卖身为游说者）。一切其他考量都是"不理性"的——虽然时有发生，但是应当被视作偏离常规。[62]

我在这一点上与这个理论分道扬镳。[63]诚然，政客关心连任，但是他们也关心让美国变得更好——这正是许多政客投身政治的初心。理想主义的动机可能消退，但也有相反的可能：要是政客认为，追逐权力如果让他们丧失初心就毫无意义，这也完全合理。

理查德·尼克松就是个恰当的例子。争取种族平等的斗争并非他政治生涯的中心，但是，自从担任副总统时起，他就是温和民权议程的重要推手，他也无意加入对该议程的反攻倒算之中。他想要对南方白人百般示好，以打破民主党对于该地区政治的垄断，但是也有底线。佢完全清楚，他的某些巩固民权革命的举措并不会获得政治报偿。然而，有的时候，他愿意付出这个代价，为美利坚合众国做出建设性的宪法贡献。理性选择学派把这些决定视作偏离常规，这会导致我们毁弃治国领袖的丰富传统，而这一传统恰恰是美国宪法发展的命脉。

依靠技术的个人主义治理？

我们已经讲述了两个建立在公共讨论基础上的、大众主权的成功故事——正是这个主题把工作领域和选举领域连结为统一的范式。

现在让我们分析两个故事之间的区别。

当国会、总统和法院阐发规制两个领域的基本原则时，他们的结论差异很大。《选举权法》对于选举登记员进行了硬性的结果检查，而对雇主却并无相当措施——企业并不需要遵循少数族裔雇佣配额，更不会在未能达到其量化目标时遭到联邦的密切监视。

两部里程碑式立法所支持的实体原则也有很大不同。《选举权法》超越了个人主义的理想——"一人一票"，包含了以群体为导向的、提升黑人政治权力的举措。而第七篇则开启了一项更加个人主义的事业——运用技术手段保护每个劳动者的权利，让他们根据他或她的绩效获得评价。

为了彰显这一理想的特质，我将第三个领域即公共场所引入考量。《民权法》在回应这一领域的吉姆·克劳制时，并没有运用任何重要的技术手段。第二篇主要依靠传统的原告向传统的法院提起传统的诉讼，运用传统的法律语言，打击餐馆、影院之类场所的歧视。

三个不同的领域，对于技术的前景（或威胁）的三种不同回应，三条不同的实体原则。如何理解法律-技术话语和理想的这种分化？它是否象征着深刻的道德困惑？抑或，它是否展现了某种深刻的智慧？

我的回答将详细阐发一个核心主题：论证模式和组织安排的多样性，都源自对于第二次重建最重要目标的深刻追求，那就是，弥合法律与生活之间的间隙，在真实世界中真正实现平等主义的进步。

为了论证这一点，我想强调本书第八章在初步对比公共场所和选举时，所引入的两个制度变量。我的第一个变量关注普通人判断自己是歧视受害者的难度，我称之为**识别**（*identification*）问题，并且指出，在判断自己是否遭到了不公平对待这件事上，消费者比潜在的选民面临的困难要小些。

第二个变量关注**制度性反抗**（*institutional resistance*）的可能性。我强调了雇主和选民登记员在处理平等主义的法律干涉时，面临着迥异的反馈回路：经济竞争让企业有动力去遵从新法，而政治竞争的威胁激发了白人政治建制派的大规模抵制。公共场所与选举是两个截然不同的生活领域，从中产生的问题也很不一样。在双变量的框架下，我认为，公共场所问题上以法院为中心的进路，与选举法上以行政机关为中心的进路，都是明智的回应。

现在，我们要把相同的框架扩展到第七篇。在《选举权法》所确认的、群体导向的、依靠技术的治理，与《民权法》关于公共场所的规定所确认的、经典的个人主义之间，第七篇选择了"第三条道路"，实施依靠技术的个人主义治理。我将论证，拥抱第三条道路还代表着对于就业领域独特的识别/抵制问题的缜密回应。

先说识别问题。普通劳动者在证明他或她被错误地拒绝给予职位或晋升时，所遭遇的困难可想而知。在1964年，识别并不是个大问题，特别是在南方，因为黑人被排除在绝大部分高技能岗位之外。但是正如格瑞格斯案所表明的，他们很快将遭遇更加隐蔽的藩篱，比如标准化测试；而离开了复杂的技术分析，他们想要证明歧视的存在就十分困难。

从这个角度来看，一旦歧视超出了公然拒斥的做法，潜在选民在与南方选民登记办公室打交道时所遭遇的挑战，就在很大程度上与求职者的问题相似。比如，假设《选举权法》并不禁止文化水平测试：登记员将不受约束，可以为黑人设置通过难度大得多的"标准化测试"，而少数族裔选民还得负责证明测试中无处不在的不公。鉴于潜在职员与选民面临的窘境相似，第七篇和《选举权法》都没有依靠个人去承担将问题提请法律注意的重任，就毫不意外了。作为替代，两部立法将一大部分任务交给了专业行政机关，由后者运用技术测试来识别歧视行为的可疑样态。

与此相反，在公共场所领域，实现真实世界的平等就不大需要走依靠技术的道路。一对黑人夫妇想要知道自己被餐厅拒绝就餐，或者被影院赶到后排，都并不困难。在这个领域，识别问题并不能提供超越传统的、以法院为中心纠错的理由——第二篇也拒绝这么做。

而当我们转向制度性抵制，领域间的比较就呈现出迥异的图景。就业不再与选举相似，却开始像公共场所了。在这两个领域，一旦反歧视举措推行开来，就会获得市场逻辑的支持。而选举的情况则正好相反。一旦黑人开始大规模投票，白人政治建制派就会拼命重划选区，以稀释黑人的政治力量。所以，第七篇并未像《选举权法》那样采取严厉步骤对冲白人的反攻倒算，也就不足为奇。平等就业机会委员会虽然强调依靠技术来识别可疑的就业样态和惯例，但是并未仿效《选举权法》中严格的量化标准和密切的联邦监督。

本书第八章讨论公共场所时，我曾描述道，对于各个企业而言，遵守反歧视法是件划算的事，前提是他们估计自己的对手也会这样做。不过，在公平就业法的问题上，最好做进一步论述。

优绩主义是企业追求利润最大化的主张，如果某位黑人最适合某个岗位，那么从商业上看，雇佣他就是合理的。并且，每家企业的人力资源部门的专业人员都会鼓吹这种观点，以之作为其数字驱动策略的武器，给业务部门施压，促使后者更加公平地对待黑人劳动者。

普通员工的种族主义抵制行为，会导致这些举措严重偏离目标。然而，随着时间推移，中层管理者和劳动者的抵制会逐步减弱，因为他们会明白，企业一旦充当种族主义的避风港，就会成为第七篇制裁的矛头所向，所以他们不可能通过到别处雇人而逃离新织的法网。

上述正反馈回路并不意味着在现实的职场中很容易取得进步。但它表明，第七篇所遭遇的抵制问题达不到《选举权法》所遭遇的规模。很简单，南方的政治系统展现出负反馈的前景，因为白人政治建制派操纵选举规则，维护白人政治权力，以此回击黑人投票。为了让《选举权法》最初的成就不至沦为毫无意义的姿态，立法别无选择，只能建立联邦监督制度，防范对黑人选举权力的稀释。与此相反，在就业问题上，并无类似需要去超出依靠技术的个人主义治理，因为，正反馈回路很可能会推动制度走向真实的进步。

198 概言之，工作、选举和公共场所中的干预，或依靠技术，或依靠传统手段，呈现三种不同类型，这并非狭隘自利的政客操控政治过程的随机产物。用麦迪逊在《联邦党人文集》第一篇中的话说，它们是"审慎思考和选择"的结果。在真实世界的社会和政治生活中，如何兑现根本宪法承诺，是一个严肃的问题。严肃的国务活动者出于对这一问题的关切，展现了治国的技艺，并为我们所见证。

或许一张简单的表格可以具体呈现这些观点。为了给三个领域分别归位，下面这张表格问了两个问题：是否存在严重的识别问题？是否存在由负反馈回路所引发的抵制问题？

		识别？	
		是	否
抵制？	是	《选举权法》技术路线下的群体充权	
	否	第七篇技术路线下的个人主义	第二篇传统的个人主义

国会的选择将处于无穷的争议之中，两党都会攻击国会将某个领域放入某一格中的决策。但是，无论是否讨喜，这些选择都是国会和总统经过大量讨论之后以美国人民的名义阐述出来的解决方案，而这非同小可。

最重要的是，里程碑式立法从根本上挑战了对于宪法平等的形式主义解读，后者只关注司法学说的内在架构，而对学说的社会影响并无可靠分析。根据这种耳熟能详的观点，问题的关键在于法律制度在运行中是否采取了种族等"可疑归类"；如果是，形式主义者就几乎无例外地否定该法，理由是其缺乏"令人信服的"正当性依据。[64]

这是给民权革命的里程碑式立法开倒车。就《民权法》和《选举权法》而言，法律是在真实世界实现正义的工具。如果形式中立可以达到目的（就像在公共场所问题上那样），也就罢了；如果目的达不到，该做的就是设计一个可以达到目的的制度（就像在就业和选举权问题上那样）。平等主义的挑战并非寻找某个优美的法律公式，而是更加实用主义：首先要实事求是地分析在通向真实世界平等之路上的障碍；然后要设计用来克服这些障碍的、切实可行的法律-行政工具。这种**宪法实用主义**（constitutional pragmatism）要求逐个领

199

域讨论，原因很简单：不同领域抵制真实世界平等主义进步的方式并不相同。统治某些领域的制度不易理解，其决策对于普通人而言也颇为神秘；而其他领域则会产生强有力的、制度性抵制的反馈回路。

这些问题并不能很快得到解决。如果认为，运用行政手段打击这些问题至多只是过渡措施，很快就能走上通往形式平等的美丽新世界的大道，就犯下了严重的错误。诚然，依靠技术工具会导致我们的根本价值使命之间发生紧张关系，但是挑战在于用切实可行的方式尽量缓解这种紧张——而不是想象这种紧张会以某种方式魔法般地消失无踪。[65]

宪法实用主义是第二次重建时期的里程碑式立法所做出的关键贡献，它矫正了第一次重建时宪法修正案的一个深刻缺陷。正如萨迪厄斯·史蒂文斯和查尔斯·萨姆纳所看到的那样，重建时期修正案从一开始就注定失败，因它们对平等采取了形式主义的看法。19 世纪的美国缺乏一套强大的国家行政机器来兑现诺言，而正是这种真空迫使激进派共和党人依靠军事手段，解决南方白人长期制度性抵制的问题。[66] 当军事解决的路径被民意所孤立时，整个努力的崩溃就只是时间问题了。

正是由于能动的全国政府发展起来，让民事而非军事官员去面对制度性抵制的现实挑战，第二次重建才得以开辟了通向真实世界平等的更可行道路。如果我们将民权遗产的这个侧面抹去，我们就会冒重蹈第一次重建覆辙的风险：宪法对于种族平等的庄严承诺在 19、20 世纪之交分崩离析。

第十章

1968 年的突破

1968 年春天：在美国人准备总统大选时，民权议程仍然
是华盛顿的核心要务，三大政府分支都在着手处理先前回避
的问题。1968 年 4 月，总统和国会推出了《公平安居法》，
从而解决了一个热点问题；而他们先前为了追求更可行的目
标，曾经反复搁置这个问题——先是在 1964 年，公平安居
问题曾威胁抵制整个《民权法》的出台，然后是在 1965 年，
小马丁·路德·金领导的塞尔玛事件将《选举权法》推到了
舞台中心。1966 年，当约翰逊总统推动公平安居立法时，他
的动议被参议院毙掉，埃弗雷特·德克森宣称该法违宪。

而到了 1968 年，德克森收回了他的宪法反对，加入自
由派民主党人之列，去打破南方议员例行的、通过冗长发言
抵制立法之举。理查德·尼克松和纳尔逊·洛克菲勒当时正
角逐总统提名，他们都介入此事，推动法案审议。历经多年
争论之后，《公平安居法》在两党合作的基础上成为法
律——在四年内出台第三部里程碑式立法，扩展了第二次重
建的国家事业。

就在同一个春天，联邦最高法院正在为这一成就准备新
的宪法依据，并且决定性地超越了先前支持《1964 年民权

法》的判决。我们已经看到，该法对于私人部门施加了广泛的平等主义义务，而联邦最高法院在亚特兰大之心旅店案的判决遮蔽了这一义务的革命性意涵。联邦最高法院没有抓住这一突破的机会，推翻1883年民权诸案的狭隘教义，而是运用新政对于州际贸易条款的解释去维持里程碑式立法。然而，四年以后，联邦最高法院做好准备，超越新政，推动对

201 宪法平等做激进的重新解释，从而一劳永逸地解决针对新《公平安居法》的挑战。

和判决亚特兰大之心旅店案时一样，联邦最高法院行动非常迅速。从《民权法》出台到获得最高法院支持，只花了五个月，而这次法院的动作更快——《公平安居法》出台后仅两个月，琼斯诉迈耶案（*Jones v. Mayer*）就提出了革命性的宪法论证，确保新法合宪。与亚特兰大之心旅店案相反，大法官们并没有坐等直接挑战新里程碑式立法的检测性案件上门；他们利用已经在审理中的一宗公平安居案，从根本上重建了我们的宪法传统。

如此迅速的解决方案也有代价，联邦最高法院失去了机会，无法考量德克森等人在论证其立法动议时所做出的独特宪法论证。由于这些观点从未载入《美国报告》，我们以法官为中心的正典就把它们忘记了。然而，如果《公平安居法》真是我们人民一项里程碑式的成就，我们就得从历史的边缘寻回这些论述。挑战在于将立法者与法官的见解融会贯通，从而更深刻地理解第二次重建的遗产。

本章还有另一个目的。我将对比《公平安居法》与选举和就业领域相应法律的发展动态。在后两个领域，里程碑式

立法通过之初，都开启了第二个阶段——行政实验，继而触发了尼克松执政时期的最后一轮立法巩固。这种三阶段样态在安居问题上并未重演。最初的立法虽然确实引发了第二阶段的行政实验，最终却并未引出完善该突破的新一轮立法。

为何如此？

《公平安居法》

最初推进《公平安居法》的力量看起来像是 1964 年与 1965 年主题的变奏。再一次地，总统的领导和国会的两党协作，为以美国人民的名义实现突破提供了母版。

《公平安居法》的先败后胜

《选举权法》落地以后，林登·约翰逊将公平安居列为自己的下一项立法要务——他拒绝了精通政治的支持者的看法，比如司法部长拉姆西·克拉克（Ramsey Clark）就告诫说，提出动议"并不明智，因为它不可能获得通过；它会拉高期待值；它还会暴露美国人民并不是真的愿意一往无前、实现平等正义"[1]。包括雅各布·贾维茨在内，重要的自由派参议员也表达了类似的怀疑，他们呼吁总统签发行政令，禁止银行贷款给怀有偏见的建筑商："当局只要大笔一挥，就能将反歧视的事业推行到80%的安居项目之中，却非要挑起一场民权的苦斗。"[2] 但是，约翰逊想要获得的回报更大：他准备通过挑起一场"民权的苦斗"，获得美国人民广泛的自觉支持，以此推动下一步里程碑式立法。他在 1966 年春天就民权发出了特殊信号，将公平安居置于国会议程的中心。[3]

不料，这却让反对者的消极预测成了真。当局的动议虽然获得了众议院通过，却遭到了严重破坏。议员们以一票优势通过了一项修正案，允许房产经纪人在获得房主书面签名授权的前提下继续歧视黑人。这样做的效果是把50%的房产市场排除到了新法调整范围之外，更糟糕的是还公然支持种族主义的正当性。罗伊·威尔金斯（Roy Wilkins）时任全美有色人种协进会和民权领导会议（Leadership Conference on Civil Rights）负责人，他担心，这样一来会让那些"嘲笑依靠立法实现民权"的极端分子得势，并"助长那些更清醒的公民的怀疑态度"[4]。这种担心是有道理的。

最坏的情形还在后面。当法案呈交到参议院时，埃弗雷特·德克森再次成为掌舵人。这一次，南方又企图通过冗长发言阻止表决，而德克森却拒绝加入自由派民主党人的对抗行动，他谴责整个动议都公然违宪。他反驳了将州际贸易扩展到地方房产买卖和租赁的观点，还拒绝把平等保护条款扩展到那些并不包含明显州行为的私人买卖。[5]

他承认，当他在1964年放手支持《民权法》时，他宽容了联邦权力的迅速扩张。但是他的宽容到此为止——而他的坚决反对也让参议院的自由派未能取得三分之二多数，无法终结抵制立法的冗长发言。在这个时刻，拉姆西·克拉克而不是他的上司林登·约翰逊似乎更精通政治——争取新里程碑式立法的运动只不过表明，"美国人民（并不是）真的愿意一往无前、实现平等正义"。

前路暗淡。约翰逊的精力越来越多地被逐步升级的越南战争所牵扯。沃茨骚乱的画面取代了塞尔玛大游行，在全美电视荧幕上反复出现——黑人而非白人被描绘成社会不公的暴力凶手。形象的倒转意味着新的难题：是不是该放弃重建的进一步努力了？是不是该断然采取镇压措施，遏制一浪高过一浪的黑人暴乱？

在这个背景下，《公平安居法》反映了美国人民信守民权革命承诺的极大决心。约翰逊政治投入的下降，促使民权团体及其在国会内的自由派盟友振作精神，为动议的推进提供了新能量。种族危机也引发了共和党温和派的严肃反思。1968 年春天，当公平安居法案重回参议院时，埃弗雷特·德克森转变态度，同意参与打破为阻挠议事而进行的冗长发言——就如他在 1964 年和 1965 年所做的那样，与自由派民主党人达成妥协。

这要求他重新思考自己的宪法立场。1966 年，他对州际贸易和平等保护条款做限缩解释，据此支持为阻挠议事而进行的冗长发言，而他并未收回这一观点。他给自己的立场转变找了个新理论："我必须记住，公民在美国宪法上享有双重公民身份。（第十四修正案第一节）说得清清楚楚，一个公民既是美国公民，也是他所居住州的公民。而我们在处理的是国家公民身份问题。我只是希望他获得较为公正的对待，而这正是替代方案如今被摆到参议院面前的原因。"6

离开了德克森的转向，安居法就无法通过，所以德克森对于公民身份特权的宽泛理解值得认真关注。虽然这个理解标志着传统观点的急剧扩张，但是德克森早在 1964 年就说得明明白白：他打算运用里程碑式立法去表达那些"正当其时"的宪法理想。

一系列因素让德克森相信时机已到。在微观层面，新当选的共和党参议员大都是种族自由派，他们改变了党内公平安居问题上的力量均势。[7]同样重要的是，竞争总统大位的理查德·尼克松和纳尔逊·洛克菲勒都明确表示希望该法尽快获得通过。[8]尼克松的观点尤其引人注目，因为他曾支持采取拖延政策，允许地方当局"按照（他们）自己的节奏前进"，限制国家立法在全联邦促进安居。[9]

这些转变表明了公众意见的更大转向——由伊利诺伊州州长奥托·科纳（Otto Kerner）领衔的总统委员会的报告获得了广泛接受，就是典型的例子。

约翰逊向科纳求助时带有一丝绝望。大多数总统委员会都被迅速忘却，勉强引起一阵公关喧嚣之后，他们的报告就沉没得没了踪影。但是这次不同。科纳报告迅速成为畅销书，而其对公平安居法的强烈支持，形象地表明公众普遍希望得到建设性回应。[10]报告于1968年3月1日出版，可谓生逢其时：法案的支持者又失败了——这是第三次，他们没能获得三分之二多数，无法打破为了阻挠议事而进行的冗长发言。多数党领袖麦克·曼斯菲尔德认真考虑过认输，而科纳报告的横空出世让他打定主意推动第四轮投票——就在这一次，德克森终于加入，艰难战胜了南方的抵制。[11]

微观层面的事实对于宏观层面也有影响：科纳报告表达并凝聚了广泛的公众决心，坚持推进建立种族关系新体制的事业。曼斯菲尔德和德克森只是反映而非创造了美国人民的这一担当。参议院为了表明其严肃的态度，否决了曾于1966

年获得众议院通过的、允许房产经纪人继续歧视的条款。[12]

参议院的法案随即转交给众议院，接受最后的考验。时任少数党领袖的共和党人杰拉德·福特（Gerald Ford）固执地一厢情愿，呼吁党员们重复他们在 1966 年的做法，将法案的覆盖范围从安居市场的 80% 缩减到 40%。[13] 但是，才过了几天，领袖们就遭到了"己方阵营内自由派和温和派"要求接受参议院法案的强大压力。3 月 21 日，媒体报道说，理查德·尼克松和纳尔逊·洛克菲勒已经"致电福特，呼吁共和党人支持立法禁止房屋租售中的种族歧视"，福特的抵制开始崩溃。[14]4 月初，众议院共和党人支持法案的数量迅速增长，确保了法案的顺利通过。[15]

我之所以要详尽描述这些细节，是因为它们推翻了通常的观点，即小马丁·路德·金于 4 月 4 日遇刺才是法案获得成功的主因。这是错的。[16] 虽然消息令人震惊，促使众议院在 4 月 10 日就马上投票，但是所有困难的工作已经做在了前面。金遇难的悲剧给里程碑式立法的诞生蒙上了庄严的色彩，但是不该因此轻视美国人民**以建设性方式**回应暴力升级的决心。正如全美有色人种促进会的威尔金斯所言，"我们并不指靠黑人领袖不时遇害来推动这些法律通过"[17]。

重新思考分领域实现正义

《公平安居法》不止维持了立法的势头；它还坚持了那些赋予 1964 年和 1965 年立法以生命的原则。爱德华·布鲁克（Edward Brooke）是共和党法案共同负责人之一，他这样解释新法与既往努力的关系：

为了缓解由于美国人被挡在投票间外所造成的损害，已经做出了真诚的尝试。为了将公共场所向我们的一切公民开放，也已经取得了可观的成果。

但是，在住房、教育和就业的关键领域，变革速度慢得令人不能忍。正是在这些领域，人们找到了困扰美国的隐忧的根源。正是在这些领域，人们看到歧视仍然高高在上，而正义被踩在脚下。正是在这些领域，我们的国家必须实现宣示在外的、法律之下平等正义的雄心，否则就将辜负美国经验中最高贵的那部分。正是在这些领域，参议院必须担起领导之责……如果参议院不去领导，如果参议院不去宣示美国公民真正的、美好的精神，更低级的本能就会继续充斥我们国家的众多领域，这种危险不得不防。[18]

布鲁克呼吁他的同事沿着先前立法所开辟的、逐个领域讨论的道路前进。参议院只有确保真实世界中的住房、就业和教育领域取得进步，才能够"宣示美国公民真正的、美国的精神"。由于布鲁克是第一位直选的黑人参议员，他对于里程碑式立法原则的判断特别值得我们注意。

民主党人沃尔特·蒙代尔（Walter Mondale）与布鲁克共同负责公平安居法案，他提出了另一个重要主题。在他看来，法案又一次打击了一种无所不在的恶："比物质和肉体剥夺更深刻的是羞辱和拒绝，以及它们对人的损害。"[19] 蒙代尔与休伯特·汉弗莱都来自明尼苏达，汉弗莱于 1964 年当选副总统后，蒙代尔就取代了他在参议院的席位。而他所发出的信息，与汉弗莱当年作为《1964 年民权法》民主党共同负责人时所强调的内容，是完全一致的。[20]

反羞辱的主题回旋在整场辩论之中——但有一项重要的局限。[21] 正如蒙代尔所解释的那样，法案"并不会克服某些人无力购买心仪房屋的经济问题"[22]，而只是确保"黑人自由地——*如果他们有钱也有愿望*——按其意愿迁徙"。（强调系后加）[23]

里程碑式立法采取逐个领域讨论的思路，而这条限制正是这一思路的特征。国会虽然提供了能动的法律工具，反对在某一领域针对黑人尊严的攻击，但并不试图打击这些不正义累积起来的效果。蒙代尔等人很直率地承认，大多数黑人由于所受教育及职业前途都根本低人一等，所以注定要拿低工资。但这并没有促使他们在保护"幸运儿"——也即爱德华·布鲁克所描述的、他本人出身的黑人中产阶级——之外做得更多。[24] 立法并未明文授权住房与城市发展部强制白人聚居的城郊向穷苦黑人敞开大门，仅仅要求该部"积极"实现这一点。城郊社区是否同意兴建由联邦补助的安居工程，完全取决于他们自己。[25]

这个思路与国会调节职场正义时所采纳的一致：第七篇虽然把矛头对准能够胜任的黑人的就业藩篱，但是并不要求企业接纳胜任度更差的少数族裔求职者，即使后者的劣势源于种族隔离的学校教育质量差。一言以蔽之，由于过去累积起来的劣势，即便在关键领域采取积极措施、实现平等机会，也并不意味着生活中的平等机会获得整体进步。

我在后面还会讨论这个宏观命题，而此处要强调的，则是这个因素对于确保《公平安居法》出台的关键意义——批评者谴责动议被无法无天的黑人骚乱分子攻陷了，而用这个因素来回应颇有说服力。约瑟夫·泰丁斯（Joseph Tydings）参议员是立法背后的主要推手之一，他这样回应这一常见指责：

> 当我们想想，如果公平安居法受挫，究竟会惩罚到谁头上，就能看到反讽的一面了。会是谁？会是极少数搞骚乱的黑人吗？

> 不会。就算有机会，他们也不大可能在城郊买房安家。受害最直接的将是那些负责任的中产阶级黑人，他们有储蓄，也有稳定的工作——他们并不认为暴力是自我完善之途，并且对使用暴力的建议凉骇不已。每一代美国人都听过那段著名的训谕——"只要努力工作、好好攒钱，你就可以搬到更好的社区去，改善你的孩子们的境遇"，而立法一旦受挫，受罚最严重的正是那些听从训谕的人。[26]

这一幕我们曾经见过：民权的鼓吹者把"法律与秩序"看作盟友，而非敌人——里程碑式立法将确保黑人、更不用说白人能够分享美国梦，如果他们工作努力并有所积蓄，就能够搬到城郊去住。[27]

泰丁斯和许多其他人的辩解都遵循着林登·约翰逊向国会传达的信息，正是这个信息决定了整场辩论的架构："每个美国人只要想买房**且买得起房**，就应该享有买房的自由"。[28]（强调系后加）

决策的动态过程

蒙代尔向众议院介绍自己的法案时，赋予了住房与城市发展部以充分的调查和执法权。该部一旦发现违法的证据，无须等待个人提起控告，就可以启动程序；在举办行政听证时，该部甚至可以签发临时禁制令。违法得到证实以后，该部有权要求违法者采取积极措施，确保今后守法。[29]

正是在这一点上，德克森参议员再次扮演了大妥协者的历史性角色。他虽然接受了对立法适用范围的宽泛界定，但是将住房与城市发展部改造成调解机关，不再有执法权。该部收到指控以后，有 30 天时间就该问题达成自愿和解。如果调解未遂，控告人可以到法院寻求救济。即便胜诉，控告人也要自付律师费，除非法院判决他"在财务上无力"付账。德克森还坚持把惩罚性损害赔偿的上限定为 1000 美元，这进一步抑制了起诉的动机。[30]

我们曾经遇到过相同情况。1964 年，在公平就业问题上，德克森曾经迫使自由派民主党人接受相似的交易——授权平等就业机会委员会进行调查和调解，但是拒绝在个案执法中给予该会任何角色。新法还仿效就业问题上的规定，授权司法部起诉歧视的"常态或惯例"。[31] 但是，没人相信司法部由精英组成的民权司能够担起重任。

不过，德克森的妥协并未镌入石板、不可更易。正如我们在第九章所看到的，此后数年，平等就业机会委员会运用自身的有限权力（第二阶段），设法打下了基础，使得尼克松和国会在 1972 年的巩固性立法中加强其执法权（第三阶段）。我们很快就将考量这一幕在安居问题上为何没有重演。而眼下，最好用林登·约翰逊于 1968 年 4 月 11 日签署法案时的话，为第一阶段作结：

> 1966 年 4 月的一个下午，我邀请一群关心人权的出色公民，到白宫的内阁会议室与我会面。那天下午，当着他们的面，我签发了给国会的信息。那条信息呼吁在美国实施"第一部有效反对房屋租售歧视的联邦法律"。
>
> 国内极少有人——记录表明当时在场的人也绝少——相信公平安居会——在我们的时代——成为这片土地上不可挑战的法律。
>
> 确实，这部法案的旅程漫长，暴雨不断。
>
> 1966 年，我们没能让这部法律出台。
>
> 1967 年，我们再次恳请制定这部法律。但是国会那年什么都没做。
>
> 我们今年再次要求制定这部法律。
>
> 而今——终于在这个下午——这部法律诞生了。
>
> 毫不夸张地说，当我签署一个世纪以来的承诺，让它成为法律的时候，就是我总统生涯最为骄傲的时刻。
>
> 我不会忘记，一百多年前，亚伯拉罕·林肯签署了《解放黑人奴隶宣言》——但那只是宣言，还不是事实。
>
> 在《1964 年民权法》里，我们以法律形式确认：在合众国的任何一州，人们不仅在上帝之下平等，在求职、到餐馆就餐，或者寄宿过夜时，同样是平等的。
>
> 现在，黑人家庭再也不会因为种族而被拒之门外、

209

遭到羞辱了。

在《1965 年民权法》中，我们以法律的形式确认，这个国家的每位公民都享有最基本的民主权利——公民在自己的国家投票选举的权利。在该法影响最大的五个州，黑人选民的登记数量已经翻了一番多。

眼下，这部法案让正义再度发声。

它宣告，所有人，即住在这个国家的一切人类，都享有公平安居已成为美式生活的一部分。[32]

约翰逊唤起了民权革命的一些伟大主题：反对羞辱；数字治国；一个领域接着一个领域地，第二次重建超越抽象的法律承诺，打击日常生活中根深蒂固的不正义。

琼斯诉迈耶案

两个月以后，联邦最高法院在琼斯诉迈耶[33]一案中，加入了宪法重建的努力。波特·斯图尔特（Potter Stewart）大法官所发表的法院意见获得七票支持，虽然法院面对的问题与早先的亚特兰大之心旅店案相仿，但是观点却大相径庭。回忆一下，《1964 年民权法》突破了由 1883 年民权诸案竖立的"州行为"障碍，针对私人企业施加了广泛的义务。尽管有五位大法官企图推翻这一 19 世纪的遗产，但是克拉克大法官发表的法院意见完全回避了该问题。他的结论完全出于实用主义：法院只能纯粹从新政对州际贸易条款的解释出发来支持新立法，否则哈兰大法官或许还有其他人就不会签署法院意见。考虑到南方死硬派威胁实施大规模抵制，联邦最高法院希望一致对外，以支持新法打击吉姆·克劳制。[34]

1968 年的形势与此不同。四年来，两党协作出台了三部里程碑式立法，有效解决了公众观念对于合宪性的疑问。这样一来，哈兰大法官［和拜伦·怀特（Byron White）大法官］的异议不会再危及第二次重建的根基。这一次，由七位大法官组成的多数可以利用琼斯案表达一个显然的真理：民权革命是**民权**的革命——它要求实现一劳永逸的突破，而从第一次重建继承下来的州责任论只能是有限的。

对新立法的宪法挑战通常要花上几年时间才能抵达联邦最高法院。不过，公益律师已然把琼斯案列入联邦最高法院的审判日程，这样大法官们可以在《公平安居法》出台两个月内就解决由此引发的关键宪法问题。然而，如此迅速的代价是牺牲了充分讨论。琼斯一案早在公平安居成为全国议程的头等要务之前就启动了。案件已经摆在了最高法院面前，而德克森、蒙代尔和约翰逊还在纠缠宪法问题，这些问题与大法官们所面临的相似。但是，大法官们并没想到，《公平安居法》对这些问题的解决，能够丰富他们在琼斯案应对相似问题的办法。联邦最高法院与政治分支的这一脱节，是我们在此所面临的基本挑战。我们的目标是：把互不连通的司法与立法对话，整合成一个更宏大的宪法统一体。我们从中可以看到，在 1968 年春天，为了再造第二次重建的宪法基础，全部三个分支如何做出了非同寻常的努力。

琼斯诉迈耶案是当时典型的检测性案件，它要求法院实现立法者不愿意赋予的平等主义突破。该案始于 1965

年——距离林登·约翰逊将公平安居列为民权的核心议题还有一年。起诉的主意来自萨缪尔·H. 利伯曼二世（Samuel H. Liberman Ⅱ），他毕业于哈佛大学，时年33岁，担任律师，还是大圣路易斯地区居住自由组织（Greater St. Louis Freedom of Residence）的主席。[35] 当公平安居立法在华盛顿特区被掷出场外时，利伯曼通读立法汇编，有了重大发现：早在一个世纪以前，联邦立法就**已经**禁止居住歧视了！

只剩下一个问题：为什么从来没人注意到？

为了胜诉，利伯曼需要以崭新的方式重新解释陈旧的立法语言。1866年，重建时期的国会立法授予一切"公民，无论种族和肤色……在继承、购买、出租、出售、持有和运输不动产与私产时……与白人公民享有……相同的权利"[36]。该法紧随着第十三修正案的生效而出台，其授权在当时意义重大。此前，奴隶一直被当成财产来买卖；而国会则清楚地表明，自由民有权以自己的名义买卖财产。当时，前邦联各州正在通过黑人法典，严厉限制契约自由，所以国会的规定特别重要。

而在一百年后，第二次重建旨在超越形式上的自由，实现真实世界中的正义——利伯曼作为社会运动律师，希望给旧立法注入新意涵。传统上，法院对1866年立法的解释很直白：黑人如今与白人一样，享有与愿意接受其要约的出卖人订立契约的权利。利伯曼却希望立法可以承载与此迥异的含义。在他看来，立法授权黑人强迫**无意愿**的卖主，在不歧视的基础上与之交易。

从没有哪家联邦法院拿这种主张当回事——所以，作为一位优秀的律师，利伯曼行事小心。起初，他并没有将自己的革命性理论和盘托出。他只要求地区法院"设定一个特殊的例外"，要求大规模的城郊开发商允许黑人进入开发段内的小区。[37] 对于地区法院法官来说，即便这个主张也太激进了，他们很快于 1966 年 5 月驳回了该案——当时，约翰逊总统正在为公平安居法而斗争，且初战失利。

华盛顿陷入僵局，而利伯曼却得到了一支强悍的法律团队的支持，说服第八巡回法院彻底重新解释 1866 年的法律。巧合的是，该院法官就包括后来供职于联邦最高法院的哈里·布莱克门（Harry Blackmun）——他几乎掩饰不住自己的惊讶，因为"这宗案件简直赤裸裸地提出了一个问题：在联邦和州并未立法要求公平安居的情况下，如果买主有意愿，房主是否……可以仅仅因为买主是黑人而拒绝（将房子）卖给他"[38]。他代表法院发表一致意见，解释了法院何以受制于传统的权限，不能将 1866 年的立法从其历史根基扯脱。1967 年，他把这个坏消息告知琼斯一家，而后者的法律团队旋即请求最高法院审查这一判断。

212 　　1967 年秋，大法官们答应了他们的请求——这几乎是他们在公平安居问题上保持领导权的最后机会。那时，在公平安居之争的前线，约翰逊总统再次占据了攻势地位。不过，由于参议院否决在先，他的动议的未来仍乌云密布。既然一切都不确定，总统当局就把琼斯案获得联邦最高法院审理当作保险措施：如果公平安居法案仍然敌不过德克森参议员基于宪法的反对，或许联邦最高法院可以将 1866 年的立法转化为第二次重建所需的公平安居法。

司法部副部长欧文·格里斯沃德（Erwin Griswold）作为法庭之友登上了舞台，他支持琼斯一家——从而将密苏里的一桩高度投机的检测性案件彻底转化为当局的权威呼声，要求法院重新思考重建的基础。但是到了4月初，案件进展到口头辩论阶段时，情况再次发生了变化。当时，德克森接受了对于第十四修正案公民资格条款的革命性解读，从而打消了自己的宪法疑虑。4月5日，当大法官们第一次开会讨论琼斯案时，公平安居法案的最终通过已经在望。

闭门会议的记录表明，所有人都想给予琼斯一家以救济，但是对于如何办理则存在分歧。[39] 约翰逊总统于4月11日签署《公平安居法》，联邦最高法院旋即于4月18日重新考虑该案——瑟古德·马歇尔（Thurgood Marshall）和艾比·福塔斯（Abe Fortas）大法官呼吁他们的同事不要裁决该案，因为眼下应该让1968年，而不是1866年的法律充当现代事业的核心。布伦南、哈兰和怀特支持他们的请求，要求诉讼各方提交补充意见，解释新法的影响，而福塔斯则"希望以某种方式回应，促使被告自己表示愿意卖房，这样我们就可以避免裁决了"[40]。可是，从收到的补充意见来看，琼斯一家仍然要求法院救济。哈兰和怀特继续坚持撤案。他们后来在判决书的异议中解释说，新法的通过极大"削弱"了1866年立法的"公共重要性"，旧法应当归于历史。[41]

如果多数大法官只关心安居法的发展，那么异议者要求司法节制还有些道理。斯图尔特发表的法院意见把1866年立法的历史搞得一团糟。[42] 我们还会看到，判决书还扭曲了安居政策发展的未来。

213

然而，多数派的七位大法官还有更大的雄心。他们的革命性释法只是个铺垫，下一步将要从根本上重新界定美国宪法对于平等的承诺。想想看，就在同一时期，在国会山的另一侧，德克森参议员正在做完全一样的工作。1966年，他为了反对约翰逊首次提出的公平安居动议，找了个宪法理由——捍卫由1883年民权诸案所表达的传统观点，将私人市场交易隔绝到平等保护条款的适用范围之外。而到了1968年春天，德克森转而领导他的共和党同僚支持总统的倡议，因为，宪法上关于"美国公民"的"特权"和"豁免"的规定，获得了崭新的解读。

这是宪法史上的重要时刻。直到德克森发声之前，公民资格条款都受累于19世纪的遗产。1873年的屠宰场诸案（Slaughterhouse Cases）拒不承认"特权"和"豁免"条款允许对根本权利做自由阐发，经此一击，公民资格条款偏处宪法边缘达将近一个世纪之久。而德克森骤然赋予它新生。他宣称，美国人可以要求房产市场实现公平，这是国家公民身份所带来的特权——并且授权国会保护这一特权免遭歧视，无论歧视者是国家官员还是私人主体。

这一崭新解读让德克森能够建设一条大型高速公路，绕开第十四修正案适用范围的传统局限。从形式上讲，没有必要正面攻击由民权诸案所确立的州行为学说，因为该学说仅仅适用于平等保护条款，并不适用于公民资格条款。而德克森的突破使得平等保护的既有限制不再重要，因为"新"的公民身份条款足可满足一切现实需求。

德克森可不是普通的参议员。他的转向对于1968年立法获得通过至为关键，也为斯图尔特判决琼斯案提供了全新的视角。为了理解这一点，要注意：斯图尔特认为，美国的第一部公平安居法是 1866 年，而非 1968 年通过的，这和德克森的观点一致。正如德克森那样，他需要解释，国会不仅针对国家官员的行为，而且将平等主义的制度加诸纯粹的私人交易之上，为什么是合宪的。

斯图尔特用德克森的方式回应这一挑战。和参议员一样，他并未直接挑战平等保护条款下的州行为理论，而是改造了另一个宪法条文，绕过了州行为限制的藩篱，使得后者失去了实际意义。与德克森不同的是，为了完成这个使命，他用的不是公民资格条款，因为琼斯案涉及的立法出台于 1866 年，比第十四修正案早了两年。为此，他不得不把自己的法律工具袋翻个底朝天，另找宪法依据。第十三修正案生效于 1865 年，就成了显然之选。

斯图尔特论证的头一个步骤并无争议。所有人都承认，第十三修正案扫荡了私人和公共形式的奴隶制与强迫奴役，这和第十四修正案不同。他的变革之举发生在下一步。第十三修正案第二节授权国会通过适当立法实施这些禁令，但是 1883 年的民权诸案妨碍了这项权力的一个大用途：众所周知，法院坚称，"如果把奴隶制的逻辑套用到一切歧视行为之上，包括个人认为哪些人适合……被邀请到他的马车或包厢或汽车里，或者哪些人可以被邀请到他的音乐会或剧院去，或者与哪些人交往和做生意，就会过度使用这个逻辑，以致令它失去作用"[43]。

然而，斯图尔特与德克森不同，他决意彻底摆脱旧日的不散阴魂。他用短短一句但倾向性十足的话驳斥了民权诸案，把这句话埋到脚注里，用 20 世纪的口气论述了这个问题：“无论如何，国会依授权所确保的、第十三修正案规定的自由，包含了购买一切白人可买之物的自由，以及住在一切白人可住之处的自由。如果国会连宣告自由民身份至少有这些含义都不行，那么我国就不可能信守第十三修正案许下的诺言。”[44]

“无论如何……”：斯图尔特为旧立法建立了新逻辑，引发了法律含义的革命，而又不止于此。他新找到的宪法依据适用很广，足以维护 1964 年和 1968 年里程碑式立法的诸多成就，那些成就的目标恰恰在于让“自由民身份”的含义成为社会现实。

215   斯图尔特在一个关键方面超越了德克森。现代的里程碑式立法将保护范围扩展到美国的一切居民，而不局限于公民。斯图尔特的逻辑可以毫不困难地适应这一点，因为他对第十三修正案的重新解释适用于一切“自由民”；与此相反，德克森诉诸公民资格的“特权”，这就不容易适应第二次重建的包容性目的。

引人注目的是，斯图尔特的论证也呼应了林登·约翰逊在签署《公平安居法》时的演说：“一百多年前，亚伯拉罕·林肯签署了《解放黑人奴隶宣言》——但那只是宣言，还不是事实。”斯图尔特谈的是解放黑人奴隶的宪法修正案，而非宣言本身，但是传递的信息和约翰逊一致：1960 年代将超越 1860 年代所许诺的形式自由，追求在真实世界里去除奴隶制的“标记”，实现真正的自由。

也要看到德克森学说优越的一面。斯图尔特强调第十三修正案，这样比较容易适应第二次重建的某些方面；而德克森强调公民资格，这有助于在另一个重要问题上获得更深刻的理解。在斯图尔特的第十三修正案框架下，自然会把居住歧视指责为奴隶制的顽固"标记"和"残片"，在当代美国时隐时现。但是这种表述的大众反响很有限。对于普通的男女而言，斯图尔特乞灵于奴隶制和解放，试图唤回一个久远的年代，而他们上次邂逅那个年代还是在中学的公民课上。更糟的是，他的用词古奥，这引发了一个非常严重的问题：斯图尔特是不是认为，解放黑奴的宪法修正案，在当代**只能**用来打击那些在历史上根源于奴隶制的歧视行为？

如果答案是肯定的，那么，围绕黑人（和其他受压迫群体）在市场上长期居于劣势的原因，特别是年代更近的因素在多大程度上取代了奴隶制的因素，就会开启无穷无尽的争论。

约翰逊和蒙代尔等政治领袖深知这一点。在界定居住歧视的罪恶之处时，他们强调的是排斥所造成的羞辱，及其对于人类精神的后果。这是所有人都能体会得到的，并不需要对奴隶制的长期影响做充满推测的历史论断。不论历史成因如何，制度化的羞辱都破坏了真实世界中的自由体验，仅此即足以将之列为头等违宪行为。

在这一点上，斯图尔特及其同事本来可以从国家政治领

216

袖那里学到重要的一课。他们听取辩论时如果再认真些，本该听到林登·约翰逊在签署《公平安居法》时所表达的更根本的观点："现在，黑人家庭再也不会因为种族而被拒之门外、遭到羞辱了。"

可惜，琼斯案的程序决定了无法借鉴约翰逊的观点。该案并不涉及《1968年公平安居法》，而是涉及1866年的一项民权立法——所以，大概并不需要总是把第二次重建的政治领袖所表达的观点考虑在内。

如果多数大法官跟从了哈兰和怀特的意见，那么情况可能就会有变化。在这种情形下，他们会驳回琼斯一案，等待直接挑战《公平安居法》合宪性的案件出现。1970年前后，大法官们也许会获得更佳的时机，面对我们所探讨的张力——在公民的特权和自由民的权利之间，在羞辱话语和奴隶制话语之间。或许，在聆听所有这些论辩以后，他们可以发表一份更好的意见——将19世纪和20世纪的主题综合在一起，从而令人信服地维护第二次重建的宪法成就。

但是，不会再有新的法院意见了。既然琼斯案已经载入史册，联邦最高法院就无须另案阐发《公平安居法》的宪法依据，因为斯图尔特对第十三修正案的重新解释已经足以化解一切严厉的质疑。[45]

这样一来，在1968年民权革命的顶点，就产生了两种不同模式的宪法重释，并留传至今，其一来自美国的法官，强调自由的含义，以及否定奴隶制"标记"和"残片"的必要性；其二来自美国的政治领袖，强调公民资格的含义，以及制度化羞辱的恶性。如何把这两段对话结合成一个更宏大的整体？

21 世纪面临着阐释第二次重建不朽遗产的任务，而上述合题问题恰恰提出了一项核心挑战。可是，现有的专业架构甚至不允许我们提出这个问题，更遑论回答了。通行的正典以法院为中心，所以我们只被允许聆听半场对话——《美国报告》所记载的那一半。

更糟的是，我们还轻视琼斯案的重要性。斯图尔特的意见只有一小段会出现在学生的案例书上，而法官也并未认真对待这份意见对于变革的重要意义。他们认为，琼斯案不过是根据第十三修正案，针对限制美国平等主义事业的主流原则，设置了一个小小的例外。通常认为，这些根本限制取决于第十四而不是第十三修正案。

并且，在第十四修正案问题上，德克森参议员明确无疑地诉诸美国公民资格的特权，以此作为第二次重建的基础，而通常的观点完全无视这一点。德克森的转向是在参议院做出的，导致以法院中心的正典对此视而不见。正典的关注一直放在平等保护条款上。由于民权诸案从未被正式推翻，法律界认为，1883 年所宣示的州行为学说，仍然应当在宪法正典中居于核心地位。

这是错的。琼斯案并不仅仅是法律先例漫长线索上的一宗普通案件。它是一场更宏大的对话的一部分，正是通过这场对话，国家政治和司法领袖一道界定了新政-民权体制的宪法原则。我们只要固守以法院为中心的正典，就会背叛这项成就。一旦把里程碑式立法纳入正典，我们就把德克森、蒙代尔和约翰逊的呼声归入了法律遗产之列。不仅如此，我们还能够更深刻地认识到斯图尔特分析的力量与局限。通过扩展宪法正典的范围，我们还加强了对于最高法院贡献的认知，类似地，我们将布朗案的意涵，整合到催生 1960 年代里程碑式立法的宪法对话之中，从而更好地理解了最高法院的成就。

我将在第十四章回到这个问题上。不过，眼下更要紧的是讲完公平安居的故事，探讨它在尼克松时代的进一步发展。

批准并巩固？

218　　《公平安居法》和琼斯诉迈耶案的成就令人瞩目。但是如果孤立地看，它们还算不上"宪法时刻"。它们的不朽意义，取决于它们在更漫长的叙事中的战略地位——起初，布朗案判决将民权置于宪法议程的核心（第一阶段：释放信号）；继而，约翰逊总统和国会决定跟进，出台《民权法》（第二阶段：动议）；之后，选民自觉形成意见，支持新法，推翻了巴里·戈德华特及其对于该法合宪性的批评（第三阶段：触发）；这让约翰逊和国会能够宣称获得大众授权，出台更多里程碑式立法，并且在公平安居问题上获得突破，在春天达到顶峰（第四阶段：精心建设）。

1968 年，全部三个政府分支都做出了贡献，为秋天大选的进一步考验奠定了基础（第五阶段：批准），也促使理查德·尼克松对里程碑式立法采取模糊观点，以破坏乔治·华莱士争取总统候选人资格的企图。

尼克松并未退缩。他重申了自己的观点，认为《公平安居法》是一个"正确的决定，我支持它"[46]。将他的声明放到大选的宏观背景之中，可以看到，1968年的选举，意味着大众对于界定第二次重建含义的三大里程碑式立法的批准——这是我在第四章论述过的。

尼克松赢得白宫之后，一个特殊的问题随即显现（第六阶段：巩固）。与选举（1970年）和就业（1972年）领域相反，在尼克松的第一个任期，政治分支并未出台立法重申和强化《公平安居法》。鉴于这一缺位，关于该法享有高级法的地位的举国共识到底有多牢固，是否成疑？

我的答案是否定的。很大程度上，立法的消极态度不过是联邦最高法院介入琼斯案的意外结果。很简单，民权团体指望从国会赢得的大多数东西，都已经从斯图尔特大法官的意见里取得了。于是，他们把政治力量投向支持更富雄心的安居目标——特别是尼克松的住房与城市发展部部长乔治·罗姆尼（George Romney）所倡议的那些。罗姆尼是位强硬的自由派，他希望超越1968年立法目标的局限。这部里程碑式立法旨在让有钱的黑人切实获得在白人中产社区买房的权利，而罗姆尼希望强制城郊社区向政府补贴的安居工程敞开大门，为各个种族的穷人提供容身之所。经济而不仅是种族融合才是他的目标。他失败了，而失败的影响持续至今。

不过，罗姆尼的失败并不意味着否定政治分支或美国人民在《公平安居法》上的更窄目标。相反，它还强化了核心主题：里程碑式立法虽然旨在为黑人和其他少数族裔争取每个领域的平等机会，但是并没有走得更远，将各种形式的、

219

根深蒂固的经济不正义连根拔起。

我讲得太快了。首先我要论证，在尼克松时代，琼斯案如何出乎意料地将政治能量引开，以至巩固《公平安居法》的立法未能出台。我的观点肯定是推测性的——很难解释某件事为何**不曾**发生。不过，为了增强说服力，我会把安居问题和公平就业法的同期发展做个对比，后者确实促成了巩固性立法的出台。

催生 1964 年（就业）和 1968 年（安居）立法的政治商谈极其相似，这是比较研究的起点。在两个问题上，自由派民主党人最初所设想的解决手段，都是新政式的行政机构——授予平等就业机会委员会和住房与城市发展部以广泛的权力，包括调查事实、出台规制，以及运用停止令来执行立法命令。在两个问题上，德克森参议员都拒绝附议。他的坚持引发妥协，导致两个行政机构的一切执法权限都被剥夺，沦为调解机构。我们已经看到，个人控告就业或居住歧视时，首先要请求委员会或住房与城市发展部非正式地调解结案，之后方可诉诸法院。如果调解不成，行政机关就退出案件处理程序。虽然两部立法都授权司法部在最恶劣的案件中，针对歧视的"常态或惯例"提起诉讼，但是法院能否执法主要取决于私人主体。

在两个问题上，调解模式都失败了。与平等就业机会委员会相似，住房与城市发展部也迅速积压起大量案件。[47] 就在此处，我们的两个故事分道扬镳。在就业问题上，民权团体针对这一失败，发起立法改革运动。他们甚至另行发动了数以千计的指控，占到了委员会全部案源的三分之一，令委员会更加不堪重负。[48]

而在安居问题上，由于琼斯案的判决，类似的运动就没那么必要了。既然斯图尔特大法官把 1866 年的立法转化成了一部公平安居法，黑人就可以绕开住房与城市发展部，直奔法院而去。并且，琼斯案还设定了新的救济，改善了他们的诉讼条件。作为德克森妥协的一部分，1968 年的立法正式要求当事人自行支付律师费——对于最可能起诉的黑人中产阶级而言，这是一个严重的障碍。而原告如果根据 1866 年立法起诉并获胜，就很容易从败诉一方取得己方律师费。[49]这样一来，1866 年立法成为"（此后）一代人时间里的主要执法手段"[50]——直到 1978 年，民权团体才不再蛰伏，开始游说国会扩充住房与城市发展部的执法权。[51]与此相反，他们在就业问题上大力推动新法，因为只有这样才能摧毁德克森的妥协。[52]

塑造尼克松时期立法议程的不是《公平安居法》的微调，而是截然不同的另一个动态格局。推力来自尼克松新任命的住房与城市发展部部长乔治·罗姆尼，他宣称，"搬到城郊去、只与经济和社会地位相仿的人比邻而居，这种观念终结了"[53]这意味着议题倏然被重新界定了。就在一年前，约翰逊和蒙代尔还在努力为黑人创设逃离贫民窟的权利，前提是黑人负担得起。而今，罗姆尼要求城郊社区向黑人开放，无论贵贱。

此前，国会已经向住房与城市发展部拨付专款，用于一个雄心勃勃的项目：每年针对低收入和中等收入人群，补贴兴建 25 万到 35 万套单元住房。在罗姆尼的领导下，突破计划（Operation Breakthrough）采取"散居"政策，使得新建住房离开贫民窟，到白人聚居的城郊选址。

起初，住房与城市发展部的动议似乎与白宫的宏大主题相协调。尼克松在住房问题上的智囊丹尼尔·莫伊尼汉（Daniel Moynihan）长期支持"散居"；1969 年 11 月，总统特别行动小组也支持"在全国实施有力政策"，采取"胡萝卜加大棒"的手段，将政府补贴住房转移到城郊去。[54]

表象具有欺骗性：尼克松本人反对特别行动小组的经济融合构想。而白宫并没有公开采取措施，让住房与城市发展部就范。[55] 总统在任命罗姆尼入阁时，就预料到了后面的事：罗姆尼担任密歇根州州长时是个旗帜鲜明的自由派，他曾经从左翼立场，挑战尼克松获得共和党候选人资格。通过任命罗姆尼等举措，总统努力平衡内阁的意识形态，形成折中式的政策组合，从而取悦他的竞选联盟中泾渭分明的各方力量——既要包括北方的种族自由派，也不能少了南方的种族保守派。他决心让内阁团队的每位成员都获得大量机断权，只有当某项举措给他的联盟造成撕裂危险、迫使他做出艰难抉择时，他本人才会介入。

1970 年，罗姆尼的安居行动进入高速实施阶段，也迎来了关键时刻。他向国会各委员会提议制定《开放社区法》（*Open Communities Act*），其内容大大超出《公平安居法》，授权对"歧视低收入和中等收入人群居住的地方立法和行政行为"发起新的进攻。[56] 如果住房与城市发展部遇到"排斥性规划"或类似伎俩，立法将运用公共和私人诉讼发起猛攻，助力该部推倒通向城郊的经济藩篱。[57]

这里只有一个地方出了岔子：罗姆尼的强硬动议完全是单方的，他并没有与民权团体或自由派在白宫的内线合作，为协同发起政治攻势建立基础。[58] 面对既成事实，总统警觉了起来，特别是考虑到罗姆尼所开辟的新战线招致了令人难堪的媒体报道。我们知道，《公平安居法》以模糊的语言命令住房与城市发展部"积极"运用各种资助项目，促进该法的反歧视目标——而部长以特有的力度执行了这一命令。

媒体用罗姆尼母州的一个纯白社区来检验他的举措。密歇根州底特律郊区的沃伦市有 179 000 人安家，其中只有 132 位是黑人。该市拒绝出台公平安居法令，并且在申请城市更新所需经费时，拒绝列入联邦资助的安居项目。于是，住房与城市发展部威胁切断一切资金。争端在 5 月创下新高——就在这个月，罗姆尼部长向国会提议出台《开放社区法》。罗姆尼与沃伦市市长特德·贝茨（Ted Bates）的会晤广受报道，而罗姆尼在会上拒绝接受市长对于切断资金的申诉："黑人所享有的平等机会权与我们一样多……这件事上真正重要的是责任——道德责任。" 贝茨离开华盛顿时愤怒地宣称，他的小镇被挑出来，"当成了种族融合实验的小白鼠"，而底特律的城郊已经到了要"与这种强制融合斗争"的时刻。[59] 当罗姆尼亲自到沃伦市解决问题时，他的车被愤怒的抗议者包围起来。经过数月针锋相对的辩论，该市 57% 的选民宁可拒绝所有的城市更新拨款，也不接受住房与城市发展部的条件。[60]

所有这一切足以促使尼克松本人介入，终止《开放社区法》在国会的审议。总统先是做了一系列个别回应，之后于

1971年6月发布了一份详尽的声明。他强调了区分"种族"与"经济"隔离的重要性:"重要的是记住……'穷'和'黑'这两个词不能互换。黑人生活在贫困线下的比例高于白人——但是美国贫穷白人的数量远远多于贫穷黑人……把'穷'与'黑'等同起来会伤及真相。"[61]

根据这一观点,尼克松的回应清楚地采取了一分为二的态度。一方面,他反对"把经济融合强加给既有的地方社区";另一方面,"居住中的种族歧视不会被容忍"。只要涉及种族,"宪法和法律是清楚无疑的"。事实上,他对于这一国家事业的理解很宽泛:"我们不会允许以任何方式把经济手段用作种族歧视的遁词。一旦某种行为遭到质疑,我们就会研究它的后果。如果行为的后果是基于种族、宗教或民族背景而排斥美国人的公平居住机会,那么,我们就将积极采取一切最恰当的手段加以抵制,而不考虑那些遮蔽歧视行为的理由。"尼克松明确否认种族主义动机是采取断然行动的前提。恰恰相反:"我们会研究它的后果……而不考虑那些遮蔽歧视行为的理由。"

仅仅过了三天,司法部就将这些话付诸行动。密苏里州的城郊小镇布莱克杰克(Black Jack)出台了一项规划令,将85%居住在圣路易斯(St. Louis)都会地区的黑人挡在外面,而司法部努力让这个命令失效。[62]

正如尼克松所预料的那样,他的声明同时遭到了右派和左派的攻讦。[63]他本人在稿本上潦草写道:"我们会在政治上吃亏——但是在这个问题上,法律与正义要求这么做。"[64]出于论证之需,我们不用讨论尼克松观点的利弊。我们关心的是，总统是不是在质疑《公平安居法》的里程碑地位。

答案显然是否定的。尼克松的声明与蒙代尔参议员的宣言完全一致："（1968 年立法的）基本目的是，允许有能力买房的人去购买一切公开上市的房屋，**只要他们买得起**。"（强调系后加）[65] 类似地，尼克松的全部观点都推定联邦干预私人住房市场是合宪的——德克森的转向，以及联邦最高法院对琼斯案的判决，已经驱散了由州行为学说所引发的一切怀疑。

政治自由派如我会为尼克松压倒罗姆尼而惋惜。但是，作为宪制论者，我们必须承认这是事实——正如保守派应当承认，为了界定现代美国的平等主义事业，1960 年代的里程碑式立法大幅超越了第一次重建。

我们共同的使命在于诠释民权革命的遗产——别无其他，但也不可克减。

主题与变奏

安居、就业、投票、公共场所：我们已经研究了一个主题和多个变奏。我们的起点，是争取相应里程碑式立法的运动在国会山加快了进度。政治领袖一经阐发立法方案，就遭遇了某些宪法学说，后者严重局限了他们的能力，使他们难以表达大众不断增长的、对于种族正义的要求。这些限制性学说——州行为只是最显眼的一个——深深扎根在宪法史之中，可以回溯到第一次重建。而政治领袖加入民权运动，把这些障碍扫到一边。一个领域接着一个领域，他们的里程碑式立法坚决地介入了宪法上留给各州和私人商业的关键地带。

面对这些突破，联邦最高法院本来可以运用既有的先例，推翻这些对于宪法平等意涵的革命性重释。然而，大法官们运用各种司法学说上的便宜手段，支持了第二次重建的这些里程碑。半个世纪以后，有思想的宪制论者仍然在非常严肃地研究由此而生的法律混合体。

虽然他们一直醉心于细节，但这并不构成忽略主旨的借口：在处理就业、安居、公共场所和投票问题时，是总统和国会——而非沃伦法院——行使了宪法领导权。联邦最高法院在布朗案之后的头十年担任领导，而现在的领导则是总统和国会，他们宣称自己获得了人民的授权，为了追求种族平等，开辟新的事业。

本书第一篇认为，主张自己获得了发动根本变革的大众授权，在宪法上是正当的，而政治分支在布朗案后的第二个十年取得领导地位也是正确的。虽然国会和总统当了领导，但是第一篇表明，布朗案对于宪法问题的阐发，深刻影响了他们的观念。和联邦最高法院在布朗案的做法一样，他们的里程碑式立法采取了逐个领域突破的思路；和沃伦大法官在布朗案的判决一样，约翰逊、金、汉弗莱和德克森等领袖反复承诺美国人将消除制度化羞辱——尽管从第一次重建继承而来的、既存的宪法学说纵容了这种羞辱的久拖不决，乃至加以强化。

这个目标——无论有时候看起来多么值得尊敬——只是通向第二次重建道路上的第一步。里程碑式立法详细设想了更富雄心的平等主义事业，而其内容细节则因领域而不同——在公共场所追求平等对待，在住房市场追求平等机会，在职场追求依靠技术的个人主义，在选举过程中追求少数族裔群体权利。各领域的平等意涵并非华盛顿的一小撮政客或官僚所强加。相反，演说和游行获得了电视播放和报纸报道，在成百上千万有时还亲身参与抗议或反抗议的人民之间引起反响，在家中、在职场，开启了无穷无尽的辩论，而平等的含义正取决于这些辩论。并且，选举制度明确给予普通美国人机会，让他们决定究竟是支持还是推翻这些里程碑式举措。如果他们在 1964 年投给巴里·戈德华特，或者在 1968 年投给乔治·华莱士的票数足够多，我要讲的故事就会截然不同——果如是，里程碑式立法很可能已经在一系列不断升级的街头暴力抗议和反抗议中遭到废止。

然而，当汉弗莱、约翰逊、德克森和尼克松努力阐发两党的宪法共识时，他们始终获得了广泛且稳定的多数票支持。面对第二次重建的隽永遗产，当代法律工作者负有重大 ²²⁵责任去严肃看待这些原则。它们配得上在职业正典中占据中心地位——事实上，这些宪法政治的卓越实践构成了一个宏大的背景，如果离开这个背景，我们甚至无法充分理解沃伦和伯格法院的伟大判决。

至少，我们沿着第一篇和第二篇所标示的道路行进至今，已经抵达了这个目的地。虽然已经走了这么远，但是我们还要经过许多迂回曲折，方可一瞥民权一代所留下的宏大遗产的轮廓。

第三篇

司法领导制的两难

第十一章
布朗案的命运

整整十年间，沃伦法院一力挑起机构领导的重担。布朗案打破了既存的政党默契，联邦最高法院把诸多原则问题放入了宪法议程，而国会、总统和美国人民须得经过大量政治斗争，才能对这些问题做出最终判断。在整个过程中，大法官们以审慎的速度行事，管控危机，期待政治势头能够最终引起决定性的突破，而 1957 年和 1960 年《民权法》就是标志。

里程碑式立法的出台从根本上改变了最高法院的处境。法院的新挑战，在于建设性地参与到政治分支和行政机关的合作事业之中，实现总统和国会以美国人民的名义所界定的平等主义目标。不过，在一些重大问题上，这种合作战略并不奏效，原因很简单：里程碑式立法并没有把所有重大宪法问题都处理掉。由此，在这些问题上，联邦最高法院继续居于领导地位——而大法官们回应第二个十年挑战的方式，也深刻地塑造了通行的、对于民权遗产的法律理解。本篇呼吁从根本上做出重新评价。

我们将考察联邦最高法院对两个领域的持续介入，每个领域给大法官们出的难题都很不相同。第一个领域涉及公立教育。在此，联邦最高法院领导地位的延续，源于《1964年民权法》对布朗案的政治辩护。虽然总统和国会在其他领域把联邦最高法院的限制性先例扫到一边，但是在布朗案问题上无须采取类似做法。在这个领域，联邦最高法院不是问题的一部分，而是解决方案的一部分。关键问题在于如何强制白人控制的南方遵从法治。布朗案之后十年，仍有98%的南方黑人儿童在实施种族隔离的学校就学。为了打破这一僵局，《1964年民权法》为法官提供了新的、强有力的执法手段。但是，界定去除种族隔离行动的终极宪法目标，是一个持续的过程，而这项任务被该法留给了联邦最高法院。

在另一个领域，即族际通婚（以及其他形式的亲密关系）中，联邦最高法院的领导地位则源自截然不同的机构逻辑。在这个领域，联邦最高法院的突出地位既非来自1950年代的先驱判决，也非来自1960年代的里程碑式立法。恰恰相反，布朗案下判后不久，大法官们就拒绝推翻族际通婚的禁令；十年以后，政治家们也采取了相同做法，尽管他们为就业、安居、公共场所和选举阐发了新的平等主义原则。在这些充斥激烈争论的领域，民主党人和共和党人想要就里程碑式立法达成一致，已经足够艰巨了，遑论把其他热门话题搅和进去。联邦最高法院是推翻族际通婚禁令的不二之选——该院（不情不愿地）入局，并最终在1967年的拉芬诉弗吉尼亚州案（*Loving v. Virginia*）中宣告这些法律违宪。拉芬案是司法机关**因为没有对手而取得领导权**（*leadership by default*）的实例，与此相反的则是**因为大众许可而取得领导权**（*leadership by popular consent*），后者促使联邦最高法院进一步处理公立学校问题，直到尼克松主政的末期。

虽然司法机关在拉芬案中的领导地位源自对手缺席，但是该案意义十分重大。它不仅让跨种族的情侣得以逃脱从前的制度化羞辱，而且为当下的同性婚姻运动开创了重要的先例。我们将会看到，该案为评估联邦最高法院新近推翻《保卫婚姻法》（*Defense of Marriage Act*）的判决提供了关键的参照标准。

拉芬案不仅对亲密关系领域有革命性的影响，而且在这一领域之外，还取得了整个民权正典中的核心地位。当代法律工作者尝试理解民权的遗产时，他们的起点便是由拉芬案及其姊妹案件最先阐发的司法学说框架。布朗案和琼斯案等提出了反羞辱原则，里程碑式立法则昭示着更宏大的平等主义事业，而拉芬案的框架却意味着对于这一切的重大背离。我将论证，拉芬案过分拘泥于法律，而这一点如今越来越被看重，它背叛了第二次重建对于真实世界平等的宏大承诺——我将在第十四章总结这些承诺的原则。

231　　在到达这个目的地之前，我们要绕行一段路。我们先要跟随联邦最高法院，为了在全国兑现布朗案对于学童日常生活的承诺而斗争。虽然《民权法》让大法官们去界定这项事业的终极目标，但是该法提供了新的手段，重塑了联邦最高法院行使职权的方式。简言之，法官们的新执法手段需要总统的持续合作。联邦最高法院无论怎样解读宪法，都必须能够说服林登·约翰逊、理查德·尼克松，以及执掌相应行政机构的内阁成员——否则，他们可以轻易破坏最高法院对于宪法要求的阐释。

本章关注由此产生的司法－行政动态格局：在去除南方种族隔离的斗争中，正是这一动力最终让理查德·尼克松不情愿地支持了联邦最高法院反对吉姆·克劳的运动，从而一锤定音。到了水门事件迫使尼克松挂冠而去时，这些行政决策已经把从前的邦联改造成国内种族融合度最高的地域。

而在北方，联邦最高法院去除种族隔离的运动却迎来了与此迥异的结局。根据法院的指令，针对学童的校车服务向北方推广，激起了白人大规模的对抗性动员。这场草根运动把尼克松和国会推到了全面攻击司法独立的悬崖边上。各政治分支摆出了攻击联邦最高法院的架势，这场对峙活像 1937年的重大危机——但是政治阵型已经变了。新政时，自由派掌控总统职位和国会，威胁摧毁保守派联邦最高法院的司法独立；而这一次，保守派掌控总统职位和国会，威胁到了自由派联邦最高法院的独立。

这一政治翻转虽然影响重大，但是我们不该因此忽视一个根本的相似之处：正如守旧法院对罗斯福的威胁报以"及时转向"，转移了自由派进击的方向，伯格法院（Burger Court）于 1974 年在米立肯诉布拉德利案（*Milliken v. Bradley*）中完成了相似的及时转向，获得了相同的长期收益。联邦最高法院终止了实现北方城郊种族融合的、雄心勃勃的努力，从而再一次将不断升级的政治运动的矛头从剥夺司法独立移开。

同时，联邦最高法院的撤退，也标志着该院在 1954 年所开创的宪法政治时代的彻底终结。大众对于布朗案的授权在《1964 年民权法》中展露无遗，而这如今已成往事。我们人民逐渐退回常态——自由派和保守派的活动家为扩张或限缩第二次重建的遗产而争斗，普通公民则作壁上观。

我将这一连串重大事件分成两部分。本章讨论《民权法》最终如何使大法官们得以在南方维护布朗案的判决。第十二章则追随联邦最高法院，向北方扩张，探讨该院在米立肯案中所遭受的威胁来自何处——某些威胁源于法院自身，并揭示联邦最高法院此次及时转向的终极宪法意义。之后，我们将转向一个截然不同的动态格局，以及由此引发的、联邦最高法院对于族际通婚的重新界定。

强化法院力量

在布朗案下判后的第一个十年，白人控制的南方成功抵挡住了联邦去除种族隔离的努力，导致该案只能依靠生命维持系统苟活。截至 1964 年，在从前的邦联范围之内，只有 2% 的黑人学童在白人学校就读。[1]

更不妙的是，下级法院迫切希望"以审慎速度"推进，它们的判决稀释了布朗案。布瑞格斯诉埃利奥特案（*Briggs v. Elliot*）的表述产生了广泛影响："联邦最高法院的判决……并未剥夺人民选择就学地点的自由。换言之，宪法并不要求种族融合，只是禁止歧视。"[2] 据此，布朗案仅仅授权黑人家长把孩子送到白人学校去；如果这些孩子的家长屈服于白人的恫吓，没有行使这一权利，那么，布朗案并不保护黑人儿童免遭隔离式教育的羞辱。

沃伦法院过了很久才推翻布瑞格斯案。1950 年代后期，大规模抵制席卷了南方，而大法官们却反其道而行之，三言两语就肯定了下级法院针对象征性黑白合校（token integration）的判决。[3] 而小石城的危机促使联邦最高法院做出了唯一一次正式判决：众所周知，大法官们宣示了他们享有宪法的"至上地位"，足以压倒敌对机构。[4] 不过，这份判决仅仅强调了其他机关要屈膝就范，并没有阐发布朗案的宪法愿景。

强调服从是完全合理的，因为联邦最高法院并不能把服从看成理所当然之事。就在小石城危机之前不久，艾森豪威尔总统还告诉记者，"我无法想象有任何事态会迫使我派遣联邦军队……到任何地方去执行联邦法院的判决"[5]。然而众所周知，在决定宪法成败的关键时刻，他派遣第 101 空降师开赴小石城，把布朗案从毁灭中拯救了出来。虽然艾森豪威尔在阿肯色州勉强树立了联邦至上观念，但是他的干预让整个南方想起了重建时期的军事占领，导致了白人抵制的进一步激化。[6] 事实上，直到 1964 年，联邦最高法院才公开表达了对于"审慎速度"的不满，并呼吁提速（但是并未给自己设定明确的截止时间）。[7]

不难理解，在这种情况下，《民权法》也把焦点放在执行上，采取决定性步骤，让法院得以打破长达十年的僵局。[8] 直到这时，承担在南方的起诉之责的还是全美有色人种促进会法律保护基金会，因为司法部缺乏自行起诉的法律授权。由于资源所限，法律保护基金会集中关注人口密集的都市地带的五百个学区，导致该区域的两千个乡村教育委员会可以假装布朗案不存在。《民权法》授权司法部自行起诉，并介入他人提起的诉讼，从而大幅提高了法院落实布朗案的能力。[9]

卫生、教育和福利部施加的新的财攻制裁，与联邦诉讼的前景结合在一起，进一步提高了法院的能力。这里的关键是新法的第六篇（Title VI），该篇授权行政机关切断实施歧视的"一切项目或行为"的联邦拨款。休伯特·汉弗莱认为第六篇无可非议："要是反对（第六篇），就会连母亲节都反对。花联邦拨款搞歧视，这怎么可能是正当的呢？"[10]

而事实上，第六篇意味着重大的变革。[11] 过去十年间，来自哈莱姆（Harlem）的众议员小亚当·克莱顿·鲍威尔（Adam Clayton Powell Jr.）为了把反歧视要求与拨款计划挂钩，进行了一场漫长而无果的战斗。由于共和党人反对此类开支手段，鲍威尔的方案只有依靠南方民主党人的支持才能通过——而他们把取消反歧视要求作为支持的条件。结果，哪怕是埃莉诺·罗斯福和阿德莱·史蒂文森这样的自由派代表都拒绝支持鲍威尔的动议。[12] 他在 1964 年的胜利对于去除学校种族隔离意义重大，而数月之后，自由派跟进推出了《初等和中等教育法》（*Elementary and Secondary Education Act*），更放大了胜利的意义。该法在一年内将联邦教育拨款翻了一番，从 1964 年的 10 亿美元涨到 1965 年的 21 亿美元。[13]

如此大额的注资对于南方尤其有吸引力，那是全美最穷的地方。而根据第六篇，一旦学区未能满足卫生、教育和福利部的反歧视要求，所有这些经费都将被追回。[14] 更严重的是，追回经费会触发司法部的特别关注，该部现在可以自行发起诉讼了。各项法定制裁结合在一起，彻底改变了是否守法的算计：何必不对卫生、教育和福利部承诺向布朗案靠拢采取几个象征性步骤呢？这样既能拿下全部拨款，又能避免成本高昂的诉讼。

林登·约翰逊对巴里·戈德华特的压倒性大胜，为行政分支采取决定性措施提供了大众授权。[15] 教育局长弗兰西斯·凯珀尔（Francis Keppel）把约翰逊的遗产转化为强大的执法引擎。为了履行第六篇的要求，他雇用了一支新的团队，领头的是新近从耶鲁法学院毕业的大卫·希利（David Seeley）。

时间紧迫，在新学年开始前，希利只有两周时间去告诉南方学校如何守法并拿到全部联邦拨款。诸多混乱和无序过后，他的小团队拿出了初步的指导方针，设定了相对温和的目标。各学区应当立即通过择校自由计划（freedom-of-choice plans），在至少四个年级去除种族隔离，并取消一切实施种族隔离的校车线路。[16] 即便各学区教委就范，择校自由的预期效果也只是象征性的种族融合，因为，它要求黑人家长不顾白人的敌视，主动把自己的孩子送到白人学校去。但是，这一指导方针仍然意味着突破。

南方的两千个教委从未向任何机构提交过任何去除种族隔离的计划。哪怕是象征性的就范都标志着大规模抵制时代的终结。如果教委往前走，卫生、教育和福利部还会给他们提供无比珍贵的政治保护。他们可以解释说：象征性的种族融合只是换取大额联邦经费的微小代价，从而把白人的愤怒引开。

实践证明，这一策略非常成功。经过几个月艰苦的讨价还价，只剩下五十个学区仍旧公然抗法。[17] 总统并未正式签署卫生、教育和福利部的指导方针，这让行政机关的成果更加不同寻常。鉴于卫生、教育和福利部的行动可能导致政治过热，约翰逊通过不签字获得了转圜余地。[18] 但这也把指导
235 方针降格为普通的政策声明，因为，第六篇要求总统明确批准，方可赋予指导方针以法律约束力。

尽管存在这些法律和政治的模糊之处，但是约翰逊的卫生、教育和福利部坚定支持指导方针，直面不断升级的南方抗议。短短几个月时间里，卫生、教育和福利部以拨款相威胁，取得的进步超过了整个司法系统十多年的成果——从1964 年到 1965 年，南方黑人到以白人为主的学校就学的比例增长了两倍，从 2% 提高到 6%。[19]

卫生、教育和福利部的突破还建立了良性循环。学区一旦放弃公然抗法，转而勉强就范，就陷入了行政要求的不断升级之中。1965 年新学年伊始，许多学区没有取得什么进步。作为回应，教育局（Office of Education）提高了要求：如果某学区已有 8% 的黑人到以白人为主的学校就学，那么，来年的就学比例须达到 16%；如果已有 4% 的黑人这么做，那么，来年的比例要达到 12%；如果几乎还没有人这么做，那就要求"非常实质性地启动"这个进程。[20]

当时，数字治国已经不是新鲜事了——《选举权法》已经落地，平等就业机会委员会也开始要求私人企业达到数字指标。可是，卫生、教育和福利部的新指导方针引发了最大声的反对。让教委做出就范姿态是一回事，而让联邦用无法逃避的点人头方式去衡量真实进步，则完全是另一回事。在

抗议的风暴中，修订版的指导方针仍然得到了落实——南方黑人到白人学校的就学率，从 1965 年的 6%，增长到 1967 年的 14%。[21]

但这也引发了政治反弹。南方政客用煽动性的言辞谴责新任教育局长哈罗德·豪（Harold Howe），而来自北卡罗来纳的众议员 L. H. 方汀（L. H. Fountain）则要求举行烦琐的行政听证，企图以此使卫生、教育和福利部的拨款权瘫痪。方汀把他的修正方案附入了众议院的教育财政法案之中，然而，他的花招却适得其反：最终通过的立法明确重申了卫生、教育和福利部的中止拨款权。[22] 保住了国会的支持，卫生、教育和福利部的持续发力就获得了报偿：黑人融合率从 1967 年的 14% 上升到 1968 年的 23%。[23] 势头不断加强，促使卫生、教育和福利部修改指导方针，再次提高要求，命令在 1969 年**彻底**去除种族隔离。然而，这一新要求的命运掌握在下一任总统手中，他会像约翰逊那样坚定地站在卫生、教育和福利部背后吗？

司法领导权的重申

在理查德·尼克松有机会面对这个问题之前，法院重申了他们的宪法领导地位。1967 年，面对各教委针对数字治国发起的一连串挑战，深南部的联邦上诉法院做出回应，判决了杰斐逊县案（*Jefferson County*）。约翰·迈诺·威斯德姆（John Minor Wisdom）法官代表整个第五巡回法院发声，他所撰写的意见为重新阐释布朗案所开创的事业树立了里程碑。

反过来，该案也提供了条件，让联邦最高法院能够为即将来临的 1968 年大选设定关键议题。

杰斐逊县案

威斯德姆的意见挑战了司法领导权的前提。1954 年以来，正是司法的领导激发了去除种族隔离的运动。[24] 他宣布，"法院的单独行动已经失败"（以楷体显示，以免读者忽视这一点）。[25] 而《民权法》"将国会、行政与司法机关"联合起来发力，拯救了布朗案。

在威斯德姆看来，国会在"由法院监督去除种族隔离"之外，创设了"替代方案"，引发了一场宪法革命。[26] 第六篇"让行政机关成为监督和执行公立学校去除种族隔离的有效工具"[27]。他拒绝把卫生、教育和福利部的指导方针看作"普通的宣示"——虽然它们在行政法上的地位确实如此。[28] 相反，他赋予指导方针以准宪法地位，坚称"我们的标准不该比卫生、教育和福利部的还要低"。毕竟，这些方针"由教育和学校管理的专家制定，并且……国会和行政分支也将其纳入了全国协作项目"[29]。

杰斐逊县案预示，新政式的行政专业技能，与民权革命的平等主义目标将实现新的融合。威斯德姆坚信，只有这种新政-民权融合，方可将布朗诉教育委员会案从失败中挽救回来。诚然，他也提醒说，"指导方针和本院命令中提到的百分比，仅仅是根据经验估算出的、大致准确的法则"[30]。但是，这一附带说明并不该掩盖法院对于数字治国的响亮背书。

讨论完依靠技术的治理问题之后，威斯德姆转向终极宪法价值。他否认布朗案仅仅要求教委提供择校自由。虽然"黑人儿童所受的伤害"千真万确，但是还有更重要的问题："南方州从整体上限制黑人群体参与社区生活、本州事务并融入美式生活的主流，而学校的种族隔离是这一秩序的固有部分：黑人必须待在他们自己的地方。"（这次是我用的楷体，不是法院写的。）[31]

威斯德姆不仅超越了"择校自由"，还超出了沃伦在1954年所建立的反羞辱原则。当时，布朗案只需谴责加诸黑人儿童的"低人一等之感"就足够了，无须指出这种感觉在"限制黑人群体……融入美式生活的主流"这一"整体秩序"中的角色。沃伦采取了逐个领域讨论的思路，既能推翻就学领域的种族隔离，又无须颠覆交通领域的普莱西案判决，或者其他领域中支持种族隔离的类似判决。

在一个又一个领域，里程碑式立法和司法判决引发了法律革命，这让威斯德姆能够强调各种羞辱的累积效果。羞辱现在已经违法了，从前却贯穿在南方的生活之中。杰斐逊县案是对反屈从原则（anti-subordination principle）的重要宣示，它所谴责的行为企图让各群体在**全部**领域，而不仅仅是**每个**领域"各就各位"。[32]

由此，杰斐逊县案的判决引发了双重革命——既否定了布朗案所宣示的司法领导权，也否定了沃伦所阐发的反羞辱原则，而赞美了各分支协同的宪制格局的兴起，以及反屈从原则的胜利。

大法官们会赞同吗？

格林案对布朗案的态度

1968年5月27日，举国上下尚未从4月小马丁·路德·金之死当中平复下来，联邦最高法院就判决了格林诉县教育委员会案（*Green v. County School Board*）。[33] 这是民权革命中最值得深思的一刻。总统刚刚推动《公平安居法》在国会过关，埃弗雷特·德克森宣告了对于第十四修正案的新解读。大法官们正在处理琼斯诉迈耶案，对第十三修正案加以革命性的重释。人们对格林案怀有很高的期待，却落了空：布伦南大法官代表法院发表的意见，全不似威斯德姆法官在杰斐逊县案中那样，在由里程碑式立法所开创的新兴宪法秩序中重估布朗案的地位。

布伦南的阙失引人侧目，却并非偶然。档案显示，布伦南在早先的草稿中，确曾直面根本问题，他对布朗案的理解获得了六位大法官的支持。看到布莱克、哈兰和怀特拒绝支持，布伦南就转入讨价还价模式，放弃了针对首要原则的讨论，确保三位反对者加入无异议意见之中。这份意见却引发了重大的问题。

为了理解格林案的意义，我们从一些基本的事实开始：直到1965年，弗吉尼亚州的新肯特县（New Kent County）和大部分南方农村地区一样，并未采取任何行动落实布朗案。布伦南解释说，只是"为了保住获得联邦财政资助的资格"，该县才提交了一份自由择校计划。[34]

这个县只有两所学校——一所给黑人设立，另一所给白人设立。由于卫生、教育和福利部指导方针的缘故，到白人学校就学的黑人数量，从 1965 年的 35 名，增加到 1966 年的 111 名，再增至 1967 年的 115 名。而全县 85% 的黑人儿童仍在只有黑人的学校就读，因为没有白人家长行使"择校自由"，把孩子送到那儿去。这样够好了吗？

布伦南的早期各稿都从首要原则入手。他认为，下级法院早先批准择校自由，努力让南方戒除严格种族隔离的"长期惯例"，这是有意义的。在这个阶段，"核心关切在于让那些黑人儿童获得足够的勇气，打破传统，在'白人'学校争取一席之地"。而今，卫生、教育和福利部已经让更大的突破成为可能，布伦南于是重申了布朗案最初的逻辑："仅仅因为种族而将（学童）与资质相仿的同龄人区隔开来，会让他们觉得在社区中的地位低人一等，这将会以无法开解的方式影响他们的心智。"

布伦南既然如此鲜明地重申了布朗案最初的逻辑，他判决的救济就完全可以理解了。新肯特县必须"迅速转换为不分'白人'学校和'黑人'学校的体制，对各校一视同仁"。只有这样，制度化羞辱的终结才能迎来现实的前景："只要长年歧视所种下的种族身份仍然存在于体制之中，低人一等的耻辱烙印就仍然会存在。"[35]

沿着这条线索，布伦南走上了旧路：与威斯德姆法官相反，他并未呼吁他的同事们超越沃伦当初的逻辑，拥抱反屈从学说。他让联邦最高法院重新服膺布朗案的反羞辱原则——而这个相对温和的目标也在一定程度上帮助他获得了道格拉斯、福塔斯、马歇尔和斯图尔特的支持。

然而，哈兰和怀特仍然拒绝赞同，除非布伦南"在意见中'不要明确提'耻辱烙印这个说法"。他们担心，明确重申布朗案当初的逻辑，可能进一步激化南方的抵制。布莱克甚至威胁要撰写异议，彻底推翻耻辱烙印的说辞，他坚持认为，择校自由就足够履行布朗案的命令了。[36]

沃伦虽然"坚决反对任何人玩弄布朗案的判决"[37]，却默许了布伦南的实用主义之选，取消了他关于"心智"的讨论，换取全院一致这个更大的利益。[38]

布伦南的实用主义代价沉重。他不但切断了与布朗案原初逻辑的一切关联，而且没有用任何东西取而代之。结果，一份俗套的意见，用蛮横的命令代替了对根本价值的讨论：联邦最高法院仅仅命令新肯特县务必"**自行制订计划，承诺落实，并且承诺现在就落实**"（楷体系原文所加）。[39]

格林案对待宪法目标的态度同样蛮横。布伦南保留了先前草稿中的口号——"迅速转换为不分'白人'学校和'黑人'学校的体制，对各校一视同仁"。可是，他把口号背后的论证逻辑删掉了。[40]这并没有马上带来麻烦，因为新肯特县只有两所公立学校。这意味着，该县为了执行判决，只需让黑人和白人儿童都到同一所校址上小学，再到另一所校址上中学，从而减少整个过程中提供校车载运服务的负担。[41]

而对于更大的学区来说，这套做法就会带来显而易见的问题。表面看来，布伦南坚持建立"不分'白人'学校和'黑人'学校的体制"，这要求制订严格的校车载运计划，从而让每所学校的黑人-白人比例相同。而布伦南的意见也承认需要更大灵活度，甚至为了计划奏效起见，还允许把择校自由纳入计划之中。二者必然需要权衡，而下级法院却很难把握，因为布伦南不提整体目标：消除"多年歧视"在所有黑人学校"种下"的"低人一等的耻辱烙印"。[42] 一旦剥离了基本原则，格林案就只不过是法院焦虑感的戏剧性呈现，是对于依靠技术手段促进守法的广泛认可，以及对下级法院的警告——要用常识来缓和去除种族隔离的需求。

格林案与琼斯案

就在大法官们为格林案争执不休的时候，琼斯诉迈耶案也即将下判。两个案件的相似之处颇有意味，彰显了格林案不同寻常的逃避性。

在两宗案件中，哈兰和怀特都努力阻止从自由派角度重新解释重建时期的关键文本——在琼斯案中是第十三修正案，在格林案中是第十四修正案。[43] 在两宗案件中，多数大法官都建议宣示相同的基本原则：布伦南关注教育种族隔离代复一代所"种下"的"低人一等的耻辱烙印"，同理，斯图尔特谴责住房市场上代复一代的歧视所打上的"奴隶制的标记"。他们都追求重新解读第一次重建的文本，为第二次重建提供合适的依据，强调美国人必须超越形式平等和自由的观念，在社会生活的关键领域消除制度化羞辱。

在两宗案件中，哈兰和怀特两位大法官都阻止法院形成一致意见，而布伦南与斯图尔特的反应却大不相同。在琼斯案中，斯图尔特允许哈兰和怀特发表异议，坚持保留他所强调的"奴隶制标记"；而在格林案中，布伦南却出卖原则，换取全院一致。为什么？

并不是因为布伦南的原则比斯图尔特的更富争议——相反，布伦南只不过重申了布朗案，而斯图尔特却推翻了对于第十三修正案的根深蒂固的理解。也不是因为由自由派组成的多数在格林案中对于原则不那么坚定——相反，厄尔·沃伦无疑为哈兰和怀特企图玩弄他在布朗案中的划时代成就而感到愤懑。通常而论，其他大法官本来会迁就首席大法官的情感——特别是在他即将挂冠而去的时候。

格林案与琼斯案的差异与原则或人格无关，而是根源于联邦最高法院与各政治分支的关系。斯图尔特在琼斯案中表现勇敢，是因为国会刚刚承诺美国人民在住房领域实现革命性突破；哈兰和怀特无论说什么，都无法推翻这一根本点。

而校园种族隔离的命运取决于白宫能否继续充当法院的忠实盟友。杰斐逊县案过后一年，威斯德姆法官所欢庆的各分支协作，显然是高兴得太早了。乔治·华莱士和理查德·尼克松正在角逐总统大位，而去除南方种族隔离的前途取决于角逐的结果。骤然间，威斯德姆意见中的阴暗面显露无余："法院的单独行动（已经）失败"，未能在《民权法》出台前的十年里践行布朗案的判决。1969 年的总统就职日以后，最高法院会迎来又一个失势的十年吗？

布伦南无法消除这个风险，但是格林案确实把风险最小化了。判决坚持要求南方各教委"现在就落实"去除种族隔离的计划，这极大提高了白宫拖延不办的政治成本。既然全部九位大法官都站在了这个命令后面，新任总统将面临一个无法折中的选择：他是否想要公然反抗联邦最高法院，把国家带回到小石城从前那种好日子去？

布伦南努力事先排除总统抵制的风险，这本身却引发了问题。联邦最高法院已经错过了重申布朗案原初含义的黄金机遇，那么还有下一次机会吗？抑或，联邦最高法院会赢得去除南方种族隔离的战斗，却要搭上埋葬反羞辱原则的代价？

尼克松的（一个个）危急关头

格林案将理查德·尼克松置于困难境地。由于他取得了候选人资格，共和党在戈德华特的灾难之后，回归了自身的主流传统。在整个竞选过程中，尼克松重申了他对 1964 年、1965 年和 1968 年里程碑式立法的支持，击退了里根在最后时刻的挑战，后者仍然死抱着自己那套新戈德华特式的教条不放。[44] 在秋季的竞选中，尼克松一面努力抑制乔治·华莱士的选举威胁，一面继续忠于自己的承诺。他虽然高声谴责沃伦法院的刑事司法革命，为"法律与秩序"辩护，但并未因此而破坏他对于里程碑式立法的服膺——众所周知，这惹得华莱士叫嚷说，他和汉弗莱都"不适合当总统"[45]。 ₂₄₂

类似地，他反复承诺任命"严格的宪制论者"担任联邦最高法院大法官，这和他在当时一个热门话题上的表现相抵牾：那时，林登·约翰逊已是跛鸭总统，仍努力想用艾比·福塔斯取代即将退休的厄尔·沃伦，担任首席大法官。当斯特罗姆·瑟蒙德和其他南方议员用冗长发言阻挠议事时，尼克松拒绝公开支持，反而说福塔斯是"联邦最高法院能力最强的大法官之一"——临到大选前夜，华莱士还在全国放送的电视节目里提醒观众这一点。[46]

同时，尼克松身为政客，也急切地想要对正在崛起的南方共和党人示好。他虽然在明面上支持福塔斯，背地里却很可能支持阻挠议事，以此换取瑟蒙德公开支持他担任候选人。[47]他在去除校园种族隔离问题上的立场也扑朔迷离。他一边重申布朗案，一边又警告切勿发布激进的校车服务令，以免让南方"代人受过"[48]。卫生、教育和福利部把 1969 年定为实现种族融合的最后期限，并威胁说，各校一旦误期，就会被取消拨款，而尼克松拒绝对此表明态度——以致谣言纷传，南方白人真的相信尼克松已经向瑟蒙德承诺放弃这个期限了。[49]

直到入主白宫，总统仍在回避棘手问题。虽然实施"南方战略"的政治诱惑不小，但是，尼克松无意疏远数以百万计的、对民权持温和或自由派立场的主流共和党人。他在自己的政府内分别建立了自由派和保守派的权力中心，让他们相互竞争，从而能够针对其政治联盟内的不同力量发起截然不同的倡议。各部门与顾问班子之间的长期争夺，也给尼克松提供了广泛的选项，以确定政治形势是否及何时要求他通过高曝光度的决策来介入——这让他可以从自由派转向保守派的解决方案，再反转过来，实现错综复杂的平衡。

在操作层面，关键问题在于卫生、教育和福利部以及司法部会不会继续把进攻性的诉讼和切断拨款的手段结合起来，以支持联邦最高法院。在这个重大事项上，尼克松与冲突保持距离，允许两个部门充当相互对立的权力中心。

在卫生、教育和福利部现有指导方针的执行上，这让新任部长罗伯特·芬奇（Robert Finch）获得了先动优势。与住房与城市发展部的乔治·罗姆尼部长一样，芬奇也是位强硬的自由派共和党人。而与罗姆尼不同的是，芬奇还是总统的私人朋友，在 1960 年担任过尼克松的竞选经理——事实上，在 1968 年，尼克松几乎点头让他当竞选副手，直到斯皮罗·阿格纽（Spiro Agnew）取而代之。[50]

在入职的最初几周，芬奇不顾党内新兴南方势力的抗议呼声，取消了若干学区的拨款。之后，他任命利昂·帕内塔（Leon Panetta）领导该部民权局，这是一位崭露头角的加州自由派共和党人。帕内塔很快重申了卫生、教育和福利部既定的 1969 年大限，只在非常特殊的个案中允许延期一年。[51]

所有这些积极举措给约翰·米切尔执掌的司法部带来了越来越多的警讯。米切尔是尼克松 1968 年竞选的经理，他对南方共和党人的需求特别敏感。不过，他并不是个玩世不恭的、种族隔离的卫道士。负责民权的助理司法部长杰瑞斯·伦纳德（Jerris Leonard）提出了一个雄心勃勃的诉讼计划，获得了米切尔的全力支持。但是，司法部的诉讼和卫生、教育和福利部的指导方针在政治上存在很大差异。当伦纳德入禀法院时，对最终判决负责的是法官。而当芬奇和帕内塔执行指导方针时，承受批评的则是尼克松当局。

这就是米切尔的底线所在。他反对卫生、教育和福利部设定的秋天大限，因为这在政治上不明智，在操作上也不现实。[52] 春天过后，他说服尼克松有必要做些调整，总统于是命令芬奇和米切尔一起拿出个新政策。[53]

7月3日，两位部门首长发布了联合公告，其措辞很小心，让不同人群可以做不同解读。为了向南方示好，公告搁置了即将到来的卫生、教育和福利部大限，拒绝将"随意确定的统一日期"适用到所有学区，而"不考虑它们所面临的困难"[54]。最后期限的象征性松动登上了新闻头条。

不过，从实际效果来看，这么做对南方利益的照顾就差多了。公告强调，实施种族隔离的学区将"承担沉重的事实负担"，去证明"确实存在教育和行政上的困难"[55]。公告还认可将切断拨款作为最后的救济手段，这是卫生、教育和福利部的胜利。[56]

据此，帕内塔认为，虽然期限将至，但是自己完全可以继续推动南方各教委"自愿"采纳强硬的种族融合计划。针对那些已经接到法院判决的学区，卫生、教育和福利部还可以提供专家，帮助这些地方迅速做到守法。总之，7月3日的公告所发出的信息是混合式的——一边向南方示好，一边再次向主流共和党人保证继续推动真实的进步。

而尼克松本人随后的介入却打乱了这个平衡。他的出发点与种族无关，而完全来自手头的要务——对外政策。芬奇和米切尔的公告出台之际，总统正在试图推动国会批准他的反弹道导弹倡议。作为军事委员会（Armed Services Committee）主席，来自密西西比州的约翰·斯坦尼斯（John Stennis）地位至关重要，而他为了争取授权采取总统希望的措施，已经取得了"决定性的、一票之差的胜利"。[57]总统的措施势必需要数以十亿美元计的拨款，双方在此形成了战线——而斯坦尼斯母州的校园种族隔离恶名昭彰，他为了逼迫卫生、教育和福利部撤回让这些学校废除隔离的"荒谬"要求，铁了心要拿法案做人质。芬奇和米切尔于是正式取消了严格的最后期限，不再坚持在下个学年实现种族融合，尼克松可以拿这个做笔交易。[58]

总统一方想要履行交易中的义务并不容易。密西西比州的 33 个学区已经接到法院的命令，要在 8 月初之前拿出去除种族隔离的计划——在卫生、教育和福利部专家的帮助下，他们计划在开学时把这些计划落到实处。这意味着尼克松不能简单地命令芬奇给密西西比州放水。他不得不要求芬奇史无前例地致信第五巡回法院，告诉法官守法计划其实还不完备（尽管有卫生、教育和福利部专家协助），立即实施会"导致混乱和困惑，以及给 135 700 名儿童的教育带来灾难性的挫折，无论他们是黑人还是白人"[59]。

芬奇身边的高级工作人员告诉他，如此代表总统发声没有依据。但是部长仍然忠实地执行了任务，并且请了一些地方工作人员代表他到法院作证。[60]

既然卫生、教育和福利部已经自行削减了计划，第五巡回法院就撤回了立即去除种族隔离的命令，给卫生、教育和福利部几个月时间为下个学年制订一部更好的计划。全美有色人种协进会法律保护基金会谴责了这一背叛之举，他们迅速求助于第五巡回法庭的监督人胡果·布莱克（Hugo Black）大法官，后者马上把他们的申诉转给最高法院全院，以求速决。开学之际，密西西比州的学校继续执行过时且不光彩的自由择校计划，各方则赶赴华盛顿等待最终裁决。[61]

　　尼克松与斯坦尼斯的交易引爆了一场具有历史意义的对抗。自从布朗案以来，司法部第一次在学校案件中与法律保护基金会为敌。而在民权司的 75 位职员之中，有 65 位发起公开抗议，谴责助理司法部长伦纳德拒绝服从格林案所做出的"明白无疑的法律命令"，这给司法部的重大转向增添了戏剧化色彩。[62]

　　面对属下的哗变，米切尔和伦纳德都出重拳弹压，重申自己的权威。伦纳德甚至在 9 月的一次记者招待会上直接挑战大法官们，宣称："如果联邦最高法院判决立即去除种族隔离，什么都不会因此而改变。得有人执行这个命令才行。"用《纽约时报》的话来说，"联邦最高法院发现……如果自己发布去除校园种族隔离的命令，不能完全指望司法部能够并愿意执行它"。[63]

　　小石城的阴影重现，甚至更糟——这一次，威胁要不服从法院判决的不是一州之长，而是行政分支本身。尼克松的司法部副部长也往火里添了些燃料。副部长传统上充当"第十位大法官"，特别关切联邦最高法院的特殊责任。米切尔准许约翰逊当局的副部长、前任哈佛法学院院长欧文·格里斯沃德留任——当伦纳德向大法官们发表口头意见时，格里斯沃德静静地坐在一旁，拒绝为当局辩护，这登上了新闻头条。

　　格里斯沃德的沉默胜于伦纳德的雄辩。联邦最高法院的领导权无疑遭到了根本挑战——而大法官们很难做出合适的回应。这宗来自第五巡回法院的案件叫作亚历山大诉霍姆斯县案（*Alexander v. Holmes County*），于 10 月 23 日进行了庭辩。大法官们如果推翻下级法院的判决，就要努力解决芬奇在 8 月所预测的"混乱和困惑，以及给教育带来灾难性的挫折"。如果恢复卫生、教育和福利部提供校车服务的命令，就会迫使密西西比州中断正在进行的教学，在学年之中把 13 500 名学生送到新学校和新老师那里去——真够乱的！

联邦最高法院更在乎自身权威所遭受的挑战。一周之内，联邦最高法院就判决密西西比州的学校推翻其自由择校制度，**立即落实**卫生、教育和福利部去除种族隔离的计划。[64] 这一严厉的判决完全不是格林案的要求——格林案小心翼翼地说，学区提出的方案必须"切合实际"，并且承诺"**现在就落实**"。[65]"现在"是指 10 月，而大法官们本来完全可以判决说，中断学年搞转型并不切合实际——特别是考虑到第五巡回法院要求各学区与卫生、教育和福利部一起为下个学年制订强有力的计划。

但是，尼克松当局与联邦最高法院的对峙急剧升温，远远超出了审慎释法的范畴。司法权威所遭受的威胁如此明显，以致无法置之不理。更加戏剧化的是，尼克松新任命的首席大法官沃伦·伯格也加入了 9∶0 的判决，谴责提携他的人。[66]

如果尼克松意识到了如此重大的宪法对峙的危险，很难想象他还会和斯坦尼斯就反弹道导弹问题达成交易。杰瑞斯·伦纳德让小石城的阴影重现是一回事，而尼克松扮不扮演奥尔沃·法尔巴斯的角色则完全是另一回事。既然联邦最高法院已经识破了伦纳德的虚张声势，尼克松就把牌一合，收手不干了。他当即公开发誓执行联邦最高法院这份不同寻常的命令。[67] 作为回应，联邦法官们纷纷发布命令，要求密西西比州和其他顽抗的堡垒在学年中彻底重组学校。[68] 成千上万的学生被校车载到新学校，见到新的同学和老师，他们从中至少学到了一课：布朗诉教委案真的是这片土地之上的法律。

尼克松盛怒不已，在秘密会议上谴责大法官们"幼稚""不负责任"。[69] 他还公开明确表示反对。参议院否决了他提名的大法官候选人——来自南方的克莱门特·海恩斯沃茨（Clement Haynesworth），尼克松转而于 1 月末推荐 G. 哈罗德·卡斯韦尔（G. Harrold Carswell）补缺，尽管此人曾公开发表种族主义言论；2 月，他解雇了伦纳德·帕内塔，不再让他担任卫生、教育和福利部首席执法官员这个一线岗位；[70] 3 月，他接受芬奇辞去卫生、教育和福利部部长一职；[71] 到了 4 月，他严厉批评参议院否决他对卡斯韦尔的提名："我不得不认为，任何人只要像我一样相信应当对宪法做严格解释，并且碰巧来自南方，就不可能获得批准担任最高法院法官。"[72]

他还告诉他的三位顶级顾问——约翰·欧利希曼（John Ehrlichman）、H. R. 海尔德曼（H. R. Haldeman）和亨利·基辛格（Henry Kissinger），他眼下正在对去除学校种族隔离承担"个人责任"，因为"在可预见的未来，这将是争议的主题"[73]。

司空见惯地，这马上在白宫的保守派和自由派顾问之间引发了竞争。派特·布坎南（Pat Buchanan）提出了一项激进的南方战略，告诉尼克松"第二次重建时代已经结束；种族融合的大船快要沉了……我们不该留在船上。自从 1954 年以来，全国民权共同体将首次遭到彻底击败"。[74] 他强烈请求自己的老板派斯皮罗·阿格纽深入南部，发起全面抵制联邦最高法院的运动，为副总统准备一份演讲词，里面要写："如果我们采取激进措施，在全国推进校园种族融合，那么，我们会付出可怕的代价，今后也要一直下去，到底为了什么收益才值得付出这些，我这辈子都没看出来。"

此前，尼克松头脑一热，已经拿阿格纽当扩音器去攻击反战游行人士，而现在扩展阿格纽的任务显然也有政治吸引力。在想象中，乔治·华莱士给尼克松于 1972 年连任造成了威胁：如果南方对于法院判决提供校车服务的愤怒情绪持续上升，华莱士就可能在整个南方成为可怕的威胁，导致尼克松失去关键的选举人团票，使他无法在又一场三选一的比赛中战胜民主党的对手。尼克松如果用阿格纽压倒华莱士，就可以确保自己右翼的安全。阿格纽公开宣布将在亚特兰大就有关计划发表演讲，这表明布坎南的策略开始占上风。

而尼克松却彻底取消了布坎南的方案。他对欧利希曼说，"派特·布坎南的极端观点对政治没有一点好处"，因为那"不合法"。就本书的探讨而言，我们无须揣测总统的真实动机。关键在于，尼克松完全明白自己面临着一个宪法上的危急关头。如果他把阿格纽放出来，国家就将面临最严重的危机。法律保护基金会坚持维护格林案和亚历山大案的判决，如果让阿格纽去搅动白人的抵制，天知道联邦最高法院落实布朗案的努力能否以及何时才能在真实世界最终获得维护。

尼克松（无论多么不情愿地）选择了支持联邦最高法院，这不仅仅意味着选择法治。他的决定还有重大的政治后果。阻止针对联邦最高法院去除种族隔离命令的新一轮抵制，对于他有重大的益处。既然他放手让华莱士去领导白人248的反攻倒算，那么，南方抵制的持续就将在1972年加强来自第三党的挑战——一面在南方降低他的吸引力，一面在北方让他遭受强硬支持民权的民主党人的攻击。尼克松如果想事先消除这两个连任的威胁，必须支持1970年开学时南方各校普遍的守法行为，在1972年大选前解决这个问题。[75]

对比前任总统在转折关头的作为，尼克松的独特领导风格显露无余。最明显的是，他拒绝仿效林登·约翰逊的"我们必将战胜"演讲，走到法院前面去，强调平等主义突破的道德必要性。他的态度更像艾森豪威尔在小石城的做法——对最高法院动议的利弊存疑，对被法官们逼到了墙角很生气，但是最终下决心力挺法治。

不过，尼克松虽然仿效了艾森豪威尔的范例，但这发生在高级法制定循环中的一个完全不同的阶段。运用《民权法》，卫生、教育和福利部以及大法官们击败了南方的抵制，正与其他法院一道加紧攻击吉姆·克劳制。在这个背景下，艾森豪威尔式的军事介入就会适得其反——进一步激化种族主义者的反攻倒算，并将尼克松的连任前景置于危险之中。为了避免这种结果，尼克松继续采取两面策略，虽然看似矛盾，却保障了从根本上清除旧式校园种族隔离。

就从尼克松强调法治的一面说起。在公开表达自己对联邦最高法院和卫生、教育和福利部的不满之后，尼克松尝试将大法官们引向一条他能够接受的宪法道路。作为准备，白宫聘请了耶鲁大学的亚历山大·毕克尔（Alexander Bickel），希望借重他的法律影响；还聘请了芝加哥大学的詹姆斯·科尔曼（James Coleman），希望通过他从社会科学角度增强可信性。[76] 而尼克松不想让这些学者或者自己的幕僚去制造最终的产品。他亲自精心制作了一份八页纸的文件，于1970年3月24日发布，这是现代总统制历史上的罕见时刻。[77]

尼克松承认联邦最高法院是"宪法问题的最后仲裁者"，支持联邦最高法院要求南方学校"马上结束其二元体制"。另一方面，他试图阻止将这一运动贸然推广到北方城市，那里的黑人学校是种族主义居住格局的副产品。他认为事实上的种族隔离"应予反对"，但是否认那样会违反宪法，并且强调联邦最高法院也没做过相反判决。

和北方相反，总统对于南方校车服务的反对更加局限。249 他虽然反对通过校车服务实现"种族平衡"，但是拒不支持通过立法限制法院摧毁南方二元体制的权力："据顾问表示，"他说，将立法对校车服务的任何禁令"运用到事实上的种族隔离，都是违宪的"。

自相矛盾之一：尼克松的现行策略广为人知，且名声不佳，而他的声明意味着将要采取与此截然相反的新"南方战略"。他说得很明白：他对南方会比对北方**更强硬**。

尼克松说到做到。7月10日，司法部宣布针对拒不就范的南方学区发起52宗新诉讼。更引人注目的是，国内税局（Internal Revenue Service）加入进来，设置了一项全新的制裁：今后，私立学校如果实施种族主义，给白人提供逃脱种族融合的学校的选项，将被拒绝给予税收豁免。[78] 这一举措十分重要，而国内税局并未像卫生、教育和福利部的芬奇或者住房与城市发展部的罗姆尼那样自行其是：总统发言人罗恩·吉格勒（Ron Ziegler）迅速为国内税局的规定背书。[79] 事实上，就连尼克松本人也在决策备忘录的边沿随手写下了赞同意见："我相信我们必须在这个问题上采取正确的举措。不过别忘了，我们将再次遭到严重的政治损害。"[80] 尼克松的预言很快应验：斯特罗姆·瑟蒙德等种族隔离分子宣称他的举措"恣意妄为，报复心十足，并且敌视南方"，威胁要在选举中惩罚他。[81]

尼克松鼓吹法治，这样就能把责难推给法院去承担，但是，南方仍然可以在他连任的前夕，把新一轮的拼死抵制甩到他的脸上，仅靠鼓吹法治还远不足以阻止这种情况发生。所以，更多地从政治角度去另寻执法策略，就成了首要问题。总统建立了内阁教育委员会（Cabinet Committee on Education），通过委员会广泛联合南方温和派，让他们从政治上支持法院去除种族隔离的命令。在劳工部长乔治·舒尔茨（George Schultz）的有效领导下，一支在种族问题上持强硬自由派立场的行政团队开赴南方，深入受亚历山大案影响最甚的七个州，建立由黑人和白人共同领导的委员会。[82] 他们传递的信号是：无论别人怎么看，尼克松都**不会**抵制法院的种族融合令，而如果南方屈服于新一轮的暴力抵制，就会把大投资客赶走，迫使他们到其他地方另寻商机。正如尼克松本人所言："任何社区如果放任公立学校系统的堕落，就会咎由自取地遭受经济和社会停滞。"[83]

这个思路并非无稽，它非常有效地把一类关键人士吸纳进各州跨种族委员会之中。许多白人业界领袖私下抱着种族主义信条不放，但是他们公开支持"新南方"经济已经不再和"旧南方"的种族隔离相匹配的观点。而黑人领袖们为了建立广泛的政治联盟，抵御种族迫害的煽动，也把舒尔茨的举措当成最大的希望所在。

自相矛盾之二：尼克松对于南方保守派政治支持的追求，因为他先前的一系列表现而大为增强了，这包括在亚历山大案中抵制联邦最高法院，在卫生、教育和福利部搞清洗，以及在参议院挑衅式地提名卡斯韦尔担任大法官。这些姿态的曝光度很高，让他成为最同情南方白人困境的国家政客。所以，当他转向支持联邦最高法院推广校车服务的运动的时候，这个态度就给地方业界精英提供了政治保护，让他们敢于公开宣称，忠实执行布朗案判决的时刻终于到来了。尼克松呼吁支持的努力特别奏效，因为他把自己的诉求表述为"法律与秩序"和自由市场资本主义的价值，这在南方业界团体引起了广泛反响。

在内政上，这样做的效果相当于外交上的对华缓和。尼克松的冷战斗士形象保护他在与毛泽东交好时免遭右翼攻讦，类似地，他对南方的明确示好也让他在呼吁南方及时承认失败时显得可信。

为各州委员会建立信誉并不是件容易的事。这要求舒尔茨的团队在参议员头头儿和州长的强烈反对下工作。一旦时机成熟，舒尔茨就把各州代表召集到白宫，与总统举行特别会议，敲定行动方案。他这样描述这次会晤：

最先到达华盛顿的一队人马来自密西西比。我们在白宫椭圆形办公室（Oval Office）对面的罗斯福厅（Roosevelt Room）见面。讨论很斯文，但是深刻的分歧也显而易见。我先让他们谈了一会儿。然后，按照事先安排，我让约翰·米切尔……中途加入。他在南方以强硬而著称，白人总的来说认为他同情自己的诉求。我问米切尔他打算对学校采取什么措施。"我是司法部长，我会执行法律，"他恶狠狠地低声说道，那声音仿佛烟民一样沙哑。他并没有说这么做是好的、坏的还是无所谓。"我会执行法律，"他重复道，边说边走。

到了午餐时间，……我和密西西比顾问委员会的两位领导人选坐在一起：密西西比制造商协会（Mississippi Manufacturers Association）的负责人沃伦·胡德（Warren Hood），以及黑人医生、全美有色人种协进会比洛克西（Biloxi）分部负责人吉尔伯特·梅森（Gilbert Mason）博士。我说，如果他们接受领导职务，委员会就能在白人和黑人中间赢得很多信誉。

看到他们开始做建设性的商谈，我就离开，让他们单独聊。……

时机一到，我告诉尼克松总统，大家已经做好准备见他了。我们横穿走廊，进入椭圆形办公室，而总统招呼他的客人们坐在自己桌旁。……我记得他说，"就像在这间办公室里要做决策，我们国家的各个州、各个社区也要做决策。你们是社区的领袖，所以要肩负起自己的责任来"。离开椭圆办公室的时候，他们都深受鼓舞。[84]

尼克松也采取了更加切实的步骤来施以援手。他宣布联邦投入 15 亿美元，采取行动让各州委员会实现过渡。[85]

总统的两面策略深刻塑造了实践的发展。一方面，他把宪法领导地位的重负直接甩给了法院——这让法院意识到，他们如果拿布朗案当跳板，在北方发起打击事实歧视的运动，就得承受政治愤怒；另一方面，他尽己所能地在南方创造守法共识，为向种族融合制平稳过渡提供财政帮助。

尼克松赞助的跨种族委员会于 1970 年春天投入运作，他们非常有效地取代了各种常见的种族迫害。他们切实支持学校守法，并发起了沟通运动——代表人物有比利·格雷厄姆（Billy Graham）等——去呼吁南方人接受不可避免的种族融合。总体上讲，他们的努力无疑受助于《选举权法》所带来的政治现实的变化。由于尼克松最近签署了延长该法效力的方案，所有人都意识到，大量黑人选票将继续存在，而现在是时候重新考虑陈旧的政治策略了。

许多种族自由派不为尼克松和舒尔茨的努力所动。总统先前的公开动作——在亚历山大案中搞边缘政策，以及力图把一位南方保守派送进联邦最高法院（而未果）——使得他们几乎不可能相信白宫会干什么好事。[86]然而，尼克松的策略成为争取政治支持的关键，推动南方去除种族隔离取得重大进步。

数字比文字更能说明问题：当林登·约翰逊于 1968 年离开华盛顿时，南方有 23.4% 的黑人学生在以白人为主的学校就学；到了 1970 年，这个数字是 33.1%——南方由此成为全国种族融合度最高的地区。[87]

斯旺案的巩固

在美国法律工作者自己讲述的布朗案的命运故事里，霍姆斯诉亚历山大案并不重要——也许是因为联邦最高法院并未就该案发表长篇意见。新任首席大法官沃伦·伯格并非没有尝试这样做。起初，他对案件的处理是实事求是的——这是自小石城事件以来，联邦最高法院的正当性所遭到的最严重挑战。他本想遵循库珀诉亚伦案（*Cooper v. Aaron*）所开创的模式，让每位大法官都在他所撰写的一致意见上单独署名，以此批评尼克松当局。但是，以布伦南为首的守旧派拒绝把智识领导权让给这位新上任的首席大法官。[88]

结果，经过一周的激烈往还，大法官们达成妥协，发布了一篇只有五段的判决。[89] 如果想让密西西比州在学年之中改革其学校体制，联邦最高法院就不能把时间砸进冗长的司法学说之争，必须尽快发布进军令。

虽然亚历山大案在《美国报告》中没什么存在感，但是，伯格赋予该判决以决定性意义，却是正确的——从我们的宏观框架来看。如果布朗案是将去除种族隔离放入宪法议程的**信号**；《民权法》为了压倒南方的抵制，**动议**实施新政式的行政-法律制裁；1964 年大选一边倒的结果是一个**触发点**，促使约翰逊当局通过**精心建设**，把这些新制裁打造成有效的策略；1968 年的**批准性**选举则为尼克松**巩固**这些突破开辟了道路，而巩固的手段是一场支持亚历山大案判决的法律–政治运动。

当总统不情愿地站到联邦最高法院后面提供支持的时候，大法官们通过斯旺诉夏洛特–梅克伦堡案（*Swann v. Charlotte-Mecklenburg*）确保了自己的胜利。案件辩论于 1970 年 10 月举行，当时，南方去除种族隔离的重大进步正在显现出来。[90] 联邦最高法院所面临的问题，比格林案中的农村县所造成的问题要复杂得多。格林案中那个县只有两所学校——一所黑人学校、一所白人学校，所以，如何建立"不分'白人'学校和'黑人'学校的体制，对各校一视同仁"，是相当清楚的。[91] 正如布伦南大法官所言，该县只要用校车把所有学童运到一个办学地点上小学，再运到另一处上中学，就足够了。

相反，斯旺案发生在北卡罗来纳州夏洛特–梅克伦堡的大都会区，当地 8.4 万名学生中有 29% 是黑人。而黑人聚居在市中心。格林案坚持取消"白人"和"黑人"学校，在这里应作何解？

联邦地区法院是从字面上理解格林案的。该院批准了一项雄心勃勃的去除种族隔离计划，希望让全地区 108 所学校中的每一所都有 29% 的黑人学生、71% 的白人学生，"这样就没有理由指责某所学校的种族构成与其他学校有异"[92]。首席大法官伯格代表联邦最高法院发表一致意见，他支持了这个大规模计划，命令用校车载运学童，穿越城市与郊区的边界。然而，再一次地，他是以压制沃伦在布朗案中的原初意见为代价，才实现了全院一致。

253

将伯格正式发表的意见和一份由布伦南收藏的、从未公开的草稿做个对比，就能看出损失的程度：[93]

布朗案判决种族隔离违宪，因为那会给黑色人种的成员打上羞辱的烙印：也即，包含州行为的种族隔离反映了州政策或判断，认为黑人低白人一等。联邦最高法院判决，由于这一羞辱烙印（官方确定的低等身份的标志）的存在，黑人学童遭受了心理伤害和教育剥夺。但是，种族隔离之恶的要点并非心理或教育的劣势；即便没有证据表明种族隔离造成了心理或教育的损害，种族隔离仍然剥夺了平等保护，因为它把一个种族标定为低人一等。这才是第十四修正案不准州做的事。

在我看来，由于种族隔离之恶在于羞辱烙印，那么去除种族隔离的目标和意图就是消除这个烙印。在学生分配、教师指派、校址坐落、设施分布等方面，一元学校制能够做到不给任何种族打上羞辱烙印。而法律上的种族隔离制度的政策曾经且仍在给某个种族打上这种烙印。……

一个在法律上实施种族隔离的学区，需要做什么才能消除种族隔离的烙印效果？显然，仅仅推翻种族隔离的法律，却让种族隔离的实际情况几乎保持原样不变，是不够的。消除种族隔离的烙印的唯一途径是实现实质融合。这并不意味着每个黑人儿童都要到种族融合的学校就学；甚至，这也不一定意味着在某个特定学区保留全黑学校就不合宪。真正的意味在于，在整个公立学校体系内，必须做到足够的种族混合，直到残余的种族分隔不再可以归因于过去或现实的州政策，而是归因于其他因素，比如事实上的居住隔离、到更大学区就学的心理障碍，等等。

这一文本析出了布朗案原初逻辑的三个要素，也概括了我们最初在第七章所探讨的主题。布伦南的第一个论点是区分"羞辱烙印"和"心理或教育劣势"。联邦最高法院的核心任务并非充当心理学家或教员，而是阐述社会意涵："即便没有证据表明种族隔离造成了心理或教育的损害，种族隔离仍然剥夺了平等保护，因为它把一个种族标定为低人一等。"为了判决这种标签效果是否存在，法官必须依靠卡尔·卢埃林而非肯尼斯·克拉克，用卢埃林的"情境意识"去领会社会实践的支配意涵。

布伦南的第二个要点强调了法院活动的阐释性——消除普遍的羞辱烙印的"唯一途径"是"在整个公立学校体系内，必须做到足够的种族混合"，从而确保"残余的种族分隔不再可以归因于过去或现实的州政策"。地区法院法官要想判断这一点是否实现，必须深入社区生活，领会各色种族隔离样态的普遍意涵。

在析出社会意涵的关键意义之后，布伦南提出了第三个要点，重申布朗案在消除制度化羞辱时所采取的、逐个领域讨论的思路。他的文字只关心**学校制度**的运作会不会给黑人强加上羞辱的标记。布伦南拒绝超出教育领域，而坚持要求教委要把其他领域歧视的影响纳入考量。

在首席大法官伯格发表的意见里，这些观点无一幸存。在初稿中，他一笔带过地提到种族隔离所强加的"低人一等的标记"，但是后来为了安抚布莱克大法官而删去了。[94] 从实用主义的角度，布伦南深知团结同事才是头等要务，所以他甚至没有在同侪之间传阅那份涉及"羞辱烙印"的草稿。[95] 最终，斯旺案只是简单地表示"种族隔离的教育设施天然不平等"，而没有解释原因。[96]

可想而知，这会导致人们对于伯格在格林案中的讨论感到困惑，伯格在那宗案件中坚决要求取消"黑人"和"白人"学校。他解释说，这并不意味着法院应当要求"每个社区的每所学校"都"反映学校系统整体上的种族构成"。事实上，"在某些情况下，某些学校的学生仍然全是，或大部分是同一种族的"[97]。这一切都可以用布伦南的思路来解释，他把去除种族隔离的努力与消除羞辱烙印的宏观目标连接在了一起。

但是，伯格既然删掉了一切提及布朗案原初逻辑之处，就很难把他所宣示的宪法原则与手头的案件协调起来——因为，斯旺案看起来就是要把每所学校的黑白比例都搞成29%∶71%。而联邦最高法院一旦推翻下级法院的判决，就会在关键时刻打断落实法律的动态过程。为了应对作茧自缚的困境，伯格重新界定了下级法院运用数字治国的性质。他解释说，在衡平裁量的过程中，种族比例不亥被用作"规则"，而只是个"起点"——并且，由于夏洛特–梅克伦堡已经拖了15年还不妥协，这个起点是正当的。

格林案、亚历山大案、斯旺案——在每一宗案件中，联邦最高法院都以指挥者的口吻发声，以统一战线的形式站在总统和国会面前，却也付出了回避讨论基本原则的代价。在每一宗案件中，这个策略都成功了。伯格支持彻底解除夏洛特-梅克伦堡的校园种族隔离之后，尼克松马上跟进，兑现支持"法治"的承诺。司法部虽然先前反对地区法院套公式的做法，但是支持尽快执行联邦最高法院的命令。夏洛特-梅克伦堡的政治领导层也支持这一计划，他们把那里的都市系统改造成南方接受布朗案遗产的鲜活象征。尼克松当局帮助在整个南方建立起去种族隔离的政治联盟，而斯旺案则在终结该地抵制方面扮演了关键角色。

对我们所阐述的一般样态而言，这段插曲是一个非常重要的例外。在就业、住房、公共场所和选举这些相距甚远的领域，是总统和国会推动法律及其实施，远远超出了联邦最高法院先前的一切愿景。而在公共教育领域，联邦最高法院的领导地位仍然极端重要。即便是在这个领域，最高法院都无力独自啃下南方抵制这块硬骨头。《民权法》所提供的新型执法工具，以及约翰逊时期卫生、教育和福利部对这些工具的积极使用，对于履行布朗案的承诺至关重要。不过，最终的突破取决于理查德·尼克松，而他拒绝比联邦最高法院的命令走得更远。

联邦最高法院在格林案、亚历山大案和斯旺案采取断然措施，迫使尼克松躬身入局。出于政治原因，也基于原则考量，他无意重演奥尔沃·法尔巴斯的角色，在南方激起新一轮大规模抵制。他别无选择，只能在南方组建跨种族联盟，从而将联邦最高法院的命令转化为教育界的现实。

司法领导权的这一胜利非常重要。如果斯坦尼斯参议员及其同伴在密西西比州和其他地方保留了公立学校的种族隔离，民权革命的遗产将大不相同。虽然最近几十年间发生倒退，布朗案仍然在最初适用的领域获得了践行，这一事实从未改变：种族融合成为南方活的法律。这非同小可。

第十二章

及时转向

当争取去除种族隔离的斗争向北推进时，法院的大胜就
带来了新的难题。尼克松虽然对于去除南方种族隔离做出了
决定性贡献，但也强调联邦最高法院并没有谴责事实上的歧
视——这提醒大法官们，如果他们更进一步，谴责北方式的
种族隔离，就别想指望总统会保护他们免遭政治反攻。总统
至多会袖手旁观，在最差的情况下，总统甚至可能支持国会
攻击司法独立。

不但政治风险显而易见，联邦最高法院在南方的胜利还
给司法学说的融贯性造成了更加微妙的威胁。在亚历山大案
中，由于司法部威胁不服从联邦最高法院的命令，该院搁置
了关于布朗案未来意涵的讨论，而这种讨论有可能导致分
裂。与为重大原则而战相比，更重要的是建立统一战线，这
样才能迫使尼克松继续去除南方的种族隔离。然而，当大法
官们向北望去，他们就再也不能搁置关于原则的争议了——
当案件从丹佛和底特律纷至沓来的时候，大法官们要应对的
就不再是公然把黑人与"主导种族"隔离开的学校了。所有
学校在形式上都向一切种族开放——但是大部分黑人都就近
到贫民窟学校上学，而他们周围的都会地区学校则以白人学

生为主。如果这种样态违宪，最高法院须得解释缘由。

　　沃伦当初在布朗案中的判决提出了一条可行的道路：据此，法院应当探讨贫民窟学校全面羞辱黑人儿童的方式，尽管这些学校并未公然采取种族主义的派位制。不过，也可以丢弃布朗案当初的原则，另立框架来解决日渐重要的独特问题。

258　　诉讼节奏之快，迫使联邦最高法院以令人目眩的速度探讨可能的选项。大争论始于艾珀利亚城（City of Emporia）案，该案于 1972 年 6 月下判。该案虽然来自南方，但是案情特殊，促使联邦最高法院把讨论上升到了重大原则的高度。法院展现了不同寻常的团结一致，四位尼克松任命的大法官和五位沃伦法院的遗民重申了布朗案的反羞辱原则。而在次年的凯耶斯诉丹佛学区案（Keyes v. Denver School District）中，最高法院首次直面北方式的种族隔离，却抛弃了沃伦的思路。[1]布伦南大法官拼凑出了多数派，支持在丹佛全市执行校车服务令，却离开反羞辱原则，转向更加死抠法律的思路，强调学校官员的不良意图。

　　布伦南尽管转向了死抠法律，却不足以引开不断增强的、针对联邦最高法院领导权的政治攻讦。北方各地基层民众对于校车服务的反对开始受到国会山的严重关切。眼看 1972 年大选越来越近，尼克松呼吁国会出台限制校车服务令的措施——这些立法将严重威胁司法独立。北方的自由派议员被迫采取冗长发言，拼命试图阻挠审议尼克松提出的方案。这些戏剧化场面具有强烈的象征意义。对于上一代人而言，运用冗长发言阻挠根本变革的是南方的死士，而非北方的自由派；角色的反转是否意味着美国人民改了主意，要求终结联邦最高法院的宪法领导地位？

在凯耶斯案支持北方的校车服务之后，到了 1974 年，这个问题以更加激烈的方式重回宪法舞台。眼看基层民众的反对冲上新高，政治部门对联邦最高法院独立的威胁不断上升，这酷似罗斯福 1937 年对守旧法院的著名攻击——只不过，这次是**保守派**的国会和总统领衔攻击**自由派**的联邦最高法院。有了这层铺垫，在 1974 年的米立肯诉布拉德利一案中，大法官们轻率地在校车服务问题上后撤了——正如守旧法院在 1937 年的后撤一样，这标志着宪法史上的决定性转折。

从艾珀利亚案重申布朗案的反羞辱原则（1972），到凯耶斯案转向死抠法律（1973），再到米立肯案中的及时转向（1974），如此迅速地调转枪口带来了显而易见的问题：艾珀利亚案重申了布朗案的社会学法理学，如果凯耶斯案并没偏离这一点，联邦最高法院是不是就能够避免严重的对峙呢？更宏观地，1974 年的转向与 1937 年的划时代转向有何异同？

尼克松填补空白

故事就从 1970 年 3 月 24 日讲起。联邦最高法院在亚历 ²⁵⁹山大案中强力推行校车服务，促使尼克松把去除南方种族隔离放到了个人决策日程上。与此同时，北方的法官们积极下判，吸引了全国的注意力——最引人注目的案件发生在洛杉矶，加利福尼亚的一个地区法院发布了一份内容广泛的裁决，要求在该区 711 平方英里* 土地上的全部 561 所学校都实现种族平衡。白人随即动员起来保卫他们的城郊学校，校车服务由此成为全国性问题。[2]

作为回应，尼克松发表声明，详细确定了今后的道路。我们已经分析了这份声明对于总统南方政策的塑造作用，而声明对于总统的"北方战略"同样具有重大影响。为了构思白宫的举措，自由派的幕僚雷伊·普莱斯和伦纳德·加门特（Leonard Garment）求助于亚历山大·毕克尔和詹姆斯·科尔曼等学术巨擘。这些学者真诚服膺民权，但是也在为校车服务寻找创新性的替代方案。[3] 以他们的工作为基础，尼克松选择了一个非常复杂的立场，包括对于司法判决的高水平调查（毕克尔），对于社会科学数据的缜密评估（科尔曼），以及深思熟虑的——尽管争议极大——对于未来的展望。[4]

尼克松承认，运用校车服务摧毁南方的吉姆·克劳制可能是宪法的要求。但是他认为，北方的事实隔离所涉及的问题截然不同："意大利裔、爱尔兰裔、黑人或者挪威人的社区都是自然形成且无可指摘的；这些社区成员的群体认同和群体自豪感也是自然形成且无可指摘的。"[5] 尼克松坚称，只要国家没有公开把黑人标定为低人一等，那么社区的同质性就会生出自豪感，而非羞辱。有观点认为，"黑人占主导的学校必然低人一等，（即便这种情况）不是二元学校体制的产物"，尼克松针锋相对，宣称这种看法"无可避免地带有种族主义的暗示"[6]。在区分事实隔离与法律隔离时，尼克松

---

* 约为 1841.48 平方千米。——译者注

并未明确援用反羞辱原则。[7] 但是，他的核心主张在于，民主或种族的同质性本身不是羞辱，而告诉黑人儿童他们离开了白人榜样就无法有效学习才是羞辱。

尼克松承认，社会科学数据表明，种族混合很可能对教育的效果有积极影响。但是他坚称，黑人学校之所以教育效果不佳，主要是"因为它们所服务的穷孩子往往缺少鼓励学习的家庭环境"。在他看来，问题的核心在于阶级而非种族——以及，黑人学校未能获得所需资金，无法有效弥补这些由于阶级而产生的学业赤字。为了填补这一财政空缺，他提议拨出 15 亿美元专款，优先资助那些"'距离赶上全国水平最远'的学区"[8]。尼克松还呼吁采取各种创新举措，既能缓解阶级隔离，又不至于"剥夺学生就近入学的资格"。[9] 尼克松的声明中还包含着很多其他内容。[10] 但是上述内容已经足够表明，他采取了强硬——显然也充满争议——的立场，认为南方式的学校体制一经废除，法院就不该再积极强调校车服务了。虽然种族分离不是什么好事，但是跨种族接触有许多新的形式，无须破坏各个社区的就近入学。

国会的最终目标与总统相同——但是实现的过程更加令人困惑。随着公众焦虑席卷全国，众议院成为反对校车服务的意见的温床，而对于大规模司法干预危险的强烈谴责也形成条文，附入卫生、教育和福利部的年度拨款法案。由密西西比州的众议员吉米·威顿（Jamie Whitten）领衔，发起了禁止卫生、教育和福利部利用联邦经费"强迫学生坐校车"的年度运动。虽然明显意在为吉姆·克劳制打掩护，但是从 1968 年起，威顿的动议总是能获得众议院的多数支持。不过他也是雷声大雨点小：参议院和两院会议联合委员会（joint House-Senate conference committee）每次都要给威顿附入的条文加料，使之失去法律意义，而众议院则径直批准打掉牙齿后的最终版本。[11]

而在 1970 年，来自密西西比州的参议员斯坦尼斯采取了聪明的权宜之计，不再要求禁止校车服务。他的方案宣称，在国家政策层面，对于一切场合的种族隔离都一视同仁，不论隔离源自公然的种族派位还是居住格局。[12] 在斯坦尼斯的母州，吉姆·克劳制的死亡已经迫在眉睫；他主张在全国实施统一标准，实属挽救吉姆·克劳制的最后努力。他自信地认为，一旦北方社区遭到法院校车服务令的威胁，白人就会发起可怕的反攻倒算，迫使法院将南方的运动也停下来。

261　　斯坦尼斯的手段显然是种族主义的，而当超级自由派的康涅狄格州参议员亚伯拉罕·利比科夫（Abraham Ribicoff）加入进来，担任共同发起人时，情况就发生了变化：

> 种族主义在我国各地都很猖獗，这是不争的事实。……
>
> 联邦最高法院在 1954 年就否定了二元教育体制，而这个制度继续存在了 16 年。这还不是问题的全部。
>
> 更根本的问题在于，每个都会区都存在二元制的社会——内城的黑人社会和城郊的白人社会。
>
> 大规模的种族隔离之所以存在，问题不在于学校，而是因为我们的社区被隔离开来。[13]

利比科夫的主张分裂了民权联盟。科罗拉多州参议员彼得·多米尼克（Peter Dominick）认为，利比科夫开的药方和他的诊断不匹配。如果问题在于住房市场的种族主义，正确的解决方案是严格执行《公平安居法》，而非在黑人和白人地区之间大力推行校车服务。[14]

多米尼克的反驳提出了一个根本问题。利比科夫当真是在挑战逐个领域讨论的逻辑，这个逻辑由布朗案创立，并为里程碑式立法所延续。他呼吁他的同事们直面由"二元制的社会"所造成的"更根本的问题"。[15] 他的修改方案要求对"种族隔离的各个条件"加以统一应对，而"不论是法律上的还是事实上的"。[16] 这会迫使法院决定：究竟是在南方放慢推广校车服务的速度，还是在北方积极推进。而无论怎样决定，那些假装北方种族隔离与吉姆·克劳制存在根本差异的"极端虚伪"，都将遭到终结。[17]

参议院民主党和共和党的领袖完全不愿意承认这一点。对于麦克·曼斯菲尔德和休·斯科特（Hugh Scott）来说，法律隔离与事实隔离的区别是巨大的——联邦最高法院谴责了前者，但尚未谴责后者。而在联邦最高法院发声之前，国会的介入就是不智。他们提出的修改方案只允许通过校车服务打破吉姆·克劳制。

当争论达到顶点的时候，双方都拿尼克松说事，以支持己方观点——斯坦尼斯就回忆了总统数次明确反对校车服务。[18] 不过，这位密西西比人太拿当局的"南方战略"当回事了。在总统与共和党领袖会晤之后，白宫宣布支持休·斯科特的新版修改方案，继续集中关注消除校园里的吉姆·克劳制。随着民主党领导层的加入，斯科特-曼斯菲尔德修正案已然取得了整个建制派的支持。[19]

然而，1970 年 2 月 18 日，南方的种族主义分子和北方的超级自由派结成了奇特的联盟，以 56：36 的投票结果支持斯坦尼斯和利比科夫，把斯科特和曼斯菲尔德打得大败。[20] 在那一刻，国会仿佛从联邦最高法院手中夺走了宪法领导权，将法律与事实隔离的区别从美国法上抹掉了。

那一刻是短命的。当参议院的法案提交到两院会议委员会时，斯坦尼斯-利比科夫方案被斯科特-曼斯菲尔德方案取代，后者的授权很窄，仅限于利用校车服务作为打击南方式种族隔离的工具。[21] 抱怨是不可避免的。但是到了 1970 年 4 月初，两院继续推进，正式认可了尼克松在一周前提出的原则。与总统一样，国会也尊重法律与事实隔离的区别——这样一来，联邦最高法院如果在北方校车服务运动中拒绝承认这一区别，就是引火烧身。

下面该轮到联邦最高法院了——次年春天，联邦最高法院选择规避重大问题。在斯旺案的全院一致意见中，首席大法官伯格支持在北卡州的夏洛特-梅克伦堡实施大规模校车服务令。而大法官们的头等要务在于结成统一战线，对抗理查德·尼克松和南方。他们承受不起就首要原则展开公共辩论的代价，那可能被用来论证进一步放慢速度的正当性。[22] 首席大法官伯格命令立即终结南方式的种族隔离，他只关注手头的任务，而把斯旺案对于北方的潜在意义留待日后决定。

斯旺案还提出了一个关键的救济问题。夏洛特市的学校碰巧从属于一个都会地带的学区，地域范围比该市要广得多。而这种情况相对少见。大多数中心城市的白人城郊都自行选举教委，监督他们自己的学校系统。这意味着，联邦法院是否以及何时应当推翻各个（白人）城郊的地方自治传统，强制他们接受来自市中心的少数族裔学生，并不在斯旺案的考虑范围之内。

伯格所发表的全院一致意见把压力留给了尼克松，但是司法学说上的逃避也产生了代价。无论大法官们是否乐意，斯旺案都肯定会激化全国上下的争论。联邦最高法院肯定了校车服务，却隐去了前提，这无疑会鼓励北方的法官去探索斯旺案所没有谈到的领域，对宪法原则做积极解读，以支持在形式上取消了隔离的地方推广校车运动。反过来，这也激起了广泛的反对校车载运、捍卫就近入学的运动，而当时正是选举年。

政治挑战与司法回应：第二回合

斯旺案标志着理查德·尼克松的决定性转折。除了校车服务，他不再对有望减轻北方贫民窟种族隔离的其他措施感兴趣。[23] 他裁掉了白宫的自由派和他们的学术顾问，转而依赖强硬的右翼幕僚，比如查尔斯·科尔森（Charles Colson）。斯旺案下判之后一个月，科尔森撰文强调："和许多议题不同，（校车服务）显然能够鼓动选民。这在选民看来绝对是个关键议题。如果他认为我们不仅反对校车服务，**还可以且愿意对此采取措施**，那么任何其他问题都可以忍过去。"[24] 盖洛普的民意调查也支持强硬派：统计表明，76%的美国人反对校车服务，支持率则只有 18%。连黑人的看法也严重分裂。[25]

当自由派主导的密歇根州立法机关禁止给跨学区校车服务拨款，在全州推行支持就近入学政策时，事情发生了戏剧性的变化。[26]密歇根州之所以背叛自由派的同袍，是因为底特律的一宗联邦诉讼为了实现种族平衡，要求内城黑人和城郊白人大规模跨学区转学。1971 年 9 月，联邦地区法院法官史蒂文·罗斯（Stephen Roth）开始考虑针对下个学年出台这一命令，[27]在中产阶级的城郊引发了"建城以来规模最大、持续最久、与工作无关的抗议"，而那里长期是民主党的根据地。[28]

一夜之间，密歇根州的国会代表团就明确转向反对校车服务〔值得注意的例外包括参议员菲利普·哈特（Philip Hart）和众议员约翰·肯耶斯（John Conyers）、查尔斯·迪格斯（Charles Diggs）〕。[29]尼克松努力在这个问题上建立全国领导机制，当众议院开始考虑这一点的时候，密歇根州转向的政治后果就显现出来。在 3 月关于去除校园种族隔离的声明中，尼克松层呼吁通过《紧急学校补助法》（Emergency School Aid Act），要求拨款 15 亿美元，帮助学区应对去除种族隔离的判决。[30]因为担心该法变成大规模"校车服务法案"[31]，许多自由派民主党人支持密歇根州共和党人威廉·布鲁姆菲尔德（William Broomfield）提出的修改方案，要求在上诉期间暂264 停执行法院的校车服务令——从而把"决定性时刻"往后推一些年，甚至永远，具体则取决于联邦最高法院对于下一轮案件的判决。[32] 整个众议院都支持这一动议，以及其他超出威顿早先努力的、旨在限制卫生、教育和福利部支持校车服务的动议。[33] 再一次地，这些努力在参议院都未能成功，而投票结果显示自由派的支持水平在不断下降。[34]

这些运作成为辩论进一步升级的序章。纽约州众议员诺曼·伦特（Norman Lent）提议制定一条宪法修正案，规定"任何公立学校的学生不得因其种族、宗教信仰或肤色而被派位到或要求到特定学校就学"。[35] 伊曼纽尔·塞勒（Emanuel Celler）利用主席特权，把伦特的方案封堵在他主持的司法委员会，而众议员们随即传阅了一份解职请愿书，强迫他把方案提交全院讨论。众议员们成群结队地签字，支持数迅速向剥夺塞勒对司法委员会控制所需的 51% 挺进。当签名比例超过 33% 时，塞勒不情愿地同意就方案举行听证。方案是对联邦最高法院的激烈否定[36]——在这期间，来自全美各地的 69 位众议员结队谴责校车服务。只有 3 位议员表态支持该服务。[37]

在 3 月头两周，司法委员会展开了一轮密集的听证。没有人否认显而易见的事实——绝大多数美国人坚决反对法院不断升级的校车服务运动。唯一重要的问题在于，修宪是不是表达大众反对程度的正确方式。大多数议员想要做出肯定的回答，他们坚称，宪法第五条是强迫法院听从人民呼声的唯一有效途径。[38]3 月 13 日，问题变得更加火爆，乔治·华莱士当天在佛罗里达州的民主党总统初选中取得大胜，获得了 42% 的选票，在该州的每个县都大幅领先。（休伯特·汉弗莱以 19% 的得票率位居第二，落后很远。）[39]

眼看华莱士在民众中势头已起，理查德·尼克松于 3 月 16 日发表电视演说，试图提前消除威胁。[40]总统先前曾表示，修宪可能是必由之路。[41]他现在仍然坚持自己的立场，尽管斯皮罗·阿格纽等右翼人士危言耸听地告诫他说，那样做会"让宪法显得不重要"[42]。在全国讲话中，尼克松保留了修宪的选项，但是呼吁最高法院支持他的立法动议，而这仅仅是因为根据第五条修宪"耗时太久"。[43]

265　尼克松的行动分为两步，首先是《暂缓运送学生法案》（*Student Transportation Moratorium Bill*），该法案暂停执行一切校车服务令，直至 1973 年 7 月 31 日。这让国会有机会考虑他更具实质性的举措：《平等教育机会法案》（*Equal Education Opportunity Bill*），对法院寻求违宪救济施加了一系列严格的限制。该方案将让校车服务成为中学的最后补救手段，而完全禁止针对小学生的校车服务。在讲述他的计划时，尼克松宣称自己是在"帮助而非挑战法院，尊重第十四修正案的命令，履行国会执行该修正案的义务"[44]。

他的主张让宪法共同体陷入一片骚动。来自耶鲁的罗伯特·鲍克（Robert Bork）——他很快将被任命为司法部副部长——率先对自由派的宪法范式做了彻底改造。我们在第六章谈到，在卡增巴赫诉摩根案中，沃伦法院根据第十四修正案第五节，赋予国会修改法院平等保护学说的广泛权力。而在鲍克手中，摩根案成了双刃剑——不但支持自由派，而且支持政治分支中的保守派行使宪法领导权。鲍克认为，尼克松的方案并未改变实体宪法规则，只和校车服务作为一种救济手段的地位有关——所以处在第五节所明确授予的平等保护条款执行权范围之内。为了论证这一点，鲍克引用了该问题的头号权威、哈佛大学法学院亨利·哈特（Henry Hart）的话："否定**一切**救济是一回事。……而否定一种救济并保留其余，或者以一种救济取代另一种，则完全是另一回事。必须肯定的是，国会必定拥有广泛的选项。"[45] 既然尼克松的法案特别授权法院为实现布朗案的判决而寻求替代性救济，甚至在某些情况下允许校车服务，那么到底有什么宪法问题？

鲍克展现的精湛法律技艺引发了法律界的强力回击。[46] 而他也震惊了更广大的学界人士，致使他们陷入困惑与混乱。哈佛的教员写信反对尼克松的动议，获得了不少于550位自由派法学教授的签名。但是，他们对自己立场的论证停留在政策层面，克制自己没有做长篇的宪法讨论。在这个关键点上，哈佛的公开信仅仅提到"国会根据第五节出台立法……激活了一项绝少行使的权力，其边界尚不完全清晰。其合宪性存在强烈质疑，而如果法案成为法律，将会造成何种后果，法院又将如何检测其合法性，宪法工作者也存在分歧"[47]。

在民主党内，总统大位的角逐者们也都感到困惑。休伯特·汉弗莱尽管有着极佳的民权记录，却出头坚决反对"强制校车服务"。当初选之争抵达密歇根州时，由于法院下令在底特律及其城郊实施校车服务计划，那里的政治局势相当火爆，而汉弗莱宣称："校车服务压根没起作用。它既没有帮助孩子，也没有提高教育质量，更没有解决我们的种族问题。所以我反对通过强制校车服务来实现种族平衡。"[48] 埃德蒙·马斯基（Edmund Muskie）徒劳地努力竞争白人选票，他也动摇了，尽管不那么明显。[49] 只有乔治·麦戈文明确谴责尼克松的动议是"向华莱士派彻底投降"[50]。

华盛顿以外的竞选之争愈演愈烈，而总统的方案就像鞭子一样抽打在国会山上。众议院接受了这个方案，不过态度并不一致。塞勒在司法委员会成功扼杀了尼克松的暂缓法案。但是，反对校车服务的观点过于强烈，迫使他同意将《平等教育机会法案》提交全院大会，而多数议员热情接受了这部法案。事实上，整个众议院比尼克松还要尼克松，他们增写了修正案，禁止将校车服务用于一切学童，而不像总统建议的那样仅限于低龄儿童。[51]

10月，总统竞选到达高潮，众议院的法案就在这时提交到参议院全体大会。在劳动节那天，尼克松正式展开秋季竞选，他发表演讲，谴责校车服务象征着更宏观的"福利伦理"，那会毁掉美国。他呼吁国会"把批准暂缓校车服务当成休会前的头等大事"[52]。麦戈文则继续从原则出发加以反对："理查德·尼克松总统利用了……由校车服务问题所引发的情绪，这是他总统生涯中最黑暗的一章。"[53] 他谴责尼克松的动议违背了根本原则："在民主制中，人在法之下，即使总统也不能把自己凌驾于美国联邦最高法院之上。"[54]

当众议院的法案于10月提交参议院全院大会时，麦戈文拿基本原则说事，并不大能服人。参议员们知道，正如学者们所肯定的那样，在推动尼克松取得大胜的浪潮背后，反对校车服务的情绪是一股重要的力量。[55] 在离大选只剩下几天的时候，他们不会高调投票支持校车服务，否则就是给自己掘墓。一些限制众议院动议的策略，包括利用参议院全体

267

会议或者两院会议委员会，如今已成了惯例，却再也凑不齐必需的 51 票了。

不过，大多数议员仍然愿意站出来抵挡反对的大潮——他们或是在 1972 年无须面临改选，或是席位特别稳固，或是坚定服膺司法独立（或者三者兼而有之）。这促使自由派的余部在 10 月 6 日启动冗长发言以阻挠议事。过去半个世纪以来，阻挠的主题不断反复，如今却讽刺地反转了。这一次，旧式的南方种族隔离分子谴责北方自由派组成的少数，认为后者绝望地企图否定举国动员的多数意志；[56] 这一次，理查德·尼克松代替了林登·约翰逊，呼吁参议员们听从人民的声音，停止阻挠议事。[57] 报纸和电视台都在报道这场奇特的角色互换，而参议院的多数曾三次投票试图终止辩论——但是他们凑不够三分之二绝对多数，达不到当时参议院规则的要求。[58] 不过，这掩盖不了自由派的尴尬处境：他们在过去十年大声反对阻挠议事，这次面对反对一方的不断嘲笑，他们又能坚持多久呢？

我们不可能知道答案了。自由派一方也在计时。每拖一天，面临连任选举的参议员们就离 11 月的生死关头更近一天。在第三次试图终结讨论的投票失败以后，参议院宣布休会，让在任议员们抓住最后时间展开竞选活动。[59] 自由派孤注一掷的战斗勉强抵住了保守派的巨大冲击。而尼克松宣称，不必害怕——"如果现在办不到，我们会在下届国会把这件事当成头等要务来办"。[60]

如此威胁并非没有根据：1972 年重选之后，虽然国会的构成无甚变化，但是众议院和参议院都蓄势待发，准备支持采取决定性的行动。[61] 而尼克松在选举日的大胜——就像约翰逊碾压戈德华特那样碾压了麦戈文——也增强了他的权力，让他可以宣称在校车服务问题上获得了我们人民的授权。难道不是这样吗？

司法对布朗案的重申

就在这一切发生时，联邦最高法院已然准备重返辩论。对于布朗案的隽永意涵，联邦最高法院长期沉默。1972 年 6 月 22 日，该院在怀特诉艾珀利亚案中打破了沉默。[62] 该案的案情表明，最高法院在战胜南方抵制方面取得了很大成功。268 艾珀利亚案不再涉及延长校车服务令的正当性，而是白人残余势力孤注一掷，企图在吉姆·克劳制教育行将覆灭之际得以身免。

问题是，艾珀利亚市一直把学童送到由弗吉尼亚州格林斯维尔县（Greensville County）运作的、更大范围的学校体系里去上学。联邦法官签发了一份全面实施校车服务的计划，艾珀利亚市随即试图从现有体系中分离出去，另行自建学校体系，以服务于该市多得不成比例的白人居民。

该市否认其动机的种族主义性质，并说服联邦上诉法院：教育方面的考虑才是至高无上的。眼看艾珀利亚市的分离之举即将得逞，联邦最高法院介入进来，强迫该市回到全县推广的校车服务计划中去。

艾珀利亚一案的投票结果是 5 ：4。对于大法官们来说，结成统一战线以对付南方的需求不再是压倒性的。在尼克松

（不情愿但至关重要）的帮助下，南方学校的种族融合度如今已是全美最高的。这一重大成就让联邦最高法院得以就根本问题展开初步的辩论。该院既然已经开始掌控北方去除种族隔离的未来，就迟早会再次面对根本问题。

艾珀利亚案不仅分裂了联邦最高法院，而且引发了五位沃伦法院遗民与四位尼克松时代新人的对立。下级法院认定，该市的脱离之举并非"仅仅是为了遮掩"种族主义，其"主要目的"来源于对优质教育的真诚追求，是"无害"的。斯图尔特大法官代表五位遗民撰写法院意见，首先就处理了这个认定。[63] 他的回应推翻了下级法院的基本前提。他认定，对于由复数成员组成的机构，法官"很难或不可能"识别其主导动机。不仅如此，他还谴责对动机的整个调查都"既不相关，也无成效"：

> 布朗第二案（*Brown II*）的命令是去除校园种族隔离，而我们说过，"衡量一切去除种族隔离计划的标准是其有效性"。所以，我们在决定教委消除二元体制的手段行为是否可以接受时，一直关注行为的效果——而非目的或动机。不支持目的可接受而效果不可接受的行为。[64]

斯图尔特没有翻遍官方文件来确定"目的或动机"，而是要求查明艾珀利亚市行为的公共意涵：

> 虽然长期以来，艾珀利亚市根据州法有权建立单独的学校系统，但是，该市之所以决定这么做，仅仅是因

为——且正如该市官员所承认的那样，是为了回应——法院的命令，让县立学校系统无法继续维持种族隔离，而这个系统在布朗第一案（*Brown I*）之后已经排徊了15年。正如温特（Winter）法官在上诉法院中的异议所言，"如果不禁止艾珀利亚市成立学区，那么，全县的黑人学生就会眼看着全县接近半数的白人学生抛弃县立学校，转投基本只有白人的系统而去"。**只要这么做，就会传递出信息，而这逃不过黑人儿童的注意**。就像我们在布朗第一案中所说的，"仅仅因为种族而将（黑人学童）与资质相仿的同龄人区隔于来，会让他们觉得自己在社区中的地位低人一等，这将会以无法开解的方式影响他们的心智"。我们认为，在本案中，地区法院可以合理断定：艾珀利亚市把本市的孩子从格林斯维尔县的体系中撤出来，可能产生相同的消极心理影响。[65]（强调系后加）

快看，布朗案的原初逻辑在格林案、亚历山大案和斯旺案屡遭战略压制，这次终于回到了舞台中心。数字治国也找到了一席之地，不过这显然是次要的。艾珀利亚市的脱离会从县立学校带走将近一半的白人学生，而斯图尔特关心的不仅是这个。[66] 这个数字的社会意涵才是决定性的：对于去除种族隔离的命令，该市报以脱离之举，这会传递一个"信息……（这）逃不过黑人儿童的注意"，"会让他们觉得自己在社区中的地位低人一等"。

同样重要的是，四位尼克松任命的新人也支持斯图尔特，重申沃伦大法官那份伟大判决的隽永意义。他们的异议仅限于多数法官如何将沃伦所确立的原则适用到艾珀利亚市的个案中去。首席大法官伯格这样商榷道：

> 在布朗第一案中，本院强调，法律政策如果仅仅根据种族就把孩子在校园中分隔开来，将不可避免地引发低人一等之感。这些意见获得了**常人经验**的支持，也得到了**心理学权威的巩固**。而在本案中，并没有孩子因为种族而受到区别对待，本院却试图做出相似的判决。本院的这个意见纯属推测，既无常人经验支持，也无科学权威支持。[67]（强调系后加）

如果说伯格有什么强于斯图尔特之处，那便是干净利落地区分了布朗案原初逻辑的两个不同步骤（见第七章）。他正确地将"常人经验"的检验放在最重要的位置，让法官们运用常识去解释系争行为，以确定该行为是否存在系统的羞辱。为了解决这个问题，法官诉诸普通法传统，强调共同体道德观念在法律解释中的核心地位。在这一点上，伯格效法沃伦，诉诸现代科学传统。从这个角度，法官们考量其常识判断是否"得到了心理学权威的**巩固**"（强调系后加）。伯格的表述正确地指出，推动布朗式判决的是司法常识，而社会科学发挥了"巩固"作用。

在这些根本问题上，艾珀利亚案的投票结果是 9∶0，而不是 5∶4。新人和旧人一道重申了沃伦伟大判决的隽永意义。而 5∶4 结果所反映的分歧同样富有启发意义。

伯格抱怨说，多数法官的判决缺少"科学权威"的支持，而斯图尔特似乎承认这一点——他的意见书没有引用任何严肃的社会科学材料。他的论证完全是基于常情常理："只要这么做，就会传递出信息，而这逃不过黑人儿童的注意。"（强调系后加）

斯图尔特强调了该市举措的时机，这一点很关键。如果艾珀利亚市自建独立学校系统的时间更早些，那么，这一举措的种族意涵很可能"纯属推测"——用伯格的话说。然而事实并非如此。法院的种族融合令一发，该市就马上企图脱离而去。突然把半数白人从他们的学校里撤出去，这么做表达了对于全县黑人学生的明确贬低，任何人如果有常识，难道能无视这一点吗？

斯图尔特对于背景的特定性很敏感，这使他的判决令人信服。伯格却认为背景"纯属推测"，不加考量，看来是缺乏卡尔·卢埃林所说的"情境意识"，也就是普通法所要求的、立足于社会实践普遍意涵做出司法判决的能力。[68]

无论具体争论谁是谁非，有一点是明确的：在转向去除北方校园种族隔离这一热门话题时，大法官们团结支持沃伦的意见，以之作为判断基准。

然而，就在一年后，他们骤然改变了方向。

布伦南的狭隘眼光

当联邦最高法院打定主意，首次就北方的校车服务案件即凯耶斯诉丹佛学区案做出判决时，其面临的政治挑战显而易见。哈佛的克里斯托弗·詹克斯（Christopher Jencks）是自由派在教育政策领域的主要喉舌之一，他为《纽约时报》星期天杂志撰文，这样描述该案对于公众的意义：

> 如果联邦最高法院积极推进……，国会就很可能通过严厉反对校车服务的法案，以此抵消联邦最高法院的判决。更糟糕的是，如果联邦最高法院判决这种立法违宪，那么国会和 38 个州就可能通过修宪来阻止校车服务，尤其要考虑到总统也公开承诺反对通过校车服务实现种族平衡。在很大程度上，这样一份宪法修正案将成为一场政治灾难。黑人和白人都会将之视作民权运动的决定性失败，以及种族隔离制度的胜利。[69]

不过，他也承认，

> 反对修宪的人会在 13 个州找到支持，那里的黑人实在太少，占多数的白人无须担忧校车服务问题。然而，校车服务战略的收益看来很不确定，而造成的政治风险却很可观。[70]

在凯耶斯一案的文档中，布伦南只收入了一篇杂志文章，那就是詹克斯的评论。[71] 不过，大法官们无须詹克斯提醒，就深知政治风险所在：就在他们开始审议的时候，参议院的自由派正在拼尽全力，通过冗长发言阻挠议事，抵挡对于法院校车服务令的正面攻击。

凯耶斯案在法律层面也面临困难。斯旺案支持在一个实施吉姆·克劳制的都市全面推行校车服务令，在那里，"黑人"和"白人"学校的身份深植于大众观念之中。鉴于此，为了消除特定学校的"黑人"身份，以及黑人学童所体验的羞辱烙印，唯一现实的方法就是在整个都市范围内实施校车服务。而丹佛从来未主张搞吉姆·克劳制，当地学校委员会坚称，学生的派位严格遵循中立的"就近入学"政策。就此看来，黑人在贫民窟学校占多数，无非反映了他们社区的种族构成。委员会宣称，只要该会在教育领域保持中立，就不应被判决为其他因素所造成的事实隔离承担责任。[72]

272　　初审法院不为所动。威廉·多伊尔（William Doyle）法官首先认定，学校委员会所声称的中立性并不属实——至少在处置一个叫作帕克希尔（Park Hill）的社区时如此，那里正处在种族间的过渡地带。他找到了强有力的证据，证明委员会通过一系列低可见度的政策决定——重划就学区域界线、另择校址等，把帕克希尔的黑人孩子导向黑人集中的学校。

在审查委员会对于市中心主要贫民窟的处置时，多伊尔并未发现相似的证据。于是，他为了谴责这些少数族裔占多数的学校，提出了第二套论证。他回溯到普莱西诉弗格森案，否认这些学校为学生提供了"分离但平等"的教育。为了给这个观点寻找可靠的依据，（担任原告方律师的）法律保护基金会组织了一场令人叹服的社会科学报告，将贫民窟学校与丹佛其他地方由白人主导的学校做了对比。把两个观点结合起来——在帕克希尔一事上存在故意，在市中心贫民窟一事上存在不平等——多伊尔签发了一份全面的校车服务令，意图在丹佛的所有学校消除种族之间的悬殊状况。

但是，上诉法院只批准了多伊尔论证的一半内容。该院认定学校委员会故意在帕克希尔搞种族隔离，但是否认贫民窟的不平等违反了普莱西案。于是，为了和违法的局限性相匹配，该院大幅缩减了多伊尔判决的救济：帕克希尔的学生可以通过校车服务到种族融合度更高的地方就学，而市中心贫民窟的孩子们只能继续被困在目前的学校。

艾珀利亚案的判决一经下达，上诉法院对于官方不良故意的强调就马上成了问题。正如波特·斯图尔特所强调的，对于由复数成员组成的机构，司法上想要查明其动机，不仅"很难或不可能"，而且在法律上也"不相关"。用沃伦·伯格的话来说，法院该做的是运用常识，理解"获得心理学权威所巩固的……人的经验"，据此确定教育实践有没有"引发低人一等之感"。不过，由于时机不巧，原告无法根据艾珀利亚案重新安排论证。1972 年 1 月 17 日，法律保护基金会说服联邦最高法院管辖凯耶斯案——距离艾珀利亚案于 6 月下判还有 5 个月。[73] 而基金会早在 1972 年 5 月 1 日就提交了意见摘要——当时，丝毫没有迹象表明，艾珀利亚案即将重申布朗案的反羞辱原则，并将之作为裁判学校案件的关键。[74]

10 月，詹姆斯·纳布里特（James Nabrit）就凯耶斯一案在大法官们面前发表口头辩论意见，这是法律保护基金会挽回局面的最后机会。可是纳布里特并不称职：他并未提到艾珀利亚案，而是继续强调学校的不良故意，把这当作判决的核心要素。并且，他的注意力还被大法官们所提出的另一个主题引开。鲍威尔大法官追问纳布里特，如果彻底推翻事实与法律隔离的区分，是不是更合理些。而纳布里特表示反对："我要说，首先，本案无须涉及该问题……我们认为本案只涉及法律隔离。"当斯图尔特大法官进一步追问他时，纳布里特的回应仍不热情："虽然那个案子已经判决（推翻了事实和法律隔离之分），我仍然认为我们应该赢得本案的胜利。如果必要，我愿意遵循那个案子的逻辑结论。"[75]

大法官们并未被纳布里特的犹豫不决所拖累。事实上，布伦南大法官的法律助理在保密文档中对本案做了复盘，显示出"几乎从一开始，最高法院围绕如何处理该案就陷入了深刻的分歧"[76]。不过，大法官们的争论并没有聚焦在艾珀利亚案重新界定事实隔离的影响上，而是恰恰关注利比科夫和斯坦尼斯参议员推到公共辩论中心的议题："道格拉斯大法官和鲍威尔大法官想通过本案废除事实与法律隔离之分。"[77]

与利比科夫参议员一样，道格拉斯这么做的目的，在于将校车服务令全面推行到北方各地。和斯坦尼斯一样，鲍威尔想要否定南方式和北方式种族隔离存在任何真正的差异，并呼吁更加审慎地对待梅森-迪克逊线两侧的校车服务。[78]

两边都拿不到多数。据布伦南讲，他和马歇尔"愿意支持取消法律与事实隔离的区分"，却没机会再争取两票，"因为怀特大法官不参与本案，而斯图尔特大法官公开反对任何掏空事实与法律隔离之分的做法"。结果，布伦南着手起草意见，"希望为本案找到更可操作的方案，避免出现4∶4的分裂"[79]。

在这一点上，法律保护基金会由于没有对艾珀利亚案做出创造性回应，造成了毁灭性的后果。诚然，布伦南拼凑出了多数，支持在法律隔离框架下将校车服务推广到全市。[80] 274 但是，他并没有将艾珀利亚案用作跳板，重申布朗案所强调的、教育实践的社会意涵。事实上，他在意见中提到，"（由基金会代理的）申诉方**显然为本案之需**而承认了……原告不但必须证明学校存在种族隔离，而且要证明隔离是由故意的州行为所造成或维持的"（强调系后加）。[81]

注意措辞的模糊性。布伦南并未肯定地采纳法律歧视要求不良故意的观点。他"为本案之需"而接受这个观点，只是因为法律保护基金会"显然"赞成之——鉴于纳布里特在口头辩论中的表现，这个解释似乎有道理。

如此妥协更不幸的一点是，如果布伦南沿着艾珀利亚案的思路下判，法律保护基金会的书面意见摘要中有很多材料可以为他所用。比如，市中心的贫民窟学校是少数族裔的集中地，这并非学校委员会故意操纵的产物，却仍然违反了平等保护条款，而摘要中的以下段落解释了原因：

> 究竟何种因素给学校贴上了种族隔离机构的标签，并强化了（它的）这种形象，委实难以捉摸，而多伊尔法官的结论如下：
>
> "由于学生认为学校并非实现其目标——获得接受并融入美式生活的主流——的有效助力，他们会失去学习动力。并且，由于这些黑人学生的家长对于种族隔离的学校也怀有类似看法，他们便不会尝试激励孩子学习。**分配到这些学校的老师通常不满于现状，企图尽快逃离。并且，教师对于种族隔离学校的学生成就期待很低，所以几乎不会做什么去鼓励更好的表现。**"（强调系后加）[82]

本来可以指望布伦南大法官特别回应这一结论。甚至在艾珀利亚案之前，当大法官们就格林案（1969 年）和斯旺案（1971 年）阐发意见时，他就试图（但未能）说服他的同事，宣示忠于沃伦提出的反羞辱原则。[83]

可是，布伦南并没有费这个功夫。[84] 我们将会看到，仅仅一年后，针对联邦最高法院的政治攻讦不断升级，促使大法官们在米立肯案中及时转向，而这份高度偶然且公然宣称具有临时性的判决本来可能造成致命的后果。

275 在离开凯耶斯案之前，我们还应注意到，由于认可故意是隔离的前提，布伦南的意见还存在另一个问题。下级法院认定，学校委员会的故意歧视仅限于帕克希尔这一单独区域，而布伦南的主要目标却是凑集多数，把校车服务项目推广到全市。于是他求救于数字治国。布伦南认为，"由种族因素引发的学校委员会的行为"通常具有"超出"直接涉案的"特定学校的影响"，据此建立起支持全市校车服务的假设，并将丹佛一案发回重审。他告诉地区法院说，学校委员会有义务证明，对帕克希尔的故意歧视，并不会在全市其他少数族裔聚集的学校产生消极后果。[85]

于是，在案件的下一阶段，学校委员会为了满足布伦南所设定的证明责任，依靠技术举证，请出了一位统计专家。当地区法院法官否定了学校委员会的搬弄数字之举，[86] 布伦南的目的就达到了：不良的官方故意＋依靠技术＝全市校车服务。

根据这个公式，布伦南得以将丹佛案当成夏洛特-梅克伦堡案的宪法等价物，而无须直面二者的明显差异。一方面，夏洛特市多年来**公开**将某些学校定性为"黑人"或"白人"学校——鉴于此，为了消除羞辱性的历史遗产，绝对有必要全面推行校车服务。另一方面，在丹佛市，校车服务于羞辱的具体形式——由教师的高跳槽率和机构的低期待构成——则问题大得多。诚然，改变学校的种族构成可能局部解决问题。但是，为了消除丹佛学校强加给少数族裔孩子的"低人一等之感"，更重要的在于采取其他步骤。简言之，艾珀利亚案关注具有污名化作用的社会意涵，这要求针对北方的情况仔细调整救济方式的组合。

相反，布伦南的"不良动机+依靠技术"公式则宣布了一种更加干脆清晰的思路：首先，翻遍学校委员会的文档，找到反映有害故意的确凿证据；其次，请出搬弄数字的人，给每所学校的多数族裔与少数族裔设定一个比例，以此掩盖官方不当行为的明显痕迹。在（许多）北方城市，学校委员会的档案里都藏着确凿的证据，而布伦南的思路可以推动在那些地方全面实施校车服务。然而，这种思路却威胁不再对布朗案更根本的关切下功夫，这导致了一个深刻的问题。在 276探讨各个社会生活领域的法律发展时，我们看到，第二次重建的两个不同逻辑，以相对和谐的方式共同发展：一是反羞辱，二是数字治国。法律虽然支持依靠技术手段实现更有抱负的平等观（例如在选举和就业领域），但并未无视制度化羞辱所造成的特殊的恶。而凯耶斯案却恰恰开启了无视的前景：依靠技术追求全市校车服务的公式，似乎比逐步救济羞辱黑人儿童的特定行为更加重要。

无须夸张这一点。在后续案件中，社会意涵和技术治理两条线索仍然可以和谐发展，凯耶斯案丝毫没有排斥这种可能；事实上，联邦最高法院的意见明确指出，法律保护基金会关注不良官方故意，以之作为技术解决方案的触发机制，而法院对此的支持只是暂时性的。然而，布伦南所指示的未来，很快就被突发事件改变了。

1974 年的危机

联邦最高法院于 1973 年 6 月 21 日就凯耶斯案下判，当时，国会的精力正越来越被不断升级的水门丑闻所牵制。而当参议员和众议员们开始展望 1974 年约选举时，凯耶斯案将校车服务问题拉回了舞台中心。

由于联邦最高法院全面介入了丹佛案，北方各市遭遇了一波更为迅猛的校车服务令——这进一步加剧了地方的对抗性动员，而后者已经在全国政治舞台上展示了自己的力量。[87] 与此同时，联邦最高法院还受理了另一宗北方的校车服务案件——米立肯诉布拉德利案，而该案引出了一个更加火爆的议题。凯耶斯案只涉及在丹佛市内开展校车载运，并没有考虑白人能否通过迁居城郊来逃避种族混合。而在底特律，米立肯案与这个问题发生了正面遭遇：地区法院为了防止白人大规模迁徙，命令城郊的学区加入整个都会地带的校车服务行动。

1974 年 3 月，就在联邦最高法院就米立肯案听取口头辩论之后不久，一份教育拨款法案被呈交给众议院全体会议，277 而国会的焦虑也显露无余。[88] 大法官们还在斟酌自己的立场，而非常明显的是，校车服务的强硬反对派已经全面掌权。众议院以293∶117的投票结果，只准法院用校车把孩子运到离他们最近的一所学校去，不得有任何超出。[89]

5月，当法案被移送到参议院全体会议时，情况显得令人担忧——特别是自由派无法像1972年那样，通过冗长发言拖延议事，把国会为11月的选举而休会前的时间耗光。盖洛普民调显示，超过70%的美国人反对校车服务，这个数据被参议员们频繁引用，促使院内各方发起一系列投票，以期一决雌雄。[90]当大辩论结束时，自由派遭受了令人震惊的挫折：因为一票之差[91]，参议院拒绝搁置一项彻底禁止校车服务的修正案[92]，提案人是密歇根州参议员罗伯特·格里芬（他之前是个自由派共和党人）。[93]这下，多数党领袖迈克·曼斯菲尔德和少数派领袖休·斯科特陷入了焦虑，他们修改了格里芬的修正案，加入限制性条款，宣称该案"并非意在改变或缩小法院……充分执行第五修正案和第十四修正案的……权威"[94]。他们在最后一刻为司法机关辩护，并以一票之差获胜——这就将问题推给了参众两院会议委员会。众议院推出了强硬反对校车服务的规定，而参议院的软化规定在最后时刻勉强过关，两院会议无论如何也要设法将二者协调起来。[95]

传统上，民权倡导者在两院会议占有优势，因为两院的代表都由强硬的种族自由派主导，而他们在各个委员会中都很资深。在过去历次会期里，会议成员都运用自己的优势，削弱众议院的极端方案，让更温和的参议院举措占上风。不过这一次，自由派遭到了大得多的抵制。在整个六周会期之内，众议院全体通过了三份决议，反复指示其代表不得在强硬攻击司法独立的问题上做任何妥协。[96]

尼克松威胁否决一切软化众议院规定的教育法案，这也增加了压力。[97]虽然在水门事件中遭到严重削弱，他新近挑选白宫发言人杰拉尔德·福特代替斯皮罗·阿格纽，出任副总统——这让他的威胁变得可信了许多。福特来自密歇根州，当底特律之争把校车服务问题推上全国舞台时，他成为坚定的反对者。[98]参议院的软化规定出台于 5 月 20 日，而围绕校车服务问题，两院会议委员会很快就陷入了"无休无止的争论"。[99]

就在这个时候，联邦最高法院也在努力为底特律校车服务案画上句号。两院会议委员会和最高法院几乎同时解决了各自的分歧——两院会议于 7 月 23 日发布报告，而联邦最高法院则于 7 月 25 日判决了米立肯诉布拉德利案。[100]

委员会的报告有些出人意料。虽然新版的法案仍然泛泛提及了司法部门，但是自由派成功化解了众议院的主要攻击。[101]法案虽然逐字保留了众议院在校车服务问题上的措辞，但也加入了曼斯菲尔德和斯科特的限制性规定，宣布国会意在"遵照宪法要求行事"。[102]

不过，和国会最后时刻的转向相比，两天后的米立肯案甚至更加让人吃惊。

联邦最高法院退却

正当反对校车服务的运动在国会山创下新高之时，联邦最高法院也在为第二宗北方去除种族隔离案件而争执不休。该案发生在底特律，与凯耶斯案存在一处关键差异：三分之二的丹佛人是白人，而三分之二的底特律人是黑人。这意味着，仅仅在城市范围内实施校车服务，并不能改变某些学校以黑人为主的局面。于是，地区法院将白人占压倒性多数的底特律城郊也纳入了校车服务令，计划让每所学校都有大约75%的白人和25%的黑人。[103] 非常引人注目的是，法院为了实现这一目标，并不要求学生在校车上花过多的时间。相反，与仅在全市范围内实施校车载运相比，这个计划的用时更少。[104] 所以，这个计划既有效又高效。

可是，一旦联邦最高法院维持这份判决，就会大幅加剧国会眼下对校车服务的攻讦。因为大法官们相当于明确说，白人即使大规模迁居城郊，利用当地学校委员会保护就近入学，也不能逃脱去种族隔离。

1974 年 2 月 27 日，就在众议院开始就教育法案进行辩论的时候，米立肯案举行了庭辩。当大法官们于 3 月 1 日会商时，首席大法官伯格赢得了五人组成的微弱多数，推翻了在整个都会区内实施校车服务的策略，而他又花了三个月时间才起草了一份意见书来解释原因。5 月 31 日，他终于把自己的草稿发给大法官们传阅，而当初会上的支持者却反应冷淡。以瑟古德·马歇尔为首的四位异议大法官抓住机会，呼吁同事们把判决推迟到最高法院的下一个审期。他们说，鉴于事关重大，在为下一代人界定布朗案的意涵之前，应当举行新一轮庭辩，并做进一步反思。[105]

他们的建议获得了哈里·布莱克门办公室的同情和倾

听。布莱克门在会上本来支持伯格。但他不喜欢首席大法官起草的意见书，并让他的法律助理讲清他有哪些选项。助理回应道："（本案）对全美几乎每个城市都有重大影响。所以，联邦最高法院出台一份统一的多数意见，代表本院的多数发声，就非常重要。**在通常情况下，把本案搁置一阵子似乎是可取的。但我相信，有必要在秋天以前把这个问题从政争之中解脱出来，所以这种做法被排除了。我因此认为，首席大法官的意见书需要加以改进。"（强调系后加）**[106]

就在布莱克门读这份备忘录时，两院委员会即将展开长达六周的争斗，讨论为反对校车服务而攻击司法机关的问题。[107]如果联邦最高法院不能享先消除威胁，到了 11 月选举时，两院委员会就将充当新一轮煽动的平台——这会为形势进一步恶化大开方便之门，特别是新任总统杰拉尔德·福特地位不稳，正想为自己 1976 年参选寻找热门话题。[108]无论如何，这都是备忘录结论背后的逻辑：进一步的司法审议是"通常"的需要，应该服从于"把这个问题从政争之中解脱出来"的关键"必要"性。

当然，布莱克门完全可以拒绝他的助理诉诸实用政治，坚持重新举行庭辩。他的观点具有决定意义，因为一旦布莱克门退出，伯格就失去了关键的第五票，无法再撰写"全院意见"。但是布莱克门并没有表示反对。他参与了"改进"伯格意见书的紧急行动——在 6 月 11 日、21 日和 22 日传阅的各稿中，意见书遭到了大幅改动。

如此急于判决，丝毫无助于全面重新思考重大原则。在凯耶斯案之前一年，布伦南做出了一份致命的判决，他把艾珀利亚案对于真实世界羞辱的关注，替换成了死抠法律的、对于官方决策者有害"故意"的探寻，而伯格并无意质疑布伦南的做法。既然底特律的学校委员会无疑运用了裁量权，把黑人集中到贫民窟学校，伯格在最后时刻写就的"法院意见"就径直仿效了凯耶斯案——并且悄悄地假定，有的南方城市把黑人全部分流到种族分离的学校，从而公开羞辱他们，大规模的校车服务对于这样的城市来说是合适的，而在底特律也同样合适。[109]

伯格不仅接受了布伦南纯熟的死抠法律之技，而且为了减缓其政治影响，还增加了更多死抠的内容。他虽然支持在底特律范围内全面推行校车服务，但也让这项工作止步于城市边界，宣称："住在底特律的黑人答辩方的宪法权利，是**在该区域之内**的一元制学校系统就学。"[110]

这在法理上着实让人吃惊：第十四修正案涉及每一个州，适用于州法所创设的**一切**公职。[111]司法通说认为，底特律最低级别的官员与州长并无差别。如果他们中的任何一人故意歧视，违反宪法的都是密歇根州。而伯格的意见则创设了一条例外，他坚称，密歇根州内城郊的官员只要动机无害，就与底特律市的问题无涉。虽然把"密歇根州"和"底特律市"分开让人大吃一惊，但是伯格凑齐了五票，案件就这样决定了。

为了支持这个司法怪胎，他还做出了另一项死抠法律之举："救济的范围由违法的性质决定。"[112]既然只有底特律的学校委员会具有必需的不良故意，那么，据伯格认为，衡平法的传统原则就将补救措施限制在底特律学校系统之内，尽管地区法院已经认定：唯有在整个都会范围内实施救济，才能提供有效的补救。

如此这般死抠法律，遭到了四位异议者的雄辩批驳。同样重要的是，在他们的意见书中，反羞辱原则迎来了迟到的回归[113]——其中尤以瑟古德·马歇尔执笔的异议最令人心碎：

> 如果法院的命令局限在底特律市范围内，该市学校与都会社区的邻近学校相比，其种族特征仍将清晰可辨。黑人学生比例超过 65% 的学校，与邻近地区黑人就学率不足 2% 的学校，将形成**尖锐鲜明**的对比。黑人学**生仍将认为**他们的学校是种族隔离的教育机构，而当白人反抗针对底特律市的法院令、大举逃到城郊以避免种族融合时，**这种看法**肯定还会加强。既然白人家长会抵制针对底特律市的法院令，让他们的孩子从市内的学校退学并转赴城郊，那么，学区划界无论有多么无辜，都**必将被视作**种族隔离的屏障。**这么做所传递的信息逃不过底特律市黑人儿童的注意**。参见怀特诉艾珀利亚城案，407 U. S.，at 466。**黑人儿童多年来受制于法律隔离的行径，如果把他们迁到不断膨胀的市中心去，入读全黑学校，而用学区界线作为划分种族的新边界，让全白学校在界外环城一圈，这对黑人儿童几乎没有什么意义**。[114]（强调系后加）

如果换个情形，马歇尔对艾珀利亚案的援引就**丝毫不值一提**——毕竟，就在两年前，所有九位大法官刚刚一道斩钉截铁地重申了布朗案的社会学法理学。而今，眼见伯格强推由布伦南最先炮制的死抠法律进路，马歇尔诉诸艾珀利亚案，就意味着背水一战，呼吁重新思考遭到抛弃的道路。在他看来，联邦最高法院以社会意涵为代价，强调官方故意，"是对布朗第一案的极大嘲弄，该案明明判决说，种族分离的教育设施天然不平等"。[115]

联邦最高法院出于政治动机而匆忙下判，至此其意义可见一斑。大法官们如果推迟到下一个审期在做判决，就可以不止于"大幅改动"伯格的草案。他们本来可以花时间考虑马歇尔的呼吁，回到沃伦在布朗案中所标定的道路。

果如是，则马歇尔所深信的、学区边界"必将会被视作屏障"，可以作为与他的同事更充分对话的起点。与艾珀利亚案一样，伯格和追随他的保守派本来可以对当下实践的社会意涵做出截然不同的解读。在他们看来，关于黑人占多数的北方学校对于学生的自尊究竟有何影响，社会科学家之间存在极大争议，这足以驳倒马歇尔"屏障"一语的诗化隐喻。与南方的种族隔离制相反，黑人占多数的学校是否会不可避免地引起全面羞辱，并非一望可知。所以，保守派完全可以坚持说，为了最大限度地遵循布朗案的精神，应该把案件发回地区法院做背景调查，搞清校园种族集中的普遍样态是否，以及如何羞辱了少数族裔学生。只有调查清楚，法院才能够界定校车服务应否及如何发挥作用，以消除黑人学生的"低人一等之感"。

毕竟，这正是伯格先前在艾珀利亚案中所采用的论证思路。当时，他代表四位大法官发表异议，坚称联邦最高法院在评价教育实践的合宪性时应当依靠"常人经验"，特别是在获得"心理学权威的巩固"的时候。1972 年与 1974 年的唯一区别在于，斯图尔特大法官这次决定加入四位异议分子，形成限制校车服务的新多数。而斯图尔特正是艾珀利亚案多数意见的执笔人。他本来可以不费吹灰之力，把艾珀利亚案的原则嵌入宪法的基石，并留传后世。

现在我们能够体会到凯耶斯案偏离艾珀利亚案的致命后果。如果布伦南当初遵循了艾珀利亚案的道路，那么，在米立肯案中，司法学说的惰性就会将多数法官推到截然不同的方向去。讨论的起点将是斯图尔特大法官拒绝调查复数成员机构的故意，认为后者既"不相关"也"无成效"。事实上，米立肯案的多数法官如果听从了马歇尔大法官的呼吁，就底特律的案件展开新一轮审议和论辩，他们很可能会回到艾珀利亚案的思路去。

然而，联邦最高法院亟须把校车服务问题移出政治领域，委实耽误不起。[116] 结果，凯耶斯案只是暂时接受故意要件主义，却被以伯格为首的多数法官转化成僵死的公式，在教育领域抹去了布朗案的精神，代之以死抠法律和数字治国，这种组合贻害无穷。死抠法律人为地将问题的范围局限在市中心的学校。数字治国则关注市内每所学校的黑人和白人比例，切断了白人大量迁居城郊与市内教育系统命运的法律关联，而后者正日益为黑人和其他少数族裔所占据。

悲剧。

米立肯案的意涵

米立肯案被视作美国公共教育史上的决定性转折，这是正确的。[117] 但是它的起源被误解了。标准的叙述把所有责任都推给尼克松。算一算就知道，四位尼克松派大法官，加上波特·斯图尔特，票数压倒了四位沃伦法院的遗民。事情再简单不过了：伯格法院追随尼克松的领导，从去除种族隔离的全新承诺中撤退了。

这种叙述与事实不符。在亚历山大案和斯旺案中，新任首席大法官曾经领导最高法院拒绝追随尼克松的领导。相反，联邦最高法院把尼克松逼到死角，最终迫使他与最高法院一道强制南方承认布朗案是全国之法。在凯耶斯案中，联邦最高法院再次否定尼克松，支持在北方全面推行校车服务运动，而斯图尔特加入了布伦南的意见书，伯格则对结果表示附议。尽管国会威胁加入尼克松，全面攻击司法独立，联邦最高法院仍然一往无前。出乎意料的是，当尼克松不光彩地离开白宫时，联邦最高法院却已撤退——不过，当时参议院的自由派也无力再用冗长发言阻挠立法机关的攻讦了。由于上述背景，也鉴于大众已经被动员起来，反对联邦最高法院对于种族融合的坚强信念，联邦最高法院在米立肯案的转向实为司法治国（judicial statesmanship）之举。这是更合适的理解。判决阻止了法院与政治机关对抗的升级，而后者本来很可能会对联邦最高法院的司法独立诉求造成永久损害。

设想一下另一种可能：米立肯案的多数大法官决然支持

在整个都会地带实施校车服务。在这种情况下，美国人民将再次目睹曾经于 1964 年上演的宪法戏码。正如肯尼迪遇刺让林登·约翰逊有义务证明自己不只是碰巧当上总统的，尼克松辞职也将杰拉尔德·福特置于柜同境地。与约翰逊相反，他不会通过推行民权议程、比沃伦法院走得更远而取得成功。为了统治宪法舞台，他可能呼吁国会加强其对伯格法院的攻击——首先以里程碑式立法作为武器，如果那还不能限制住大法官们，就通过修宪来实现。

福特的运动可能在全美各地引发响应。北方和南方的草根运动本已热烈展开，而福特会导致运动进一步升温，为了保卫就近入学、反对在整个都会区域内推行种族融合而战斗。白人也不会是动员起来反对联邦最高法院的唯一力量。白人的公共意见同样深陷分裂，而黑人政客已经在市中心取得了权力，他们往往不情愿将自己对教育系统的控制让给法院和地区机关。即便是全美有色人种协进会这样坚定支持种族融合的组织，也面临来自成员的挑战。[18]

在这种情况下，如果把米立肯案中的退却归因于理查德·尼克松成功填塞了联邦最高法院，就太草率了。相反，最高法院如果在米立肯案上一往无前，只会在福特时代引发一轮更强烈的、反对司法至上的大众运动。

长远来看，伯格法院的问题与新政早期休斯法院所面临的困境类似。联邦最高法院在两个时期都面临着总统和国会攻击的不断升级。而在两个时期，联邦最高法院都赶在自身的权力诉求被大众的宪法变迁呼声压倒前，决定了何时、是否及如何组织撤退。

当然，两个时期也有差别。首先，在 1930 年代早期，休斯法院试图维护传统的司法学说，而总统和国会则是激进的改革派；而在 1970 年代早期，领导革命性改革事业的是联邦最高法院，而总统和国会则捍卫传统。

其次，在新政期间，罗斯福和支持他的国会在非常开阔的战线上改造了宪法认知；而在尼克松时期，联邦最高法院致力于改造的长期实践集中在一个重要但局促的领域之内。国会和总统虽然抵制全面实行校车服务，但是他们巩固了 1960 年代在选举和就业领域的里程碑式立法。即便在教育领域，尼克松和国会也承认校车服务可以被用来清除"黑人"和"白人"学校的身份，但是限于采用吉姆·克劳制的南方。直到法院将运动拓展到并未**公开**给黑人打上羞辱烙印的北方学校时，反对力量才压倒了一切。

如果联邦最高法院在米立肯案继续推进，反攻倒算就不可能被控制住。针对第二次重建的立法基础，福特总统及其继任者将伺机发动更广泛的攻击。而米立肯案的转向则先发制人，消除了这种可能。法院的校车服务令虽然仍是个烫手的政治话题，却再也没有激起规模堪比 1972 年和 1974 年的正面攻击。不过，马歇尔大法官在对米立肯案表达强烈异议的最后，承认了这一潜在的危险："我担心，今天的判决与其说是法律中立原则的产物，不如说反映了最高法院所察觉到的公众情绪，即我们在执行宪法对于平等保护的承诺方面已经走得够远了。短期来看，赞成将我们的大都会地区逐个一分为二——一个白人城市、一个黑人城市——可能较为容易，但是，我预计，我们的人民最终会为这一行动感到后

285

悔。我持异议。"[119]

我和马歇尔一样感到遗憾，但是对于案件的症结有不同看法。米立肯案的转向源于法院的自忖：风暴正在积聚，而如果联邦最高法院忠于布朗案当初对于黑人儿童"心智"的关切，想要平安通过就要容易得多。果如是，则凯耶斯案和米立肯案将追随艾珀利亚案，承认北方学校系统的惯常做法虽无恶意，却羞辱了黑人儿童，导致他们放弃学业。这个思路的挑战则在于，北方各地的地区法院要把这些有污名化效果的行为识别出来，而它们在不同学校、不同系统的表现各不相同。只有这样，地区法院才能够针对特定案件的事实，提出契合的解决方案。校车服务在一定程度上很可能缓解某些问题，而法官则认为，自己的要务在于促使学校官员投入一场严肃而持久的制度实验和改革之中，从长远角度给少数族裔儿童带来显著的改善。

正如沃伦法院在 1950 年那样，伯格法院在 1970 年代也可以小心行事，即维持"审慎速度"以推进其反羞辱议程，而理由甚至更有说服力。摧毁吉姆·克劳制是根除南方制度化羞辱的必要甚至充分步骤。而北方的病状对于黑人的污名化则更不易察觉，应对之法也不那么明确。[120] 比如"从校园到监狱的路径"：在这个极其常见的情境下，学校当局针对黑人学生较为轻微的不端行为，采取极端措施羞辱孩子，把他们在通往犯罪的道路上推得更远。[121] 这个问题不可能通过把黑人学生转到白人更多的学校来解决。但是，这一病状**确实**直达布朗案关切的核心——而法院为了取得成效，必须与教育者和学校委员会展开长期的机构间对话。

1970 年代的形势与 1950 年代的"审慎速度"还有更深刻的相似之处。沃伦当初的意见做出了重大的贡献，它虽然远未能赢得南方的遵从，却将种族问题放到了宪法辩论的核心。布朗第二案允许地区法院放慢行动速度，这给全国政治领袖和民权运动留出了空间，让他们为《民权法》的通过进行了大量的政治准备，而《民权法》最终为约翰逊和尼克松提供了打破南方抵制所需的工具。

我们已经看到，死抠法律的人有时候批评沃伦法院在 1950 年代行动缓慢。据称，"审慎速度"让南方有时间不断拖延，而"马上实现种族融合"本来可以迫使南方遵从。这纯粹是幻想。布朗第一案在南方引起了巨大的反弹，而全国政界还要再花十年时间来重组，方可做出持续的回应。艾森豪威尔在小石城展现强硬不难，而如果一系列法院判决都坚持立即解除种族隔离，引发了小石城式火爆场面的连锁反应，艾森豪威尔还能坚持下去吗？

而当伯格法院向北望去，它将面临的政治挑战比南方更大。到尼克松结束执政时，美国人民已经与黑人民权的激烈斗争彻底绝缘，而斗争曾经在 1960 年代引发如此巨大的突破：这个议题正在回归日常政治的范围，民权倡导者再也不能令人信服地宣称，普通美国人的大多数已经动员起来并站在他们一边。

普通美国人的宪法动员将不可避免地衰退，阻止这种衰退超出了任何联邦最高法院的力量范围。在布朗第一案和第二案中，联邦最高法院至多可以让教育问题保留在下一代人的宪法议程上，促使社会运动和政治人物高度严肃地对待这个问题。**宪法时刻走到了终点**。任何伟大的大众运动都不可能永存——人民将不可避免地回归更加私人的关切，关注其他公共事务的需要将更加迫切。这并不意味着种族关系不可能进一步改善。对于民权成就的记忆深刻塑造了下一代的政治。通过更加平淡的美式法律和政治交换，倡导者仍然可以赢得胜利——以及遭受失败。联邦最高法院不懈地关注制度化羞辱的特定形态，或许会在某个时刻激发起广泛的动员，为了实施第三次重建、完成在美国实现种族正义的未竟事业而行动。

287　　不过，就算这个时刻真的到来了，也需要世世代代的努力才能成功。像布伦南和马歇尔这样的自由派很难接受这个事实。他们主导了美国史上最伟大的宪法时刻之一，联邦最高法院前所未有地在其中扮演了领导角色。大法官们很容易认为，他们将不断地从一个胜利走向另一个胜利，而且可以继续依靠国会和总统不情愿的支持来延续宪法领导权。

　　在这个前提下，对于布伦南而言，在凯耶斯案中拼凑多数来支持在全市范围内实施校车载运，从短期来看就是合理的，哪怕这意味着背离布朗案也在所不惜。毕竟，他向我们保证，这次变向只是"为本案之需"：一旦北方的运动步入正轨，就有充分时间可以转回艾珀利亚案所标定的大路。

　　只花了一年时间，政治分支就轰碎了这场快乐的大梦——让我们的处境在两种情况下都坏到了极点。如果原告找不到不良故意的证据，许多北方城市就将彻底逃脱司法审查，即便这些城市的学校系统对贫民窟的学童进行了全面的羞辱。

更糟的是，法院即便能够找出违法的机构，也往往发现自己处于底特律一案的境地之中：由于大多数白人已经逃到城郊居住，去除校园种族隔离已经不可能实现。结果，法院实施数字治国，可谓适得其反，虽然把各校的黑白比例统一起来，却不要求学校委员会采取必要的长期措施，打击在以黑人为主的学校普遍存在的、根深蒂固的羞辱样态。[122]

所有这一切都已化为史迹。我的目的不在于指责前人，而是希望未来能够从更深刻的角度理解米立肯案轻率的及时转向。我们应该承认，凯耶斯案背离了布朗案，是一个悲剧性的错误。我们不该没完没了地重复该案对于法律歧视的故意要件主义理解，而是应当回归艾珀利亚案更深刻的智慧，以及大法官们所一致重申的、沃伦在布朗案中的愿景，那才是第二次重建的组织原则。

第十三章

亲密关系的领域

　　法院所遭遇的公共教育问题非常复杂，但其挑战均源于两大根本因素。一方面，大法官们对于去除校园种族隔离的领导权获得了大众的许可，这反映在《1964 年民权法》之中；另一方面，联邦最高法院只有克服州和地方政府的强烈抵制，才能在真实世界履行布朗案的判决。所以，联邦最高法院要想取得成功，需要满足两个条件：一是说服总统运用《民权法》所提供的新工具来克服机构抵制；二是说服美国人民信守 1964 年所许下的诺言。

　　说时容易做时难。联邦最高法院在南方设法满足了这些条件，而在北方，联邦最高法院为了取胜，被迫在米立肯案中收敛了校车服务的雄心。鉴于立法和大众否决联邦最高法院的风险不断升级，我无意质疑联邦最高法院及时转向的智慧。但是，米立肯案在仓皇撤退之中，抛弃了沃伦的伟大判决，这实在让我难过。本来，大法官们只要以"审慎速度"行事，就可以坚持布朗案的反羞辱原则——缩减校车服务的范围，把注意力更多集中到那些给贫民窟学校少数族裔儿童带来羞辱烙印的特定实践上。然而，诉讼中的不测，以及迅速行动的需要，促使法院蹒跚地走上一条截然不同的道路，强调政府有无不良故意，而非贫民窟儿童所遭受的羞辱，才是约束北方校车服务运动的决定性因素。我认为，虽然联邦最高法院已然蹒跚上路，但是艾珀利亚案鲜明地重申了沃伦的观点，我们不该忽视这其中的隽永意义。

在跨种族婚姻和性亲密关系的法律上，联邦最高法院发起了革命，我对这场革命的分析会得出与评价艾珀利亚案相似的结论，但是角度不同。当联邦最高法院于 1967 年彻底推翻种族间婚姻的禁令时，其在拉芬诉弗吉尼亚州一案的判决与米立肯案一样，将法律的注意力从制度化羞辱之恶引开——在本案中，特指跨种族情侣由于结婚权被剥夺而遭受的日常羞辱。但是，拉芬案从布朗案后撤的机构动力，与米立肯案截然不同：拉芬案的死抠法律是解决**因为没有对手而取得领导权**问题的独到方案。²⁸⁹

我的核心观点是，在民权革命的整个过程中，总统和国会都完全无意出台联邦立法，禁止各州的反跨种族通婚法。可能愿意扫清这些藩篱的只有联邦最高法院。然而，大法官们也很不情愿介入，担心正面攻击根深蒂固的禁忌可能引发反扑，威胁到他们的整个事业。

布朗案后不久，一宗挑战跨种族婚姻的案件就摆在大法官们面前，清楚地反映了这种担心。弗吉尼亚州的最高法院拒绝援用布朗案，谴责本州的跨种族通婚禁令。虽然上诉方的论证非常有说服力，但是联邦最高法院并未推翻原判。费利克斯·弗兰克福特大法官说服了他的同事们，规避了推翻原判所可能引发的大众抗议风暴，虽然死抠法条的领军人物如赫伯特·威克斯勒（Herbert Wechsler）谴责了这种做法。

在这个易受攻击的时刻，联邦最高法院为了确保以"审慎速度"解除南方学校的种族隔离，拒绝做任何可能导致进一步威胁的事。

大法官们继续回避这个问题，直到国会于1964年通过了《民权法》。在围绕这一里程碑式立法展开的大辩论中，跨种族通婚问题从未获得严肃的考量——就公共场所、教育和就业等议题达成妥协已经够困难了，遑论将这样一个火爆话题搅和进去。

而在麦克劳林诉佛罗里达州案（*McLaughlin v. Florida*）中，大法官们认为时机已到，可以小心地进入这一领域了。即便如此，联邦最高法院仍然只出具了一份内容狭窄的意见就心满意足，一直等到1967年，才在拉芬诉弗吉尼亚州案中推翻了跨种族通婚的禁令。到了这时，1964年和1965年的里程碑式立法已经在真实世界的其他许多条战线上带来了变革，如今进入这一危险领地似乎安全些了。

大法官们眼前的问题有一个特征，一旦时机成熟，就能够加以利用，快速推进，取得圆满成功。与公共教育问题相反，联邦最高法院无须面对严重的机构反抗问题：虽然某些宗教神职人员和公共机关可能拒绝参与跨种族婚姻，但是另寻他人补位相对简单。所以，如果联邦最高法院决意挑战跨种族婚姻的禁忌，真实世界的成果就会随之而来。

只剩下一个重大的危险。虽然跨种族的情侣可以得到救济，但是，联邦最高法院的判决很可能激化南方对于去除种族隔离的抵制，而这种抵制在1967年仍然令人生畏。在为联邦最高法院撰写意见书时，厄尔·沃伦采取措施，避免过分依赖布朗案，从而将危险降到最低。他没有把自己的判决直接立论在去除校园种族隔离的先例之上，而是上溯到四分之一个世纪之前的第二次世界大战期间，联邦最高法院支持关押日裔美国人的判决，将其用作拉芬案的先例依据。

初看起来，沃伦的选择可能令人意外。既然撰写意见书的目的在于清除跨种族情侣因为结婚被禁止而遭受的无数羞辱，何必要把战时的判决挖出来？况且，关押在集中营里的日裔美国人遭受了无数的羞辱，而那些判决**支持**了这种羞辱。

答案在于战时联邦最高法院所使用的修辞手法。在达成臭名昭著的结论之前，大法官们努力强调：种族归类"天然可疑"，而他们支持关押的唯一理由，在于这种做法有"至高无上"的国家安全利益加以支撑。这些论断为沃伦提供了开放的空间，使他既能推翻弗吉尼亚的种族禁令，又无须强调布朗案。他解释道，在跨种族婚姻的禁令问题上，并不存在"至高无上"的利益；相反，禁令被"设计用来维持白人至上"，因而与平等保护条款不相协调。

沃伦以高超的手段，运用从第二次世界大战继承而来的话语，重新表述了跨种族通婚问题，化解了联邦最高法院潜在的合法性不足。他解释说，不，联邦最高法院并**没有**推动民权革命突破我们人民所同意的影响范围。战时的斗争无分南北，牵涉到一切美国的爱国者，引发了法律的难题。为此，我们法官（We the Judges）对法律做了阐述，而本案只是这一阐述的运用而已。沃伦启用战时司法学说，服务于平等保护，非常成功地为联邦最高法院的判决赢得了支持。虽然针对跨种族通婚的偏见仍然无处不在，但是反对拉芬案的声音却出奇的少。

沃伦成功解决了合法性的难题，也付出了代价。他将司法学说的关注，从布朗案的、真实世界跨种族情侣所遭受的羞辱，转向了拉芬案的、施加通婚禁令的立法者的可疑目的。虽然这在当时可能是桩合算的买卖，但是在后续几十年间，从布朗案到拉芬案的转变却越发成为不祥之兆。里程碑式立法标定了大众关切的范围，而一旦超出这个范围，拉芬案就不再被视作沃伦法院领导艺术的精湛表现，而是威胁取代布朗案，充当民权时代的判决范式。

最终，我们又回到了刚开始探讨司法学说时的谜题：当今的法律工作者虽然继续承认布朗案是 20 世纪最伟大的判决，但是他们在反思平等的宪法意涵时，并没有认真对待沃伦的行文。本章追究这一问题的根源，探讨拉芬案在 1960 年代如何成为布朗案的司法竞争对手。针对反跨种族通婚的法律，联邦最高法院发起了一场运动，我在叙述时并无意对此加以贬低。但是，我坚决反对拉芬案配得上在民权正典中占据中心地位。在我们人民即将做出一系列划时代的抉择之际，该案只不过意味着我们法官努力填补空白而已。我们应当认为，拉芬案补充而非取代了布朗案、艾珀利亚案和里程碑式立法所阐述的原则。

为了做好准备，直面无处不在的跨种族通婚禁忌，联邦最高法院走过了一条曲折的道路，这是我的"补充论"的最佳写照。这样详尽的叙述也提供了条件，让我们从历史角度，更深刻地理解最高法院新近下判的美国诉温莎案（*Unit-*

ed States v. Windsor），该案推翻了《婚姻保卫法》（*Defense of Marriage Act*）。肯尼迪大法官代表最高法院发表意见，要求联邦政府承认同性婚姻的正当性，而这鲜明地肯定了我的补充论。为了论证同性情侣的诉求，他认为，拉芬案所关注的可疑立法动机只是次要问题，并转而强调制度化羞辱之恶。通过这一突破，肯尼迪召唤新一代美国人，将布朗案的意涵重新置于民权遗产的中心。

从审慎速度到审慎规避

与其他形式的法律歧视相比，跨种族通婚的禁令要普遍 292
得多。1940 年代晚期，有 30 个州禁止跨种族通婚，其中许多州不但禁止白人与黑人结合，而且禁止白人与亚裔和美国原住民结合。[1] 禁令并非南方所特有。立法表达了举国上下的禁忌，只有东北部和中西部是这一种族主义规则的例外。

司法机关无意挑战这些禁令。亚利桑那、科罗拉多、内布拉斯加、蒙大拿和俄勒冈不久前确认了禁令的合宪性，至于某些地方的态度则更是可想而知。[2] 而这样做的法律基础则由联邦最高法院于 1880 年代奠定。在佩斯诉亚拉巴马州案（*Pace v. Alabama*）中，史蒂文·菲尔德（Stephen Field）大法官支持了反跨种族通婚法，条件是"两个伤风败俗的人所受到的惩罚相同，不论白黑"[3]。佩斯案获得了全院一致赞同——甚至，约翰·马歇尔·哈兰尽管在民权诸案和普莱西案发表了著名的异议，也赞成重建时期的修正案并不及于性亲密关系的领域。

司法共识深植于大众观念之中。在《美国难题》(*American Dilemma*)这一经典作品中，贡纳·米道尔(Gunnar Myrdal)不仅对偏见做了整体反思，还特别谈到了这些对于黑人和白人至关重要的种族禁令。他对白人的大量采访表明，白人几乎都认为，头等要务在于维护"针对跨种族通婚和与白人妇女性交的禁令"，而第二大威胁则源自各种族一起"跳舞、洗澡、吃饭、喝酒"。白人在这个问题上强硬捍卫种族纯洁性，而对于公共性更强的领域，比如公共教育或政治，白人则不那么反对实施妥协。他们最为乐见的是黑人在找到"工作或其他谋生手段"方面取得进步。[4]

黑人的要务与白人类似：工作是头等大事，接下来是在教育和选举等战略领域的进步，这能够改变他们的经济和政治处境。相反，他们对于支持跨种族通婚则"缺乏热情，充满怀疑"[5]。

米道尔的书于 1942 年问世，而跨种族通婚的禁忌则肆虐了很长时间。在整个 1950 年代，南方*以外*的白人有超过 90%反对跨种族通婚，这个问题在黑人当中同样存在高度争议。[6] 在这种情况下，全美有色人种协进会与其公开打击反对跨种族通婚的法律，不如另找事干。1950 年代晚期，包括美国律师协会(American Bar Association)在内的一些团体致力于推翻各州的限制性立法，虽然协进会悄悄支持了他们，但是大众在婚姻问题上保持了沉默。[7]

全美有色人种协进会法律保护基金会还拒绝支持发起检测性诉讼：因为，如果败诉，就会创下不好的先例；如果胜诉，就会加剧白人在更重大议题上对于黑人群体的抵制。[8] 不过，法律保护基金会并不能阻止其他公益团体采取行动。最明显的是，美国公民自由联盟强调个人权利，他们认为跨种族情侣的诉求非常令人信服，不该视而不见。1948 年，美国公民自由联盟与日裔美国公民同盟（Japanese American Citizens League）一道，在佩雷斯诉夏普案（*Perez v. Sharp*）中首次赢得了胜利，说服加州最高法院推翻了该州的立法。[9] 鉴于法律保护基金会坚持袖手旁观，美国公民自由联盟一马当先，发起进一步的诉讼，希望将这个问题交到联邦最高法院手上。[10]

努力的成果便是聂诉聂案（*Naim v. Naim*），该案在布朗案下判后很短时间内便抵达了弗吉尼亚联邦最高法院。尽管美国公民自由联盟不懈鼓吹，但是法院拒绝将沃伦的逻辑扩展到跨种族通婚上，坚称 1883 年的佩斯案判决仍然有效。[11] 法院的无异议判决宣称，第十四修正案并未"否定州有权规制婚姻关系，以免出现混血公民"[12]。

法院判决所提出的挑战显而易见。在南方各地，反对派谴责布朗案是自由派让白种人"掺入其他种族血统"的公然步骤。[13] 一旦男孩和女孩在学校相识，跨种族性行为和婚姻就必定随之而来。聂案曾骄傲地宣称，"保持种族纯正无疑是本州的政策"，而沃伦法院如果径直推翻这一声明，就将坐实反对派的焦虑，他们真打算这么干吗?[14]

通常来说，大法官们为了避免如此具有政治爆炸性的对峙，可以拒绝听审特定的纠纷——他们正是这样对待来自亚拉巴马州的一桩类似案件的。[15] 然而，美国公民自由联盟重新表述了这宗案件，证明联邦最高法院负有审理实体问题的法定义务，关闭了大法官们的逃生舱。[16] 为了进一步强化自己的观点，联盟还联络了潜在的盟友加入上诉。

恰在此时，联盟遭到了现实的第一次打击。联盟的律师透过小道消息得知，瑟古德·马歇尔"对聂案极不满意"，294 担心该案会波及去除校园种族隔离。因为同样的原因，联盟争取司法部支持的努力也无果而终。[17] 不过，法律就是法律，联邦最高法院无论是否乐意，都无法逃脱考验的关头。

抑或，他们逃得脱？弗兰克福特大法官带头呼吁他的同事们避免下判，否则将把跨种族通婚问题推向"当下焦虑的漩涡"，并且"让本院五月判决的执行陷入……非常严重的……尴尬境地"[18]。弗兰克福特指的是大法官们最近判决的布朗第二案，该案支持对去除种族隔离采取怠工的态度。他的担忧显而易见：推翻聂案将引起严重的骚乱，导致所谓"审慎的速度"无法实现。在他看来，支持就聂案实体问题下判的主张是"死抠法律"，理应被这一重大关切所压倒。[19]

沃伦对于弗兰克福特的花招感到"极端愤怒"，但是他只征召到布莱克一位大法官加入他的事业。[20] 1955 年 11 月 11 日，联邦最高法院做出了一份简短的判决，将该案打回初审法院，要求就其中的问题做出进一步澄清。[21]

弗吉尼亚州最高法院以公然抗法作为回应：该院无异议地宣称，法庭记录已经足够清楚，理应谴责聂氏的婚姻，并且拒绝命令初审法院采取进一步措施。[22] 不到两个月，美国公民自由联盟就返回华盛顿，坚称联邦最高法院应当维护其判决的统一执行。但是他们的努力全无用处：1956 年 3 月 12 日，联邦最高法院挥起了投降的白旗，将聂案从候审事项中永久删除。[23]

在 1959 年度的霍姆斯系列演讲（Holmes Lectures）中，赫伯特·威克斯勒谴责这次屈服"毫无法律依据"，且暗示了布朗案本身存在更深刻的不融贯之处。[24] 他抨击沃伦的判决缺乏原则性，而领衔的学者们试图通过重写布朗案来回应他的批评，这引发了 20 世纪最重大的争论之一。[25]

对于眼下的故事而言，更值得强调的是，法律保护基金会并未加入这场大合唱。相反，针对起诉挑战反跨种族通婚法，基金会的杰克·格林伯格重申了长期以来的抵制态度。他为最高法院辩护称，"争议较小的去除种族"隔离措施已经落地，只是因为"据称将导向跨种族通婚"，就引来了"尖锐的反对"，而联邦最高法院的决定能够规避这一"刺激性的主题"[26]。

三年后，亚历山大·毕克尔在其《最小危险部门》一书中，表达了反对威克斯勒的主题，而格林伯格的立场堪为先声。[27] 在这部经典之作中，毕克尔详细阐述了自己的愿景，让联邦最高法院切实参与到与各政治分支的宪法对话中去，并且最终与美国人民对话。就此看来，联邦最高法院在 1956 年认为布朗案要为自己的生存而斗争，这是完全正确的——并且要经过许多年以后，美国人民才能够通过政治分支来决定布朗案的命运。大法官们没有假装对形势无知，而是拒绝马上再次就布朗案的真实意涵勇敢发声，将之推迟到人民就联邦最高法院首次大规模介入公共教育领域发表看法之后，这是明智的。

毕克尔派与威克斯勒派的学术争论从 1960 年代兴起，持续至今——并且不会很快获得解决。不过，这场大争论不

295

应导致我们无视以下事实：毕克尔派的观点在聂案中胜出，费利克斯·弗兰克福特以7：2战胜了沃伦和布莱克死抠法律的执拗。并且，当法学界就威克斯勒的批评大声争论的时候，大法官们断然作壁上观。[28] 终结他们长达十年的沉默的，是宪法政治的动态过程，而不是宪法律师们的争议。

沃伦法院的异常保守态度

1964 年 6 月 15 日，大法官们终于受理了一起跨种族通婚案件——而国会恰在此时通过了《民权法》。[29] 到了 12 月，联邦最高法院就麦克劳林诉佛罗里达州一案下判，而国会对布朗案的响亮背书又获得了约翰逊压倒性胜选的巩固。[30] 然而，联邦最高法院在处理这些议题时极端小心——他们迈出的步子是如此之小，以至于三年之后，联邦最高法院不得不在拉芬诉弗吉尼亚州案中重拾这个话题，对种族主义的婚姻法提出了全面谴责。甚至直到那时，拉芬案所采取的司法学说进路仍十分保守。

联邦最高法院死抠法律的谨慎可能让人困惑。毕竟，在 1964 年的麦克劳林案与 1967 年的拉芬案之间，正是其他领域宪法大创新的时期——比如，想想哈珀案对人头税异乎寻常的宪法攻击。[31] 这个领域为什么不同呢？

这是因为，联邦最高法院在这一领域行事的机构背景与其他领域迥异。在诸如哈珀案之类的案件中，联邦最高法院发动第十四修正案解释的变革，是回应国会在《选举权法》296 中的公开邀请，重新思考基本原则。相反，在麦克劳林案和拉芬案中，联邦最高法院所阐述的决定并非由我们人民做出；法院进入了一个由于过分火爆而尚不适合政治分支处理的领域，意在**补充**这些决定。

在直面这一"补充性主题"所引发的重大问题之前，最好先步步追随大法官们，以审慎的速度采取措施，推翻聂案。

反跨种族通婚法虽然没有获得国会注意，却在其他地方遭到了严厉的审查。除了南方，立法者不断推翻成法，使得反跨种族通婚法的数量从 1947 年的 30 部下降到了 1965 年的 17 部。[32] 这些废法之举大多能见度不高，而律师协会和其他法律改革团体则宣称，有关立法已经不再获得严肃的执行。而到了 1950 年代末，全美有色人种协进会的地方支部加入了公民自由团体的废法努力。[33] 到了 1960 年代初，协进会的全国执行理事罗伊·威尔金斯（Roy Wilkins）公开谴责了反跨种族通婚法。[34] 然而，该问题仍然偏处全国议程的边缘。1963 年 12 月，美国人被要求讲出"美国黑人"通过参与"民权运动"所"确实想要得到的……主要事物"，他们强调的是职场、教育、公共场所和安居的平等。只有 4% 的人提到了跨种族通婚。[35]

不过，运动并没有认真努力改变公众的这种看法。作为替代，法律保护基金会支持了游说联邦最高法院的努力，由后者运用自身权威推翻这些禁令。到了麦克劳林诉佛罗里达州一案于 1964 年抵达联邦最高法院之时，基金会调来了一支全明星队，领衔者是杰出的倡导者威廉·科尔曼（William Coleman）和耶鲁法学院院长路易斯·波拉克（Louis Pollak）。不过，波拉克在口头辩论中遇到了麻烦，一时语塞。他的客户康妮·霍夫曼（Connie Hoffman）和杜威·麦克劳林（Dewey McLaughlin）并未被控跨种族通婚，而是被控跨种族同居。他们其实结婚了，但是他们不敢在庭审中提交已婚证明，原因很简单：跨种族通婚的刑罚是十年监禁，而同居的处罚"仅仅"是一年。所以，对他们而言，较安全的策略是不要直接提出婚姻问题，而是主张自己至少应当获得缔结普通法婚姻（common-law marriage）的资格，就像佛罗里达州授权纯种伴侣的那样。

可是，当厄尔·沃伦询问这对伴侣是否结婚了的时候，波拉克没能把这一点解释清楚[36]——这给佛罗里达州的助理总检察长詹姆斯·马霍纳（James Mahorner）以可乘之机，他告诉法院说，"有许多证据表明，两被告并未成婚……（并且）没有一丁点证据表明双方已经结婚"[37]。

当大法官们退庭开会，讨论这一问题时，沃伦坚持认为缺少已婚证明与本案的判决无关："我找不到任何理由去拒绝让不同种族的人结成普通法婚姻，却允许其他人这么做。"[38] 可是，连道格拉斯大法官——他并不以司法谦抑而闻名——都不同意，他呼吁同事们"以受理并不明智为由驳回（该案），因为该案与婚姻无涉，而我投票同意受理时本以为是涉及婚姻的"[39]。布莱克和克拉克加入了道格拉斯一边，而大多数法官最终达成了妥协。他们继续审理该案，但是忍住没有就跨种族通婚发表重大表述。

怀特大法官为联邦最高法院撰写判词，他把注意力集中在1883年的佩斯诉亚拉巴马州一案，该案支持了一部与本案类似的同居法。在意见书中，他设法推翻了佩斯案，但是付出了重写平等保护法的代价：

> 我们在本案中处理的是基于参与者种族的归类，而看待这一点必须要考虑到一项历史事实，即第十四修正案的核心目的在于消除来自各州官方渠道的种族歧视。这一强硬政策使得依种族归类"在宪法上可疑"，波灵诉夏普案（*Bolling v. Sharpe*），347 U. S. 497，499；要经受"最严格的审查"，是松诉美国案（*Korematsu v. United States*），323 U. S. 214，216；且"在大多数情形下都与"任何宪法上可接受的立法目的"无关"，平林诉美国案（*Hirabayashi v. United States*），320 U. S. 81，100。据此，种族归类已经在一系列背景下被判无效。例如，（不限于此案）布朗诉教委员会案（*Brown v. Board of Education*），349 U. S. 294（公立学校的种族隔离）。[40]

怀特否认布朗案在现代叙事中居于中心地位。他只不过将布朗案放进"在一系列背景下"宣告种族归类无效的先例清单之中。虽然布朗案的姊妹案波灵诉夏普案被赋予了更大权重，但是麦克劳林案将最显耀的位置留给了最高法院解决第二次世界大战期间恶待日裔美国人问题的判决。

是松案坚称，种族归类应当引发"最严格的审查"，而平林案则警告说，这种审查"在大多数情形下"都表明，基于种族的归类"与任何宪法上可接受的立法目的无关"。怀特从中找到了灵感。这些勇敢的话语掩盖了最高法院的行径：是松案支持在"二战"期间对日裔美国人实施大规模监禁，而平林案支持将他们以违反种族性的军事宵禁为由定罪。麦克劳林案将这些案件置于中心地位，凸显了分隔纸面之法与生活之法的巨大鸿沟。毫无疑问，跨种族伴侣生活在刑事追诉的威胁之下，而怀特的意见书完全没能体认强加给他们的全面羞辱。怀特判决弗吉尼亚州的法律违宪，其理由仅仅是该法的种族归类未能通过是松–平林式检测，而并未强调该法对于心智的污名化效果。

还有一个障碍，即在 1883 年的佩斯案中，联邦最高法院无异议地否认一部类似的法律违反了平等保护，因为"两个伤风败俗的人所受到的惩罚相同，不论是白人还是黑人"，这个结论与本案刚好相反，怀特须得解释当年的判决为何是错误的。[41] 由于普莱西案，布朗案遇到了类似的问题，为此超越了 19 世纪的宪法理解，直面社会羞辱的当代现实。而麦克劳林案却走上了截然不同的道路。怀特将其判决立足于一项"历史事实"：第十四修正案的"核心目的"是"消除来自各州官方渠道的种族歧视"。[42] 那么，在 1883 年，这个"历史事实"何以躲过了最高法院的所有九位大法官呢？

怀特并未试图做出回答。对于让宪法保护越出"政治"和"民"权，进入"社会"诸领域，第一次重建并不情愿，而怀特并未努力面对这一点。麦克劳林案代表着最糟糕的"法律工作者看历史"。

总结一下：怀特把对重建的看法卡通化了，又从日裔拘禁案件中摘取了若干箴言，合在一起，恰当地替代了布朗案对于平等保护在真实世界意涵的理解。[43] 这引人注目地偏离了第二次重建的社会学法理学，如何理解这一点？

在"可疑归类"学说的批评者和辩护者之间，这些问题通常会引发抽象的司法学说之争。而我的论证是实在而非抽象的，强调联邦最高法院在介入白人抵制民权革命的核心领域时，所面临的特殊困境。当时，对于跨种族通婚的大众抵制已经软化，至少在入罪这一点上是这样。盖洛普报告称，72%的南方白人仍然支持州实施制裁，而北方白人已经转向反对，比例为52%对42%。在全美范围内，即便将非白人纳入样本，多数意见仍然支持这些法律，比例为48%对46%。[44]不过，盖洛普在如此敏感的问题上的指导性并不确定，而联邦最高法院有充分的理由小心行事——南方当时在对《民权法》做殊死抵抗，这一威胁让联邦最高法院尤为关切。在这种情况下，为了消除批评者的疑虑，唯一审慎之举便是撰写一份意见书，撇清与布朗案之类涉及"司法能动主义"判决的一切干系。[45]

麦克劳林案支持审慎地死抠法律，这绝非例外。一周以后，针对新近生效的《民权法》，亚特兰大之心旅店案采取了类似的态度。如果联邦最高法院把支持这一里程碑式立法的依据放到平等保护之上，就会与传统的理解彻底决裂，后者将社会权利置于第十四修正案的范围以外。（想想我提出的1964年民权诸案的替代方案。）[46] 然而，再一次地，联邦最高法院偏离了由布朗案宣示并且在立法出台时获得休伯特·汉弗莱和许多其他人重申的反羞辱原则，采用了从罗斯福时代继承而来的、争议较小的论证。

这一次，联邦最高法院依靠的是 1940 年代初期阐述新政对于州际贸易条款理解的名案：美国诉达比案和维克德诉费尔本案。从实质上讲，这些案件所宣示的司法学说与是松案和平林案很不相同。而从实用的角度来看，它们的功能恰恰相同，都诉诸从罗斯福时代最高法院继承而来的、死抠法律的公式，以此给愤怒的民权之争降温。

时隔半个世纪，我们很容易忽视最高法院审慎第一的立场。现代人认为，《民权法》和麦克劳林案所代表的平等主300 义进步的正确性不证自明，无须新政提供正当性。而在 1964年，情况并非如此。如果将麦克劳林案置入历史背景，那么该案与亚特兰大之心旅店案一样，都是司法治国的完全妥当之举，通过阐述在当时看来没有宪法争议的观点，为大众更广泛的接受铺平道路。

问题在于，现代法律工作者将麦克劳林案与其历史背景分开，认为是松–平林框架才是理解整个民权遗产的关键。这是错的。在麦克劳林案中，司法审慎地介入了一个《民权法》未曾踏足的领域，而判决只是巧妙地试图论证这样做的正当性，它不应当被误认为是促进立法大突破的原则。总统和国会在出台这部里程碑式立法的时候，并未背弃布朗案的呼吁：废除真实世界中各种形式的制度化羞辱。相反，他们将布朗案的承诺推进到社会生活的全新领域之中。如果我们允许麦克劳林案把注意力从这一伟大成就转移开，我们就背叛了第二次重建。

无论如何，这就是我的"补充性主题"的核心。

拉芬案

跨种族亲密关系问题上的先例，已经被我连接到了宪法发展的更宏大样态上。布朗第二案宣告，去除校园种族隔离将以"审慎速度"实施，不久后聂案即下判。聂案和布朗第二案以不同的方式承认，沃伦的伟大意见书仅仅开启了围绕平等现代意涵的宏大宪法辩论，而除非美国人民以决定性的方式打定主意，全速推进都将是莽撞的。

麦克劳林案则发生在另一个阶段。《民权法》的出台，以及林登·约翰逊随后取得的压倒性胜利，标志着形势发生了偏向布朗案的转折——但是这一转变尚未达到不可逆转的地步。鉴于南方仍在殊死抵抗，麦克劳林案明智地小心行事，死抠法律，方才进入了一个国会和总统都拒绝踏足的、全新的且高度紧张的领域。

而到了 1967 年 6 月，联邦最高法院采取下一步骤，判决拉芬诉弗吉尼亚州一案，此时宪法政治的演变已经进一步加速。当时，《选举权法》已经出台，强化了大众对于第二次重建的担当。这些里程碑式立法正在显露出真实的效果：南方的黑人大规模登记，而在南方各地，餐馆、影院和旅店中吉姆·克劳制的瓦解也历历在目。但是，这一势头并非不可逆转。卫生、教育与福利部努力消除南方学校的种族隔离，其命运最终取决于下一任总统——而乔治·华莱士即将迈过竞选总统的门槛。

拉芬案的象征意义仍然重大。所有人都意识到，白人对于黑人与白人之间性关系的焦虑，加剧了南方对于去除种族隔离的抵制。在推翻跨种族通婚禁令时，谨慎的做法是避免将判决与布朗案对二元学校体制的鲜明谴责捆得太紧。

拉芬案就反映了这种复杂的现实。首席大法官沃伦代法院发声，他的口气比怀特更自信。[47] 但是，到了关键时刻，他并没有强硬重申布朗案的反羞辱原则。

拉芬案从弗吉尼亚州上诉而来，该州最高法院不容置疑地宣称将忠于"我们在聂案的判决"。[48] 该州总检察长为了捍卫弗吉尼亚州的《纯种法》(*Racial Integrity Act*)，搬出了麦克劳林案所强调的、界定第十四修正案"核心目的"的"历史事实"。他的概述强调，重建时期共和党人为转型的抱负设定了限制。为了将这一点与案件结合起来，弗吉尼亚州的概述引用了第三十九届国会的领军人物，他们反复向美国同胞保证，州对跨种族通婚的禁令将不受波及。[49]

作为回应，沃伦废弃了麦克劳林案诉诸"历史事实"的做法。他回顾了几被忘却的布朗案，援引了布朗第一案对于原旨主义的否定："这些历史信源尽管'有借鉴意义'，却不足以解决问题；'至多可以说无法从它们之中得出结论'。"[50] 如果无法运用原旨主义得出结论，沃伦究竟该运用什么工具来解决问题呢？

拉芬案上诉方概述的前半部分直面了这一问题。它将弗吉尼亚州的《纯种法》描述成奴隶制的历史残余，之后阐述了该法的当代影响——论证依据是社会心理学家的作品，特别是贡纳·米道尔的"权威著作"：[51]

> 在心理和社会层面，不正当性关系的历史都是整个美国种族关系样态的前提。对其重要意义怎样强调都不为过，因为"对于普通白人美国人而言，黑白之间的等级界线立足于且**有赖于**反种族混同学说"……米道尔著《美国难题》第 54 页……对比布朗诉教育委员会案。[52]（强调系概述中所加）

布朗案关注真实世界，而沃伦拒绝了将之作为判决基础的邀请。相反，他追随怀特，继续把是松案和平林案用作分析的基础。为什么？

我曾询问本诺·施密特（Benno Schmidt），他是负责此案的沃伦助理。[53] 他的回答是，弗吉尼亚州为了支持其通婚禁令，提交了自己版本的"布兰代斯概述"，其中充斥着种族主义优生学的引证。这些研究早已被科学界推翻。[54] 可是，该州乞灵于种族主义的"科学"，把沃伦推上了裁决伪科学纠纷的尴尬位置。他没有摆出超级科学家的架势，而是选择追随怀特的死抠法律之路。

沃伦避免与种族主义优生学正面对抗或许是正确的，但是，为了证明法律的污名化效果，根本无须搬弄科学数据。相反，沃伦完全可以诉诸美国同胞的常识，写写通婚禁令是如何迫使跨种族情侣以病态的、不体面的和有罪的关系示人。与驳斥伪科学发现相比，运用常识讨论日常生活中的无数羞辱，能够为布朗案对于真实世界污名的关切提供强大得多的辩护。[55]

可是，面对弗吉尼亚州对于"布兰代斯概述"的戏仿，

第十三章 亲密关系的领域　*389*

沃伦并未如此回应。他并没有为布朗案的隽永见解辩护，而是让自己的助理循着麦克劳林案的脚步准备意见书。结果，意见书的草稿几乎逐字逐句地重复了怀特的说法，强调针对"可疑"的种族归类施加"严格审查"。

尽管说法重复，但是，麦克劳林案的公式一旦进入沃伦更宏大的论述之中，就获得了与从前迥异的宪法地位。当是松案和平林案被怀特最先援用时，它们不过充当了通往界定平等保护条款"核心目的"的"历史事实"之路上的小站。而在沃伦论证的第一阶段，他去掉了是松案和平林案的原旨主义出身。他虽然继续把这些案件用作裁判的先例，目的却截然不同：他把罗斯福时代的大案用作宪法在下一代前进的基础。

这是沃伦法院法理学的标准动作。然而，在这宗案件中，这却造成了一个明显的问题：当亚特兰大之心案采取类似步骤，诉诸新政对于州际贸易条款的解读时，它所引用的罗斯福法院判决乃是十年宪法政治成就的高峰。而首席大法官依靠是松案和平林案，从中寻求指针，这两份意见书却来自整个司法史上最为黑暗的时刻之一。

沃伦第一个意识到了处境的讽刺性。作为第二次世界大战期间的加州总检察长，他曾经强硬支持拘禁日裔美国人，颇为显眼。在和助理一起研究拉芬案时，他非常清楚这些战时判决的争议性，但是仍然为它们的优点辩护。[56] 最后，沃伦的心理剧还因为一个因素而变得更加复杂：在考虑是松案和平林案的时候，他不仅将本人过去的问题时刻推到聚光灯前，而且将法律的道路从布朗案引开，而那是他对宪法传统的最伟大贡献。

如果我们超越心理剧本身，将沃伦看作司法治国者，这一费解的转向就不那么难解了。尽管存在复杂的个人因素，但是整个沃伦法院非常清楚，把拉芬案与布朗案捆得过紧会有危险，也会印证种族主义者的指控：他们实现校园种族融合的真实目的是让白人成为杂种。拉芬案诉诸是松案和平林案，从而重构了议题，使之远离当下的民权之争——通过诉诸战时记忆，鼓励南方人将自己和全美各地的爱国者重新联结起来。就此看来，首席大法官虽然深以布朗案的判决为荣，却从该案偏出，代表着近乎治国者的努力，在职权范围内尽一切可能减少去除种族隔离之争的危险性。

所有这一切如今都被忘却了。现代的律师和法官将是松-平林式框架转化为精细的司法学说架构，围绕应当被视作"可疑"的特定归类，以及它们应当受到多严格的审查，展开无尽的争执，却忘却了谨慎行事的初心。这些探讨自有其地位——但是，法律具有将社会生活中的脆弱群体污名化的强大力量，这些探讨须得置入针对这种力量的宏大检视之中。

最近，罗伯茨法院的一宗关于同性婚姻的判决，巩固了这一根本看法——这是跨种族通婚问题在 21 世纪的等价物。为了推翻《婚姻保卫法》，美国诉温莎案决定性地否弃了从拉芬案继受而来的是松-平林式框架，转而强调自布朗案继受而来的某种反羞辱原则。[57]

在反思这一引人瞩目的转变之前，最好回到拉芬案，做

304

最后的探讨。我们将追随首席大法官沃伦，回顾他将早期草稿修改为定本的过程。他虽然继续强调是松案和平林案，却重构了自己的意见书，邀请联邦最高法院在未来超越该案，重新将布朗案的反羞辱原则置于界定婚姻平等的核心地位。半个世纪以后，肯尼迪大法官领导罗伯茨法院，将沃伦的示意转化为宪法的现实。

向未来示意

当沃伦的法律助手提交草稿，供他个人审阅，首席大法官做了两处重要的修改。他首先盯上了草稿对于法律目的的描述。拟议中的意见书接受了州的说法，即该法是一项"单纯旨在保持纯种的措施"，之后才谴责这一目的不够有说服力。沃伦删掉了这种对优生学的伪科学式强调，代之以社会学的描述。正如现今载入《美国报告》中的那样，沃伦的意见书将该法说成"旨在保持白人的至上地位（White Supremacy）"[58]。这一短语如今尽人皆知，它指向了婚姻禁令所企图强加的、社会生活的污名化形式——虽然措辞仍围绕立法目的，并没有公开评价法律对于跨种族情侣的日常影响。

沃伦的第二处修改表达了类似的不满。[59]这一次，他给意见书新增了一个结论段：

> 这些立法还未经法律正当程序就剥夺了拉芬一家的自由，违反了第十四修正案的正当程序条款。长期以来，结婚自由被承认为自由民必不可少的个人自由之

一。（它）是我们生存的基础。斯金纳诉俄克拉何马州案……这些立法包含着种族归类，这种归类是如此直接地抵触居于第十四修正案心脏地位的平等原则，据此否定一项根本自由是如此站不住脚，这么做，必然不经法律正当程序就剥夺了州一切公民的自由。第十四修正案要求，选择婚姻对象的自由不应当受到不公正的种族歧视的限制。在我们的宪法之下，与另一种族的人是否通婚的自由属于个人，不得被州侵害。[60]

我在此处引用的是沃伦在《美国报告》中的说法，而他传阅草稿时的文本与此不同。当时，他诉诸家庭价值，为了加强这一点，他援引了 1920 年代的一宗案件，该案推翻了州出于反德排外情绪而制定的立法，那种情绪在第一次世界大战期间曾席卷全国。大法官詹姆斯·麦克雷诺兹（James McReynolds）代表最高法院在迈耶诉内布拉斯加州案（*Meyer v. Nebraska*）中发声，宣告禁止在私立学校教授外语的命令因违反正当程序条款而无效。

沃伦的草稿援引迈耶案，论证"结婚、成家和养育子女"权利的根本地位。[61]可是，胡果·布莱克完全无法接受这种依赖麦克雷诺兹的做法。对于这位新政人士而言，麦克雷诺兹堪称旧时糟糕法官的范本，守旧的法院当年错误地抵制了新政革命。他呼吁首席大法官把自己的意见书完全奠定于拉芬案对平等保护的分析之上，并且放弃复兴实体性正当程序的要求。[62]

沃伦的回应是实用主义的。他个人出面请求布莱克支持——在把麦克雷诺兹的意见从讨论中删除之后，他获得了布莱克的首肯。[63] 有全院唯一的南方人支持，首席大法官就可以宣告拉芬案的判决是无异议的，而这也避免了激起众多仍然对跨种族通婚怀有强烈偏见的美国人的愤怒反应。[64] 拉芬案于1967年春天宣判后，并未引发严重的公众抗议，这一点引人瞩目，而部分应当归功于沃伦建立同盟的努力，以及从布朗案偏出的做法。[65]

然而，沃伦对于布莱克的实用主义回应很难回答一个根本问题——这位新政人士怀疑沃伦要复活麦克雷诺兹不光彩的司法学说，果真如此吗？

我的答案是否定的。实体性正当程序在1920年代和1960年代所扮演的角色截然不同。对于麦克雷诺兹而言，它充当了阐述中期共和国宪法信条的平台，承诺以产权和契约作为个人自由的首要工具。比如，在迈耶案中，麦克雷诺兹只保护家长将子女送到教德语的私立学校的契约权利。他并没有将其论证进一步扩展到保护德语在公立学校课程中的地位。[66]

布莱克强调，在新政期间，麦克雷诺兹的契约主义愿景已经被美国人民彻底推翻，这完全正确。但是他相信沃伦是在呼吁不光彩的洛克纳时代的回归，这就错了。其实，沃伦将实体性正当程序用作平台，进一步发展第二次重建的伟大宪法主题之一：以逐个领域讨论的方式来实现宪法价值。正如我们已经看到的，布朗案否定了从第一次重建继受而来的三分法，即民事、政治与社会，开启了将社会切分为更小领域的进程。里程碑式立法进一步推动了这一领域分化的进程，选出公共场所、就业和安居加以特殊考量。在这一更宏大的背景之下，沃伦的结论段落标志着对于分领域进路的进一步阐述，他打破了分隔平等保护与正当程序的司法学说藩篱，进而邀请我们将婚姻视作真实世界生活中的独特领域，提出恰当的司法学说应对之法。就此看来，沃伦在布朗案和拉芬案的表现并无尖锐冲突——它们都反映了对社会生活逐个领域加以讨论的进路，而这是第二次重建的主要遗产之一。

我要补上一句：这一领域划分的突破仅在沃伦的结语之中对我们有所启示。未来的法院完全可以集中关注拉芬案对于平等保护的更大篇幅论述，将沃伦诉诸实体性正当程序之举仅仅视作添头，不做讨论。类似地，沃伦关于平等的讨论也可以有不同的解读。狭窄的解读强调是松案和平林案的核心司法学说，将宪法的关注从真实世界的羞辱引开，投向立法者在出台可疑归类之法时的目的。而宽泛的解读将沃伦对"旨在保护白人的至上地位"的法律的谴责当作跳板，复活了平等保护的特定进路，强调真实世界污名化的动态过程。

那么，拉芬案在今天应当如何被记取？我们对它的解读应当狭窄还是宽泛？如果作宽泛解读，要有多宽泛？

从拉芬案到温莎案

肯尼迪大法官在推翻联邦《婚姻保卫法》的意见书中，³⁰⁷主动回答了这些问题。美国诉温莎案所针对的是《婚姻保卫法》对婚姻的狭隘定义，即仅限一男一女的关系。乍看起来，肯尼迪的意见书像是个半拉子工程——他宣告《婚姻保卫法》违宪，但是拒绝更进一步，谴责许多维护传统婚姻观的州法。而如果从更深刻的历史视角来看，他的意见书标志着根本的转折。

在肯尼迪大法官看来，某些州已经将同性婚姻合法化了，而《婚姻保卫法》的特殊问题就在于对待这些州同性情侣的态度。《婚姻保卫法》将这些情侣置于特别的窘境之中——他们根据州法合法成婚，却遭到联邦政府拒绝承认他们的已婚状态。为了宣告这一悖论违宪，肯尼迪本来可以采用从拉芬案继承而来的是松-平林式框架。从这一进路出发，他可以宣告《婚姻保卫法》在同性和异性情侣之间制造了可疑的区分，应予严格审查，而国会出台该规定的目的无法通过这一测试。

然而，当肯尼迪代表五位大法官组成的微弱多数撰写判决时，他开辟了通向结论的一条全新的道路：

> 《婚姻保卫法》在同一个州创设了两种相互矛盾的婚姻体制，迫使同性情侣在州法意义上已婚、联邦法意义上未婚，这破坏了基本人身关系的稳定性和可预见性，而州本来已经认定这种关系适合承认和保护。这样一来，《婚姻保护法》同时损害了州承认的同性婚姻的公共和私人意义；因为它告诉这些情侣以及整个世界，他们本来有效的婚姻不配得联邦承认。这将同性情侣置于二等婚姻的不稳定地位。**这种区分严重损害了情侣的**

尊严，而他们的道德和性选择受到宪法保护，见劳伦斯诉得克萨斯州案（*Lawrence v. Texas*），州也致力于让他们的关系获得尊严。**并且，这么做羞辱了成千上万如今由同性情侣抚养的子女。系争法律让这些子女更难理解自身家庭的团结和亲密，以及自身家庭与其他家庭在社区和日常生活中的和谐共处。**[67]（强调系后加）

"这种区分严重损害了情侣的尊严"——这是对国会做法的**社会意涵**的宣示。正如异议大法官所言，在各州对婚姻的界定各不相同的情况下，即便立法者有看似合理的理由，坚持联邦对婚姻统一对待，也仍然会存在等而下之的待遇。[68]

为了从法律世界转向真实世界，肯尼迪大法官将他早先判决的劳伦斯诉得克萨斯州一案作为裁判先例。在该案中，他领导联邦最高法院推翻了传统上的刑事反"鸡奸"法，理由是这些法律的执行"严重损害（了）"同性情侣的"尊严"。[69] 不过，他拿这宗相对较新的案件做依据，却忽视了温莎案更深刻的根基。

肯尼迪的判决书恰恰重述了布朗案的反羞辱原则。特别是，肯尼迪强调《婚姻保卫法》强加给"成千上万如今由同性情侣抚养的子女"的"羞辱"，"让这些子女更难理解自身家庭的团结和亲密，以及自身家庭与其他家庭在社区和日常生活中的和谐共处"，这与布朗案的对应关系尤其清晰。沃伦在谴责校园种族隔离时，理由是这会让儿童"觉得在社区中的地位低人一等，这将会以无法开解的方式影响他们的心智"，而肯尼迪其实重新表述了这一点。[70]

不过，在一个关键点上，肯尼迪没能追随布朗案。回忆一下，沃伦为了加强自己关于羞辱的常识性论证，曾经诉诸社会科学。[71] 肯尼迪并未采取类似做法，大概只有火星来客才需要通过社会科学才能认识到《婚姻保卫法》的污名化效果，而按照肯尼迪的写法，对于任何生活在 21 世纪早期的美国人而言，这一点仿佛都是显而易见的。

斯卡利亚大法官完全没被说服。他谴责肯尼迪的反羞辱话语是无意义的"争吵"[72]——并且有危险。在斯卡利亚看来，肯尼迪不过是用修辞造了个攻城槌，使得联邦最高法院可以通过命令的方式将同性婚姻强加给全联盟的所有五十个州。[73]

斯卡利亚的情绪化指责并不指望读者的冷静回应。不过，当我们把"争吵"搁置一边，他的分析显然很有力量。肯尼迪既然唤起了布朗案的灵魂，他就很难把反羞辱原则局限在只包含联邦政府的案件中，比如《婚姻保卫法》一案。309 毕竟，布朗案本身带有斯卡利亚所认为的原罪——它要求各州及联邦政府消除其学校系统中的制度化羞辱。如果布朗案大范围地禁止基于种族的羞辱是正确的，那么，推翻州基于性别的羞辱性婚姻法，又有什么错呢？这最起码会给斯卡利亚大法官和受温莎案约束的下级法院带来沉重的负担，要求他们通过原则回答这一根本问题。

在整本书中，我都试图揭示美国人从民权时代所继承的宪法遗产。而现在是时候问另一个问题了：在推行了半个世纪之后，第二次重建在多大程度上仍然是活的宪法的生机所在？

我会把严肃的回答留到下一卷，但是在宽泛的估测之中，温莎案必定配得上一个重要的地位。正如我们所看到的，首席大法官沃伦在布朗案中的意见书，引入了第二次重建的核心主题之一，该主题获得了总统和国会的确认，并推广到社会生活的诸多其他领域。可是到了跨种族婚姻问题上，约翰逊总统和国会却紧急刹车，并未认真采取措施禁止州的反跨种族通婚法。沃伦法院虽然小心地介入，填补了这一空白，却绕开了布朗案的反羞辱论证。相反，肯尼迪大法官已经引领罗伯茨法院，践行了甚至连沃伦法院都拒绝走上的道路。

这一事实本身的意义极其深远。罗伯茨法院在就温莎案下判时，不仅重申了反羞辱原则，还远远超出了该原则最初的适用范围，处理了一场对于 21 世纪至关重要的纷争。肯尼迪成功恢复了沃伦见解的活力，印证了这一民权遗产的隽永意义。

但是，在对民权遗产的现时生命力做总体评价时，如果过分拿一份 5：4 的判决说事，就会犯错——特别是，最近的另一个 5 票多数，把法律引上了截然不同的方向。就在温莎案宣判之前一天，罗伯茨做出了另一个重大判决，重新界定了联邦最高法院与第二次重建的关系。谢尔比县诉霍尔德案（*Shelby County v. Holder*）前所未有地对《选举权法》的一个关键条款发起了攻击，宣称该法在 21 世纪不再能够充当

310

宪法生活的正当基础。

第十四章将直面这一不同寻常的判决，将其置入本书宏大论证所搭建的背景之中。

第十四章

背叛？

开国和重建乃是巨人挺立的时代——这些人以隽永的方 式代美国人民发声。而 20 世纪则是政治矮人的时代，那些人从未获得可以匹敌的权威——没有修宪界定能动主义全国政府的性质和边界，任何修正案都没有将民权革命的核心成就法典化。将近一个世纪以来，我们人民从未做出重大的决策。

法律工作者们大概是这么说的。

美国人配得上更多。他们应当了解自己的父辈和祖辈如何为大众主权的传统做出了重大贡献，在 20 世纪为宪法所追求的经济和种族正义奠定了基础。在新政和民权革命期间，政治领袖们为了赢得代人民发声的权威，并没有运用开国一代的修宪体系。而他们背离 18 世纪的形式主义确有充分的理由。

当开国者设计宪法第五条时，美国人将他们的国家视作由主权各邦组成的软弱同盟，所以《邦联条款》要求任何正式修改都须获得各州的一致赞同。费城大会推翻了这一明面上的要求，宣布只要四分之三的州就可满足需要。这把修宪系统向国家的方向推了推，而对于弗吉尼亚州或马萨诸塞州的大多数公民来说，任何更加集权的方案都不可接受。[1] 他们的联邦观以州为中心，这在内战和重建期间遭到破坏；而到了 20 世纪，政治越来越具有全国属性。州仍旧重要，然而，它们对于根本变革的绝对否决权，越来越显得与对美国的政治认同相抵牾。

312　　正如富兰克林·罗斯福在填塞法院危机中所解释的那样，"13 个州只占选民人口的 5%，却可以阻挠批准修宪，即便 35 个州占 95%的选民支持修宪"。他宣称，民主党在 1936 年取得了压倒性的胜利，为新政赢得了"人民的授权"，去将能动主义的福利国家融入国家的宪法根基之中。[2]

真正的问题在于，统治精英一旦从第五条中解放出来，在没有赢得普通美国人动员起来的支持的情况下，能否宣称拥有变更宪法的"授权"？或者说，我们的制度能否为公民提供必要的工具，让他们能够决定性地介入国家宪法未来的塑造过程？

这就是新政为何构成关键先例的原因。罗斯福和民主党控制的国会须得**赢得**他们的授权——首先要巩固大众对新政的支持，对抗联邦最高法院令人难堪的批评和共和党的反对；其次要在 1936 年赢得全国性、压倒性、决定性的胜利；再次要把总统大位和国会掌握在手中足够长的时间，从而建立支持新政的联邦最高法院，把新妥协牢固地植入活的宪法之中，这时已到 1940 年代初了。只有经过这一漫长的过程——其间，所有三大分支都动员起来，参与到长达十年的宪法论辩、反复的选举决策和持续的司法反思之中——罗斯福所宣称的"人民的授权"才获得了广泛的可信度。

美国法律工作者贬低这一成就，犯下了大错。这一成就虽然并未遵循第五条的联邦主义规则，但是成功融入分权的传统之中，维护了大众主权，正是大众主权使美利坚成为一个国家。当时，欧洲的伟大民主政体在大危机下摇摇欲坠，而作为回应，美国人调整自己的制度，践行了他们对于政府的信念："民有，民治，民享"。这非同小可。

民权一代反复运用新政的先例，指导他们自己为宪法改革而进行的斗争，几乎没有人会对此感到惊异。这些青年男女亲历了新政的活剧。在 1964 年，他们无须借助历史书，就能够理解林登·约翰逊为何用罗斯福–兰登的大胜来衡量自己所获得授权，以及沃伦法院为何焦虑地想要避开另一次灾难性的"及时转向"。

然而，历史从不自我重复——而在关键的方面，通向大 ³¹³ 众主权的民权道路也不同于新政。最重要的差异涉及联邦最高法院。从杰斐逊的时代到罗斯福时期，为了推动新议题进入宪法议程，总统和国会都扮演了核心角色，而联邦最高法院用尽权力，抵制了每次诉诸根本变革的新兴运动。

这次不同。如果一切自便，艾森豪威尔总统和国会本来会让种族问题继续待在暗处。是布朗案迫使他们认真对待这个议题。考虑到大法官们行使宪法领导权的决定性举措，法律工作者在研究第二次重建时，把沃伦法院在 1950 年代的判决作为起点，就是完全妥当的了。

但是，当我们回顾布朗案后的第二个十年，继续这么做就不对了。随着林登·约翰逊爬上总统大位，国会妥协和总统小步前行的时期告一段落。此后，大法官们将和各政治分支分享领导权——当总统和国会宣称获得了人民的授权、推动根本变革时，大法官们通常坐在后排。

《1964年民权法》的出台，以及约翰逊对戈德华特的压倒性胜利，给大众主权的新政模式带入了新的变量。再一次，总统宣称获得了人民的授权；再一次，国会通过里程碑式立法来强化这一宣示；再一次，经过又一次总统大选，总统、国会和最高法院继续巩固和提炼先前的突破——尼克松和伯格法院都强调他们核心成就的两党一致性。

实践证明，第二次重建比19世纪的前身更加耐久。重建时期修正案出台50年后，在南方各地，黑人都被投票场所拒之门外，最高法院也重新解释了相关宪法文本，强调保护财产权利，而不是少数者的权利。而第二次重建50年后，黑人仍然是一支强大的政治力量，他们的民权胜利成为伟大的先例，被其他受压迫群体在争取自身平等保护的斗争中援用。

可是，律师和法官仍然把第一次重建视作美国人民对宪法平等问题的定论，而将第二次重建的里程碑式立法和司法超级先例当成杂乱的附件，附在旧时造法者的巨作之后。法律界贬低民权革命，因而背叛了大众三权的美国经验。我们应当停止膜拜19世纪的圣坛，换个问题问自己：第二次重建的原则与第一次有何不同？

本书只提供了答案的起点。最明显的是，本书仅关注为黑人争取平等。我没有兼顾为了其他少数群体、女性和穷人而展开的社会正义运动。本书也聚焦于华盛顿，没能将运动的行动者、地方政治领袖和普通美国人的声音融入故事之中。我的终极说辞是："我能献给我的国家的生命只有一次。"所以，我集中力量做我最擅长的事，以及最主要的事：两党政治联盟真真切切地成功利用了民权运动的能量，以美国人民的名义，为种族关系奠定了新的基础。单是这个主张就意味着法律界讨论的大转变，所以需要用整本书的篇幅来论证。

我的基本主张如果成立，自然就会激发广泛的尝试，超越本书较为明显的局限。如果法律界真的拓展了宪法正典，将来自立法和司法机关的许多新材料纳入其中，那么，不同的律师、法官和学者会对这些材料做出许多不同的解读。谁知道我的特定解读有多少能够战胜时间的考验呢？

论辩的动态过程还将重新界定跨学科对话的规则。法律工作者只要坚持以法院为中心的叙事，就会自我隔绝在历史学和政治科学的诸多潮流之外。而他们一旦将高级法律制定过程置于探讨的中心，就对广泛的跨学科贡献发出了邀约。关于激发性和巩固性选举的宪法意义之争，将会有不同光谱下的政治科学家介入。社会历史学家对民权运动采取自下而上的叙述，他们将探讨以复杂的方式塑造和重塑本书以华盛顿为中心的论证。如此种种。[3]

为这场论辩做贡献的最好方法，是对我先前探讨中所浮现出的民权遗产做个汇总。

解开新政的两难

沃伦法院在应对挑战《民权法》的案件时，错过了一次 315

阐述第二次重建意涵的重大机遇。时间是 1964 年 12 月；案件是亚特兰大之心旅店案和麦克朗案；议程是联邦禁止公共场所歧视的合宪性。总统和国会出台这一禁令，远远走在了沃伦法院的前面——该院在贝尔诉马里兰州一案时已然拒绝推翻长期以来的判例法，授权私产的所有者歧视黑人和其他少数族裔。

对平等保护条款的这种限制性解释根深蒂固，源自 1883 年的民权诸案。它还被戈德华特参考，用来反对《民权法》——在众议院大会和后续的总统竞选中都是如此。不过，戈德华特的宪法批评，由于 12 月的惨败而遭到碾压，这为约翰逊和国会提供了条件，他们宣称获得了人民的授权，可以进一步推进民权的突破。联邦最高法院判决亚特兰大之心旅店案时，戈德华特刚刚落败一个月，所以判决就成了一次宝贵的机会：大法官们会不会追随约翰逊所获得的、决定性的大众授权，将亚特兰大之心旅店案变成 1960 年代的布朗案，从而深刻地重塑未来世代对平等保护的理解？

答案是否定的。为了所谓的能动主义，沃伦法院拒绝这么做。（回忆一下我在第七章勾勒的、亚特兰大之心旅店案的替代版本。）法院甚至并没有把《民权法》看作一部**关于民权的立法**。相反，法院把这次平等主义的重大突破，当作新政规制州际贸易的寻常之举，虽然加以支持，却几乎把该法的道德意义当成了难堪之事。

对于民权一代而言，1930 年代的先例具有论证力量，而司法学说的转变就是向这种力量致敬。在林登·约翰逊看来，总统领导权的新政模式乃是核心的参照点；类似地，新政对州际贸易条款的扩展，也成为联邦最高法院不可挑战的根基——它充当了保守派大法官哈兰和自由派大法官道格拉斯的共识，为支持新法提供了正当性基础。

得益于新政的共识，联邦最高法院以州际贸易条款为据，用统一的声音支持了《民权法》。如果占多数的自由派就平等保护做出突破性的判决，哈兰（或许还有其他大法官）就会提出异议，他的单独意见就会被南方的死硬分子利用，支持他们为维护吉姆·克劳制所做的最后一搏。在焦虑的政治氛围之下，沃伦所代表的多数有意选择建立联合阵线——即使这样做的代价是没能给后代留下一份雄辩的声明，阐述第二次重建扩张平等保护意涵的愿景。

这一战术决策给后世带来了"新政的两难"。一方面，最高法院的全体一致判决，赋予约翰逊和国会以最大的可信度，去宣称获得了罗斯福式的人民授权，进一步推进种族关系的突破；另一方面，对全体一致的追求，又令联邦最高法院无法阐述《民权法》对于平等保护意涵的决定性改变。后世如果想要填补这个空白，就必须让目光超越《美国报告》，倾听人民的发言人，比如林登·约翰逊与小马丁·路德·金，以及休伯特·汉弗莱与埃弗雷特·德克森，听他们解释自己的决定性成就的宪法意义。

在新的世纪，如果我们希望维护大众主权的传统，我们就不能把这些领袖描述成只会说陈词滥调的模仿者，以为他们单靠从前的巨人所留下的宪法遗产为生，而那个从前还在不断远去。我们须得仔细思考他们的成就——这既包括采用新政模式代人民发声，也包括超越第一次重建，为现代创立新的平等主义原则。

布朗案的自相矛盾

我呼吁业内将法院融入大众主权的更宏大叙事，但是并不想要将大法官们推离舞台中心。恰恰相反，在某些方面，重新界定宪法正典有助于强调司法贡献的关键性。

最重要的是，布朗案对"心智"的强调，为里程碑式立法的公共正当性提供了宪法框架。布朗案将一场宪法对话放到了政治舞台的中心，而在争取立法突破的运动中，小马丁·路德·金、约翰逊和其他领袖反复强调全面羞辱之恶，便是在延续这一对话。这些斗争在里程碑式立法通过之际达到顶点，当时，人们把这看作对沃伦在布朗案中行使领导权的公共辩护，这是正确的。

而现行的、以法院为中心的正典却忽视了这个关键。它没有把沃伦的意见书当作钥匙，用来解开美国人民在里程碑式立法中所认可的庄严承诺的独到特征。它仅仅将布朗案视作法官之间围绕平等意涵的漫长对话的起点，且对话仅限于法官之间。它所提供的叙述模仿了普遍法发展的典型故事；就此看来，后世的大法官将布朗案的判决与沃伦的论断区分开来，逐渐抛弃他所强调的羞辱问题，代之以他们认为有说服力的其他司法学说，就是完全可以接受的了。然而，五十年过去，这一法官缔造的传统却将法律置于自相矛盾的境地：我们被教导要尊崇布朗案，将其视作决定性的转折点，却不再认真对待沃伦的意见书。

而一旦我们重新界定正典，将里程碑式立法纳入其中，这种善意的忽视就站不住脚了。**我们法官并不享有宪法权威，去抹除我们人民深思熟虑的判断。**为了解决布朗案所引发的十年论争，自《1964年民权法》开始，里程碑式立法反复重申沃伦所宣示的原则，获得了美国人民的不懈支持。在这个关键问题上，努力重新界定宪法正典，将里程碑式立法涵括其中，对于法律工作者的影响也看似矛盾：一方面要求他们**更加**认真地对待联邦最高法院，另一方面要求他们还原布朗案的本相——20世纪最伟大的司法意见书。

司法能动，还是里程碑式巩固？

更宏观地，新正典让我们得以超越关于沃伦和伯格法院"司法能动"的陈腐争辩。我们不该追问特定判决究竟是"能动"还是"节制"，而是要把它们置于总统、国会和美国人民的高级法制定行为这一背景之下。这使得我们追问与从前截然不同的问题：在法院涉足的领域，里程碑式立法是否带来了平等主义司法学说的革命？抑或，在布朗案的第二个十年，政治分支是否允许法院维持宪法领导地位？

本书第二篇讨论了政治分支取得宪法领导权的各个领域：就业、安居、公共场所和选举。第三篇则处理联邦最高法院继续领导的领域，即公立学校和跨种族通婚。对于前者，我们证明，联邦最高法院尝试巩固政治分支立法举措的宪法正当性。而联邦最高法院在后者上的做法与此迥异。对于将平等主义原则延伸到尚存疑问的地带，它没有做出里程碑式的巩固判决，而是抱以死抠法律的审慎。

在**里程碑式的巩固**（*landmark reinforcement*）与**死抠法律的论证**（*legalistic legitimation*）之间，形成了对比，也加深了对于最高法院判决的理解。如果你被说服了，那么，我们就得出了第二个看似自相矛盾的结论：通过将里程碑式立法纳入正典，对于传统正典过度关注的司法判决，我们反而理解得更加透彻。

为了阐发这一点，我们再次从亚特兰大之心旅店案说起。最高法院转向州际贸易条款，这究竟是能动的，还是节制的？

正确的答案是两者都不对。联邦最高法院之所以向新政示意，是为了巩固《民权法》。大法官们亲身经历了1930年代，所以，他们认为州际贸易条款的扩张无可争议，乃是现代宪法的未来。通过援引州际贸易条款，他们向美国人表明：守旧法院与新政对峙的一幕绝无重演的危险；在民权议题上，林登·约翰逊已经获得了授权，其可信性并不会因对峙而严重受损。

这个根本问题一经解决，在巩固后续立法举措时，沃伦法院的意见就更加明确地面对了立法的平等主义抱负。琼斯诉迈耶案就是一个显然的例证。1968年，当该案抵达联邦最高法院时，国会正在辩论这一时期的最后一部重大里程碑式立法——《公平安居法》。到了这个时候，早先的里程碑式立法已经带来了实实在在的改变——黑人不但可以大量投票，而且有越来越多的机会走入餐馆、获得招待，而无须遭受羞辱。既然公众对突破性举措的接受度越来越高，司法保持一致就不再那么紧迫了。于是，强有力的多数支持了斯图尔特大法官的判决，给最高法院对第十三修正案的传统解释带来了革命。斯图尔特推翻了1883年民权诸案所支持的狭窄解读，深化了第二次重建的承诺，即：在真实世界消除充斥20世纪的、奴隶制的"标记和残片"，从而将布朗案的反羞辱原则拓展到新的宪法地域。

司法学说的扩张引人瞩目，有时会被指责为能动之举，推翻了原先对于第十三修正案的解释。但是，亚特兰大之心旅店案宣示了里程碑式巩固的主题，斯图尔特的意见更应当被理解成变奏。亚特兰大之心旅店案为了巩固《民权法》而转向州际贸易条款，琼斯案则转向第十三修正案，从而巩固了《安居法》对于私人和公共住房中种族歧视的激进谴责。

在最高法院对待《选举权法》的问题上，平等主义的阐述同样曾经上演。选举是公民行为，而非贸易行为——即便新政扩展了贸易的含义。这样一来，当里程碑式立法扫荡了联邦最高法院限制宪法保护投票权的判决，大法官们想要转向州际贸易条款，避开国会对其司法学说权威的当头棒喝，就无法令人信服了。于是，在卡增巴赫诉摩根一案中，布伦南大法官带领最高法院，硬碰硬地面对了国会对于宪法领导权的诉求。再一次地，传统框架难以评价布伦南在1966年的正典判决：摩根案究竟是能动的，还是节制的？

如果非要选，我猜节制的选项会胜出。毕竟，节制的核心在于司法顺从政治部门。而布伦南领衔的多数派**极度**顺从总统和国会，只要总统和国会认为联邦最高法院的判决成了适当执行平等保护条款的绊脚石，无法容忍，就有权对其视而不见。

可是，为什么管这叫"节制"呢？摩根案的真正意义在于，对巩固《选举权法》的正当性做了全新的论证。通常来说，联邦最高法院巩固立法的方式，是以立法在宪法上的优点为由加以维持，并在适当时候推翻其先前判决。而这一次，联邦最高法院拒绝推翻与立法不协调的判例法，却仍然维持了该法——法院承认，政治分支有时取得宪法领导权是**恰当**的。

而摩根案的判决还不止于此。在平等保护条款的执行问题上，该案明确支持国会的领导地位。但是《选举权法》其实还更进了一步。该法还设计了一种新型的合作，让联邦最高法院加入跨分支的行动，创设新的实体权利——最值得一提的是无须缴纳任何人头税即可投票的权利。那么，当大法官们肩负起这项抱负更高的事业，以我们人民的名义重新界定根本性的实体权利，他们应当选择什么时机与政治分支合作呢——如果确有时机的话？

在1966年的另一宗正典案件哈珀诉选举委员会案中，这一更为宏大的问题摆在了最高法院面前。五十年后，道格拉斯大法官在哈珀案的判决，被当成了无节制能动的典型例证——他骄傲地宣布，联邦最高法院只要认定先前的判决与宪法当下的时代精神不符，就有权推翻这些判决。不过，纯粹是缘于意外，阿瑟·戈德伯格才未能将法院引上截然不同的方向——明确承认里程碑式立法可以正当地取代正式的宪法修正案，重新界定根本的宪法权利。如果戈德伯格还在法院之中，哈珀案本来会超越摩根案，承认国会和总统可以合理地挑战联邦最高法院现行先例的实体内容，而不限于救济部分。可惜，戈德伯格选择牺牲他的司法职业；联合国为越南战争的和平解决而工作，把他的意见书草稿抛在了身后。

然而，道格拉斯在最后一刻取代戈德伯格，并不应当遮蔽各政治分支引人瞩目的努力，在第五条之外设计一种重新界定宪法权利的新方法。正如我们所看到的，这一新模式的设计对于整个《选举权法》的成功出台都极为关键。当我们的目光越过《美国报告》，投向《国会记录》和报纸对这一时期的记述，就会看到，新的"协作宪政"模式完全成为现实，尽管道格拉斯的能动主义判决抹去了这一事实的一切线索。这些信源表明，林登·约翰逊、小马丁·路德·金、埃弗雷特·德克森和伊曼纽尔·塞勒制定出了特殊的条款，向联邦最高法院明白宣示，除非摧毁针对选举权的一切经济和种族限制，否则我们人民就不会罢休。这些条款写入《选举权法》第十节，它们虽然已经消失在视线之外，却配得上在宪法正典中居于中心地位，为将来的协作宪政之举充当裁判先例。

亚特兰大之心旅店案、琼斯案、摩根案和哈珀案：这些案件标志着里程碑式的巩固变得越来越复杂。挑战在于，以这些案件为资源，深化理解联邦最高法院、国会和总统合作的复杂过程。三大分支一道表达了普通美国人的信念，那就是让第二次重建远远超越19世纪的宪法原则。

321

司法节制，还是死抠法律的论证？

当我写下这些话的时候，法律界并没什么兴趣去不懈重申第二次重建的群众基础。在很大程度上，联邦最高法院和评论者所关注的是沃伦法院平等遗产的另一个方面。众所周知，在拉芬诉弗吉尼亚州案中，联邦最高法院宣称，根据种族界限所做的法律归类天然可疑，如果想要通过严格审查，须得具有压倒性的理由。五十年后，拉芬案引发了一场更为复杂的对话：围绕所有可疑归类是否同等可疑，倡议者们展开了没完没了的辩论。比如，那些把女性单拎出来的法律，是不是像针对黑人的法律一样有害？如果不是，法律应当如何界定中度审查（intermediate scrutiny）的程度，以切合这样的情形？

诸如此类的问题都源自拉芬案。它们虽然重要，却不该被置于司法学说讨论的中心。在很大程度上，是我们人民，而非我们法官缔造了第二次重建；明乎此，再让这些问题的解答占据讨论，就显得有些误导性了。在新的正典之中，拉芬案只是作为司法扫尾行动出现在故事之中，它并非沃伦法院遗产的总结。我们不能让拉芬式的、死抠法律的论证遮蔽那些促成里程碑式立法的伟大原则。

即便是在民权革命的高峰时，也没有严肃的政治领袖动议出台里程碑式立法，攻击遍布各州的、针对跨种族通婚的禁令。直到国会开始在其他领域推出里程碑式立法时，联邦最高法院才小心地在麦克劳林案中处理性亲密关系，为三年后在拉芬案中的最后一击打下了基础。既然如此谨慎，尽管真实世界中针对跨种族情侣的羞辱显而易见，麦克劳林案和拉芬案仍然拒绝强调布朗案，就不足为怪了。如果联邦最高法院在拉芬案中胆敢把两者明确联系在一起，就会加深南方人的恐惧：沃伦法院在布朗案的终极目标是"让白人杂种化"，从而引发针对去除学校种族隔离的进一步抵制。

在这种背景下，联邦最高法院小心翼翼地死抠法条之举，就完全可以理解，甚至令人赞叹——因为，他们让沃伦去赋予臭名拙著的"二战"日裔监禁案以新的重要地位，使之进入现代平等保护法。无论沃伦策略的短期收益何在，我关心的是长期的意涵：在21世纪评价民权遗产时，麦克劳林案和拉芬案应当居于何种地位？

这完全取决于你如何定义正典。在既有的、以法院为中心的框架中，这些案件并无助益，但是看上去非常重要。毕竟，它们出台之际，正是沃伦法院的胜利时刻——他在布朗案中行使宪法领导权的巨大努力终于赢得了大众的广泛支持。只要《美国报告》还是铭记第二次重建的最重要平台，那么，沃伦在拉芬案中的判决就完全可以取代他早先在布朗案中的意见书，成为现代平等保护法的关键。

而如果第二次重建首先是我们人民，而非我们法官的作品，那么，拉芬案就只配在宪法正典中居于等而下之的地位。当我们检视沃伦法院后期的工作，诸如亚特兰大之心旅店案、琼斯案、摩根案和哈珀案，这样的案件要重要得多。这些案件表明，司法越来越深思熟虑，努力论证政治分支以我们人民的名义发出的诉求。如果我们想要更充分地理解这些案件，我们就必须超越《美国报告》，将大法官们在司法学说层面的努力看作更宏大范式的一部分：各分支协力为第二次重建奠定牢固的宪法根基。

这些，而非围绕拉芬案司法学说遗产的车轱辘话，才是我们应该关注的。联邦最高法院新近判决的温莎案，为重新评价拉芬案的遗产提供了绝佳的契机。温莎案为了推翻《婚姻保卫法》，决定性地超越了拉芬案的框架，重申了布朗案反羞辱原则的中心地位，倡导业界参与重估这一原则的宪法遗产。

为了评价布朗案在大本营领域即公共教育的命运，两种正典观也发生了分歧。国会和总统在这个领域同样顺从了司法领导权，但是原因截然不同。在拉芬案中，最高法院之所以居于核心地位，是因为无人竞争——政治家们没兴趣挑战性禁忌。而在公共教育领域，大法官们持续居于领导地位，则是基于美国人民及其华盛顿代表的自觉同意，这引出了迥然不同的难题。

《民权法》响亮地重申了布朗案，为法院提供了关键的执法工具，最终在约翰逊和尼克松任上打垮了南方的抵制。然而，里程碑式立法并没有像在就业、安居、公共场所和选举领域中那样更进一步，为实体性的司法学说带来革命。鉴于最高法院成功激励全国去面对公共教育中的吉姆·克劳制，当前路的选择摆在眼前时，各政治分支继续尊重大法官们。

联邦最高法院再一次报以大规模的死抠法律。1968 年和1969 年，大法官们面对南方的局势，拒绝参与到关于平等保护意涵的司法大辩论之中。尽管他们在格林案和亚历山大案中的 9∶0 判决回避了大问题，但是他们从死抠法律的角度，要求彻底去除种族隔离，仍给尼克松当局施加了最大限度的压力，迫使后者不情愿地支持"法治"的诉求。

到了尼克松首个任期结束时，大法官们死抠法律的领导之举终于收到了实在的回报：南方学校正迅速转变为全国种族融合度最高的地方。直到这时，联邦最高法院才直面布朗案的隽永意涵。在胜利的时刻，伯格法院就原则问题达成一致，规避了沃伦法院开创的先例。在 1972 年 6 月判决的艾珀利亚城案中，尼克松任命的四位大法官全部加入了五位前辈的行列，响亮地重申了布朗案的反羞辱原则。

然而，在凯耶斯诉丹佛市一案中，当民权诉讼的原告们提出去除北方种族隔离的问题时，发生了一系列的机缘巧合，致使他们未能从艾珀利亚案中获得最大的助益。虽然判决只晚了一年，但是凯耶斯案几乎没有提到艾珀利亚案。面对丹佛学校的种族隔离，布伦南大法官转而引领法院死抠法律，背离了布朗案。为了在全市范围内促进种族融合，布伦南草草拼凑出院内多数，发出一道广泛的校车服务令，而他聪明的死抠法条之举并没有干扰国会和总统，后者对联邦最高法院的司法独立发起了全面攻讦。这种威胁迫使大法官们在次年的米立肯诉布拉德利案中仓皇后撤。

诚然，米立肯案中的及时转向成功稀释了不断升级的政治攻击。然而，该案也导致联邦最高法院缺乏必要的时间来重新思考一个关键问题：该院的撤退究竟应该以布朗案的反羞辱原则为基础，还是操纵死抠法律的框架来论证，就像一年前凯耶斯案用来发起北方校车服务运动那样？

米立肯案中的多数法官选择了第二条道路。半个世纪过去，法律界应当重新思考这一致命的决策。联邦最高法院在北方的校车服务大业失败了，而在南方的运动则成功了；我们应当摆脱失败的司法残骸，回归艾珀利亚案在功成之际的反思。布朗案之后十八年，联邦最高法院终于获得了政治支持，以满足摧毁北方学校吉姆·克劳制之需，而艾珀利亚案重申了布朗案生机勃勃的创见，为这一胜利画上了圆满的句号。在这个关键问题上，伯格法院与沃伦法院保持了一致。大法官们齐心协力，为他们行使司法领导权的最伟大成就注入了相同的宪法意涵。

我们永远不能忘却这个时刻。记住艾珀利亚案，记住布朗案，记住反羞辱原则。

里程碑原则

里程碑式立法从四个方面根本超越了布朗案。它们超越了国家直接干预的领域，将平等主义的义务施加于私人财产所有者。它们超越了禁止羞辱，施加了更为严格的平等对待要求。它们超越了传统的法律语言，支持技术路线下的数字治国。它们调整了公共行政的新政形式，其方式颠覆了传统的州权观念。

先说将布朗案分领域讨论的逻辑拓展到非国家主体。正当国会和总统为就《1964年民权法》达成一致而斗争之际，联邦最高法院也在贝尔诉马里兰州一案中重新思考传统的州行为学说。本来，克拉克大法官已经写好了多数意见，事实上推翻了自1883年民权诸案继承而来的州行为限制，而布伦南大法官却改变了主意。他担心，贝尔案的判决要求餐馆敞开大门，这可能会破坏争取国会山采取决定性行动的事业：国会的中立派会问，既然联邦最高法院已经代劳，何必要在《民权法》中加入有关公共场所的规定呢？经过一番最后时刻的折冲，布伦南说服同僚，换掉了克拉克开创性的陈述，代之以一份回避关键问题的意见书。

布伦南的策略收到了回报：国会决定继续向前，将彻底的平等主义义务施加于公共场所的私人开办者，以及就业和（1968年）住房领域。布朗案对于耻辱印记的关切在宪法辩论中扮演了突出的角色：当羞辱涉及私有餐吧或工作场所对于黑人的制度性拒绝时，其羞辱性和公开性功能都丝毫不会下降。这一点被反复指出，在1964年用来还击巴里·戈德华特从自由放任角度所做的批评，在1968年则用来还击乔治·华莱士的平民主义攻讦——背景则是广泛的两党联盟，汉弗莱、德克森、约翰逊和尼克松都加入其中，支持金所呼吁的人类尊严。

里程碑式立法及其在尼克松时期的进一步法典化，都表达了以我们人民名义所动员起来的宪法共识。然而，如今的法律工作者在看待1883年民权诸案的州行为学说时，却仿佛它们从未被第二次重建触及。这是错误的。

里程碑式立法还超越了布朗案，拥抱更富雄心的平等主义目标。羞辱意味着当面即刻的冒犯——面对面地挑战你作为社会行动者的基本资格。但是，雇主和职工完全可能在日常关系中对黑人同事以礼相待，却在晋升之际拒绝给予他们平等机会——亦即，运用无意识的种族成见评价他们的表现。类似地，选举官员可能允许黑人按照和白人一样的条件投票，却通过重划选区来将他们的政治影响降到最小。

里程碑式立法谴责这些滥权做法，坚持用真实世界的尺度来衡量平等机会。在就业领域，这意味着运用技术手段去衡量招聘和晋升程序是否公平；在政治领域，这意味着评估选举规则变动对于黑人选民群体政治力量的影响。由于不同的领域提出了不同的规制问题，里程碑式立法展现了一种独特形式的宪制，运用不同的操作原则去实现同一目标，即每个领域内的**真正**平等机会。

326 　　"每个领域内"——这一限制非常重要。这些立法并不考虑不平等在各个领域之间的累积效应。一位职工如果被拒绝给予接受优质教育的平等机会，就没法指望他的雇主会在决定晋升时给予他补偿性的优势，也不能指望私人餐馆在结账时给予他补偿性的折扣，更不能指望房屋所有人把房子打折卖给他。他只能坚持要求获得与自己技能或财力相当的人相同的对待。有一个重要的例外：1969 年，联邦最高法院判决，鉴于黑人公民全面遭受了不平等的教育，州不得为投票设置文化测试。但是在其他领域，法律拒绝承认跨领域的影响。

这意味着，穷苦黑人从里程碑式立法中的受益少于他们的中产阶级同胞——当他们成人后进入各个领域时，他们无法享受中产者的教育、钱财或尊重。虽然穷苦黑人落后了，但是分领域讨论的框架却让其他群体更容易获得更多的保护。比如，要是一位上层阶级女性在职场遭到了性骚扰这样的羞辱，就足以激活第七篇的保障。她无须证明自己在其他生活领域也遭受了全面的劣势，更不用证明这种劣势堪比南方吉姆·克劳制下黑人的遭遇。

我并不低估一切被打上羞辱印记的群体——无论穷富——从里程碑式立法中所获得的尊严收益。不过，我们很快就会回来，讨论这些收益按阶层分配所造成的更大问题。

我们已经讨论了立法上两点超越布朗案之处——一是将宪法的关切拓展到私人市场之中，二是超越对制度性歧视的禁止，确保黑人和其他受保护群体在真实世界的各个领域获得机会平等。

这些目标雄心勃勃，促使总统和国会支持给政府架构来一场宪法革命。为了弥补法律与生活之间的差距，立法运用现代行政国家越来越强大的技术能力，去实现决定性的突破——最显著的是在教育、就业和选举领域。

变革在两个层面展开。立法体制越来越多地从量上界定 327 实体义务，取代了美国法律传统所熟知的定性标准。虽然新政经济规制已经强调了数字指标，但是，将数字治国拓展到民权，乃是第二次重建的标志之一。

拥抱技术路线将新一代的行政机关推到了前沿。在就业和公共教育领域，平等就业机会委员会与卫生、教育和福利部下属的教育局出台了计数规则，起到了关键作用。这些机构与它们在新政时期的原型存在显著差异。国家劳动关系委员会和证券交易委员会享有大量的规章制定权，而法院行使司法审查权时则相对节制。当时，守旧的联邦最高法院是能动政府的主要障碍，所以这种安排是合理的。鉴于法院存有敌意，新政就试图收紧它们颠覆规制目标的实际权力。相反，沃伦法院受到了广泛支持，所以在民权立法的设想下，行政官员与法官的关系更具合作性质，专家主持的行政机构从技术角度向法院陈词，并依靠法院阐述里程碑式立法的原则。

联邦与州的关系也经历了变迁。新政挥舞胡萝卜而非大棒，引诱州加入"合作联邦制"的范式之中，在事实上将其置于联邦监督之下。当选民们大声要求联邦大额拨款时，州内政客要想拒绝联邦行政指南，就变得非常棘手。

在争取南方校园种族融合的斗争中，联邦挥舞胡萝卜的力量得以展现。直到卫生、教育和福利部威胁扣留拨款时，大多数学区才开始认真对待去除种族隔离问题。但是，为了在真实世界取得成果，里程碑式立法不时超越新政的范式。最显眼的是，联邦在《选举权法》中运用大棒而非胡萝卜，完成了针对黑人选民歧视的攻坚。根据 1965 年和 1970 年的立法，州和地方如果有种族主义的历史，就不得改变其选举规则，除非事先获得司法部或联邦法院的许可。

行政和司法权力的双重优先，结合起来，就代表了自第一次重建对南方实施军事占领以来，联邦与州之间关系的最重大变化。不过，19 世纪的断裂只是临时的，而 20 世纪的变迁则预示着州将越来越从属于联邦的监督之下——即便对于选举这种居于传统上州"主权"观念核心的事务也是如此。

不只是州的当局，连私人主体也必须承认宪法权利；这些权利包括在宪法所关切的各个领域获得平等机会和受尊重的待遇。联邦政府将坚持在真实世界中落实这些权利，为此，专家主持的行政机关要与法律通力协作，甚至不惜颠覆传统的"州权"观念。这四大转变引发了联邦宪法权威针对私人企业和州的巨大扩张，极大地扩展了对于黑人和其他受保护群体在真实世界中权利的有效保护。

问题在于，法律界在21世纪会不会坚持这些成果。这绝非定论。第一次重建命运的教训在前：才过了五十年，第十五修正案就沦为一纸空文；第十四修正案蜕变为大企业的宪章；第十三修正案则只投下一道暗影而已。通过第五条规定的修宪程序，重建时期的共和党人把这些平等主义的突破封为正典。可是，这远未能阻止法律界背叛这些承诺，任由它们从集体记忆之中消逝。相似的命运是否也在等待着第二次重建？

抹除的花招

威胁是真真切切的。安东宁·斯卡利亚大法官和克拉伦斯·托马斯大法官所领衔的文本主义坚称，在宪法解释中，

只有第一次重建才算数。虽然布朗案明确否认其宪法原则植根于对第十四修正案的原初意涵，但这无所谓；虽然民权运动通过广泛的两党联盟，推出了远超布朗案的里程碑式立法，但这无所谓；虽然这些里程碑式原则获得了理查德·尼克松和林登·约翰逊的反复重申，以及美国人民广泛的自觉支持，但这无所谓。照这些法官看来，我们应当对 20 世纪的伟大宪法成就视而不见，因为它们不符合第五条定下的规则。

这里存在一个苦涩的反讽。死守第五条的形式主义者并没有守住第一次重建的平等主义突破。仅仅过了半个世纪，这些突破就被抹除了。第二次重建的领袖们有充分的理由拒绝再犯同样的错误，依赖第五条将他们来之不易的收获推向未来。鉴于新政运用分权模式巩固了其宪法原则，取得了巨大的成功，民权领袖们为了第二次重建而调整这一模式就是自然而然的了。然而，半个世纪以后，斯卡利亚和托马斯却坚称，这些大众主权在 20 世纪的举措完全可以被忽视，因为它们的领袖在民权革命期间未能适时修宪——尽管死守第五条的形式主义者上次失败了，尽管小马丁·路德·金和两党政治领导层自觉设计了宪法更新的替代方法。

斯卡利亚和托马斯采取这种立场，自称"原旨主义者"——但他们说错了。我才是原旨主义者，他们并不是：*本书正是致力于阐述我们人民在美国史上最伟大的宪法时刻之一所抱有的原初理解。*

我们在别处也有分歧。斯卡利亚和托马斯认为，第五条为我们人民提供了发声的**唯一**渠道，而我指出他们的过度形式主义缺乏历史论证，并加以否定。正如本系列先前各卷所表明的，他们将第五条解释成排斥其他渠道，这禁不起开国或创建时期的事实考验。在那两个时期，美国的领袖都获得了修改高级法制定形式的权限，以人民的名义表达新的宪法承诺。大众主权的这些早期实践创下了先例，使得 20 世纪的美国人得以进一步调整宪法，在新政和第二次重建中为人民发声。[4] 那些过度形式主义者无视这一丰厚的历史传统，这恰恰背叛了他们宣示捍卫的民治。

原旨主义问题多多，却充当了司法机关臭名昭著的攻城槌，为抹除 20 世纪的成就出力。而首席大法官罗伯茨新近 330
在谢尔比县诉霍尔德案的判决书，则代表着一种更不易察觉的抹除方式——这也是本书主要的忧虑所在。[5] 面对院内的严重分歧，他撰写意见，推翻了《选举权法》的一项关键规定，并从先前的司法意见中推导出一条原则，作为判决的基础——美国人民在第一次和第二次重建时自觉否定了将他所宣称的原则运用于选举权，而他甚至提都没提。他倚仗我们法官而非我们人民，推翻了民权革命的一项重大成就，这证明狭隘的、以法院为中心的正典会如何破坏我们的宪法遗产。

《选举权法》规定，挑出某些大多位于南方的州和地方，一旦它们对其选举系统做出任何更动，都要先由联邦严格审查，而谢尔比县案就针对这一规定。罗伯茨正确地指出，这一步骤改变了通常的联邦主义观念，要求州“乞求联邦政府准许实施法律，而这本来是它们有权自行出台和实施的”[6]。

可是，如此与从前决裂，是否违反宪法？

首席大法官承认，1966 年的南卡罗来纳州诉卡增巴赫案肯定了这一措施，而联邦最高法院后来也批准了《选举权法》的历次展期。然而，他以极大的怀疑看待该法的系争条款（第四节）。他没有给予该条款以立法通常都会获得的顺从，而是坚称"**平等**州主权的根本原则"要求严格审查——且该规定未能通过测试。[7] 可是，罗伯茨所宣称的原则，宪法基础何在？

首席大法官并没有立足于开国时的文本或者原初理解——这么做有充分的理由，因为开国者们在为新《宪法》奔走鼓呼时，拒绝平等对待所有州，这是众所周知的。[8] 他唯一指望和依靠的是一小撮联邦最高法院的意见，并且就算如此，他的论证也非常脆弱。不过，我会把针对他判例分析的批评放到注释里，这里我关注一个更根本的问题。[9] 罗伯茨死抱着几个司法判决，却终究没能直面事实，即我们人民已经反复地以权威的方式，拒绝将他所宣称的原则适用到选举权领域。

就从第十四修正案说起。众所周知，该修正案第一节赋予自由人以公民身份，但是第二节与眼下的讨论关系更密切。针对某些州剥夺黑人新公民选举权的危险，该节明文锁定这些州，并报以惩罚。根据该节，州如果针对黑人选民设置障碍，其在众议院的代表数量也将按比例削减：如果某州人口中有 40% 的黑人公民，且剥夺了黑人的选举权，那么，该州本来应选出 10 位议员，现在只能选 6 人。[10] 这一宪法命令与罗伯茨的原则全然不符：它**明确**将这样的州当作联邦的次等成员来对待，而且是在可能有的、最为根本的事项上。

《选举权法》只要求被锁定的州事先将其选举法提交联邦批准，这一制裁与削减州在众议院的代表（以及在总统竞选时的代表，因为州的选举人团票数取决于其国会代表数）相比就不算严重了。

诚然，在 20 世纪前三分之二的时间里，国会和最高法院都没有落实这一宪法要求，放任南方白人一面公然剥夺黑人选举权，一面全额保有众议院的席位。[11] 事实虽然可耻，却不能成为罗伯茨通篇未引用第二节的借口。相反，在第十四修正案的明文拒绝面前，他还轻飘飘地无视，强推"平等州主权"原则，这放大了他的司法傲慢。

罗伯茨紧接着便抹除了第二次重建。他对民权运动在 1965 年推动《选举权法》入法时的角色一笔带过，并没有分析由这一动议所引发的、激烈的宪法论争。当时，国会和州主张，如果要对州征收人头税加以较为温和的禁止，范围仅限于联邦选举之中，那就需要根据第五条正式修宪。1964年，这一力度有限的禁令终于出台，即第二十四修正案。而仅仅过了一年，后来担任总统的约翰逊就动议绕开第五条，根据《选举权法》，以远大于从前的范围侵入州权。既然第二十四修正案已经批准了审慎行事，那么，约翰逊的倡议到底是如何通过宪法检阅的呢？

这一问题获得了司法部和国会两党领袖极其严肃的对待。想想看，全美有色人种协进会和其他民权团体曾经**反对**制定第二十四修正案，原因恰恰在于这么做会创设先例，阻碍立法全面介入，而那是在南方落实选举权所必需的。

当林登·约翰逊前往国会，以"我们必将超越"为题，发表他的伟大演讲，并动议制定《选举权法》时，他不仅将修辞力量与民权运动结合了起来。他所说的每个字都是真相：在《选举权法》成为法律之前，确实必须超越**非常**难以克服的宪法障碍。而司法部和国会领袖应对这一挑战的方式很有创造力，他们否认第五条所规定的、以我们人民的名义更新宪法的途径是排他的。这一主张引发了一场严肃且声势浩大的论辩——不过，拜小马丁·路德·金在最后一刻的介入所赐，最终赢得了国会的决定性支持。

在谢尔比县案中，首席大法官把这一切都抛到一边。他运用了法官造出来的"平等州主权"原则，却没有提及金、约翰逊、德克森、尼古拉斯·卡增巴赫及迈克·曼斯菲尔德是如何成功地重新界定了里程碑式立法与正式修宪之间的关系，将《选举权法》置于和第二十四修正案相同的地位。（更多讨论见第五章。）

不过，《选举权法》被推上我们高级法的地位，并不是在 1965 年的某一刻就完成了的。正如首席大法官所言，"鉴于这些措施史无前例"[12]，该法规定的联邦事先审查是试验性的，以五年为期，其长期价值则需要冷静思考。然而，针对展期问题所引发的论辩，罗伯茨也没有给予**任何**考量。在那时，联邦根据《选举权法》所做的初步介入已经在南方取得了巨大成果，人们已经听到了一百万黑人新选民和四百位黑人选举官员的呼声。[13]

到了 1970 年，保守分子强烈主张：是时候回归传统的联邦制原则了。然而，经过一场漫长而声势浩大的讨论，尼克松总统和国会决定，联邦事先监督的体制应当延续下去。

并且，持续的论辩也表达了明确的关切，即诸如按种族重划选区之类剥夺选民力量的新做法，使现有的成就有得而复失的危险。共和党人居于领导地位，正是这种威胁促使他们承认有必要延续联邦的事先监督。[14]

歧视选民的新做法是《选举权法》改变联邦与州之间关系的根本动机，而由于无视展期前后的史实，首席大法官罗伯茨没有承认这一点的重要意义。[15] 更根本地，他没有认识到 1970 年的第二轮审议是如何让参与者能够回望过去五年的经验教训，在深思熟虑的基础上同意联邦继续干预有歧视历史的州，从而极大地增强了整个高级法制定过程的正当性。（更多讨论见第八章。）

在三个关键时刻——1868 年、1965 年和 1970 年，美国的政治领袖都以美国人民的名义做出庄严的宪法承诺，目标直指那些对少数族裔投票权构成特殊威胁的州。正是因为把这些时刻都抛诸脑后，首席大法官罗伯茨才会把《选举权法》视作宪法的异象，根据法官造出来的"平等州主权"原则，要求有压倒性的理由方能通过审查。本书从头至尾都在反驳这种抹除宪法正典的行径。

罗伯茨对《选举权法》的全部反对都系于宪法对州主权所谓的捍卫是否属实，而一旦他所依赖的原则被否弃，罗伯茨的反驳就瓦解了。罗伯茨的批评集中在第四节用来识别州和地方以供联邦事先监督的公式。当尼克松总统和国会再次批准新体制时，他们也再次将五年大限写入了法律，要求于 1975 年进行重审。到了那个时候，福特总统和国会重新给予法律以七年的时限，并且更新了第四节选择目标的公式，将最近的总统大选年（即1972年）的选民参与率低下设定为司法部监督最重要的触发因素。

到了1982年，里根总统和国会采取了完全不同的进路。一方面，他们再次延期长达四分之一个世纪，将联邦干预加固为活的宪法；另一方面，他们并没有升级公式，仍以1972年的选民投票率作为引发联邦介入的因素。到了2006年，乔治·W.布什总统和国会萧规曹随，再次给予四分之一个世纪的展期，而并未改变以1972年为标准的做法。

首席大法官觉得这还不够。他转而坚持，国会要想让该法通过宪法审查，必须升级其触发公式，明确将最近的情况纳入考量。罗伯茨这样要求，就是承认国会决定维持旧公式实乃有意为之。正如鲁斯·贝德·金斯伯格大法官代表四位异议者所言，国会两院反复举行听证，积累起15 000页记录，探讨了问题的所有方面。她证明，国会有许多证据支持，1972年的公式仍然能够有效识别那些对少数族裔选举权威胁较大的州。如果以通常标准视之，国会详尽的证据记录足以满足宪法的要求。[16]

首席大法官只是因为深信"平等州主权"，才强加了严厉得多的证明标准——他宣称，除非明确更新公式，否则无法达标。但是这个结论一点也不比前提有说服力，而我们已经看到，罗伯茨所宣称的原则在两次重建中都遭到了明确否定。一旦让这些自觉的宪法决策重见天日，罗伯茨的意见就会沦为司法对于我们人民的背叛，并因此而变得岌岌可危。

谢尔比县案代表着标准的机构间关系中角色的悲剧性反转。总体而言，各政治分支强调当下的实际，而法院则认真对待宪法的历史。可是，本案却上演了截然不同的一幕：布什总统和当时国会的决策尊重了先前的宪法成就，而首席大法官却把自己对于当下实际的看法强加过来。

回忆一下国家在2005年和2006年的处境，《选举权法》正是在那时经受了最后一次政治审查：美国人还在从"9·11"的震惊中走出，在阿富汗和伊拉克战斗，并且面临着全球"反恐战争"的严酷前景。宪法政治的核心也相应转移，围绕总统权限和如何恰当平衡国家对于自由与安全的承诺，激昂的论辩次第展开。新闻头条被这些关切所主宰，而围绕《选举权法》展期的争论则要和次等政治议程上的其他议题一道，争夺公共关注。在这种情况下，《选举权法》展期的全部努力本来可能以彻底失败而告终，特别是考虑到南方政客渴望把自己从联邦监督中解脱出来。但这并没有发生。布什总统和国会决议尊重过往，他们为此以压倒性多数通过了《范尼·罗·黑默（Fannie Lou Hamer）、罗莎·帕克斯与科丽塔·斯科特·金（Coretta Scott King）选举权法》，这个命名恰到好处。

首席大法官认为，这些发言人——这么称呼他们是恰当的——当初如果投入更多的时间和精力，制定出新的技术公式，本来可以让立法变得更完善，这无疑是正确的。然而，1960年代和1970年代的大众动员和广泛论辩早已走入历史，当下这样要求无疑过分苛刻。既然《选举权法》的展期被当作"日常政治"事务，关键的问题就在于，正在兴起的一代美国人会不会继续忠于他们父辈和祖辈制定高级法的成就。布什总统和国会以响亮的肯定回答了这个问题，他们该获得称赞而非指责。

罗伯茨法院将这个问题强行拖回政治议程，犯下了大错；特别是，经此判决，国会只要不作为，就足以抹除我们人民在 20 世纪制定高级法的一次关键举措。

我不敢预测未来的事。或许，未来几年将目睹民主与共和两党联盟的崛起，他们决意重申《选举权法》；或许不会。只有一点是清楚的：仅仅消除罗伯茨法院在谢尔比县案造成的损害是不够的。为了巩固第二次重建的承诺，所需的努力要广泛得多。

想想看，将布朗案重新置于正确的位置，也就是宪法正典的中心，这有多么重要。如果得到严肃对待，那么，厄尔·沃伦在伟大的意见书中所宣示的原则，就有了广大的适用范围：黑人与女性、穆斯林和西班牙裔美国人、身心障碍者、男同性恋、女同性恋，以及异装癖——所有这些人都经常发现自己置身于制度化的羞辱之中。根据布朗案对于平等保护条款的理解，他们都有权获得宪法保护，这在第二次重建中获得了人民的肯定。

有一种病态显得尤为严重。如果我们像布朗案所要求的那样正视社会现实，任何有思想的美国人都无法忽视 1100 万未注册移民所背负的日常羞辱，他们就生活在我们之间。这些男人、女人和孩子已经成为美国的一部分。他们不会离336 开。唯一重要的问题是，《宪法》是否允许当今的美国人以贬损的方式对待他们，就像南方人在民权革命之前对待黑人那样。

如果布朗案的灵魂在活的宪法中存活下来，答案必须是否定的。我们的建制机构负有庄严的义务，去标定直面现实的需要，正视他们所遭受的、无处不在的制度化羞辱，针对不断遭到否定的平等保护，"以审慎的速度"提供救济。

正如温莎案所表明的，即便是非常保守的罗伯茨法院也不时会反对制度化歧视。然而，该院绝无可能在关键问题上行使宪法领导权。至少从短期来看，接受挑战一事取决于总统和国会。今后十年，联邦最高法院的角色将取决于大法官偶然出缺时的政治格局。更多的与20世纪开战的大法官，在未来会得到总统提名和参议院批准吗？抑或，未来会不会属于那些愿意完全承认国家最伟大成就的法官？

假设罗伯茨法院对第二次重建的背叛愈演愈烈，引发了强力的政治反弹，而后续任命的大法官重新认真对待20世纪。即便到了那时，法律界也将面临严峻挑战。宪法是许多世代的作品。第二次重建尽管做出了重要贡献，但绝没有推翻从前的一切；许多传统的理解存续下来，许多其他见解可以经过深思熟虑，加以调整，适应民权革命的现实。这就是**代际综合**（*intergenerational synthesis*）的挑战，我在先前的某卷中已经勾勒出这一独到的特征。[17]本系列的最后一卷将做出更多努力，将各个宪法时刻的贡献整合为宏大的、司法学说的合题。不过，我鼓励你们每一个人在努力理解宪法的时候都担起这个使命。几乎每个重要的问题，都要求解释者整合从宪法史上至少两个转折点继承而来的原则。针对一系列广泛的真实问题，要进行大量的工作，并投入许多不同的作业者，才能做出切实的判断：应当以何种方式来运用不同世代的人的贡献。事实上，近来的作者已经为这一事业贡献了珍贵的见解。[18]

　为了简化解释问题，我们可以特别看重某一两代人的努力，就像斯卡利亚大法官和托马斯大法官那样。抑或，我们可以彻底无视高级法制定的传统，就像首席大法官罗伯茨那样。然而，宪法解释的目的并不是让法律工作者的生活变得更简单。去兑现那句骄傲的自夸——我们人民**当真**在美国享有最后的发言权，才是大业之所在。为此，对于几个世纪以来，**每**一代人在塑造和重塑国家宪法承诺时的贡献，都要给予应有的承认。

第三次重建？

在未来的几十年里，美国如果要坚守对于第二次重建的承诺，就需要政治决心和法律洞察性见解。但是，争取维系民权遗产的斗争，不该遮蔽这份遗产的严重局限。

想想林登·约翰逊在霍华德大学 1965 届毕业致辞中的著名话语。当时，《民权法》已经写入法律，《选举权法》正在加速出台，而约翰逊却这样冷静地总结道：

> 选举权法案将是一长串胜利中最新的一个，也是最重要的之一。正如温斯顿·丘吉尔谈到自由的另一次胜利时所言，这一胜利"并非结束。它甚至不是结束的开

始，但它可能是开始的结束"。

那个开始便是自由，通向自由的障碍在翻倒。在美国社会，自由是分享的权利，充分和平等分享的权利——投票的自由、工作的自由、进入公共场所的自由、上学的自由。它是在我们国家生活的每个部分都被当作具有平等尊严，且对他人可靠的人的权利。

但是只有平等是不够的。……你不能找来一个多年被枷锁束缚的人，给他自由，把他带到起跑线上，然后说，"你可以与其他所有人自由竞争"，而仍然相信自己完全是公平的。

所以，仅仅打开机会之门是不够的。我们的所有公民都必须有能力穿过这些门。

这是民权斗争的下一阶段，也是更加深刻的阶段。我们不仅追求自由，而且追求机会；我们不仅追求法律公平，而且追求人的能力；我们不仅追求作为权利和理论的平等，而且追求作为事实和结果的平等。……

为了这一目的，平等机会很关键，但还不够，远远 338
不够。各种族男女的能力生来处在相同的范围之内。但是，能力并非只取决于出生。你所生活的家庭、你所居住的社区都会拓展或限制你的能力——社区决定了你就学的学校，以及你周围的环境是贫穷还是富有。它是一百种无形的力量的产物，这些力量作用于一个小婴儿、一个孩子，最后作用于成人。

霍华德大学的这一届毕业生见证了美国黑人在这个国度赢得自己生存之道的不屈意志。……

这些成就值得骄傲，也引人瞩目。但这只是少数族裔中产阶层成长的故事，他们在稳步缩小与白人对应群体的差距。

而对于绝大多数美国黑人——穷人、失业者、被赶出家园的人、无依无靠的人而言，故事要黯淡得多。他们仍然……处于另一个国度。对于他们而言，虽然有法院的判决和法律在，虽然有立法的胜利和演说在，但是墙还在加高，鸿沟仍在加宽。[19]

这位总统延续了布朗案所宣示的、里程碑式立法所推进的伟大法理主题。他坚称，举国对于平等的承诺应当超出法律理论，拓展到社会生活的事实之中。但是，他的主要论点在于强调里程碑式立法所适用领域的局限性：确保"投票的自由、工作的自由、进入公共场所的自由、上学的自由"等权利。约翰逊将这称作"自由"；我一直将它称作"分领域讨论的机会平等"。而无论你怎么称呼，总统说了，那只代表着第一步。

他的最终目标经常遭到错误解读。约翰逊使用了"作为事实和结果的平等"这一措辞，但他的意思并不是每个人无论努力或成就如何，都能获得相同的结果。他说的是，**真正的**机会平等需要一系列新的里程碑式立法，目标指向消除"绝大多数美国黑人——穷人、失业者、被赶出家园的人、无依无靠的人"所遭受的、不平等的条件。

在演讲的其他部分，约翰逊宣布了他的"伟大社会"工程，目标直指"贫困的……根源"，以及国家奴隶制和种族主义历史所强加的、"仇恨与绝望"的重负。他坚称，"我们将加快速度，我们将在未来扩大（我们）针对（这些状况）的攻击，直到这个最顽固的敌人最终屈服于我们不屈的意志"。

不过，对于约翰逊而言，赢取霍华德大学毕业生的掌声是一回事，赢得我们人民的同意完全是另一回事。虽然国会确实出台了第一轮反贫困立法，小马丁·路德·金也转向扩大这些举措，直到刺客的子弹将他击倒，但这远不足以为伟大社会工程赢得里程碑式地位。政治领导层及其运动基地要想获得宪法授权，大幅扩展第二次重建的目标，需要通过一次次选举巩固广泛的大众支持，而这并没有发生。相反，理查德·尼克松针对乔治·麦戈文的压倒性胜利，标志着大众否定了约翰逊和金将国家引向另一次决定性突破的努力。

解释这一失败的著作汗牛充栋。本书无意这么做。我想要解释伟大社会工程失败的宪法意义，而非其原因。就此看来，最有益的做法是将这次失败与 1860 年代的激进重建（Radical Reconstruction）加以比较。

回忆一下本书第八章以更长篇幅引用的、萨迪厄斯·史蒂文斯的伟大演说，他在其中提出了"纯化的共和国"的愿景，这个国家"将人们从人类压迫的一切残余中解放出来，不再经历权利的不平等、对穷人的有意凌辱，以及富人的高高在上"。他发表演说时，众议院马上就要批准第十四修正案，但是他没有去会场庆祝这一宪法史上的伟大转折。相反，他将这看作背叛之举："我发现，我们有义务满足于对古老建筑最糟糕的一部分修修补补，然后置之不理，任由它被专制统治的豪雨、严霜和暴雪所横扫。"[20]

在史蒂文斯和激进派看来，他们努力为黑人提供在新南方赢得**真正机会平等**所需的关键资源——包括"四十英亩土地和一头骡子"以及免费公办教育，而第十四修正案标志着他们的决定性失败。离开这些资源，自由民就无法抵御白人压迫，捍卫自身利益。[21]

他说对了。林登·约翰逊警告，受过大学教育的精英与"穷人、失业者、被赶出家园的人、无依无靠的人"之间的"鸿沟仍在加宽"，他说的同样正确。半个世纪过去，我们生活在一个新的镀金时代，经济不平等攀上了新的高度。

340　21世纪的美国人将如何回应这一挑战？他们会不会实现史蒂文斯和约翰逊的期许，针对"贫困的……根源"和"仇恨与绝望"的重负，展开广泛的行动？如果做不到，他们会不会许下宏大的，或许也有限的平等的承诺，堪比我们人民在开国、第一次重建、新政和第二次重建时所支持的那样？

抑或，关于这些承诺的记忆本身，会不会失落在祭祖的烟雾之中？

致谢

我自 1970 年代后期即致力于"我们人民"系列的写作。过去 35 年间,如果没有周围好友的帮助,我的工作就不可能坚持下来。从一开始,我就与同事们讨论了无数的问题,借此理清思路。这些同事包括:鲍·伯特(Bo Burt)、圭多·卡拉布雷西(Guido Calabresi)、米尔伊安·达玛什卡(Mirjan Damaska)、欧文·费斯(Owen Fiss)、艾尔·克列沃瑞克(Al Klevorick)、托尼·克朗曼(Tony Kronman)、杰里·马绍(Jerry Mashaw)和艾伦·施瓦茨(Alan Schwartz)。数十年来,我的讨论对象扩及投奔纽黑文而来的学者。他们组成了令人瞩目的共同体:安·奥斯托特(Anne Alstott)、阿基尔·阿玛尔(Akhil Amar)、伊恩·艾尔斯(Ian Ayres)、杰克·巴尔金(Jack Balkin)、艾仁·巴拉克(Aharon Barak)、里克·布鲁克斯(Rick Brooks)、蔡美儿(Amy Chua)、德鲁·戴伊思(Drew Days)、约翰·多诺霍(John Donohue)、唐·埃利奥特(Don Elliott)、比尔·埃斯克里奇(Bill Eskridge)、詹姆斯·福尔曼(James Forman)、西泽尔·格肯(Heather Gerken)、艾比·格拉克(Abbe Gluck)、罗伯特·戈顿(Robert Gordon)、迈克尔·格拉兹(Michael Graetz)、迪特尔·格里姆（Dieter Grimm）、奥纳·海瑟薇（Oona Hathaway）、克里斯汀·朱尔斯（Christine Jolls）、保罗·卡恩（Paul Kahn）、丹尼尔·马科维茨（Daniel Markovits）、持蕾西·迈尔斯（Tracey Meares）、尼克·帕里罗（Nick Parrilo）、罗伯特·波斯特（Robert Post）、克里斯提娜·罗德里格斯（Cristina Rodriguez）、杰德·鲁本菲尔德（Jed Rubenfeld）、维姬·舒尔茨（Vicki Schultz）、斯科特·夏皮罗（Scott Shapiro）、列娃·西格尔（Reva Siegel）、阿列克·斯通-斯威特（Alec Stone-Sweet）、帕特里克·威尔（Patrick Weil）、吉姆·魏特曼（Jim Whitman）和约翰·维特（John Witt）。他们都为本书做出了贡献。更重要的是，他们让耶鲁法学院充满智识的活力。日复一日，无论是午餐时或廊道上的偶遇，还是经久不衰的教师工作坊，严肃的想法都获得了严肃的对待。

我也从耶鲁政治科学系的友人那里受惠甚多。罗伯特·达尔（Robert Dahl）、胡安·林茨（Juan Linz）、戴维·梅修（David Mayhew）和史蒂夫·斯考罗内克（Steve Skowronek）对我启发至大。他们的评论细致入微，而他们的宽阔视角也构筑起我的基本框架。西拉·本哈比卜（Seyla Benhabib）和伊恩·夏皮罗（Ian Shapiro）扮演了同样的角色，他们帮助我确定了自己的哲学路径。在纽黑文之外，梅尔·丹-科恩（Meir Dan-Cohen）、史蒂芬·加得鲍姆（Stephen Gardbaum）、劳拉·凯尔曼（Laura Kalman）、伊桑·雷布（Ethan Leib）、桑迪·列文森（Sandy Levinson）、提姆·鲁斯科拉（Teemu Ruskola）、约翰·斯科伦特尼（John Skrentny）、罗杰斯·史密斯（Rogers Smith）和戴维·苏波尔（David Super）都对本文的初稿各版进行了极有益处的评论。

在十多年间的课堂和研讨班上，我的观点不断演进，也不断获得学生的批评。有的学生还在档案中钩沉探奥，查考关键资料，着实令人惊佩。我与珍妮弗·廖（Jennifer Nou）的合作结晶为一篇合著论文。而本书的大功告成更在很大程度上有赖于几代耶鲁法学院学生所作出的、一系列不同寻常的贡献。这些学生包括：约瑟夫·安索治（Josef Ansorge）、拉里·本恩（Larry Benn）、阿文·卡洛（Arwyn Carroll）、本·卡萨蒂（Ben Cassady）、埃里克·希特隆（Eric Citron）、贾斯汀·柯灵斯（Justin Collings）、杰西·克洛斯（Jesse Cross）、托马斯·多布罗斯基（Tomas Dombrowski）、布雷克·埃莫森（Blake Emerson）、丹尼艾利·伊文思（Danieli Evans）、多夫·福克斯（Dov Fox）、罗布·赫伯洛（Rob Heberle）、克雷格·康诺斯（Craig Konnoth）、凯文·莱姆（Kevin Lamb）、马林·列维（Marin Levy）、约翰·刘易斯（John Lewis）、克里斯·林奇（Chris Lynch）、约翰·佩热蒂斯（John Paredes）、迈特·珀尔（Matt Pearl）、尼克·皮德森（Nick Pedersen）、艾利克斯·普拉特（Alex Platt）、亚当·夏普（Adam Sharpe）、茱莉亚·斯皮格尔（Julia Spiegel）、丽莎·王（Lisa Wang）、维多利亚·威泽弗德（Victoria Weatherford）和梁赞荣（Chan-young Yang）。

本书写作期间，一直陪伴我的秘书吉尔·托比（Jill Tobey）去世了。我非常想念她。丽思·卡瓦拉洛（Lise Cavallaro）和珍妮弗·马歇尔（Jennifer Marshall）出色地弥补了她留下的巨大空白。还要感谢图书馆员们，特别是基恩·考克利（Gene Coakley）和萨拉·克劳斯（Sarah Kraus），他们以极快的速度查找出了无人问津的法律资料。这使我可以同时审阅大量相关信源，从而更深刻地把握其中的复杂关系。

你肯定看得出来：我是个幸运的人。然而，最珍贵的馈赠是我与妻子苏珊·罗斯–阿克曼（Susan Rose-Ackerman）共度的 55 年光阴。她集合了毫无保留的爱与非同寻常的智慧，让工作与家庭可以美妙地结合起来。

谢谢你们。

本书的若干重大主题引自《霍姆斯讲座：活的宪法》（2007 年发表于《哈佛法律评论》第 120 卷，第 1727 页起）一文。为了发表上述文章，我访问了次布里奇。感谢时任法学院院长的埃琳娜·凯根（Elena Kagan）和哈佛法学院的教师们。他们不仅招待了我，而且评论直中要害。根据《哈佛法律评论》的许可，本书第一章至第四章部分源于早先发表的该文。同样地，与珍妮弗·廖合作的《民权革命的封圣：人民与人头税》（2009 年发表于《西北大学法律评论》第 103 卷，第 63 页起）一文奠定了第五章和第六章的基础。该刊允许我在本书中转载相关内容。

最后，我深深感谢安东尼·克朗曼（Anthony Kronman）、高洪柱（Harold Koh）和罗伯特·波斯特在耶鲁法学院院长任上所给予的慷慨支持——他们提供了学者可企及的一切帮助。我也感谢路易·乌热勒（Louis Vogel）校长邀请我担任访问研究教授，于 2011 年秋季做客巴黎二大（先贤祠–阿萨斯大学）。这让我有几个月的时间摆脱日常纷扰，重新思考本书的基础。

被引用作品缩写表

CR   *Congressional Record*《国会记录》

FFF   Bruce Ackerman，*The Failure of the Founding Fa-
            thers*（2005）布鲁斯·阿克曼：《建国之父的失
            败》（2005 年）

LAT   *Los Angeles Times*《洛杉矶时报》

NYT   *New York Times*《纽约时报》

WP   *Washington Post*《华盛顿邮报》

WP：F   Bruce Ackerman，*We the People*，*Volume 1*：*Foun-
            dations*（1991）布鲁斯·阿克曼著："我们人民"
            系列第一卷：《政制秩序原理：奠基》（1991 年）

WP：T   Bruce Ackerman，*We the People*，*Volume 2*：*Trans-
            formations*（1998）布鲁斯·阿克曼："我们人民"
            系列第二卷：《政制秩序原理：转型》（1998 年）

WSJ   *Wall Street Journal*《华尔街日报》

注释

导论　直面 20 世纪

1. 关于记忆与遗忘对于国家精神建构的重要性，参见 Ernest Renan, *What Is a Nation?* [W. R. Taylor trans. (1996)]。

2. 参见 *WP*：*T* 437–39, nn. 34, 38。

3. 参见 *WP*：*T* 99–278。

4. 一般参见 *FFF*。

第一篇　界定正典

第一章　我们是个国家吗？

1. 一般参见 Akhil Amar, "Intertextualism," 112 *Harv. L. Rev.* 747 (1999)。

2. 参见 Sanford Levinson, "Authorizing Constitutional Text：On the Purported Twenty-Seventh Amendment," 11 *Const. Comment.* 101, 101–08 (1994)。

3. 而四位异议者的意见则尤为坚决；参见 Nat'l Fed'n of Indep. Bus. v. Sebelius, 183 *L. Ed. 2d* 450, 536 (2012)。但是首席大法官罗伯茨的单独意见同样从严格约束的角度来解释国会根据必要和适当条款（Necessary and Proper Clause）规制州际贸易的权力。参见 Id. at 473–80。

4. 顺便说一下，阿法拉比是一位主要生活在 10 世纪的巴格达的、伟大的伊斯兰思想家。他的主业是将希腊哲学整合到伊斯兰思想之中，而他也是一位重要的音乐理论家和演奏家。参见 Philippe Vallat, *Farabi et l'école d'Alexandrie：Des prémisses de la connaissance à la philosophie politique* (2004)。历史上的阿法拉比与笔者想象的角色如有任何雷同，都纯属巧合。

不过，我对我的朋友阿基尔·阿玛尔（Akhil Amar）的影射并不那么隐晦——虽然他对近世修正案的看法远不同于我赋予阿法拉比的观点。一般参见 Amar, *America's Unwritten Constitution* (2011)。

5. 更充分的论述，参见 *WP*：*T* 32–95。

6. 参见 *WP*：*T* 57-63。

7. McCulloch v. Mary land, 17 U. S. (4 Wheat.) 316, 403 (1819).

8. 我在 *WP*：*T* at 99-252 当中描述了无处不在的宪法问题。

9. 一般参见 Charles Fairman, *History of the Supreme Court of the United States*：*Five Justices and the Electoral Commission of 1877* (1988)。

10. Slaughterhouse cases, 83 U. S. 36 (1873).

11. 罗伯特·韦布(Robert Wiebe)教授一生中的相当时间都致力于这个主题,他写道:"与后世的迷思相反,内战对地域性忠诚的强化远甚于全国性忠诚。联盟被用来指称某种宪法学说,以及战争的胜利一方,而不是整个合众国。"Wiebe, *Who We Are*：*A History of Popular Nationalism* 92 (2002).

12. 关于保障条款在建国第一个世纪的兴起和重建后的剧烈衰落,一个好的论述见于 William Wiecek, *The Guarantee Clause of the U. S. Constitution* (1972)。

13. 值得一提的例外,参见 Michael Gerhardt, "Super Precedent," 90 *Minn. L. Rev.* 1204 (2006)。

14. Abraham Lincoln, Speech at Peoria, Illinois (Oct. 16, 1854), in Roy P. Basler ed. ,2 *Collected Works of Abraham Lincoln* 247, 251-52 (1953).

15. Harlan Fiske Stone, "The Common Law in the United States," 50 *Harv. L. Rev.* 4, 13 (1936).

16. William Eskridge & John Ferejohn, *A Republic of Statutes* (2010).

17. Cass Sunstein, *The Second Bill of Rights* 62 (2004).

18. 我对里程碑式立法的观点虽然在美国还是新事,但是已经被当代法国宪法实践所确立。参见 Champeil-Desplats, *Les principes fondamentaux reconnus par les lois de larépublique* 69-107 (2001)。

19. 杰德·鲁本菲尔德(Jed Rubenfeld)关于宪法承诺本质的大作与此尤为相关。参见 Jed Rubenfeld, *Freedom and Time* 91-103 (2001); Rubenfeld, *Revolution by Judiciary* 71-141 (2005)。

20. 对比 Ronald Dworkin, *Freedom's Law* 1-38 (1996)和 Antonin Scalia, *Common-Law Courts in a Civil-Law System*, in Amy Gutmann ed. , *A Matter of Interpretation 3* (1997)。斯卡利亚大法官与德沃金教授的分歧极大,其中的空间足以容纳许多不同的观点——我的观点只是其中之一。

21. 新近对这一脉络值得一提但非常不同的两项贡献,参见 Jack Balkin, *Living Originalism* (2011) and David Strauss, *The Living Constitution* (2010)。

22. 斯卡利亚大法官将自己描述为"胆怯的原旨主义者"广为人知, Scalia, "Originalism：The Lesser Evil," 57 *U. Cin. L. Rev.* 849, 861 - 64 (1989),他把遵循先例当作实用的工具,克制针对20世纪的全面攻击。

23. 一些初步的反思,参见 *WP*：*F* at 86-99。

24. 我的格言改动了霍姆斯的著名宣示,他对逻辑价值的断然贬损是我所拒绝的。参见 Oliver Wendell Holmes, *The Common Law* 1 (1881)。

第二章 活的宪法

1. Compare Sacvan Bercovitch, *The American Jeremiad* (1978) with Hannah Arendt, *On Revolution* (1963). 参见 WP: F 203-21。

2. 参见 FFF, 249-50。

3. 参见 Gordon Wood, *The Creation of the American Republic* 162–67 (1969)。

4. 参见 James Ceaser, *Presidential Selection* 41-87 (1979)。

5. 参见 FFF 16-35, 77-93。

6. 参见 FFF 203-06。

7. 在讨论运动政治的日常化时,我将人们熟知的韦伯式概念"卡里斯玛的官僚化"运用到了美国政治生活之中.

8. 政治科学界关于总统公决主义的最佳专著是 Stephen Skowronek, *The Politics Presidents Make* (1993),虽然他并没有使用那个术语。

9. 参见 Joseph Schumpeter, *Capitalism, Socialism and Democracy* (1942)。当代政治科学家以无数的变体阐述了熊彼特的主题,其中最值得注意的是 William Riker, *Liberalism Against Populism* (1982)。

第三章 刺客的子弹

1. 参见 Ira Katznelson & Quinn Mulroy, "Was the South Pivotal?," 74 *J. Pol.* 604 (2012); and generally Ira Katznelson, *Fear Itself* (2013)。

2. 参见 Jacquelyn Hall, "Th e Long Civil Rights Movement and the Po liti cal Uses of the Past," 91 *J. Amer. Hist.* 1233 (2005)。最近值得一提的成果包括 Mark Brilliant, *The Color of America Has Changed* (2010), Tomiko Brown-Nagin, *Courage to Dissent* (2011), Glenda Gilmour, *Defying Dixie* (2008),以及 Thomas Sugrue, *Sweet Land of Liberty* (2008)。

3. 在 1948 年的民主党全国大会上,南方民主党(Dixiecrat)的反叛给予杜鲁门急需的政治空间,使他能够签署行政命令,取消军队中的种族隔离。由于斯特罗姆·瑟蒙德是南方民主党候选人,势必要分走杜鲁门在深南部的一些选举人票,合理的做法便是争取北方自由派,让他们不要被左翼的候选人亨利·华莱士吸引走。不过,在竞选过程中,杜鲁门事实上避免了在其他民权议题上采取强硬立场。参见 Gary Donaldson, *Truman Defeats Dewey* 188-89 (1999)。

一经当选,冷战的要务就促使杜鲁门政府做出其他姿态,包括在布朗案中提交法庭之友意见书,呼吁联邦最高法院推翻普莱西案。参见 Mary Dudziak, "*Brown* as a Cold War Case," 91 *J. Amer. Hist.* 32 (June 2004)。然而,当大法官们将判决拖到了次年,艾森豪威尔政府追加了一份补充意见书,其中并未重申先前的立场。司法部长助理 J. 李·兰金(J. Lee Rankin)虑及庭辩时可能被追问,他就这个问题在"(司法部长)布朗奈处得了指示,而布朗奈据推测事先获得了艾森豪威尔的同意"。指示内容如下:"不要主动……但是,当且仅当你被问到的时候,你回答:'我们奉行美国先前所持的立场。'"兰金严格执行了这些指示。参见 Norman Silber，*With All Deliberate Speed：The Life of Philip Elman* 212（2004）［引语来自埃尔曼（Elman），他当时担任司法部长助理，并帮助兰金准备庭辩］。

4. 参见 Barbara Sinclair，*The Transformation of the U. S. Senate* 53（1990）。

5. 法律中心论者数量极多。经典的政治科学论述来自 Gerald N. Rosenberg，*The Hollow Hope* 42-169（1991），作者正确地强调了政治在 1960 年代布朗案获得批准过程中扮演的关键角色，但是贬低了联邦最高法院在 1950 年代推动政治机关和更广大的美国人民直面宪法问题时的建设性角色。

6. 参见 Michael Klarman，*From Jim Crow to Civil Rights* 364-66（2004）。

7. 民意测试和其他证据表明，全美支持布朗案的人在 1954 年取得了微弱多数。有些法律学者试图据此维护布朗案，这就贬低了困难的特殊性。参见 Barry Friedman，*The Will of the People* 244-45（2009）；Jeffrey Rosen，*The Most Democratic Branch* 63-64（2006）。但是，法院判决布朗案时，不可能预见这一脆弱的多数是否会在回潮的压力下崩溃，以及是否会带来一场普遍动员的民权运动。一个透彻的评论见 Justin Driver，"The Consensus Constitution，" 89 *Tex. L. Rev.* 755（2011）。关于民权兴起对体制的破坏效果，深入的反思见 Paul Frymer，*Black and Blue*（2008）。

8. Edward Carmines & James Stimson，*Issue Evolution* 111-12（Figs. 4. 7，4. 8）（1989）。

9. Id. at 35-37，56（Fig. 2. 3）。除了公开的主张，史蒂文森在 1956 年与阿瑟·施莱辛格的私人谈话中也袒露心迹：

谈到民权，他反复指出……宣称人们的心智可以通过干预来改变会带来虚假的希望；黑人领袖施压时会妨害自身目标的实现；黑人的唯一希望在于缓和紧张局面，让观点温和的南方人执掌地方领导权，并以渐进方式改善问题。

我提出……黑人除非施加压力，否则向来一无所获，而且他们明白这一点……我说，他指望黑人理智的程度比对南方人的指望更甚，这在我看来不公平。他回应说，这当然不公平……但生活就是不公平的。

Arthur Schlesinger，*Journals：1952-2000*，41-42（Andrew and Stephen Schlesinger eds. ，2007）。

10. 参见 Nick Bryant，*The Bystander* 58（2006）。

11. 参见 Herbert Brownell with John Burke，*Advising Ike* 163-230（1993）。

12. 参见 Robert Burk，*The Eisenhower Administration and Black Civil Rights* 204-27（1984）。在其影响广泛的研究"The Positive Political Theory of Legislative History：New Perspectives on the Civil Rights Act of 1964 and its Interpretation，" 151 *U. Penn. L. Rev.* 1417，1458（2003）之中，丹尼尔·罗德里格斯（Daniel Rodriguez）和巴里·维恩加斯特（Barry Weingast）未能认识到这一点："虽然自林肯总统以来，共和党确实是个支持非洲裔美国人权利的政

党，但是这一历史联结随着富兰克林·罗斯福和新政而有所改变。转变持续到了 1950 年代，艾森豪威尔总统那时已经只是勉强支持民权了。"恰恰相反，从 1950 年代晚期到 1960 年代早期，美国人仍然将共和党视作激进的自由派政党，而艾森豪威尔在 1956 成功吸引了 40% 的黑人选票，据此有理由相信，大多数黑人都可能向林肯的政党回流。虽然艾森豪威尔本人只是"勉强"赞同布朗案，但是阿德莱·史蒂文森的勉强程度更甚。参见 Carmines & Stimson, supra n. 8, at 35－37, 56（Fig. 2. 3），111－12（Figs. 4. 7, 4. 8），and Schlesinger, supra n. 9。

13. 参见 103 *CR 1*, 178－79（1957）。

14. 参见 Robert Caro, *The Years of Lyndon Johnson：Master of the Senate* 857－58（2002）。

15. 在众议院任职的最初 10 年，即 1938 年至 1948 年，约翰逊都以典型的南方做派投票反对每一项民权举措。参见 Mark Stern, *Calculating Visions：Kennedy, Johnson, and Civil Rights* 120（1992）。约翰逊采取同样敷衍的策略来处理《1960 年民权法》，再次大幅削弱法案，以免南方用冗长发言来拖延审议。参见 Robert Mann, *The Walls of Jericho* 198－99, 252－60（1996）；Jonathan Rosenberg & Zachary Karabell, *Kennedy, Johnson, and the Quest for Justice* 23－25（2003）。

16. 参见 Nick Kotz, *Judgment Days* 76（2005）。丹尼尔·罗德里格斯和巴里·维恩加斯特，supra n. 12，再次未能意识到这一复杂性，他们断言："是民主党人在 1957 年和 1960 年推动了（民权）立法。"Id. at 1458. 虽然我在正文中的讨论突出了 1957 年的立法，但是 1960 年立法的动态过程同样复杂：共和党的威廉·麦卡洛克（William McCulloch）扮演了核心角色，推动该法通过了众议院，而林登·约翰逊却在参议院削弱了该法的核心条款。参见 sources cited at n. 15。

17. 在 *From Jim Crow*, supra n. 6, at 385－408（2004）当中，迈克尔·克拉曼（Michael Klarman）出色地描述了布朗案所引发的南方政治的激进化。

18. Dan Carter, *The Politics of Rage* 96（1995）.

19. 参见 *Gayle v. Browder*, 352 U. S. 903（1956）。

20. 参见 Taylor Branch, *Parting the Waters：America in the King Years, 1954－63*, 206－71（1988）。

21. 一般参见 Klarman, supra n. 6。

22. 在竞选搭档林登·约翰逊的协助下，肯尼迪取得了南方大部分地区的支持，其选举人票不但来自白人至上论的亚拉巴马州（5 票）、阿肯色州（8 票）、佐治亚州（12 票）、南卡罗来纳州（8 票）和路易斯安那州（10 票），而且来自相对更加温和的北卡罗来纳州（14 票）、密苏里州（13 票）和得克萨斯州（24 票）。由于肯尼迪的全部选举人票只有 303 张，他需要赢得前 5 个种族主义州中的 4 个，方可取得胜选所需的 270 票多数。参见 David Leip,"United States Presidential Election Results,"*Dave Leip's Atlas of U. S. Presidential Elections*（2012），http://uselectionatlas. org /RESULTS /index. html。

23. 一般参见 Karen Orren, *Belated Feudalism*（1991）。

24. 参见 Irving Bernstein, *Turbulent Years* 37-125（1970）。

25. 总体上持赞赏态度的阿瑟·施莱辛格这样总结肯尼迪任内前两年的民权项目："对现行选举立法加以零星改进，为自愿去除种族隔离的学区提供技术协助，并延长民权委员会的存在期限。" Schlesinger, *A Thousand Days*：*John F. Kennedy in the White House* 951（1965）. 至于更细致的观察，对比卡尔·布劳尔（Carl Brauer）的同情论述, *John F. Kennedy and the Second Reconstruction*（1977），以及布莱恩特（Bryant）更具批判性的阐释, supra n. 10, at 225-427。

26. Drew Hansen, *The Dream* 77-78（2003）. 我增标出 5 点细目以利于阐述。

27. 里程碑式立法并未处理金强调的警察暴行问题——虽然后者是沃伦法院的重要主题。在这个问题上，联邦最高法院与运动的关系尤其复杂，我将在本系列的第 4 卷加以讨论。

28. See Kotz, supra n. 16, at 62（2005）（"随着巴里·戈德华特参议员……获得共和党总统提名的前景逐渐清晰，小马丁·路德·金察觉到肯尼迪不再那么愿意推进人权"）；Robert Caro, *The Years of Lyndon Johnson*：*The Passage of Power* 347（2012）["在他的最后一次新闻发布会上……肯尼迪不再重申迅速表决通过的要求……，而是提出'18 个月的分娩期'，这意味着……民权法案将在（1965）年底（方获通过）"]。

29. 参见 Branch, supra n. 20, at 922（内文引号略去）。体制内人士提出了类似的意见。哈佛法学院的院长欧文·格里斯沃德（Erwin Griswold）曾于 1961 年至 1967 年在民权委员会供职，他说："与肯尼迪一直（健在并）在任相比，约翰逊任上的成就要多得多。当然，二人所处的时代不同，但是行刺并非全部原因。肯尼迪从没有脚踏实地地推动民权。" Interview, Oct. 29, 1975, on file with the Kennedy Library, Boston, Massachusetts, Scott Rafferty Papers, Box 1.

30. 参见 Mann, supra n. 15, at 252-60。

31. 参见 Hansen, supra n. 26, at 79-80。

32. 我在 *FFF* 203-06 当中探讨了开国者的这一失误，以及第十二修正案努力弥补的失败。

33. 一般参见 *WP*：*T* 169-78。

34. 林肯反复宣称，"如果可能"，他希望"推翻"德莱得·斯科特案，"并在这个问题上建立新的司法规则"。Abraham Lincoln, Sixth Debate with Stephen A. Douglas, Oct. 13, 1858, in Roy P. Basler ed., 3 *Collected Works of Abraham Lincoln* 245, 255；Abraham Lincoln, Speech at Columbus, Ohio, Sept. 16, 1859, in 2 *Collected Works*, at 400, 401.

35. 我在 *WP*：*T* 137-234 当中用很长篇幅讲述了这个故事。

36. 参见 Lyndon Johnson, *The Vantage Point* 91（1971）（记述了肯尼迪为了"确保南方各州支持"而说服他接受副总统提名的努力）。

37. 一般参见 Kotz, supra n. 16, at 250-77（详细阐述了小马丁·路

德·金和约翰逊之间的复杂关系）。

38. 约翰逊早先在国会的民权记录至多可以说是好坏参半。参见 n. 15 supra。出任副总统之后，他作为平等就业机会委员会（Committee on Equal Employment Opportunity）的主席，同样追求一种审慎的态度。参见 Robert Dallek，*Flawed Giant* 23-30（1988）。当他开始在民权立法的早期协商中扮演更活跃的角色时，肯尼迪政府打断了他的参与。参见 Caro，supra n. 28，at 263-64（2012）。

39. Dallek，supra n. 38，at 114（改动系原文所作）。参见 Caro，supra n. 28，at 348-49。

40. 伍德罗·威尔逊在南方出生和长大，但他是在新泽西州获得了政治成功所需的全国声望。

41. 参见 Dallek，supra n. 38，at 182-83。

42. 证明与现存事实相反之事确属不易，但是我的假设获得了以下精湛叙述的加强：Taylor Branch，*At Canaan's Edge：America in the King Years，1965-68*（2006）。

43. 一般参见 Michael Kammen，*A Machine That Would Go of Itself*（1986）. 我在 *WP：F* 200-65 当中质疑了这个观点。

第四章　新政转型

1. Lyndon Johnson，*Public Papers of the Presidents of the United States，1963-64*，8-10（1965）.

2. 约翰逊的决策利用肯尼迪的遗产作为民权突破的跳板，他对这一决策的重要性非常清楚。罗伯特·卡洛（Robert Caro）这样描述约翰逊和最亲密的顾问之间讨论总统就职演说关键文句时的一场关键会谈：

> 晚餐后，福塔斯、汉弗莱和约翰逊的其他盟友坐在餐厅的桌前讨论演说……随后爆发了（一场）激烈的争吵——主题是演说中对民权的强调。"重大的问题之一是他是否推荐国会采取行动"维护权利，福塔斯回忆说，"以及，如果是这样，他是否应当把这一点放在首位"。桌前有几位先生说，就通过民权法案施压可能破坏减税和拨款法案，干扰约翰逊与南方人的关系，而后者一直是他在国会的势力基础，眼下他正需要他们的支持。福塔斯说，讨论持续了"数个小时"，直到凌晨 2：30，而约翰逊一直坐在那里安静地聆听，直到……"坐在桌边的一位智慧且注重实际的先生"强烈要求约翰逊不要在他的第一次演说中推动民权，因为民权法案没有通过的可能，而总统不应当在注定失败的事业上浪费权力——无论该事业的价值有多大。"总统能开销的资本是有限的，而您不该在这事上花钱。"他说。
>
> "那还当总统干吗？"林登·约翰逊回应说。
>
> Robert Caro，*The Years of Lyndon Johnson：The Passage of Power* 428（2012）.

3. 参见 Chapter 3，n. 15。

4. 在整个时期，麦卡洛克都是司法委员会（Judiciary Committee）的关键少数成员，也是共和党在民权立法上的核心谈判人。参见 William Eskridge，

Dynamic Statutory Interpretation 22（1994）。

5. Charles & Barbara Whalen，*Th e Longest Debate* 13（1985）；Nicholas Katzenbach，*Some of It Was Fun* 120-27（2008）．

6. 参见 survey by Louis Harris & Associates，April 1964，retrieved February 15，2007，from the iPOLL Databank，Roper Center for Public Opinion Research，University of Connecticut，at www. ropercenter. uconn. edu. ezp1. harvard. edu/ipoll. html。

7. 110 *CR* 13319（1964）．我强调德克森服膺林肯主义，在这一点上，我与丹尼尔·罗德里格斯（Daniel Rodriguez）和巴里·维恩加斯特的看法不同。他们在影响颇大的论文"The Positive Political Theory of Legislative History：New Perspectives on the Civil Rights Act of 1964 and its Interpretation，" 151 *U. Penn. L. Rev.* 1417（2003）中认为，德克森之所以支持里程碑式立法，部分动因在于"削弱民主党对国家政治的控制的更宏大工程"。在他们看来，德克森在从事一场马基雅维利式的博弈：通过让约翰逊获得立法所需的信任，德克森令共和党得以"把（民主党的）南方一派驱逐出去"，从而建立共和党的新多数。Id. at 1478.

这一推测很大胆，它将德克森从林肯主义的信徒转化为此后数十年间所贯彻的"南方战略"的最早构建者之一。然而，两位作者全然没有提供证据来证明他们异乎寻常的论断，反而在第 209 个脚注里间接地承认："我们要指出，这个观点并不意味着德克森策划了共和党的南方战略，而只是说他充分认识到能够对之加以利用。"两位作者对这一前提深信不疑，并据此推测：早在 1963 年至 1964 年，敏感的共和党人就意识到，他们无法与民主党竞争黑人和强硬的种族自由派的选票，因此推出南方战略可谓百利而无一害。这完全是错误的；参见 Chapter 3, nn. 12 and 16。德克森完全有理由推测：只要诉诸主流的、不但支持商业而且持种族自由派或温和派立场的选民，就可以继续在母州伊利诺伊胜选——这个策略也能够在包括南方在内的国内广大地域胜出。况且，他公开和私下的言论，以及他的政治行动，都与其他主流共和党人完全相符，而与罗德里格斯-维恩加斯特的假设全不一致。一般参见 Chapters 6-10。

8. 参见 Nick Kotz，*Judgment Days* 141（2005）。由于我在前注 7 中强调了自己与罗德里格斯和维恩加斯特的分歧，在此我要强调我们的一项关键共识：我和他们都反对许多其他作家的观点，即"到了 1963 年，民权立法几乎注定会出台"。Id. at 1456-57. 恰恰相反，离开了德克森、麦卡洛克等共和党人，以及汉弗莱、约翰逊等民主党人的谋国之举，立法努力本可能归于失败；如此一来，面对戈德华特和约翰逊在总统选战中围绕立法的观点对垒，美国人民就无法通过《民权法》来做出根本的宪法抉择。

9. 参见 Theodore White，*The Making of the President 1964*，124（1965）。

10. 参见 Charles Mohr，"Goldwater Says He'll Vote 'No' on the Rights Measure，" *NYT*，June 19，1964，at 1（"'如果我的投票受到了误解，不要理它，让我承担后果'，这位来自亚利桑那的参议员说"）。《时代》全文转载了这位共和党内领先者的演说，Id. at 18。在同一页，法律专栏作家安东尼·

刘易斯解释了法院为何不再接受戈德华特反对新政宪法。参见 Anthony Lewis，"The Courts Spurn Goldwater View," *NYT*, June 19, 1964, at 18。

11. 参见 110 *CR* 14,319（June 18, 1964）。戈德华特强调，他"从根本上反对的"是下面一条新政宪法原则：授权国会无须经过第五条正式修宪即可通过《民权法》。

12. Lyndon Johnson，"Remarks on the River Front in Memphis," 2 *Public Papers of the Presidents of the United States* 1408-09（1965）.

13. 一般参见 Ira Katznelson，*Fear Itself*（2013）。

14. 参见 Lyndon Johnson，*The Vantage Point* 103（1971）；也参见 Stephen Skowronek，*The Politics Presidents Make* 336-41（1997）。

15. 参见 Barry Goldwater，"The Conscience of a Conservative" 25-31，65-67（1960）（攻击现代共和党政见）；Id. at 68-75（攻击福利国家是社会主义性质的）。

16. 经典的质疑，见 Robert Dahl，"Myth of the Presidential Mandate," 105 *Pol. Sci. Q.* 355（1990）。政治科学的其他重要研究包括 Patricia Conley，*Presidential Mandates：How Elections Shape the National Agenda*（2001）；George Edwards，*At the Margins：Presidential Leadership of Congress*（1989）；George Edwards，*The Public Presidency：The Pursuit of Popular Support*（1983）；Stanley Kelley，*Interpreting Elections*（1983）。

17. 参见 Denise Bostdorff，*The Presidency and the Rhetoric of Foreign Crisis* 57（1994）。

18. 对这些条件的讨论见 *WP：F* 266-94。

19. 一些改进建议见 *WP：T* at 410-16；以及 Bruce Ackerman，"The New Separation of Powers," 113 *Harv. L. Rev.* 633，666-68（2000）。

20. "伟大社会"则出台更晚，时间为 1964 年 5 月 22 日。参见 Lyndon Baines Johnson，Remarks at the University of Michigan（May 22, 1964），available at www.lbjlib.utexas.edu/johnson/archives.hom/speeches.hom/640522.asp。

21. 参见 White，supra n. 9, at 305［"在 1964 年的夏季和秋季，(围绕民权的)讨论充斥美国对话的程度可能超过了其他任何话题"］。

22. 7 月 24 日，戈德华特和约翰逊为了应对城市黑人的骚乱潮，非正式地同意克制可能给反复无常的局势火上浇油的言论。但是，在他们会面前的新闻发布会上，约翰逊明确指出，"他无意将民权议题移出竞选"。Robert Dallek，*Flawed Giant* 134（1988）. 巴里·戈德华特的民权立场由来已久且广为人知。10 月 22 日，他在全国电视讲话上重复了人们熟悉的立场，并在竞选的最后一周通过针对特定地区的电视演说闪击了南方。参见 Gene Shalit & L. K. Grossman eds.，*Somehow It Works：A Candid Portrait of the 1964 Presidential Election* 203（1965）。

23. Heart of Atlanta Motel v. United States, 379 U.S. 241（1964）；Katzenbach v. McClung, 379 U.S. 294（1964）。

24. 在联邦最高法院的会议上，哈兰毫不含糊地表示："关于第十四修正案问题,我会支持民权系列案,并判决(《1964 年民权法》)违宪。" Del Dickson ed. , *The Supreme Court in Conference*(*1940-1985*)727（2001）; Tinsley Yarbrough, *John Marshall Harlan* 253（1992）.

25. 在 1950 年代早期,首席大法官沃伦为了在布朗案上实现全体一致,付出了许多时间。参见 Richard Kluger, *Simple Justice* 678-99（1976）。但是,到了 1964 年,最高法院不再能够控制事态——一旦选民决定性地否弃戈德华特,那么最高法院的漫长拖延就会引发针对新法合宪性的广泛怀疑,从而让誓死捍卫吉姆·克劳制的努力在一时间有了依据。

26. 严格地讲,克拉克大法官在亚特兰大之心旅店案和麦克朗案的判词并非全体一致,因为胡果·布莱克大法官提出了一份特别附议。参见 Heart of Atlanta Motel, supra n. 23, at 268-78。但是,从司法学说的角度来看,布莱克大法官同样采用了克拉克大法官所阐发的贸易条款理论。而道格拉斯大法官和戈德伯格大法官虽然也赞成贸易条款,但是他们在附议中所提出的依据却是第十四修正案。Heart of Atlanta at 279（道格拉斯大法官的附议）; Heart of Atlanta 291（戈德伯格大法官的附议）。

27. Id. at 257.

28. McClung, supra n. 23, 296-97（1964）.

29. 罗斯福第二个任期内最具特色的成就,大概是《1938 年公平劳动基准法》,该法在美国历史上首次确立了全国最低工资,并推翻了守旧法院在哈默诉根哈特案中的保守学说。虽然这是一项重要的突破,但是与罗斯福在首个任期内的成就相比则显得黯淡。

30. 参见 *WP*:*T* 368-75.

31. 肯尼迪时期最值得一提的成就,大概是总统支持国会批准第二十四修正案的决议。然而,本书第五章和第六章将表明,这一"成功"充满了喜忧参半的两难问题。

32. 参见 Robert Mason, *The Republican Party and American Politics from Hoover to Reagan* 79-95（2011）; Joseph Barnes, *Willkie* 125-210（1952）.

33. "（里根）有多反对 1964 年和 1965 年的民权法,尼克松就有多支持它们。" Stephen Hess & David Broder, "Durability in Drive for Power Is Demonstrated," *WP*, Dec. 1, 1967, at A18. 参见 Theodore White, supra n. 9, 236-247（1969）。

34. 参见第十章。

35. 华莱士呼吁"修订《民权法》",因为该法"与本国任何公民的利益都不相符,无论他们是何种族"。George Wallace, *Hear Me Out* 18（1968）. 他还继续竭力宣扬种族隔离:"如果……融为一体,那么我们生活的繁荣、我们发展的自由就将永久丧失。果如是,则我们将沦为杂种共同体。" Id. at 118.

36. 尼克松并不反对法院下令通过校车接送促进种族融合,但是沃伦法院的这一举措并非基于民权法的要求。参见第十一章。此外,他明确支持"十年来的革命让确保平等权利所需的法律架构得以落成"。Nixon-Agnew Campaign Committee, *Nixon Speaks Out* 59（1968）; 另见他承诺"实施

《民权法》第六篇"——这是打击南部学校种族隔离要害的关键一招。Nix-on-Agnew Campaign Committee, *Nixon on the Issues* 98（1968）.

37. 参见 White, supra n. 9, at 363. See also id. at 372。

38. 尼克松获得了 31 783 783 张选票（占 43.4%），汉弗莱获得了 31 271 839 张（占 42.7%）；二者相差近 60 万票。华莱士获得了 9 901 000 票——占 13.5%。参见 David Leip, "1968 Presidential General Election Results," *Dave Leip's Atlas of U. S. Presidential Elections*（2012）, at http://uselectionatlas. org/RESULTS/national. php? year=1968。

39. 参见 Eric Foner, *Reconstruction* 557-62（1988）; William Gillette, *Retreat from Reconstruction* 1869-1879 25-55, 166-86（1979）。

40. 关于 1800 年大选危机催生运动-政党-总统职位模式时的分娩之痛，参见拙著《建国之父的失败》。

41. 正如金在《星期六评论》中所解释的，他在塞尔玛组织非暴力游行的目标，就在于引发暴力，迫使举国目睹警察暴行的场面，从而促使"有良心的美国人"去"要求联邦干预和立法"。参见 Martin Luther King Jr. , "Behind the Selma March," *Sat. Rev.*, Apr. 3, 1965, at 16；参见 also Michael Klarman, *From Jim Crow to Civil Rights* 429（2004）。

42. 参见 Klarman, supra n. 41, at 421-42。

第五章　转折点

1. 参见 Edward Carmines & James Stimson, *Issue Evolution：Race and the Transformation of American Politics* 73（1989）。

2. 参见 102 *CR* 4515-16（1956）。

3. "The Twenty-Fourth Amendment," 1962 *Cong. Q. Almanac* 405.

4. "NAACP Against Tax Amendment," *Pittsburgh Courier* 16, Mar. 31, 1962.

5. 参见 Manfred Berg, *The Ticket to Freedom* 105（2005）。

6. 参见 Jerome Mileur, "The 'Boss': Franklin Roosevelt, the Democratic Party, and the Reconstitution of American Politics," in Sidney M. Milkis & Jerome M. Mileur eds. , *The New Deal and the Triumph of Liberalism* 121-24（2002）; Kevin McMahon, *Reconsidering Roosevelt on Race：How the Presidency Paved the Road to Brown* 17-18（2004）。

7. 参见 William Leuchtenburg, *The White House Looks South* 91-98（2005）。

8. Steven Lawson, *Black Ballots：Voting Rights in the South*, *1944-1969*, 57（1976）[引用富兰克林·罗斯福于 1938 年 3 月 28 日致奥布雷·威廉姆斯（Aubrey Williams）的信]。

9. Frank Freidel, *F. D. R. and the South* 99（1965）; McMahon, supra n. 6, at 17, 120; Sidney Milkis, *The President and the Parties：The Transformation of the American Party System Since the New Deal* 77（1993）.

10. Lawson, supra n. 8, at 57. 他还和当地废除人头税的努力划清界限,声称后者是"关于州务的运动",他本人无意介入。

11. 参见 McMahon, supra n. 6, at 157。

12. 参见 Jerry Hough, *Changing Party Coalitions* 131–32 (2006)。

13. 参见 Michael Klarman, *From Jim Crow to Civil Rights* 31 (2004); Nicholas Katzenbach, "Toward a More Just America for All," in Thomas Cowger & Sherwin Markman eds. , *Lyndon Johnson Remembered* 130 (2003)。

14. 参见 Allen Morris, *The Florida Handbook* 172 (1997)。

15. 与"通常反对富兰克林·罗斯福及新政的一切举措"的"阻挠派保守分子"不同,霍兰德接受"国家角色的扩大",是一位"新派"的保守分子。John Malsberger, *From Obstruction to Moderation*: *The Transformation of Senate Conservatism* 12– 13 (2000).

16. *Breedlove v. Suttles*, 302 U. S. 277 (1937).

17. *Harper v. Va. Bd. of Elections*, 383 U. S. 663, 670–80 (1966) (布莱克大法官的异议)。

18. 参见 Virginia Foster Durr, *Outside the Magic Circle* 152 (1990)。

19. Lawson, supra n. 8, at 61; Harvard Sitkoff, *A New Deal for Blacks* 133 (1978).

20. 虽然委员会涵盖了 50 个不同的组织,包括劳联(AFL)、产联(CIO)和美国公民自由联盟,但是"作为最大和最知名的非洲裔美国人民权团体,全美有色人种协进会无疑将扮演突出的角色"。Berg, supra n. 5, at 105, 106. 组织活动一直在以多种形式进行,直到第二十四修正案于 1962 年成功施行。

21. 参见 Philip Klinkner & Rogers Smith, *The Unsteady March*: *The Rise and Decline of Racial Equality in America* 174 (2002)。

22. Lawson, supra n. 8, at 63.

23. Id. at 76. 罗斯福在与夫人相处时更加谨慎,他的夫人相信"富兰克林支持"禁止人头税,虽然她也承认那"从未成为'必需'的立法"。Eleanor Roosevelt, *Autobiography of Eleanor Roosevelt* 191 (1992).

24. Lawson, supra n. 8, at 76.

25. Frederic Ogden, *The Poll Tax in the South* 248 (1958).

26. 参见 108 *CR* 17,655 (1962)[塞勒(Celler)众议员对这些努力的总结]。

27. 参见 Chandler Davidson & Bernard Grofman, *Quiet Revolution in the South*: *The Impact of the Voting Rights Act*, *1965–1990*, 19–298 (1994)。

28. Id. at 276.

29. Id. at 298–99.

30. Id.

31. 在整个辩论期间,霍兰德都强调自己关心的是财富而非种族歧视:"这份动议并不应归入通常意义上的民权法之列。它适用于多数,也适用于少数,并适用于所有肤色的所有人。"108 *CR* 2851, 4154 (1962). 八位南方议员投票支持修宪;其中只有一位,即拉尔夫·W. 亚博罗(Ralph W. Yar-

borough)来自征收人头税的州（得克萨斯州）。参见"The Twenty-Fourth Amendment," supra n. 3, at 404。

32. 108 *CR* 2851, 17,670（1962）. 支持者包括132位共和党人和163位民主党人。15位共和党人和71位民主党人投了反对票——除了一位，其余都来自南方。

33. 参见 Robert A. Caro, *Master of the Senate: The Years of Lyndon Johnson* 944-89（2002）。

34. 参见 Richard Valelly, *The Two Reconstructions* 173-98（2004）。

35. Abolition of Poll Tax in Federal Elections: Hearings on H. J. Res. 404, 425, 44, 594, 601, 632, 655, 663, 670, S. J. Res. 29 Before the H. Comm. on the Judiciary, 87th Cong. 28（1962）（克拉伦斯·米歇尔的发言）。

36. 据贾维斯说，"如果参议院创下先例，此类事宜都需通过修宪解决，那么完全相同的主张也会被用于今后废除文化水平测试的努力"。108 *CR* 4155（1962）。另一位共和党人约翰·林赛也在众议院表达了类似的担忧。108 *CR* 8887（1962）.

37. 参见 Anthony Lewis, "Senate Approves Ban on Poll Tax in Federal Votes; Amendment to Constitution Wins, 77-16, After Defeat of Objection by Russell," *NYT*, Mar. 28, 1962, at 1。

38. Abolition of Poll Tax in Federal Elections: Hearings on H. J. Res. 404, 425, 44, 594, 601, 632, 655, 663, 670, S. J. Res. 29 Before the H. Comm. on the Judiciary, 87th Cong. 2（1962）（霍兰德参议员的发言，引用尼古拉斯·卡增巴赫的说法）。

39. 1965年，在《选举权法》的辩论中，霍兰德加入南方的同事，通过冗长发言来阻挠议事。参见 n. 42, infra。

40. 参见"The Twenty-Fourth Amendment,' supra n. 3, at 405。

41. Letter from Spessard L. Holland to E. H. Crowson, May 12, 1962, Spessard Holland Archives, University of Florida, Gainesville.

42. 立法设禁的前景促使霍兰德参议员与他的同事一道要求回归第二十四修正案所开辟的道路：

我的立场多年来从未改变；也即，支持禁止将人头税作为投票的条件，但是不应当通过违宪的途径，也不应当在宪法的铠甲上开个口子，以致国会两院一时的多数可以循此投票中止宪法条文的适用，甚至毁弃许多其他宪法条文。

111 *CR* 9943（1965）. 其他南方议员也响应霍兰德的发言，111 *CR* 10, 028（1965）（伊斯特兰德）；111 *CR* 10,045（1965）（斯坦尼斯）。

43. "前突"是约翰逊造的新词；参见 Nick Kotz, *Judgment Days* 198（2005）。我必须承认，发明"法律倒退"这个说法的责任在我。

44. 参见 Clayborne Carson, "The Crucible: How Bloody Sunday at the Edmund Pettus Bridge Changed Everything," in Dara Byrne ed. , *The Unfinished Agenda of the Selma-Montgomery Voting Rights March* 27（2005）。

45. 签署《1964年民权法》之后，约翰逊"马上"宣布有意推进选举权法，虽然他的时间表还不清楚。Garth Pauley, *LBJ's American Promise*: *The 1965 Voting Rights Address* 74（2007）. 据总统顾问埃里克·戈德曼说，约翰逊在"1964年中"就下了指示，但是"没有（将之）对外公布"，唯恐那样做会让戈德华特在南方得分。参见 Eric F. Goldman, *The Tragedy of Lyndon Johnson* 318（1969）。

46. 参见 Ronald Walters, *Freedom Is Not Enough* 15（2005）。

47. 参见 Martin Luther King Jr., *The Autobiography of Martin Luther King, Jr.* 270-71（1998）。

48. Pauley, supra n. 45, at 76.

49. 司法部草案的主要条款如下：

第一条 美国公民的选举权不得被美国或任何州以任何理由否定或削减，但下列情形除外：①未能达到州法设定的、六十天以内的居住要求或最低年龄要求；②被宣判重罪，且未获得特赦或大赦；③经法院裁决为精神上无投票能力并记录在案；或④在登记或选举时依法院判决或授权而被羁押并记录在案。

第二条 国会有权为实施本条而制定适当的立法。

Dept. of Justice Memorandum（无署名）, "Constitutional Amendment," Jan. 18, 1965, Lyndon B. Johnson Library Archives.

50. Memorandum from Nicholas Katzenbach to Lyndon Johnson, Dec. 28, 1964, Lyndon B. Johnson Library Archives, Lee White Files, Box 3.

51. Id.

52. Id.

53. Pauley, supra n. 45, at 76.

54. Garth Pauley, *The Modern Presidency and Civil Rights*: *Rhetoric on Race from Roosevelt to Nixon* 174（2001）.

55. Pauley, supra n. 45, at 77.

56. Transcript Recording: Telephone Conversation Between Lyndon B. Johnson and Martin Luther King, Jr., Jan. 15, 1965, Lyndon B. Johnson Library Archives No. 1803, WH6501. 04.

57. 参见 David Garrow, *Bearing the Cross*: *Martin Luther King, Jr., and the Southern Christian Leadership Conference* 388（2004）。

58. Pauley, supra n. 45, at 77.

59. 参见 Lawson, supra n. 8, at 309; Denton Watson, *Lion in the Lobby*: *Clarence Mitchell, Jr.'s Struggle for the Passage of Civil Rights Laws* 662（2002）。

60. Memorandum（无署名）to Lyndon B. Johnson, Reports on Legislation, Feb. 15, 1965（作者所藏）; David Garrow, *Protest at Selma*: *Martin Luther King, Jr. and the Voting Rights Act of 1965* 60（1978）; Pauley, supra n. 45, at 78[引用司法部部长莱姆希·克拉克于1965年2月15日致邮政总局局长劳伦斯·奥布莱恩(Lawrence O'Brien)的信]。

61. 参见 Brian Landsberg，*Free at Last to Vote* 158（2007）。1965 年 3 月 4 日，李·怀特写给林登·B．约翰逊一份备忘录，提出"3 月 5 日会见金博士的要点"，其中指出，"普遍认为修宪方案过于费时，因此我们应专注于立法"。Memorandum from Lee C. White to Lyndon B. Johnson，Mar. 4, 1965, Lyndon Johnson Library Archives，LE/HU 2-7，F6155-18.

62. S. 1564, 111th Cong.（1965）（曼斯菲尔德先生于 1965 年 3 月 18 日提交）。

63. 参见 Janus Adams，*Freedom Days：365 Inspired Moments in Civil Rights History*，March 7（1998）；Garrow，supra n. 60，at 73-77。

64. 流血的星期天晚上九点后不久，美国广播公司就打断了正在播放的晚间电影《纽伦堡审判》，"插播关于第 80 号高速公路上所发生的袭击的报道，依次清晰地呈现了安静的队伍、挥舞的大棒、惊逃的马匹、嘲弄的人群和痛苦异常、四散奔逃的黑人"。Garrow，supra n. 60，at 78. 事件还登上了几乎所有主要报纸的头版，并配上了恐怖的照片。参见 Leon Daniel，"Tear Gas，Clubs Halt 600 in Selma March，"*WP*，Mar. 8, 1965，at A1；Roy Reed，"Alabama Police Use Gas and Clubs to Rout Negroes，"*NYT*，Mar. 8, 1965，at A1.

65. 1965 年 3 月 16 日，记者们向白宫来的乔治·里迪询问当局选举权法案的进展情况，得到的回复不过是"离完成还有距离"。Garrow，supra n. 60，at 82。

66. Pauley，supra n. 45，at 77.

67. Landsberg，supra n. 61，at 161（指出司法部一直在修补）。

68. 参见 Lyndon B. Johnson，"Special Message to Congress：The American Promise，"Mar. 15, 1965，at www. lbjlibrary. net/collections/selected-speeches/1965/03-15-1965. html。

69. 参见 *WP*：*T* 131-33。

70. S. 1564, 89th Cong. § § 3（a）and（c）（1st Sess. 1965）.

71. 法案授权联邦勘验人员收取人头税，要求州当局承认这些收据可以满足缴税期间的一切投票所需。S. 1564，§ 5（e）. 参见 Voting Rights：Hearings on H. R. 6400 Before the H. Comm. on the Judiciary，89th Cong.（1965）。

72. Id. at 22（1965）.

73. Id.

74. 参见 Hearings Before the S. Comm. on the Judiciary，89th Cong. 148-49（1965）：

卡增巴赫：参议员，（根据人头税的歧视性效果而下达立法禁令）究竟是否合宪，我对此有所保留……因此，我认为按照民权委员会的方法所采集的数据恐怕会被驳倒。

一般参见 U. S. Comm. on Civil Rights，*Freedom to the Free：Century of Emancipation，1863-1963*（1963）。

75. 肯尼迪参议员坚称：立法设禁将"迅速起效，而（拟议中的替代方案则)起效缓慢。我们的方案清楚表达了国会在这一领域的政策,而他们的方案将政策的制定留给了法院"。111 *CR* 9913(1965).在众议院辩论伊始,伊曼纽尔·塞勒宣布:委员会法案所建立的体系将"不受任何法律花招和借口的影响"。"Voting Rights Act of 1965," 1965 *Cong. Q. Almanac* 540, 560.法博众议员对此做了进一步阐述,他宣称"(禁止人头税的)第十条的合宪性已然并且还将遭到我们当中永远谨小慎微的人的攻击。他们说,'减速、小心、贴地行驶!'而我认为我们已经贴地太久了"。111 *CR* 15,717(1965).

76. 参见 Kotz, supra n. 43, at 328-29。

77. 111 *CR* 10,078(1965).

78. 参见 Landsberg, supra n. 61, at 185。

79. 111 *CR* 10,073, 10,866(1965)(强调系后加)。

80. 司法部并未援引任何先例,只是宣称该条款是"消灭人头税的最安全、最迅速和最高效的方式"。Memorandum from Atty. Gen. Nicholas Katzenbach to President Lyndon B. Johnson, "Reasons Why the Department of Justice Has Favored the Mansfield-Dirksen Approach to Elimination of the Poll Tax," May 21, 1965(作者所藏)。

81. 111 CR 9926(1965).

82. 111 CR 11,013(1965)(瑟蒙德)。

83. 111 CR 9939, 9943(1965)(霍兰德)。

84. 111 CR 9924(1965).

85. 111 CR 9913(1965).

86. "Voting Rights Act of 1965," supra n. 75, at 545(1965);111 CR 10,073, 11,018(1965).

87. "Voting Rights Act of 1965," supra n. 75, at 559(1965);111 CR 16,038(1965).

88. Transcript of Recording of Telephone Conversation Between Lyndon B. Johnson and Martin Luther King Jr., July 7, 1965, LBJ Library, Citation No. 8311, Tape WH6507. 02, Recordings of Telephone Conversations—White House Series, Recordings and Transcripts of Conversations and Meetings.

89. Id.

90. 约翰逊说:"所以,如果我们击退麦考洛克……仍然是参院一部法案、众院一部法案,而这恰恰是那些南方来的、狡猾的国会专家所希望我们做的。他们希望你的老婆朝一个方向走,而你朝另一个方向走。这样孩子们就不知道该跟谁走了。"Id.

91. Id.

92. 111 *CR* 16,230(1965).

93. 会议于 7 月 12 日星期一召开,但是在 7 月 19 日那周陷入了僵局。参见 Garrow, supra n. 60, at 130-31。

94. Robert C. Albright, "Conferees Bog Down on Poll Tax Ban," *WP*, July 28, 1965, at A2.

95. 111 *CR* 10 078(1965).

96. Voting Rights Act § 10, 42 U. S. C. § 1973h(b) (2000).

97. 参见 Garrow, supra n. 60, at 130−31。白宫助理麦克·迈纳托斯(Mike Manatos)的一份备忘录反映了卡增巴赫扮演的关键角色——其中报告说:"尼克·卡增巴赫告诉我,会议明天将就《选举权法》达成协议。显然,尼克提出的关于人头税的妥协措辞获得了德克森和塞勒的接受。我认为这两个人明天中午将举行秘密会谈。"参见 Memorandum from Larry O'Brien to Lyndon B. Johnson, April 26, 1965, LBJ Library, LE/HU 2−7, FG 11−8−1/O'Brien。

98. 111 CR 19,444 (1965).

99. 对于众议院的与会者彼得·罗蒂诺(Peter Rodino)和哈罗德·多诺霍(Harold Donohue)来说,金的介入尤其具有决定性影响。参见 Garrow, supra n. 60, at 435。

100. "Voting Rights Act of 1965," supra n. 75, at 563; 111 CR 19,200 (1965).

101. 111 CR 19,195 (1965).

102. "Voting Rights Act of 1965," supra n. 75, at 563.

103. 塞勒保守秘密也是信守对卡增巴赫的承诺。卡增巴赫在信中总结说:

金博士还进一步向我保证,他会在适当时候公开发表这一主张。虽然您可以自行决定将这封信私下给您希望的任何人看,但是,如果您在公开使用它之前能够告知我,让我可以和金博士商量,那么我将十分感谢。

111 CR 19,444 (1965).

104. Richard Lyons, "Voting Rights Bill Passed by House After GOP Attack," WP Aug. 4, 1965, at 1.

105. 这封信于 8 月 4 日登出,《华盛顿邮报》在同一天刊出了报道。111 CR 19,444 (1965).

106. President Lyndon B. Johnson, "Remarks in the Capitol Rotunda at the Signing of the Voting Rights Act," August 6, 1965, at www. lbjlibrary. net/collections/selected−speeches/1965/08−06−1965. html.

第六章 通过司法来抹除?

1. 参见 WP: T 290−382。

2. Voting Rights Act § 10, 42 U. S. C. § 1973h(a) (2000).

3. 参见 Jurisdictional Statement of Appellants, Harper v. Va. Bd. of Elections, 380 U. S. 930 (1964), in Philip Kurland & Gerhard Casper eds., *Landmark Briefs and Arguments of the Supreme Court of the United States*: *Constitutional Law* 835−51 (1975)。

4. 参见 Bernard Schwartz, "More Unpublished Warren Court Opinions," 1986 *Sup. Ct. Rev.* 317, 321−22。

5. 我感谢已故教授伯纳德·施瓦茨,他在四分之一个世纪以前发现并发表了这份意见书——参见 Schwartz, supra n. 4, at 324−27,虽然其重要性并未得到充分认可。

6. Id. at 321.

7. Harper v. Va. Bd. of Elections, 380 U. S. 930（1965）（提到可能管辖该案）。

8. 参见 e. g. , United States v. Texas, 252 F. Supp. 234（February 9, 1966）；United States v. Alabama, 252 F. Supp. 95（March 3, 1966）。

9. 时任司法部副部长首席助理的拉尔夫·斯普利策也在概述上签了字，但是我于1960年代后期与他谈及该案时，他告诉我，是波斯纳撰写了那份概述。我最近询问了波斯纳法官，他回复道："很不幸，我一点也不记得曾为哈珀案做事。如果我签了名，那就意味着是我写的。"Email, May 17, 2007.

10. Brief for the United States as Amici Curiae, Harper v. Va. Bd. of Elections, 383 U. S. 663（1965）（No. 48 25-26）.

11. Id. at 27（强调系后加）.

12. 在1960年代，记录中并不写明是哪位大法官，但我猜发话的人是哈兰大法官，因为他在哈珀案的异议中表达了相同的看法。

13. 参见 Philip Kurland & Gerhard Casper eds. , *Landmark Briefs and Arguments of the Supreme Court of the United States：Constitutional Law* 1023-87, Transcript of Oral Argument 28（1975）。

14. Id. at 1027.

15. Id.

16. Harper, supra n. 10, at 669-70（1966）（引注略去）.

17. Id. at 668.

18. Voting Rights Act of 1965, Pub. L. No. 89- 110, § 4, 79 Stat. 437, 442［codified as amended at 42 U. S. C. § 1973b（2000）］.

19. 道格拉斯还引用了下级法院新近根据第十条推翻州人头税的案例，这让谜团更加难解。参见 Harper, supra n. 10, at 665, 666 nn. 2, 4。这些引用表明，道格拉斯完全了解国会最近的努力，但是最终没能理解其更广泛的宪法意义。

20. Harper, supra n. 10, at 684-85.

21. Id. at 685-86（强调系后加）.

22. Id. at 678（布莱克大法官的异议）。

23. 胡果·布莱克起先投票维持布里德拉夫案，不希望全体开庭，但是他看到戈德伯格的初稿后改变了态度。Memorandum for the Conference from Hugo Black, Associate Justice to William Brennan, Associate Justice, March 4, 1965, Hugo Black Papers, Box I：128, Folder 6, Library of Congress. 道格拉斯取代戈德伯格撰写法院意见之后，布莱克重申了对于布里德拉夫案的支持。

24. 参见 Schwartz, supra n. 4, supra。

25. Katzenbach v. Morgan, 384 U. S. 641（1966）.

26. 这一观点富有洞察性见解的变形，见 Pamela Karlan, "The Supreme

Court 2011 Term, Foreword: Democracy and Disdain," 126 *Harv. L. Rev.* 14-27 (2012).

27. Lassiter v. Northampton County Board of Elections, 360 U. S. 45 (1959).

28. "国会兹宣布：一些美国学校的主要课堂语言不是英语，为了保护在这些学校就学的人根据第十四修正案所享有的权利，必须禁止州以用英语阅读、书写、理解或翻译任何事物为这些人投票的条件。"Voting Rights Act of 1965, Pub. L. No. 89-110, § 4(e)(1), 79 Stat. 437, 439[codified as amended at 42 U. S. C. § 1973b (2000)].

29. Morgan, supra n. 25, at 650.

30. Id. at 836.

31. Id. at 669.

32. Id. at 668.

33. Id. at 652, n. 10.

34. 这一点的重要性很快就被注意到了。参见 Robert Burt, "Miranda and Title II: A Morganatic Marriage," 1969 *Sup. Ct. Rev.* 81。

35. 参见第四章。

36. 110 *CR* 13319-20 (1964).

37. 对比德克森的演说与第三章中金的《我有一个梦想》演说选段、第五章中约翰逊的《我们必将战胜》演说选段。

38. 参见 e. g., E. W. Kenworthy, "Senate Invokes Closure on Rights Bill, 71 to 29, Ending 75-Day Filibuster," *NYT*, June 11, 1964, at 1, 25; Edwin A. Leahy, "Dirksen, Rejected by Negroes, Makes Civil Rights Bill Possible," *WP*, June 11, 1964, at 9。

第二篇　重建的里程碑

第七章　羞辱的领域

1. 祛魅的出色实践见 Reva Siegel, "Equality Talk, Anti-Subordination and Anti-Classification in Constitutional Struggles over Brown," 117 *Harv. L. Rev.* 1740 (2004)。我强调里程碑式立法对于 1960 年代至 1970 年代早期所提出的宪法方案的根本贡献，这与西格尔的论文不同。另一篇颇具创见的描述见 Ian Haney-Lopez, "Intentional Blindness," 87 *NYU L. Rev.* 1779 (2012)。

2. Brown v. Board of Education, 347 US 483, 495 (1954).

3. Id. at 490.

4. 参见 Jack Balkin, *Living Originalism* 221-26 (2011)。

5. 该主题的哲学阐述见 Michael Walzer, *Spheres of Justice* (1984)。

6. Brown, supra n. 2, at 493.

7. Id. at 494.

8. Karl Llewellyn, *The Common Law Tradition*：*Deciding Appeals* 121 – 57（1960）.

9. Plessy v. Ferguson, 163 U. S. 527, 551（1896）.

10. Brown, supra n. 2, at 494（强调系后加）。

11. 参见 Charles Black, "The Lawfulness of the Segregation Decisions," 69 *Yale L. J.* 421, 424（1960）。在布莱克看来，"种族隔离的社会意涵"很清楚："我在南方长大，在那座得克萨斯州的城市里，种族隔离的做法坚如磐石。我确定没有任何人会质疑其中的意涵，无论是白人还是有色人种。"根据布莱克的观点，对于那些否认显而易见之事的人，应当报以"哲学家的主权实践——嘲笑"。

12. 参见 Muller v. Oregon, 208 U. S. 412, 419（1908）。

13. Siegel, supra n. 1, at 1489–1497（总结学界讨论）。

14. "Civil Rights Icon Rosa Parks Dies at 92," CNN. com, October 25, 2005, at http：//edition. cnn. com/2005/US/10/25/parks. obit.

15. Gayle v. Browder, 352 U. S. 903（1956）.

16. Martin Luther King Jr. , "Letter from Birmingham City Jail," in James Washington ed. , *A Testament of Hope* 292–93（1986）.

17. Id. at 292.

18. 参见 110 *CR* 6531–32（March 30, 1964）。

19. 110 *CR* 7799（April 13, 1964）.

20. 汉弗莱的论述值得花更多篇幅来引用：

我无意冒犯各位参议员，但是，当一个人努力完成中学教育——或许上完了专科或职业学校，获得了启蒙之后，对他而言，作为共同体乐于接受的一员获得接纳，要比接纳他人更为重要。

当有色人种的一员从一所好大学获得学位，却因为他的肤色而被午餐柜台或者一间普通的药房拒绝接待，那就是对他的侮辱。

他需要的是尊严的自由，或说是免受侮辱的自由。

不久前的一天晚上，我在四大自由基金会颁奖晚宴上致辞。我们都记得富兰克林·罗斯福的四大自由：言论自由、良心自由、免于恐惧的自由和免于匮乏的自由。我认为还有第五大自由，那就是尊严的自由。

这并不是说有人真的想去每家旅馆或者每家餐厅。只是，作为一个人，如果他真的想这么做，他就不该被伸手驱赶，也不该被别人警告："站住。禁止你进入这里的原因是你的肤色。"

黑人无法控制自己的肤色。他的肤色并不是在出生时选择的。他出生的国度也不是自己选的。但他是一名美国人。他是一位公民。

110 *CR* 6091（March 24 1964）.

21. 1 Lyndon Johnson, *Public Papers of the Presidents of the United States*, 1963–64, 482–83（强调系后加）（April 24, 1964）.

22. 其他雄辩的陈述见 Robert Kennedy, House Judiciary Committee, Hearings：Civil Rights—The President's Program, 88 Cong. , 2 Sess. 93 – 94（July – September 1963）; Thomas Kuchel, 110 *CR* 6556 – 57（March 30,

1964）；Ted Moss（D-Utah），110 *CR* 6746-48（Apr. 1，1964）；Jacob Javits，Civil Rights：Hearings Before Sen. Commerce Committee, 88 Cong., 2 Sess. 257（1963）。

23. 我的这些反思源自对两本书的回应：Avishai Margalit, *The Decent Society*（1996），and William Miller, *Humiliation*（1993）。菲利普·佩蒂特在他的近著《依人民的意志》（*On the People's Terms*）（2012）中也做出了重要的贡献。不过，这里不适合细谈我与他们在共同主题下进路的异同。

24. 110 *CR* 6534（March 30，1964）.

25. Sec. 201(a).

26. Civil Rights Cases, 109 U. S. 3（1883）.

27. Id. at 24-25.

28. 参见第六章。

29. 参见 e. g.，Smith v. Allwright, 321 U. S. 649（1944）；Shelley v. Kraemer, 334 U. S. 1（1948）；Burton v. Wilmington Parking Authority, 365 U. S. 715（1961）。

30. Peterson v. City of Greenville, 373 U. S. 244（1963）；Avent v. North Carolina, 373 U. S. 375（1963）；Lombard v. Louisiana, 373 U. S. 267（1963）；Gober v. Birmingham, 373 U. S. 374（1963）；Shuttlesworth v. Birmingham, 373 U. S. 262（1963）；Wright v. Georgia, 373 U. S. 284（1963）. 贝尔诉马里兰州案［378 U. S. 226（1964）］引出了其他四宗相关的静坐抗议案件：Griffin v. State of Maryland, 370 U. S. 935（1962）；Barr v. City of Columbia, 378 U. S. 146（1964）；Robinson v. State of Florida, 378 U. S. 153（1964）。

31. Transcript of Oral Argument at 194, Bell v. State of Mary land, 378 U. S. 226（1964）（No. 12）.

32. 更具体地说，自由派希望重申谢丽诉克雷默案（*Shelley v. Kraemer*）中非常宽松的司法学说，荡涤对于州行为限制的古典认知。Del Dickson ed.，*The Supreme Court in Conference*（1940-1985），720-27（2001）.

33. 参见 Hugo Black, Draft Opinion in Bell v. Mary land, March 5，1964，Black Papers, Box 377, Folder 1, p. 11, Library of Congress。

34. Dickson, supra n. 32, at 722-23.

35. Seth Stern & Stephen Wermiel, *Justice Brennan：Liberal Champion* 218（2010）.

36. 参见 Stewart Papers, Group No. 1367, Series No. I, Box No. 199, Folder No. 2034, Yale University. 政府在补充概述中提出，制度化羞辱的问题比国家责任的狭隘观念更重要：

我们在此面对的并非个人行为，而是一种包括整个共同体的公共习俗：拒绝让黑人有机会与他们的同胞在公共场合一同进餐，从而给他们打上低人一等的烙印，而这是由国家和私人行为共同编织而成的等级制结构的必要部分。

Griffin v. State of Md.，378 U. S. 130（1964），Supplemental Brief 36（Jan. 17，1964）in *U. S. Supreme Court Records and Briefs*, at http://

galenet. galegroup. com/servlet/SCRB? uid = 0&srchtp = a&ste = 14& rcn = DW100200355.

37. 参见 Bernard Schwartz, *Super Chief* 504–24（1983），虽然我在几个特定问题上不同意施瓦茨的叙述。在布伦南的一份草稿中，有一个段落反映了四位异议者的惊愕：

我们身在联邦最高法院之中，并非两耳不闻窗外事，不能无视围绕第二条出台后合宪性问题的争论。当然，联邦最高法院将判决限制在眼下的案件中是妥当的，该案提出宪法问题时并没有谈及那部立法。然而，我们不能对以下事实视而不见：关于今天所判决宪法问题的对立观点，必将进入并且可能会搅乱那场辩论。所以，我的同事在最不幸的时候犯下了就该问题下判的错误。

Draft Dissenting Opinion in Bell v. Mary land, May 1964, Brennan Papers, Box I : 97, Folder 8, at 1–2, Library of Congress. 这份草稿并未标明日期，但是传阅时间应该介于 4 月 14 日（布伦南首次宣布他会写一份异议）和 5 月 27 日（布伦南开始为由五位大法官组成的多数撰写判决书——不料克拉克在 6 月初取代他赢得了多数）之间。

38. 参见 Hugo Black & Elizabeth Black, *Mr. Justice and Mrs. Black* 92（1986）[伊丽莎白·布莱克（Elizabeth Black）说，她丈夫"希望"自己为最高法院撰写的判决书"可以在 18 日周一下发"]。

39. 参见 Tom Clark, Draft Opinion in Bell v. Mary land at 9, Douglas Papers, Box 1312, Folder 4, Library of Congress。

40. 参见 text accompanying n. 23, supra。

41. Earl Warren, handwritten note to Tom Clark, Clark Papers, Box 151, Folder 3, Tarlton Law Library, University of Texas.

42. Schwartz, supra n. 37, at 523. 沃伦写给他的同事说："鉴于在我们今天的会议上，克拉克大法官说他和四位其他大法官就第 12 号案件——贝尔诉马里兰州案——达成了共识，并且鉴于他正在传阅一份第 12 号案件的判决书，本案和其他几宗相关的静坐抗议案件都分给克拉克大法官处理。" Earl Warren, Memorandum to the Brethren in Bell v. Mary land, June 11, 1964, Douglas Papers, Box 1313, Folder 16, Library of Congress.

43. 参见 Tom Clark, draft opinion, supra n. 39, at 14。

44. Howard Ball & Phillip J. Cooper, *Of Power and Right* 168（1992）（引自对威廉·布伦南的个人采访，1986 年 10 月 29 日）。

45. William Brennan, Opinion in Bell v. Mary land, June 16, 1964, Warren Papers, Box 511, Folder 4, Library of Congress. 布伦南很容易迅速采取行动，因为早在讨论的前期，当布莱克仍然占据多数，而自由派尝试把他的冲劲引开时，布伦南就撰写了一份可用的草稿。Draft Dissent in Bell v. Mary land, May 1964, Brennan Papers, Box I : 97, Folder 8, Library of Congress. 布伦南开小差的做法惹得道格拉斯在一封私人信件中表达了他的"极大震惊"，而他写信是为了对布伦南解释自己为何不能在新的多数意见上签字。参见 letter to William Brennan, June 3, 1964, Douglas Papers, Box 1313,

Folder 16，Library of Congress。在一份措辞激烈的归档备忘录中，道格拉斯形容布伦南的最终判决是"（布伦南）企图让法院不要就第十四修正案的基本宪法问题下判的产物"。Memorandum for the Files，Bell v. Mary land，June 20，1964，Douglas Papers，Box 1313，Folder 16，Library of Congress.

46. U. S. v. Darby，312 U. S. 100（1941）；Wickard v. Filburn，317 U. S. 111（1942）.

47. 第201（d）条对州行为作了宽泛的界定，使之囊括一切公共场所，只要"歧视或种族隔离①是在任何法律、立法、政令或规制的幌子下进行的；或者②是在州官员要求或执行的习俗或习惯的幌子下进行的……或者③是州的行为所要求的"。

48. "第201（b）（3）条规定：

机构的运作（受到）本篇（规制），如果……该机构服务于州际旅行者，或者提供为其服务，或者其提供的食品、售卖的汽油或其他产品中有很大部分取自（州际）贸易；……该机构通常提供电影、表演、运动队、展览或其他形式的娱乐，而这些娱乐活动在贸易中发生；（或者如果）……该机构的实体位于某个在运营中会影响到（州际）贸易的机构的建筑之中，或者某个在运营中会影响到（州际）贸易的机构在实体上位于其建筑之中。"

49. 参见第四章，注释24。

50. 欧文·费斯是最早注意到这一转向的意义的人之一，这反映在他的论文"The Fate of an Idea Whose Time Has Come：Antidiscrimination Law in the Second Decade After Brown v. Board of Education，" 41 *U. Chi. L. Rev.* 742，747（1974）。

51. 参见 110 *CR* 6531-32（March 30，1964）。

52. 参见第六章，该章以德克森的演说节录作结，其中反映了参议员是如何巧妙地将他的两个论点结合起来，论证根本宪法变革的。

53. 参见第六章。

第八章　计算的领域

1. 关于这场智识革命的更深远影响，见 Mary Morgan，*The World in the Model*（2012）（经济学）；Bruce Ackerman，*Reconstructing American Law*（1984）（法学）。

2. 参见 Michael Les Benedict，*A Compromise of Principle* 241（1974）。

3. *Cong. Globe*，39 Cong.，1 Sess. 3148（June 13，1866）.

4. 参见 *WP：T* 160-251。理查德·瓦莱利（Richard Valelly）的杰作《两次重建》（*The Two Reconstructions*）（第23~121页，2004年）对共和党同盟的解体作了政治分析，补充了我在宪法上所强调的内容。

5. 新政理论的经典表述见 James Landis，*The Administrative Process*（1938）。

6. 参见 Ronald Dworkin，*Law's Empire*（1986）。

7. 新法与先前立法方案的全面比较见 Brian Landsberg，*Free at Last to Vote* 148-89（2007）；也参见 Steven Lawson，*Black Ballots* 234-35（1976）。

8. 在支持这些复杂条款的合宪性时,首席大法官沃伦对之有清晰的描述,见 South Carolina v. Katzenbach,383 U. S. 301,317-19（1965）。也参见 Steven Lawson, *In Pursuit of Power* 25-8（1985）.

9. 1965 年立法覆盖的七个地区是:亚拉巴马州、佐治亚州、路易斯安那州、密西西比州、南卡罗来纳州、弗吉尼亚州,以及北卡罗来纳州的 26 个县。最初还包括其他一些地区,不过除了夏威夷的一个县,它们都用上了正文里所说的逃生舱。U. S. Civil Rights Commission, *The Voting Rights Act：Ten Years After* 13-14（1975）.

10. Voting Rights Act of 1965, Pub. L. No. 89-110 § 4(a).

11. H. R. Rep. No. 439, 89th Cong. , 1st Sess. 45（1965）。自由派共和党人约翰·林赛也认为,拟议中发起进一步调查的条件"刻板僵硬得令人吃惊",因为"国会无法确定歧视的范围"。Voting Rights：Hearings Before Subcommittee No. 5 of the Committee on the Judiciary on H. R. 6400 and other proposals to enforce the 15th Amendment of the Constitution, 89th Cong. 367（1965）.

12. 111 CR 9265（1965）.

13. Voting Rights：Hearings Before Committee on the Judiciary on S. 1564 to Enforce the 15th Amendment of the Constitution of the United States, 89th Cong. 537（1965）.

14. 北方共和党人,如明尼苏达州的克拉克·麦克格雷格（Clark MacGregor）、纽约州的卡勒顿·金（Carleton King）、密歇根州的爱德华·哈钦森（Edward Hutchinson）和伊利诺伊州的罗伯特·麦克洛利（Robert Mc-Clory）,赞成麦考洛克的替代法案,该法案本来意图否定行政部门的技术至上路线。House Hearings, supra n. 11, at 37（1965）.

15. 南卡罗来纳州案（South Carolina v. Katzenbach, 383 U. S. 301）于 1966 年 3 月 7 日下判;哈珀案于 3 月 24 日下判,摩根案则是在 6 月 13 日下判。

16. *Lassiter v. Northampton Bd. of Elections*, 360 U. S. 45（1959）.

17. South Carolina, supra n. 15, at 326.

18. Id. at 360.

19. 参见 James Alt, "The Impact of the Voting Rights Act on Black and White Voter Registration in the South," in Chandler Davidson & Bernard Groffman eds. , *Quiet Revolution in the South* 350, 374（Table 12. 1）（1994）.

20. *Allen v. State Board of Elections*, 393 U. S. 544（1969）.

21. Id. at 569.

22. 参见 *Gomillion v. Lightfoot*, 364 U. S. 339（1960）。

23. 更准确地说,§ 4(a)要求县证明:其文化测试并不包含"根据种族或肤色而否定或削减选举权的目的或……效果"。

24. *Gaston County v. United States*, 395 U. S. 285（1969）. 只有布莱克大法官持异议,他仍然主张该法将南方当成"征服而来的行省"。Id. at 297.

25. 参见第四章。

26. 参见 Lawson，supra n. 7，at 334-39。考虑到加斯顿县案，"与总统反对地区立法的立场相符的唯一可行做法，便是提议在全国禁止文化测试"——负责民权的助理司法部长杰瑞斯·伦纳德大致就是这样对尼克松的高级法律顾问约翰·埃利希曼（John Ehrlichman）解释的。Memorandum from Leonard to Ehrlichman，June 9，1969（作者所藏）。

27. The Voting Rights Act：Hearing Before the Subcomm. on the Judiciary of the U. S. House of Representatives，91st Cong. 266（1969）（司法部长米切尔的发言）。

28. 米歇尔计划在全美禁止为总统大选没票设置居住要求，并授予司法部长向全美派遣选举登记官员的新权力。S. 2507，91st Cong. § 3（1969）. 参见 Hearings Before the Subcommittee on Constitutional Rights of the Committee on the Judiciary on S. 818，S. 2456，S. 2507，and Title IV of S. 2029，Bills to Amend the Voting Rights Act of 1965，91st Cong.，1st & 2d. Sess. 537-39（1970）。

29. S. 2507 § 3，supra n. 28.

30. 参见 Senate Hearings，supra n. 13，at 2591。

31. 参见 House Hearings，supra n. 28，at 3-4。前注文件第 270 至 271 页还记录了麦考洛克的第二次支持发言。

32. 纽约市的这三个区于 1972 年登上了救生舱，但是地区法院于 1974 年将它们重新置于联邦监督之下——而它们直到 2013 年才逃脱。参见 Daniel Brook，"New York Should Hate the Voting Rights Act，" *Slate*，Feb. 21，2013，at http:// www. slate. com/articles/news and politics /jurisprudence/ 2013/02/voting rights supreme court case why is new york_defending the voting rights. html。

33. J. Morgan Kousser，"The Strange，Ironic Career of Section 5 of the Voting Rights Act，1965-2007，" 86 *Tex. L. Rev.* 667，686（2008）。

34. 参见 Hugh Graham，*The Civil Rights Era* 361（1990）。

35. Joan Hoff-Wilson ed.，*Papers of the Nixon White House*，H. R. Haldeman Meeting Notes，June 19，1970，Microfiche 25 ´（1989）。

36. Id.，Richard Nixon to H. R. Haldeman，Jan. 11，1970，Haldeman Files，Box 230.

37. 在次年的俄勒冈诉米切尔案［*Oregon v. Mitchell*，400 U. S. 112（1971）］中，曼斯菲尔德的条款受到最高法院的审查。多数意见支持了该条款在联邦选举中的合宪性——这在政治上对于尼克松在 1972 年追求连任十分重要。但是，最高法院以 5 票对 4 票否决了该条款对州和地方选举的适用，这让波拉克等人所表达的宪法忧虑获得了一定依据。为了回应这一分裂的判决，国会通过了第二十六修正案，在一切选举中授予年满 18 岁的人选举权。

38. 参见 Rowland Evans Jr. & Robert D. Novak，*Nixon in the White House：The Frustration of Power* 131（1971）。

39. Memorandum from Raymond K. Price，Jr.，Speechwriter for the Presi-

dent, to Leonard Garment, Special Counsel to the President, June 18, 1970（作者所藏）。

40. Id.

41. Id.

42. Richard Nixon, Statement on the Signing of the Voting Rights Acts Amendments of 1970, June 22, 1970, *Public Papers of President Nixon*, available at www. presidency. ucsb. edu/ws/index. php? pid=2553.

43. 参见 Dean Kotlowski, *Nixon's Civil Rights* 90-91（2001）。

44. 参见 Howard Ball, Dale Krane, & Thomas Lauth, *Compromised Compliance* 78（1982）。

45. 参见 Brian Landsberg, *Enforcing Civil Rights* 66（1997），该书认为司法部的运作模式是"行政性"的。

46. 这一术语改编自威廉·埃斯克里奇与约翰·菲尔约翰（John Fere-john）合著的《立法共和国》（*A Republic of Statutes*）（2010）一书，特别是第102~104页，不过我的用法比该书中的含义更窄。我关注"行政宪制"在"宪法时刻"过程中的角色。埃斯克里奇教授和菲尔约翰教授的兴趣更广，他们关心行政审议促进社会规范和公共价值的方式，这些规范和价值是用"超级立法"来表达的，而超级立法的范围比宪法时刻要宽得多。不过，他们在更大范围的讨论以及某些个案研究，都有助于我在更小的问题上研究。也参见 Sophia Lee, "Race, Sex, and Rulemaking: Administrative Constitutionalism and the Workplace, 1960 to the Present," 96 *Va. L. Rev.* 799（2010）。

47. 这么说有点过分简化，因为第二篇确实设想让行政机关担任辅助角色。根据 § 204（c），如果州或地方建立了反歧视机关，原告必须给予该机关 30 天时间来解决问题；根据 § 204（d），即使州或地方没有建立反歧视机关，联邦法院也可以给予根据该法新设的联邦社区关系局（Community Relations Service）最多 120 天时间，尝试让受控一方自愿服从法律。最后，根据 § 206（a），司法部有权起诉挑战普遍存在的"常态或惯例"。

第九章　工作场所的技术之治

1. § 703, 78 Stat. 241, 255（1964）.（第七篇选译本见阎天编译：《反就业歧视法国际前沿读本》，北京大学出版社 2009 年版。——译者注）

2. 第 702 节设定了一系列有限的例外，最重要的是允许宗教组织基于教派进行歧视。

3. 参见 NLRB v. Jones & Laughlin Steel Corp. , 301 U. S. 1（1937）。

4. 参见 § 703（j）。

5. 参见 § 706（g）。

6. 对于最重要修改的详细总结，见 Paul Moreno, *From Direct Action to Affirmative Action* 219-22（1997）。

7. 110 *CR* 12723-24（1964）.

8. 参见 § 706（a）, 78 Stat. 241, 259（1964）。

9. 参见 John Skrentny, *The Ironies of Affirmative Action* 121（1996）。

10. 参见 § 709（c），78 Stat. 241，263（1964）。约瑟夫·克拉克（Joseph Clark）和克利福德·凯斯参议员共同负责第七篇，他们的解释性备忘录表明，对各种族雇佣惯例的统计分析很关键：

保存记录的要求是规制性立法的常规且必要的内容。它们对于第七篇尤其重要，因为，**某个行为是否具有歧视性，将取决于被告的动机**，*而被告在相似条件下的行为惯例往往是动机的最佳证据*。[110 *CR* 7214（1964），强调系后加]

德克森-曼斯菲尔德妥协引入了新的规定——第（d）分节，试图避免委员会与州反歧视机构重复对雇主设定报告要求。但是，该节也明确授权委员会增加报告要求，只要这么做"由于州和地方法律与本篇规定在覆盖范围或执法手段上存在差别而有必要"。79 Stat. 241，263（1964）.

上述行文为委员会的报告要求提供了充分的依据。领军的政治科学家和历史学家虽然为这一幕提供了最佳的记录——见 John Skrentny，*The Minority Rights Revolution* 104-05（2002）和 Hugh Graham，*The Civil Rights Era* 193-97（1990）——但他们的结论却是法律和立法史很"模糊"（Skrentny），或者"明确"禁止委员会提出报告要求（Graham）。

恰恰相反，委员会所获得的立法授权毫无问题。德克森与克拉克在国会一场对话进一步表明了这一点。德克森提到，他的母州伊利诺伊州"明确禁止（其反歧视机关提供）关于肤色或宗教的任何参考信息。……州法和联邦立法的目的相同，我们现在难道要逼迫雇主违反州法去遵从联邦立法吗？"克拉克作了标准的法律回应："州法应当服从联邦法律的至上地位，因为这些信息对于判断是否存在歧视的惯例必不可缺。"

德克森随后追问，国会是否应当亲自在立法中指出委员会的哪些表格是适当的。克拉克再一次给出了标准的行政法答案："国会无力制定保存记录的确切标准，也不该试图把标准写入立法，因为目前尚不知道需要哪些记录。"110 *CR* 7214-16.

难道这还不够明白吗？

11. 有学者认为，德克森与曼斯菲尔德的协议只包括"装点门面的修改"，完全不重要。这是错的。参见 Daniel Rodriguez & Barry Weingast，"The Positive Political Theory of Legislative History：New Perspectives on the Civil Rights Act of 1964 and Its Interpretation，" 151 *U. Penn. L. Rev.* 1417（2003）。不过，德克森的讨价还价开启而非终结了一个更宏大的宪法过程，最终在 1972 年显著增强了委员会的力量。认识到这一点很重要，而罗德里格斯与维因加斯特并没有认识到。

12. Skrentny，supra n. 9，at 122-24.

13. 委员会在 1966 财年所获得的拨款是 275 万美元，"导致委员会的预算和人力均逊于煤炭研究局和联邦作物保险项目"。Id. at 123.

14. James Harwood，"Rights Groups May Ask Stiffening of '64 Law's Employment Provisions，" *WSJ*，May 28，1968，at 1.

15. Skrentny，supra n. 9，at 124.

16. Id. at 122-24.

17. Graham, *supra* n. 10, at 422.

18. Id.

19. Alfred Blumrosen, *Black Employment and the Law* 68（1971）.

20. Id. at 73.

21. 参见 Graham, *supra* n. 10, at 199。

22. 参见 Skrentny, *supra* n. 9, at 128。

23. 参见 Id. at 128-131，描述了该场会议及委员会为了启动该项目而采取的后续行政步骤。

24. Nicholas Pedriana & Robin Stryker, "The Strength of a Weak Agency：Enforcement of Title VII of the Civil Rights Act and the Expansion of State Capacity, 1965-1971," 110 *Am. J. of Soc.* 709, 721（2004）.

25. Id.

26. 约翰·斯科伦特尼将之称作"行政实用主义"。supra n. 9, at 111-44. 他的论述对我有帮助。我的研究价值不大，旨在将这一实用主义力量置入更广大的宪法框架。从宪法的角度来看，斯科伦特尼的"实用主义"表明委员会努力践行对于专业性的诉求，这对于委员会在新政-民权体制中的正当性至关重要。

27. Id. at 132-33.

28. Richard Nathan, *Jobs and Civil Rights* 30（1969）（克利福德·亚历山大于 1967 年 10 月 6 日的演说，强调系后加）.

29. 参见 note 10, supra。

30. 联邦地区法院直到尼克松执政时期才开始收案，数量从 1970 年的 344 件增长到 1973 年的 1787 件，增加了 5 倍。参见 Paul Burstein & Kathleen Monaghan, "Equal Employment and the Mobilization of Law," 20 *Law & Soc. Rev.* 333, 361（Table 1）（1986）。

31. 参见 Graham, *supra* n. 10, at 448。

32. 参见 Dean Kotlowski, *Nixon's Civil Rights* 120（2001）。

33. 尼克松的劳动部长乔治·舒尔茨让约翰逊主政时遭废弃的一项方案重获新生。当国会试图推翻该举措时，尼克松本人介入，保全了费城计划。参见 Skrentny, *supra* n. 9, at 193-209。

34. *Myart v. Motorola* 一案判决重刊于 110 *CR* 5662（1964）.

35. Arthur Krock, "In the Nation：A Pilot Ruling on Equal Employment Opportunity," *NYT*, March 13, 1964, at 32. See Graham, *supra* n. 10, at 149-50.

36. 110 *CR* 13,492（June 11, 1964）. 陶尔解释说："我的修正方案很简单。它规定，雇主有权让任何求职者、晋升或转岗对象参加任何专业开发的测试，也有权根据这种测试的结果行事。"Id.

37. 110 *CR* 13505（June 11, 1964）.

38. 陶尔修改方案的最后部分规定："测试及其实施，或者根据测试结果采取的措施"不应被"设计成意在**或用于**实施基于种族、肤色、宗教、性别或民族出身的歧视。" 110 *CR* 13,724（June 13, 1964，强调系后加）。

39. Id.

40. 参见 American Psychological Association, *Standards for Educational and Psychological Tests and Manuals* (1966)。

41. 参见 Griggs v. Duke Power Co., 401 U. S. 424, 433 n. 9 (1971)。

42. 参见 Rueul Schiller, "The Era of Deference: Courts, Expertise, and the Emergence of New Deal Administrative Law," 106 *Mich. L. Rev.* 399 (2007)。

43. 有人认为,格瑞格斯案判决对立法的解释"与第七篇的起草和立法史相冲突"。例如,参见 Graham, supra n. 10, at 389, citing Gary Bryner, "Congress, Courts, and Agencies: Equal Employment and the Limits of Policy Implementation," 96 *Pol. Sci. Q.* 411 (1981)。但是,这些作者没有正面处理最高法院对于相关立法史的讨论;参见 Griggs, supra n. 41, at 434-36, 该部分恰恰提供了他们认为缺失的依据。

44. Griggs, supra n. 41, at 431.

45. 为了讨论方便,我只关注委员会政策回应的两个特别能说明问题的方面。更全面的研究,见 Skrentny, supra n. 10, at 111-44; Graham, supra n. 10, at 124-42。

46. 专业人事工作人员在反歧视措施革命中扮演了关键角色,对此的深入分析见 Jennifer Delton, *Racial Integration in Corporate America* (2009) 和 Frank Dobbin, *Inventing Equal Opportunity* (2009)。也参见 Gavin Wright, *Sharing the Prize* 137-39 (2013)。

47. 参见 United States Civil Rights Commission, *Federal Civil Rights Enforcement: A Reassessment*, chap. 2, 88 (1973); Skrentny, supra n. 9, at 124。

48. Graham, supra n. 10, at 420-21.

49. Id. at 423[引用莱纳德于 1969 年 3 月致司法部副部长理查德·克雷迪恩斯特(Richard Kleindienst)的信件]。尼克松新任命的委员会主席威廉·布朗起初也支持让委员会采用国家劳动关系委员会的模式,知道当局否定了这个思路后才改变看法。

50. Id. at 424-25. 埃弗雷特·德克森后来也认为,他在 1964 年达成的妥协并不奏效,委员会应当获得向法院指控违法者的权力。但是他于 1969 年 9 月去世,在围绕委员会权力的辩论变得更加紧迫前离开了舞台。

51. 休·格兰姆对政治力量的演进作了纯熟的分析。Id. at 429-45. 更偏法律的记叙,见 George Sape & Thomas Hart, *Title Seven Reconsidered*, 40 *George. L. Rev.* 824, 832-46 (1972)。

52. Editorial, "Banishing Job Bias," *NYT*, February 24, 1972, at 38. 在辩论初期,《纽约时报》曾经青睐国家劳动关系委员会模式。例如,参见 Editorial, "Enforcing Equality," *NYT*, Jan. 25, 1972 at 34.

53. 118 *CR* 294 (Jan. 19, 1972).

54. 118 *CR* 1663 (Jan. 28, 1972).

55. Id. at 1661.

56. Id. at 1676. 投票结果是 44:22,几乎所有反对票都来自南方。

57. 代表摩托罗拉在众议院听证时发言的罗伯特·奈斯特罗姆(Robert Nystrom)说得不能再清楚了:

你们知道,美国最高法院上周在格瑞格斯诉杜克电力公司一案中……首次解释了第 703(h)节(陶尔修正案)的含义……既然美国最高法院已经解释了第 703(h)节,那我们就适可而止吧。现在我们已经有了法律先例和指引。我们也有了行政指南。不需要更多了。

House Subcommittee on Labor, Equal Employment Enforcement 424 (91 Cong. , 2d sess. , 1971).

58. 118 *CR* 7166 (March 6, 1972) and 7564 (March 8, 1972). 这个支持很广泛,但是并不包括新立法"明确"修改的司法先例。不过,那些修改并没有改变由格瑞格斯案和下级法院先例所创设的基本原则。

59. 参见 Kotlowski, supra n. 32, at 120−21。

60. 深入的讨论见 Delton, supra n. 46, and Dobbin, supra n. 46.

61. 参见 Wright, supra n. 46, at 117−26; John Donohue & James Heckman, "Continuous Versus Episodic Change: The Impact of Civil Rights Policy on the Economic Status of Blacks," 29 *J. Econ. Lit.* 1603 (1991)。

62. "理性选择"一派眼下统治了对美国政治的研究,但是这一观点的最深刻阐发者仍是威廉·莱克尔(William Riker),特别是他的 *Liberalism Against Populism* (1982)。

63. 参见 *WP: F* chap. 7。

64. 经典表述见 Gerald Gunther, "The Supreme Court 1971 Term—Foreword: In Search of Evolving Doctrine on a Changing Court: A Model for a Newer Equal Protection," 86 *Harv. L. Rev.* 1 (1972)。

65. 一般参见 Desmond King & Rogers Smith, *Still a House Divided* (2011)。

66. 参见第八章。

第十章 1968 年的突破

1. Charles M. Lamb, *Housing Segregation in Suburban America Since 1960* 33 (2005).

2. John Herbers, "Javits Gives Up His Demand for a Rights Bill Time Limit," *NYT*, May 4, 1966, at 28.

3. 艾伦·马图索(Allen Matusow)认为,约翰逊之所以不愿意签发行政令,是顾虑白人大规模反攻倒算的"政治风险"。在他看来,总统呼吁出台里程碑式立法,是在"逃避责任,却装出履行责任的样子"。*The Unraveling of America* 266 (1984, 2009 ed.). 然而,马图索没有考虑到立法努力同样可能给总统带来巨大的"政治风险"。如果约翰逊试图推动安居法案在国会过关,却失败了,就会彰显出他虚幻的政治统治正在解体。他决定赌上自己的名誉是勇气之举,而非怯懦——特别是他本来可以签署一份力度不大的行政令,据此宣称获得了象征性的胜利.

4. Ben Franklin, "Wilkins Presses for Open Housing: Warns of ' Heart-

breaking' and 'Ugly' Developments if Rights Bill Is Cut," *NYT*, Jul. 26, 1966, at 1.

5. 参见 Darren Miles, "The Art of the Possible: Everett Dirksen's Role in the Civil Rights Legislation of the 1950s and 1960s," 1 *West. Ill. Hist. Rev.* 111, 112 (2009); "Dirksen Assails Fair Housing Plan," *NYT*, May 3, 1966, at 34. ("如果你能告诉我销售或租赁已建成房屋时涉及哪些州际贸易,或者联邦管辖权何在,那我就出去吃掉我房子上的烟囱。")

6. 参见 114 *CR* 4574 (Feb. 28, 1968)。

7. 参见 Hugh Graham, "The Surprising Career of Federal Fair Housing Law," *J. Pol. Hist.* 215, 218 (2000)。

8. Richard L. Lyons, "Nixon, Rocky Push GOP on Civil Rights Bill," *WP*, Mar. 21, 1968, A1.

9. Dean Kotlowski, *Nixon's Civil Rights* 46 (2001).

10. 例如,参见 John Herbers, "Panel on Civil Disorders Calls for Drastic Action to Avoid 2-Society Nation," *NYT*, Mar. 1, 1968, A1。

11. Jean Dubofsky, "Fair Housing: A Legislative History and a Perspective," 8 *Washburn L. J.* 152, 158 (1969).

12. 该条款最初由田纳西州参议员霍华德·贝克(Howard Baker,德克森的女婿)提出。他试图扩张一个相对狭小的例外,即房主只要亲自出售或出租其房屋,不让房产专业人员协助,就可以免受该法规制。根据贝克的修正案,即使房主使用了房产中介,只要他们向房产专业人员"表明(了)""任何……基于种族、肤色、宗教或民族出身的……偏好",就可以继续免受规制。114 *CR* 5214 (1968)。经过激烈辩论,这个大型逃生舱以48票对43票遭到关闭。Id. at 5221-22.

13. Marjorie Hunter, "Rights and Votes: The House on Housing," *NYT*, Mar. 17, 1968, at E6.

14. 参见 Marjorie Hunter, "House G. O. P. Eases Rights Bill Stand," *NYT*, Mar. 21, 1968, 28。

15. 报道称:投票支持参议院法案的共和党人,从3月中旬的35人,增长到了"57人,……到4月初又增至65人"。众议院多数党领袖卡尔·艾伯特(Carl Albert)强调,"众议院发言人约翰·W. 麦考马克前一阵子告诉我,他有把握获得在众议院过关所需的票数",这也肯定了奥尔森(Olsen)众议员的观点:"金博士为本法出台所做的巨大贡献来自他毕生的工作,而不是他的悲剧性死亡。"114 *CR* 9280 (Apr. 9, 1968).

16. 例如,参见 Lamb, supra n. 1, at 42; Mattsow, supra n. 3, at 208。两位作者都未讨论本书所开示的相反证据。支持我的观点的还有 Graham, supra n. 7, at 219 (2000)。("金于4月4日遇刺。但是到了那天,法案的通过已无疑问。")

17. Roy Wilkins, "History of Open-Housing Bill," *NYT*, May 10, 1968, at 46.

18. 114 *CR* 2279 (1968).

19. 蒙代尔的表述取自民权斗士的领袖阿尔杰农·布莱克。参见 114 *CR* 2281（1968）。

20. 参见第七章。

21. 蒙代尔在辩论一开始就阐发了反羞辱的主题。他在首次演说中讲述了许多接地气的故事，反映了黑人大学教授、医生和海军官员无法"在全是白人的社区买到体面的居所"：

卡洛斯·坎贝尔（Carlos Campbell）上尉……奉命赴弗吉尼亚州阿灵顿（Arlington）的国防情报局（Defense Intelligence Agency）报到。他一次次努力想要找到一个体面的居所，既要付得起钱，又要在离办公差的地方的合理距离之内。他讲的故事简直是耻辱，应该让每一位体面的美国人良心不安。[114 *CR* 2277–78（1968）]。

蒙代尔把军队和安居联系在一起，而沃伦早年在布朗案中，为了证明公共教育领域的核心地位，把公立学校与兵役联系在一起，二者形成了呼应。

22. 114 *CR* 3421（Feb. 20, 1968）.

23. Id. at 3422.

24. 布鲁克在介绍法案的演说中，也明确肯定了与他共同负责者的观点：

公平安居并不意味着消除贫民窟；它只能证明，贫民窟并非美国不可改变的制度。它几乎不可能促使贫民窟的住户大规模疏散到郊区去住；对于那些有资源逃脱当下桎梏美国内城的枷锁的人，该法使得逃脱变得可行，仅此而已。[114 *CR* 2279（1968）]。

25. 参见 Fair Housing Act, Pub. L. 90- 284, § 808（e）(5)。正如查尔斯·拉姆（Charles Lamb）所强调的，蒙代尔确实希望住房与城市发展部最终能够消除贫民窟，代之以"真正融合且安定的居住模式"。参见 Traficante v. Metropolitan Life Insurance Co, 409 U. S. 205, 211（1974）。但是，他认为，"蒙代尔指的究竟只是居住方面的种族融合，还是也包括经济融合，其实并不清楚"，我对此不敢完全苟同。参见 Lamb, supra n. 1, at 10。恰恰相反，蒙代尔完全清楚，立法的目标并不是"经济融合"，而是单纯关注让买得起房子的黑人能够获得与白人平等的购房条件。与蒙代尔共同负责法案的共和党人爱德华·布鲁克也持有相同观点，也参见 supra n. 24。

拉姆认为，乔治·罗姆尼在尼克松政府担任住房与城市发展部部长时，曾经尝试将经济融合确立为国家目标，这是正确的。但是他没能注意到，罗姆尼公开表示，《公平安居法》未能给这一更富雄心的目标提供充分的法律依据，要想让他的宏大倡议获得正当性，必须要有新的立法。参见 n. 56, infra。

26. 114 *CR* 2708（Feb. 8, 1968）.

27. 参见理查德·尼克松于 1970 年签字延长《选举权法》期限时所做的阐述，详见第九章。

28. " Civil Rights：The President's Message to Congress," 4 *Weekly Comp. Pres. Docs.* 113（Jan. 24, 1968). 这一点当时获得了广泛的理解："尽管立法者和总统表示满意，但是立法本身能不能满足民权团体的愿望，或者解

决黑人所面临的根本社会问题，看来要存疑。（该法）至多给逃出贫民窟的大门开了条缝；对于黑人来说，挣到足够多的钱来移居城郊，仍然是个难题。"John W. Finney, "Conflicting Pressures on Congress," *NYT*, Apr. 14, 1968, at E2.

29. 蒙代尔参议员的这些规定取自他先前于1967年提交的一份公平安居法案。参见114 *CR* 2271（Feb. 6, 1968）（重述了相关规定）。

30. 参见 § 810 and § 812, 82 Stat. 85–88（1968）。

31. 参见 § 813（a）, 82 Stat. 88（1968）。

32. 参见 "Statement by President on Rights Bill," *NYT*, Apr. 12, 1968, at 18（全文照录演讲内容）; also available at www. presidency. ucsb. edu/ws/index. php? pid=28799&st=&st1=. 33. 392U. S. 409(1968)。

33. 392 U. S. 409（1968）.

34. 参见第四章和第七章对该主题的进一步阐述。

35. 一般参见 Darrell Miller, "White Cartels, the Civil Rights Act of 1866, and the History of Jones v. Alfred H. Mayer Co. ," 77 *Ford. L. Rev.* 999（2008）。

36. Act of April 9, 1866, ch. 31, § 1, 14 Stat. 27. 19世纪后期，该条的措辞有所改变，如今写作：

在每个州和领地，就继承、购买、出租、销售、持有和运输不动产及个人财产，美国的一切公民都拥有与白人公民相同的权利。（42 U. S. C. 1982）.

37. Jones v. Mayer, 255 F. Supp. 115, 119（E. D. Mo. 1966）.

38. Jones v. Mayer, 379 F. 2d 33, 34（1967）. 正如琳达·格林豪斯（Linda Greenhouse）所解释的，"布莱克门同情原告……但是他受制于遵从先例。他提到'大变革'可能已经迫近，但是他作为下级法院的法官仍有局限"。*Becoming Justice Blackmun* 29–30（2005）.

39. 参见 Bernard Schwartz, "Rehnquist, Runyon, and Jones— The Chief Justice, Civil Rights, and Stare Decisis," 31 *Tulsa L. J.* 251, 259–60（1995）。

40. Del Dickson ed. , *The Supreme Court in Conference（1940–1985）* 730（2001）.

41. Jones v. Mayer, 392 U. S. 409, 450（1968）.

42. 路易斯·亨金教授所表达的疑惑很典型："最高法院为什么顶不住诱惑，硬要把（1866年的法律）解释成某个意思？ 如果公平地释法，就会知道国会从来没那么想过。"Henkin, "Foreword：On Drawing Lines," 82 *Harv. L. Rev.* 63, 84（1968）. 也参见 Gerhard Casper, "Jones v. Mayer：Clio, Bemused and Confused Muse," 1989 *Sup. Ct. Rev.* 89; Earl Malz, *Civil Rights, the Constitution, and Congress*, 1863–69, 70–78（1990）.

43. Civil Rights Cases, 109 U. S. 3, 24–25（1883）.

44. Jones, supra n. 41, at 443.

45. 例如，参见 United States v. Hunter, 459 F. 2d 205（4th Cir. 1972）, *cert. denied*, 409 U. S. 934（1972）; United States v. Bob Lawrence Realty, Inc. , 474 F. 2d 115（5th Cir. 1973）, *cert. denied*, 414 U. S. 826（1973）, 这些判决根据琼斯案支持了《公平安居法》的规定，并没有指靠第十四修正案或

者州际贸易条款。

46. Robert Semple, "The Nixon Strategy: Unity and Caution," *NYT*, Aug. 11, 1968, at 1.

47. 积案数量从 1969 年到 1973 年增长了 5 倍，从 301 件增加到 1830 件。对比 1970 *HUD Statistical Yearbook* 85 和 1973 *HUD Statistical Yearbook* 4.

48. 参见 John Herbers, "New Job Panel Tracks Down 'Biased' Computer," *NYT*, December 14, 1965, at 46。

49. 截至 1970 年 4 月，住房与城市发展部向司法部移送案件，仅仅促使得司法部民权司提起了三宗诉讼。1973 年一整年，民权司仅仅处理了"由住房与城市发展部移送的大约 20 宗案件"。参见 United States Commission on Civil Rights, *Federal Civil Rights Enforcement Effort* 142 (1971), and 129 (1974)。

50. 参见 James Kushner, "The Fair Housing Amendments Act of 1988: The Second Generation of Fair Housing," 42 *Md. L. Rev.* 1049, 1080 (1989)。

51. 1976 年，住房与城市发展部部长卡拉·希尔斯(Carla Hills)向国会提交了首份加强第八篇(Title VIII)执法条款的方案。Equal Opportunity in Housing: Hearing Before the Subcomm. on Civil and Constitutional Rights of the H. Comm. on the Judiciary, 94th Cong. 116−17 (September 30, 1976) (呼吁授权住房与城市发展部通过民事诉讼执行该法)。直到 1978 年，民权团体才开始提议对立法框架做某些修改。例如，参见 Fair Housing Act: Hearing Before the Subcomm. on Civil and Constitutional Rights of the H. Comm. On the Judiciary, 95th Cong. 138 (1978) [全国反对住房歧视委员会(National Committee Against Discrimination in Housing)执行主任爱德华·霍姆格伦(Edward Holmgren)的发言]。由此开启了持续十年的努力，并在 1988 年达到顶峰。是年，《公平安居法》获得重要修改，赋予住房与城市发展部执法权。参见 Kushner, supra n. 50。

52. 在对比住房与就业政策的演进时，我参考了克里斯托弗·伯纳斯蒂亚(Christopher Bonastia)，他的 *Knocking on the Door* (2006) 一书最先使用了这种比较视角。但我和他的结论不同。在伯纳斯蒂亚看来，与多职能的大型机关(如住房与城市发展部)相比，单一职能的行政机关(如平等就业机会委员会)更适合作为政策倡导的大本营。

我不同意。本书第三篇将证明，其他大型机关也在政策演进过程中扮演了关键角色。最值得一提的是，卫生、教育与福利部是一个和住房与城市发展部类似的大型机关——但这并未妨碍该部喑下南方抵制去除学校种族隔离的难题。伯纳斯蒂亚在分析中没有注意到我所强调的一点：琼斯案把黑人民权团体的政治优先议题从安居问题上引开了。后文将证明，作为住房与城市发展部的部长，罗姆尼的政治失败对于解释该部未能重新界定公平安居的含义也极端重要——我认为比该部的组织缺陷更重要。

53. Lamb, supra n. 1, at 71; John Herbers, "Romney Making His Greatest Impact Outside Government by Challenging U. S. Institutions," *NYT*, May 15, 1969, at 32.

54. 参见 Lamb，supra n. 1，at 63-68；Kotlowski，supra n. 9，at 49。

55. Kotlowski，supra n. 9，at 56.

56. 为了争取新法出台，罗姆尼强调，1968 年的立法并未"允许我们针对地方社区采取行动，如果他们运用规划权歧视低收入和中等收入者的居住"。Hearing Before the S. Select Comm. on Equal Educational Opportunity，91st Cong. 2770-71（Aug. 26，1970）；也参见 Id. at 2784-86.

57.《开放社区法》拟授权"一切被拒绝给予"住房与城市发展部所补贴的住房"利益"的人通过诉讼补偿所失利益；该法还授权司法部通过法院命令开放城郊社区。参见 Lamb，supra n. 1，at 83。

58. Kotlowski，supra n. 9，at 52. 尼克松本人虽然反对城郊的经济融合，但也认为"需要在伟大社会议题上超越民主党人，走在他们前面"，从而消除共和党"作为'非建设性'政党的公共形象"，以及"从戈德华特竞选中所继承下来的'轻率鲁莽及种族主义'的污点"。Richard Nixon，*RN*：*The Memoirs of Richard Nixon* 267-68（1978）. 白宫顾问如伦纳德·加门特和丹尼尔·莫伊尼汉往往能够成功说服尼克松把个人反对放到一边，采取更加自由派的立场，以此作为超越戈德华特主义的宏观努力的一部分。一般参见 Kotlowski，supra n. 9。特别合适的例子见于第十一章的讨论：尼克松决定支持全力打击南方学校种族隔离的行动。当然，我们永远无法知道自由派顾问能否在安居问题上也获得成功——罗姆尼行事机密，使得他们没有尝试的机会。

59. Lamb，supra n. 1，at 85-90.

60. 沃伦事件的最佳叙述见 David Riddle，"HUD and the Open Housing Controversy of 1970，" 24 *Mich. Hist. Rev.* 1（1998）. 也参见 Kotlowski，supra n. 9，56（2001）；Lamb，supra n. 1，at 85-89（2005）。

61. 参见 Richard Nixon，"Statement About Federal Policies Relative to Equal Housing Opportunity，" at www. presidency. ucsb edu/ws/index. php? pid =3042&st=&st1=。

62. 政府的立场最终获得了上诉法院判决的支持，该判决还模糊了目的与后果的区别。参见 United States v. City of Black Jack，Missouri，508 F. 2d 1179，1186（8th Cir. 1974），*cert. denied*，422 U. S. 1042（1975）。

63. 保守派反对尼克松对种族歧视的宽泛理解。参见 Lamb，supra n. 1，at 67-68。与此同时，很多民权团体谴责他在经济和种族隔离之间制造"人为区分"。Paul Delaney，"Nixon Criticized on Housing Policy，" *NYT*，July 14，1971，at 39. 但是，全美有色人种协进会拒绝加入这场大合唱，罗伊·威尔金斯和史蒂文·斯波茨伍德（Stephen Spottswood）以沉默来支持总统。参见 Earl Caldwell，"N. A. A. C. P. Softens Anti- Nixon Stand，" *NYT*，July 6，1971，at 1；Earl Caldwell，"Wilkins Discerns Chance for Nixon，" *NYT*，July 10，1971，at 13。

64. Lamb，supra n. 1，at 141.

65. 114 *CR* 3421（Feb. 20，1968）.

第三篇　司法领导制的两难

第十一章　布朗案的命运

1. U. S. Commission on Civil Rights, *Survey of School Desegregation in the Southern and Border States 1965-66*, 1-2 (Feb. 1966).

2. Briggs v. Elliot, 132 F. Supp. 776, 777 (D. S. C. 1955).

3. 参见 Shuttleworth v. Birmingham Board of Education, 358 U. S. 401 (1958)。

4. Cooper v. Aaron, 358 U. S. 1, 18 (1958).

5. 参见 Michael Klarman, *From Jim Crow to Civil Rights* 326 (2004)。

6. 参见 id. , at 399-403。

7. 参见 Griffin v. County School Board, 377 U. S. 218, 234 (1964)。

8. 该法在提到司法机关时规定: "本法的任何内容均不得……扩展法院既有的、确保宪法标准获得遵从的权力。"该法还专门拒绝支持通过为学童提供校车服务来"实现……种族平衡"。See § 407 (a) (2), 78 Stat. 241 (1964); see also 401 (c)。

但是, 首席大法官伯格肯定会强调说, "这些规定意在阻止将该法解释成扩张联邦法院的**既有**权力。……没有迹象表明, 立法企图限制这些权力, 或剥夺法院在历史上形成的衡平救济权"。参见 Swann v. Charlotte-Mecklenburg Bd. of Educ. , 402 U. S. 1, 17-18 (1971)。

9. 参见 § 407 (授权司法部发起诉讼) and § 902 (授权司法部介入他人诉讼)。

10. Gary Orfield, *The Reconstruction of Southern Education* 41 (1969).

11. 参见 David Brady & Barbara Sinclair, "Building Majorities for Policy Changes in the House of Representatives," 6 *J. Pol.* 1033 (1984)。

12. 参见 Dean Kotlowski, "With All Deliberate Delay: Kennedy, Johnson and School Desegregation," 17 *J. Pol. Hist.* 155, 167 (2005)。

13. 参见 U. S. Department of Health, Education, and Welfare, *Projections of Educational Statistics to 1975-76* 58 (table) (1966)。

14. 参见 G. W. Foster Jr. , "Title VI: Southern Education Faces the Facts," *Saturday Review* 60, 76 (table) (Mar. 20, 1965)。

15. 对 1964 年至 1966 年卫生、教育和福利部政策演进的详细叙述见 Stephen Bailey & Edith Mosher, *ESEA: The Office of Education Administers a Law* (1968)。

16. 对于某些遭遇地方抵制最严重的教委, 教育局允许他们只在两个年级开放"自由择校", 从而向更充分守法迈出第一步。45 CFR § 181. 5 268 (CFR 1966 Supp)。

17. Orfield, supra n. 10, at 111.

18. Id. at 97-98. 参见 Kotlowski, supra n. 12, at 171-73。此后数年间, 总统也没有签署更严厉的各版指导方针。Id. at 175.

19. 准确的比例存在争议。卫生、教育和福利部宣称是 7.5%，而民权团体认为是 5%。无论怎样估算，都基本达到了上一年比例的 3 倍。参见 Civil Rights Commission, *Survey of School Desegregation in the Southern and Border States*, 26–28 (1966)。

20. Orfield, supra n. 10, at 146. See 45 CFR § 181.54 407–08 (1967).

21. 参见 Gary Orfield & Chungmei Lee, *Historic Reversals, Accelerating Resegregation, and the Need for New Integration Strategies* 23 (2007)。U. S. Commission on Civil Rights, *Southern School Desegregation* 101 (1967) (doc. no. ED 028 876) 提供了大致相当的统计数据，估计从 1965 年的 6% 至 7.5% 增长到了 1966 年的 12.5%。

22. 一般参见 Orfield, supra n. 10, at 274–304。

23. Orfield & Lee, supra n. 21, at 23.

24. *United States v. Jefferson County Bd. of Education*, 372 F. 2d 836 (December 29, 1966); affirmed en banc, with minor changes, at 380 F. 2d 385 (1967).

25. Id. at 847.

26. Id. at 849.

27. 威斯德姆长篇引用了哈兰·费斯克·斯通（Harlan Fiske Stone）对于行政机关的新政式礼赞，"The Common Law in the United States," 50 *Harv. L. Rev.* 1 (1936)。参见 Jefferson, supra n. 24, at 857–58。

28. Id. at 858.

29. Id. at 859.

30. 我在此处引用的是法院的全体判决，而不是最初由威斯德姆发表的意见。参见 380 F. 2d 385, 390 (1967)。

31. Jefferson, supra n. 24, at 866.

32. 关于反屈从原则及其与反羞辱原则的关系，我在第七章和第十四章作了更细致的讨论。

33. *Green v. County School Board*, 391 U. S. 430 (1968).

34. Id. at 431.

35. 所有引文均来自布伦南大法官在格林案中未发表的意见草稿，第 5 页至第 7 页（1968 年 5 月 16 日传阅），Brennan Papers, Box I: 174, Library of Congress。在该案的姊妹案门罗诉杰克逊市教委案（*Monroe v. Board of Comm'rs of City of Jackson*）中，布伦南也阐述了反羞辱的主题："只有拆解二元体制，荡涤多年歧视所种下的种族身份，**才能有效清除导致黑人儿童无法获得平等教育机会的、低人一等的羞辱烙印**"（强调系后加），第 7 页（1968 年 5 月 16 日传阅）（Box I: 175）。

36. 我的叙述是基于布伦南的法律助理弗兰西斯·M. 格里高利（Francis M. Gregory）和雷蒙德·C. 费舍尔（Raymond C. Fisher）所提交的备忘录，载入他们的 Case Histories, October Term 1967, xxix, Brennan Papers, Box II: 6, Folder 10, Library of Congress。

37. Bernard Schwartz, *Super Chief: Earl Warren and His Supreme Court*

704-5（1983）；Gregory & Fisher, Case Histories, supra n. 36, at xxx.

38. 作为签字加入的代价，布莱克只要求做微小的文字调整，所以布伦南说"他们几乎没有改动意见书"。Fisher, Case Histories, supra at xxx.

39. Green, supra n. 33, at 439.

40. 这一原则层面的失败当时就被注意到了，虽然当时看不透内部的动态结构。例如，参见 Owen Fiss, "The Charlotte-Mecklenburg Case—Its Significance for Northern School Desegregation," 38 *U. Chi. L. Rev.* 697, 699（1971）。

41. 参见 Green, supra n. 33, at 442, n. 6。

42. 参见 Green, draft opinion, supra n. 35, at 6-7。

43. 这一次，布莱克没怎么费力就签字加入了多数意见。

44. 当里根在全党大会最后时刻的挑战变得严重起来时，尼克松会见了南方代表，阻止他们反水。即使在这个关键时刻，他仍然辩称自己在新近出台的《公平安居法》问题上获得了公众支持，强调共和党必须超越地区诉求，否则就不可能在 11 月的大选中胜出。参见 Kevin McMahon, *Nixon's Court* 18-36, and especially 30-32（2011）。

45. 例如，参见 Ben A. Franklin, "Wallace Calls His Opponents Unfit for President Because of Rights Stand," *NYT*, Oct. 29, 1968, at 23。

46. McMahon, supra n. 44, at 47.

47. Id. at 25-26.

48. 参见 Gareth Davies, "Richard Nixon and the Desegregation of Southern Schools," 19 *J. Pol. Hist.* 368, 369（2007）。

49. Id.

50. Richard Harwood, "Agnew Is 'Simpatico': Agnew Choice a Compromise," *NYT*, Aug. 8, 1968, at A1.

51. 参见 Leon Panetta & Peter Gall, *Bring Us Together: The Nixon Team and the Civil Rights Retreat*（1971）。

52. 参见 James Rosen, *The Strong Man* 129-31（2008）。

53. 在早先的一次新闻发布会上，尼克松就已经做出了妥协的姿态：

在去除校园种族隔离问题上，我支持国家法律。我相信应该切断那些继续延长种族隔离的学区的经费。但是，我认为执法是个非常困难的问题。一方面，我们希望……不要中断教学，因为教育必须获得最高的优先级；另一方面，我们又希望学校里不要有种族隔离。

这就是为什么我在和芬奇部长谈这个事情的时候……敦促他在使用切断拨款和关闭学校的终极武器之前，先穷尽一切其他可能，让地方学区切实守法。

Richard Nixon, News Conference, February 6, 1969, at www. presidency. ucsb. edu/ws/index. php? pid=2208&st=&st1=. 尼克松的说法混淆了事实，因为撤回联邦拨款并不意味着关闭学校——州和地方才是教育经费的主要来源。但是，尼克松显然希望把切断拨款留作最后的武器。这和约翰逊当局主政时的立场并没有大的区别——约翰逊时期的卫生、教育和福利部一面给下任设定了严苛的期限，另一方面给自己留有余地。

54. "Text of Statement by Finch and Mitchell on School Desegregation," *NYT*, July 4, 1969, at 7.

55. Id.

56. 一般参见 Dean Kotlowski, *Nixon's Civil Rights* 27-30 (2001)。

57. Willard Edwards, "Capitol Views: Stennis Works Out a Deal," *Chicago Tribune*, Sep. 11, 1969, at 18.

58. 斯坦尼斯私下致信尼克松，宣称"卫生、教育和福利部的种族融合计划……会摧毁各州的公立学校体系……（并且）显然荒诞不经。……作为参议院军事委员会主席，我对于涉及我们国家安全的立法负有重大责任，**但是我会毫不犹豫地挂冠而去……赶赴密西西比，或者采取其他一切必要手段来帮助保护……和维持我们的公立学校系统**"（强调系后加）。Letter, John Stennis to Richard Nixon, August 11, 1969; folder 105A (Whitten Amendment: Busing), Box 34, White House Special Files: Staff Member and Office Files: John D. Ehrlichman; Richard Nixon Presidential Library and Museum, Yorba Linda, CA.

如果斯坦尼斯离开华盛顿，众议院的领导权将落入斯图尔特·席明顿 (Stuart Symington) 之手，他是"防务开支的最严厉批评者之一……如果把法案交给他任意摆布，就意味着毁掉法案"。Edwards, supra n. 57.

尼克松收到斯坦尼斯的信件之后，米切尔和芬奇联系这位参议员，希望达成"可行的解决方案"。Panetta & Gall, supra n. 51, at 263-65. 据一位高级职员说，"就我所见，这是斯坦尼斯参议员最接近利益交换的一次。" Interview with Charles Overby (conducted by Jeff Broadwater), John C. Stennis Oral History Project, Mississippi State University, March 11, 1991, 15-16. 也参见 Jack Rosenthal, "Stennis Linked to Desegregation Delay," *NYT*, Sept. 19, 1969, at 36; James Rosen, supra n. 52, at 137-38.

59. Panetta & Gall, supra n. 51, at 256.

60. Id. at 259-62.

61. *Alexander v. Holmes County Board of Education*, 396 U. S. 1218-19 (1969) (Black J., Circuit Justice).

62. Alexander Polikoff, *Waiting for Gautreaux* 129 (2006).

63. Id. at 129-30.

64. *Alexander v. Holmes County Board of Education*, 396 U. S. 19 (1969).

65. *Green v. County School Board*, 391 U. S. 430, 439 (1968).

66. 对诉讼及判决的动态格局的详细描述见 Bernard Schwartz, *Swann's Way* 67-87 (1986)。

67. Rowland Evans and Robert Novak, *Nixon in the White House* 156 (1971).

68. Davies, supra n. 48, at 373.

69. Id.

70. 尼克松解雇帕内塔之前，甚至都没有通知他——直到白宫新闻发言人罗纳德·吉格勒（Ronald Ziegler）在一次新闻发布会上宣布时，他才得知了自己的命运。参见 Panetta & Gall, supra n. 51, at 352−55。

71. 尼克松和芬奇把辞职说成了提职："尼克松告诉芬奇，他希望这位政治上的老搭档加入白宫，担任核心顾问……（芬奇说，）对于调岗，'我感到非常舒坦'，而……某家通讯社宣称他被免职或赶走了，这'完全不是真的'。"Haynes Johnson, "Nixon Pressed Him, Finch Says," *WP*, Jun. 7, 1970, at 1.

72. 4 Congressional Quarterly Service, *Congress and the Nation*: *1969−1973* 297 (1973).

73. 除非特别说明，我对尼克松回应亚历山大一案的叙述，包括其中的一切引文，都是依据戴维斯所发表的档案研究，supra n. 48, at 374−78.

74. 参见 Leonard Garment, *Crazy Rhythm* 206 (1997)。

75. 正如尼克松向欧利希曼和加门特解释的那样，"现在就处理掉这个问题"，"让对抗发生在今年而不是1972年"，是"符合我们政治利益"的。Davies, supra n. 48, at 377（引用尼克松档案中欧利希曼的笔记和加门特的备忘录）。

76. 参见 A. James Reichley, *Conservatives in an Age of Change* 190−192, 305 (1981); James Bolner & Robert Shanley, *Busing*: *The Political and Judicial Process* 145 (1974)。

77. Richard Nixon, "Statement About Desegregation of Elementary and Secondary Schools,"（March 24, 1970）, *American Presidency Project*, at www. presidency. ucsb. edu/ws/? pid = 2923.

78. Roy Reed, "Both Sides in South Mistrust Nixon Actions on School Integration," *NYT*, July 17, 1970, at 22（指出司法部和国内税局是同时宣布新政策的）. 就在两个月之前，司法部即认为，对私立学校的减税并不构成联邦为去除种族隔离而提供的补贴。Linda Mathews, "'Racist' Schools to Lose Tax Break," *LAT*, July 11, 1970, at 1.

79. 参见 Lawrence McAndrews, "Segregated Schools Lose Tax Breaks," *Chi. Trib.* July 11, 1970, at 1。

80. 参见 Kotlowski, supra n. 56, at 25. See generally Lawrence McAndrews, "The Politics of Principle: Richard Nixon and School Desegregation," 83 *J. Negro Hist.* 187, 195−96 (1998)。

81. Kenneth Crawford, "Thurmond Th reatens," 76 *Newsweek* 25 (Aug. 3, 1970).

82. 最初奉命负责内阁委员会的是斯皮罗·阿格纽，但是他消极应对，所以尼克松不久就转向舒尔茨，让他担起不可或缺的领导之责。参见 George Schultz, "How a Republican Desegregated the South's Schools," *NYT*, Jan. 8, 2003, at A23; Rosen, supra n. 52, at 142.

83. Davies, supra n. 48, at 383.

84. 参见 Schultz, supra n. 82. 此后两个月间，舒尔茨与其他五个州代表的会面遵循了"大致相同的步骤"。Id. 舒尔茨名单上的最后一个州是路易斯安那，这个州的委员会特别难以组织。不过，就在新学年开始之前，他说服尼克松（不顾斯皮罗·阿格纽的反对）在新奥尔良的一次会议上敲定了行动方案，所有七个州的委员会都参加了，会议也获得了广泛报道。在这次联合大会上，总统这样告诫深南部：

在去除学校种族隔离的问题上，请让我非常直接和坦率地谈谈我们的立场。

这片土地上的最高法院已经发声。在整个美国，一元学校制都必须取代二元学校制。法律一经确定，维护法律就是合众国总统的职责。我将履行这项职责。

法律要求在南方有关各州实现重大社会变革，不过，维护法律……的思路有多种。一种思路是袖手旁观，坐等开学和麻烦出现。一旦出了麻烦，就命令联邦执法人员监督守法。

我从一开始就拒绝采取这种思路。……

在这种情况下，身为领导，应该采取预防措施……而我们也正在与七个相关州富有献身精神的人民展开卓越的合作。

这些人是公民领袖，他们的服务不计报酬，甚至在一些朋友和邻居劝他们也袖手旁观、别惹麻烦的时候，他们中的许多人仍然继续服务，提供建议，引导公议，确保实现有序过渡。……时间将会评价我们的成就，但是我确信，正是因为建立了顾问委员会，许多学区的过渡才会有序而和平，而如果采取另一种思路就做不到这一点。这些卓越的南方领导人将赢得信誉，甚至比那里帮助他们的联邦工作人员赢得的信誉更多。

参见 Richard Nixon, "Remarks Following a Meeting in New Orleans with Leaders of Seven State Advisory Committees on Public Education," (August 14, 1970), at www. presidency. ucsb. edu/ws/index. php? pid = 2628&st = Cabinet + Committee + on + Education&st1 = #ixzz1SqnLHtUA。

85. 参见 Reed, supra n. 78。

86. Davies, supra n. 48, at 387 - 388 收集了自由派有代表性的批评的样本。

87. Gary Orfield, *Public School Desegregation in the United States*, *1968 - 1980* 4 (1983), and Orfield & Lee, supra n. 21, at 23. 更多数据另见注 90。

88. 参见 Schwartz, supra n. 66, at 73。

89. 伯格把最终的判决描述成"谚语里说的那样，'委员会想要拼凑出一匹马'，结果却拼出了一峰骆驼（因为各种意见谈不拢——译者注）"。他最后拒绝采用库珀诉亚伦案的模式，并解释说，"有人认为，且我也同意，如果在判决书首部署上每个人的名字，就显得过分强调这份判决了。所以，我想让这份判决显得常规些，让内容本身去表达紧要的信息"。Justice Burger, Memorandum for the Conference Regarding Alexander v. Holmes County (Oct. 29, 1969), Harlan Papers, Box 606, Folder 12252, Princeton University. 过去四十年间，由于没有撰写正式意见书，亚历山大案的"紧要的信息"很容易被忘掉。

90. 1968 年，南方有 77.8% 的黑人学童在少数族裔比例超过九成的学校里就读，当时全国的平均值是64.3%。到了1972年，南方的数值降到了24.7%，比全国平均值38.7%要低三分之一。Gary Orfield, *Public School Desegregation in the United States, 1968-1980*, 4 (1983). 反映同一情况的其他数据见前注87对应正文。

91. 正如伯格本人在一份秘密备忘录中所言，"许多法官估计本院会命令在一切学校实现种族平衡，'这样就没有理由指责某所学校的种族构成与其他学校有异'。两所（下级）法院对斯旺案的预测在某些方面是正确的，但是在种族平衡问题上，如果他们真的以为风向如此，那就错了"。Justice Burger, "Memorandum to Conference Re: Wright v. City of Emporia," 19-20 (March 16, 1972), Stewart Papers, Box 80, Folder 703, Yale University.

92. Swann, supra n.8, at 23.

93. Justice Brennan, Memorandum of Justice Brennan in *Swann*, March (n.d.) 1970, Brennan Papers, Box I: 243, Folder 1, National Archives. 进军日期引人误解，因为联邦最高法院在1970年6月29日才刚刚签发了调卷令。布伦南的法律助理写了一份回顾1970年审期的备忘录，解开了这个谜团——备忘录表明，道格拉斯于6月27日传阅了一份涉及调卷问题的备忘录，而布伦南为了回应他的意见，于1970年7月起草了判决。参见 Loftus Becker, Richard Cotton, and Michael Moran, "Opinions of Justice Brennan: 1970 Term," xxvi, Brennan Papers, Box II: 6, Folder 6, Library of Congress。

94. 伯格在初稿中支持为黑人学童提供非强制性的校车服务，"对于那些觉得身为学校多数种族的一员是'低人一等的印记'的人而言，这能缓解他们的特殊困难"。Swann draft circulated Jan. 11, 1971, at 29, Black Papers, Box 436, Library of Congress。布莱克大法官当即反对："我认为，引用'低人一等的印记'一语会带来一大堆麻烦。我想，任何法院都不该因为学童认为他们有'低人一等的印记'这种心理感受，就命令州给学童提供转学选项。在我看来，这种感受只会让官司越打越多，并且无限期地推后最终解决学校种族问题的一切希望。"Justice Hugo Black, Letter to the Chief Justice (Jan. 13, 1971), Box 436, Black Papers, Library of Congress.

95. 参见 Loftus Becker, Jr., Richard Cotton, & Michael Moran, "Opinions of William J. Brennan Jr. October Term 1970," xxvi, Case Histories, Brennan Papers, Box II: 6, Folder 6, Library of Congress。法律助理撰写的这份案件史仅仅提到布伦南没有传阅他的草稿，并未推测原因——而正如我在正文中所言，原因是显而易见的。

96. 参见 Swann, supra n.8, at 12。

97. 伯格认为，黑人占绝大多数的学校是可以接受的，"直到建立新学校"或者"社区样态发生改变"——后一个条件暗示，在某些情况下，黑人占绝大多数的学校可以长期存在。Id. at 26.

第十二章　及时转向

1. Keyes v. Denver School District, 413 U.S. 189 (1973).

2. 事实上，尽管地区法院在克劳福德诉教委（*Crawford v. Bd. of Educ.*）一案的判决内容很广，但是"洛杉矶的公立学校在去除种族隔离方面几乎没有取得进步"，因为判决在此后十多年间引发了旷日持久的诉讼。Jack Schneider, "Escape from Los Angeles: White Flight from Los Angeles and Its Schools," 34 *J. Urb. Hist.* 995, 999-1000（2008）. 然而，判决引发了广泛的焦虑，正如其他北方城市的种族融合运动那样，即便它们并没有促使法院下判，而只是威胁起诉，迫使教委主动提出校车服务计划。一般参见 David Kirp, "The Bounded Politics of School Desegregation Litigation," 51 *Harv. Ed. Rev.* 395（1981）。

3. 参见 A. James Reichley, *Conservatives in an Age of Change* 190-192, 305（1981）; James Bolner & Robert Shanley, *Busing: The Political and Judicial Process* 145（1974）。

4. Richard Nixon, "Statement About Desegregation of Elementary and Secondary Schools," March 24, 1970, *American Presidency Project* at www. presidency. ucsb. edu/ws/index. php? pid = 2923.

5. Id. 这句话出现在一个颇具哲理性的章节——"自由开放的社会"：

开放的社会无须具备同质性，甚至充分实现种族融合。在这样的社会里，众多社区都拥有一席之地。特别是在美国这样的国家，拥有共同遗产的人们保有特殊的联结，是自然而然的；意大利裔、爱尔兰裔、黑人或者挪威人的社区都是自然形成且无可指摘的，这些社区成员的群体认同和群体自豪感也是自然形成且无可指摘的。对于开放的社会而言，重要的在于流动性：每个人都有权利和能力去自行决定在何处及如何生活，是作为特定民族的一员还是作为更广大社会的一员来生活——抑或如许多人那样兼而有之。文化多样性让我们更加富足；而让我们得以享受富足的便是流动性。经济、教育和社会流动——所有这些同样是开放社会的核心要素。我们谈起平等机会时，所指的不过是，每个人在起跑线上都应该享有平等的机会。

Id. 声明随后开列了尼克松根据这个目标所采取的措施清单——包括在就业领域实施纠偏行动的《费城计划》，以及尼克松革命性的家庭救助项目，该项目本来想用年收入保障取代传统的福利，但是国会的保守派和自由派少见地结成联盟，最终否决了这个项目。一般参见 Daniel Moynihan, *The Politics of a Guaranteed Income*（1973）。

6. Nixon, supra n. 5.

7. 尼克松在论证时确实提到了民族"自豪感"——"羞辱"的反面。参见上注。

8. Id.

9. Id. 尼克松还提出了联邦经费的另外两个优先投向。他的议程的这一部分所针对的是南方向一元学校制过渡时所存在的特殊问题。

10. 比如，尼克松强调了白人向城郊的大规模迁徙，以及由于黑人儿童在市区的贫民窟聚居，取消一切学校的种族不平衡是不可行的。而本人则强调总统立场中更具哲学和法律意义的方面。

11. 威顿的说法一年一变，但是他的最高目标是一致的。参议院对威顿动议的修改也一年一变，但是最终的结果是一致的：两院会议让威顿的附加条文在效果上失去法律意义。对于表述的变化的描述见 Bolner & Shanley, supra n. 3, at 63–92（1974）。对于推动立法进程的政治力量的深刻见解，见 Gary Orfield, "Congress, the President, and Anti-Busing Legislation," 4 *J. Law & Educ.* 81（1975）。

12. 116 *CR* 2933–4（1970）（内含斯坦尼斯修改方案的文本）。

13. 116 *CR* 2892（1970）.

14. 多米尼克参议员如是说："在我看来，在学校问题上，如果公平安居立法允许人们以合理方式依其意愿迁居，而无论他们有无经济手段和需求，那么，我们就解决了是否存在故意隔离的问题。"Id. at 2900. 后续论辩中提出了这一主题的各种变通说法。

蒙代尔参议员则采取了与此不同的思路。他也反对利比科夫打破逐个领域讨论的惯例，但是认为参议院应当成立特别委员会，调查跨领域的影响，并提出新的一揽子改革方案。116 *CR* 3577–8（1970）. 这个想法从未落实。

15. 116 *CR* 3577–81（1970）. 这次演讲的效果立竿见影：

利比科夫的演讲登上了全国报纸的头版。自由派马上谴责利比科夫和斯坦尼斯的修改方案，认为方案将"自由派的内讧"转化成了"种族隔离分子的狂欢"，而"斯坦尼斯的修改方案引发争论，其影响累积起来，已然在质疑自《1964 年民权法》通过以来被视为顺理成章的自由派政策"。

Joseph Crespino, "The Best Defense Is a Good Offense: The Stennis Amendment and the Fracturing of Liberal School Desegregation Policy, 1964–1972," 18 *J. Pol. Hist.* 304, 314–16（2006）.

16. 116 *CR* 3576（Feb. 17, 1970）and 116 *CR* 3779–88（Feb. 18, 1970）. 起初，斯坦尼斯和利比科夫呼吁在应对"种族隔离的各个条件"时采用统一的标准。作为回应，斯科特和曼斯菲尔德将方案局限在"种族隔离的各个**违宪**条件"，从而将其适用范围限制在最高法院所谴责的类型之内。利比科夫迅速抓住了这一点，谴责一词之增，因为这只适用于"南方各州，而北方各州将稳操胜券"。Id. at 3580. 为了明确表达反对意见，他修改了斯坦尼斯-利比科夫修改方案，要求对"种族隔离的各个条件"加以统一应对，而"不论是法律上的还是事实上的"。116 *CR* 3590（1970）（强调系后加）。

17. 参见 116 CR 2892（1970）。

18. 迟至 2 月 12 日，白宫才表态支持斯坦尼斯的意见："总统一直反对且仍然反对通过强制用校车载运学童来实现种族平衡……约翰·斯坦尼斯参议员所提出的修改方案要求'统一应对'，这会促进法律的平等适用，其在这个意义上获得了本政府的充分支持。"Nixon Administration Statement, Feb. 12, 1970; reprinted in 116 *CR* 3562（Feb. 17. 1970）.

两天以后，当局仍然声称在参议院的辩论中保持中立（Spencer Rich,

"White House Neutral on Stennis Plan," *WP*, Feb. 14, 1970, A1），直到三天后才否定斯坦尼斯的意见。

19. 白宫来信由布莱斯·哈罗（Bryce Harlow）署名，其关键部分如下：

亲爱的斯科特参议员：

兹证明，下列文字由当局撰写并提供给你，以供参议院可能之需……：

第二节：合众国的政策是：①对于合众国任何区域的地方教育机关下属的学校，其种族隔离的**各个违宪**条件都应统一适用……指导方针和标准；且②任何地方教育机关均不得强制或要求采取校车载运或其他交通方式来解决种族失衡。（强调系后加）

由于最高法院只谴责过法律歧视，当局所批准的条文仅适用于南方流行的"违宪"类型——直到大法官们也谴责北方的种族隔离为止。See 116 *CR* 3785（1970）（收入了白宫的信件）。

20. 116 *CR* 3800（1970）. 对投票情况的统计分析见 www. govtrack. us/congress/votes/91-1970/s285。

21. 正如佩尔（Pell）参议员所解释的："斯坦尼斯的修改方案在会上引起了激烈争论。……会议……休会了两三天，因为我们在此相持不下。（妥协的）说法是一位众议员提出的。"116 *CR* 8874（March 24, 1970）. 斯科特和曼斯菲尔德的最终版本不但要求在所有法律隔离案件中采取统一政策，还要求统一适用"针对事实隔离……所依法制定的其他政策"。不过，佩尔参议员也解释说，"并没有什么法律需要适用，因为事实隔离还没有被判决违宪"。Id.

22. 参见第十一章。

23. Reichley, supra n. 3, at 204.

24. John Ehrlichman, *Witness to Power：The Nixon Years* 221-22（1982）（强调系原有）。

25. George Gallup, 3 *The Gallup Poll* 2328（1972）. 南方的反对率最高，达到82%，中西部是77%，东部和西部是70%出头。在全美范围内，甚至黑人也以47%∶45%表示反对，另有8%未表示意见。

26. David Riddle, "Race and Reaction in Warren, Michigan, 1971 to 1974：Bradley v. Milliken and the Cross - District Busing Controversy," 26 *Mich. Hist. Rev.* 1, 11（2000）.

27. *Bradley v. Milliken*, 338 F. Supp. 582（September 27, 1971）.

28. 参见 Riddle, supra n. 26, at 48。

29. 比如，詹姆斯·奥哈拉（James O'Hara）和威廉·福特曾经是自由派内众议院领袖一职的严肃候选人，但是到了1971年，他们都变成了狂热的校车服务反对者。参见 Orfield, supra n. 11, at 102, 104（1975）。

30. 参见 n. 9, supra。

31. 柯林斯议员（来自得克萨斯州）谴责尼克松的方案是大规模的"校车服务法案"，他获得了福特议员（来自密歇根州）、格罗斯（Gross）

议员（来自新泽西州）和谢尔勒（Scherle）议员（来自艾奥瓦州）的支持。116 *CR* 42218-20（1970）.

32. 布鲁姆的修正方案规定，"任何美国地区法院的任何判决，如果……为了在学生之间实现种族平衡的目的……要求任何学生转学或通勤……均应推迟执行，直到一切上诉……均已穷尽"。117 *CR* 39302（1971）. 该方案以 235∶125 的投票结果获得通过，共有 56 位北方民主党人投了赞成票。一般参见"Busing Opponents：New Friends in the House,"118 *CR* 5719-20（1972）。对投票结果的统计分析见 www. govtrack. us /congress/votes/92-1971/h236。

吊诡的是，尼克松把他的动议描述得雄心勃勃，而这恰恰可能激起了这次强烈的反击。在呼吁大额拨款时，他强调了种族融合举措的范围之大："现在有大约 220 个学区收到了法院的判决……；496 个学区已经提交、正在协商或将要协商去除种族隔离的计划……；另有 278 个学区正在执行 1968 年或 1969 年启动的计划；超过 500 个北方学区违反《1964 年民权法》第六篇的行为，正在或者可能受到审查。"Richard Nixon, "Special Message to the Congress Proposing the Emergency School Aid Act of 1970"（May 21, 1970）, *American Presidency Project* at www. presidency. ucsb. edu/ws/index. php? pid = 2509.

33. 阿什布鲁克（Ashbrook）的修改方案禁止运用联邦拨款提供校车服务，只要是"为了在任何学校解决种族不平衡问题"。格林的修改方案禁止卫生、教育和福利部"规劝"学校为了校车服务而动用地方或州的拨款。该方案还禁止卫生、教育和福利部将学校关于校车服务的决策作为任何联邦拨款的条件，禁止运用联邦经费"为载运学生往返任何学校而获取设备或支付设备使用费"。Sec. 2117. 最后，该方案还规定，"本篇的任何内容都不应被解释成要求""根据禁止种族歧视来划分就学区域，据此把学生"安排到"学校去……**无论划分就学区域是不是该部彻底取消种族隔离的结果**"。Sec. 2118（强调系后加）。参见 117 *CR* 39072（1971）。鉴于斯旺案已经排入最高法院的审期，南方的参议员推迟了《紧急学校补助法》的出台，将最终决定留待以后做出。

34. 参议院自由派勉强以 48∶47 否决了最严苛的反校车服务修正方案。该方案来自堪萨斯州参议员罗伯特·多尔（Robert Dole），禁止一切校车服务令，只要该命令"基于学生的种族、肤色、宗教或民族出身而要求载运学生往返学校"。118 *CR* 6276（1972）. 而他们无力阻止参议院接受已经获得众议院通过的、阿什布鲁克和布鲁姆菲尔德的修正方案。最终，《紧急学校补助法》被纳入了《1972 年教育修正案》（*Education Amendments of 1972*），于 1972 年 6 月 23 日获得签署，成为法律（P. L. 92-318）。就近入学条款——sec. 2118, supra n. 33——受到了削弱，删去了"无论划分就学区域是不是该部彻底取消种族隔离的结果"的措辞。拨款禁令也做了修改，允许"根据适当的地方学校官员明确、书面、自愿的请求"来提供拨款。前注 32 提到的布鲁姆菲尔德修正方案也遭到了削弱，后来被鲍威尔大法官在德拉姆斯芒得诉艾克里（*Drummond v. Acree*）一案中掏空了实质内容。409 U. S. 1228（1972）.

35. H. J. Res. 620（May 6, 1971）. 也参见 Reichley, supra n. 3, at 197。

36. 参见 Orfield, supra n. 11。

37. School Busing：Hearings Before Subcom. No. 5 of the Committee on the Judiciary, House of Representatives, 92nd Congress, 2nd session（1972）. 2 月 2 日至 3 月 16 日，听证会开了 11 天，此后两个月又开了 9 天，直到 5 月 24 日结束。在 66 位反对校车服务的议员中，有 15 位来自北方。3 位支持校车服务的众议员是詹姆斯·考曼（James Corman）（来自加利福尼亚州），at 1714, 奥古斯塔斯·豪金斯（Augustus Hawkins）（来自加利福尼亚州），at 461 和查尔斯·威伦（Charles Whalen）（来自亥俄州），at 850。

38. 在前十天听证中作证的 44 位众议员里，有 37 位支持修宪，3 位在修宪和立法之间未表达偏向，4 位没有谈到这一点、只反对校车服务。听证期间，尼克松提出了立法解决的方案，剩下的众议员都倾向支持这一选择，虽然也有许多支持修宪。

39. Rhodes Cook, *United States Presidential Primary Elections 1968-1996* 127（2000）.

40. 参见 Robert Semple, "Nixon Asks Bill Halting New Busing Orders; Seeks Education Equality," *NYT*, March 17, 1972, at 1。

41. 参见 Reichley, supra n. 3, at 197。不过，尼克松很快就批准了伦特修改方案的宽泛措辞，那是塞勒委员会第一轮听证的核心。

42. Id.

43. Id. at 198.

44. 参见 Bolner & Shanley, supra n. 3, at 156。

45. 参见 Robert Bork, *The Constitutionality of the President's Busing Proposals* 11（1972）。

46. 参见 Arthur Goldberg, "The Administration's Anti-Busing Proposals—Politics Makes Bad Law," 67 *Nw. U. L. Rev.* 319（1972）；Alexander Bickel, "What's Wrong with Nixon's Busing Bills?" *New Republic* 221（April 22, 1972）。鲍克主张，卡增巴赫诉摩根案根据第十四修正案第五节，授予国会广泛的救济权，毕克尔的评论并不反对这一点。戈德伯格则不理会这一点，supra at 339-41，而是根据哈兰大法官的异议，限制布伦南大法官意见的主旨。戈德伯格依靠哈兰让人吃惊，因为如果他是最高法院的一员，他无疑会投票支持布伦南而非哈兰——这让他的评论的可信度受损。

我并不认为鲍克的分析是无解的。见第六章，特别是注 33、34 对应正文。不过，委婉点说，领衔批评尼克松动议的人并没有决定性地驳倒他的主张。

47. Letter from Professor James Vorenberg to Senator Claiborne Pell, April 12, 1972, 2 Davison Douglas, *The Public Debate over Busing* 232, 233（1994）。另一份教授声明对于方案的"合宪性"表示了"极大的保留"，但并没有正面批驳鲍克的观点。120 CR 14430（May 13, 1974）（收入了声明）。

48. "How the Candidates Stand on Busing," *Life*, March 3, 1972（收入

了所有民主党和共和党候选人的声明）。

49. 以下是一则马斯基的典型言论："问题在于为我们所有人提供教育机会的平等。……校车服务不会解决那个问题。……居住格局、就业管理、地方政府的管辖问题——所有这些都会涉及。不过，校车服务是一个正当的工具，也获得了法院的背书，……我认为，我们应当支持根据常识来运用它。"Joel Havemann，"The Busing Issue，"4 *Natl. J.* 635（April 15, 1972）. 值得注意的是，马斯基强调法院在这个问题上的宪法领导地位，把自己放到了法院忠实追随者的位置上，呼吁运用常识与司法机关的领导行为展开合作。

50. "McGovern Attacks Speech for 'Fear and Opportunism，"*NYT*，March 17，1972，at 22.

51. 格林的修改方案还授权立即停止执行先前的校车服务令——这超出了尼克松的方案，后者只允许在命令执行满五年以后停止。118 *CR* 28888（1972）. 格林的法案以 282 : 102 的投票结果获得了众议院通过。118 *CR* 28906-7（1972）.

52. Richard Nixon，"Labor Day Message，"September 3，1972，*American Presidency Project*，at www. presidency. ucsb. edu/ws/index. php? pid＝3557&st ＝&st1＝#axzz-1TikT7HxD.

大选前两天，尼克松在结束竞选的演说中宣称，就近入学是每个美国儿童的一项 "与生俱来的权利"。Richard Nixon，"The Birthright of an American Child，"November 5，1972，*American Presidency Project*，at www. presidency. ucsb. edu/ws/index. php? pid＝3700 &st＝&st1＝#axzz1TikT7HxD.

53. Douglas Kneeland，"Senator Accuses Rival of Exploiting School Issue，"*NYT*，September 23，1972，at 1. 麦戈文虽然为校车服务辩护，但是并没有把这当作自己竞选的中心议题。参见 Gary Hart，*Right from the Start* 278-79（1973），在书中，麦戈文的竞选经理哈特（Hart）列举了七大重要议题，而并未提及校车服务。

54. 参见 Kneeland，supra n. 53。

55. 参见 Kevin McMahon，*Nixon's Court* 233，236（2011）（回顾了有关研究）。

56. 对于北方人的顽抗之举，反对校车服务联盟的领导人之一、亚拉巴马州参议员艾伦（Allen）假装不解。他如是说："参议院的某些自由派分子继续阻挠进行实事求是的投票，我对此感到难过和不解。应当承认，法案一旦付诸表决，就会获得通过。众议院的意志和人民的压倒性意见都反对过度实施校车服务，而有人铁了心要把这种意见顶回去。"118 *CR* 34780（1972）. 10 月 12 日，在最后一次试图结束讨论的投票中，"除了阿肯色州的民主党人 J. W. 富布莱特（J. W. Fulbright），所有南方参议员都投票支持结束讨论。宾夕法尼亚州的共和党人休·斯科特和密歇根州的民主党人菲利普·A. 哈特，这两位北方人一直反对运用冗长发言来阻挠议事，他们这次却投票反对结束辩论。"David E. Rosenbaum，"Bill to Bar Busing Killed in Senate as Closure Fails，"*NYT*，October 13，1972，at 17.

密歇根州参议员格里芬正在艰难地争取连任，他警告那些阻挠议事的同仁："如果那些人执迷不悟，继续无视参议院的多数意志和美国人民的压倒性多数意志，我估计明年参议院不仅能凑够三分之二多数来结束辩论，而且可能以同样的多数通过宪法修正案。" 118 *CR* 34782（1972）.

57. 10 月 10 日，尼克松"把（以格里芬参议员为首的）五位反对校车服务的参议员召集到白宫……向他们保证自己会全力支持，并强烈请求他们就已获众议院通过的法案采取行动"。Eric Wentworth，"Cloture Bid Fails for 3d Time," *Boston Globe*, October 13, 1972, at 2. 会晤结束后，格里芬参议员说，"白宫的代表正在与参议院的成员们沟通，让他们知道他（尼克松）有多在乎这件事"。"Nixon Vows to Push Vote on Busing," *Chic. Trib.*, October 11, 1972, at 14.

58. 三次结束讨论的动议分别发生在 10 月 10 日（投票结果为 45：37）、10 月 11 日（投票结果为 49：39）和 10 月 12 日（投票结果为 49：38），均未达到所需的三分之二多数。参见 U. S. Senate, Cloture Motions—92nd Congress, at www. senate. gov/pagelayout/reference/cloture motions/92. htm。

59. 参议院于 1972 年 10 月 18 日休会。118 *CR* 37323（1972）.

60. Eric Wentworth，"Senate Begins Fight on Busing；Supporters File Cloture Petition," *WP*, October 7, 1972, at A1. 尼克松的决心获得了共和党温和人士的支持，比如田纳西州的霍华德·贝克尔，后者"发誓他来年会继续为反对校车服务的立法而奋斗，他把校车服务说成'一个严重的危害'"。David Rosenbaum，"Bill to Bar Busing Killed in Senate as Closure Fails," *NYT*, October 13, 1972, at 1, 17. 不过，贝克尔当时正为连任竞选而焦头烂额，民权领袖们则表示有信心，"一旦选举结束，出台这种立法的压力就会减轻"。Id. at 1. 我们将会看到，他们的信心是错误的。

61. 共和党在众议院增加了 12 席，但是在参议院失去了 2 席。参见 http://library. cqpress. com/electionsguide/document. php? id = gus6e2 − 1164−54406−2200220&PHPSESSID=ftjn6t9an6tptha5tp7g095i44。

62. Wright v. City of Emporia, 407 U. S. 451（1972）.

63. Id.

64. Id. at 462.

65. Id. at 465−66.

66. "我们无须也并不认为，两个学校系统种族构成的这种差异本身，能作为禁止另立学区的充分理由。" Id. at 464.

67. Id. at 476.

68. Karl Llewellyn, *The Common Law Tradition*：*Deciding Appeals* 121−57（1960）. 也参见 Bruce Ackerman, *Private Property and the Constitution* 1−22, 88−112（1977）。

69. Christopher Jencks, "Busing—The Supreme Court Goes North," *NYT Sunday Magazine*, Nov. 19, 1972, at 40, 125.

70. Id.

71. Brennan Papers, *Keyes v. School Dist.* No. 1, No. 71 – 507, Box I：203, Box I：288, Library of Congress.

72. 虽然原告在初审时的论证范围很广，但是，法律保护基金会在向地区法院陈述时，并没有试图证明存在普遍的居住歧视．

73. 调卷令签发于 1972 年 1 月 17 日，*Keyes v. School Dist.*，404 U. S. 1036。申诉方的意见摘要于 1972 年 5 月 1 日正式提交并盖章。Brief for Petitioner, *Keyes v. School Dist.*，413 U. S. 189（1973）（No. 71–507）.

74. Id. at v– ix.

75. Transcript of Oral Argument, *Keyes v. School Dist.* No. 1, 413 U. S. 189（1973）（Oct. 12, 1972）（No. 71 – 507），77 Philip B. Kurland & Gerhard Casper eds., *Landmark Briefs and Arguments of the Supreme Court of the United States：Constitutional Law* 598–99（1975）.

76. William J. Maledon, Gerald M. Rosberg & Geoffrey R. Stone, Opinions of William J. Brennan, Jr., October Term 1972, xxxix–xl, Brennan Papers, Box II：6, Folder 16, Library of Congress.

77. Id.

78. 在凯耶斯案的单独意见中，道格拉斯和鲍威尔公开就这个问题发表了看法，supra n. 1, at 216（道格拉斯大法官），and 217（鲍威尔大法官）。

79. Maledon, supra note 76, at xl. 1973 年 4 月 3 日，布伦南在提交给大法官会议的备忘录中，也表达了这个观点："刘易斯（·鲍威尔）最先表达了应当废除法律/事实隔离之分的观点。我当时告诉他，我也深受这个区分困扰。然而，联邦最高法院的大多数人认同保留这一区分的观点，所以我在本院早先案件所建立的框架中起草了凯耶斯案的判决。如果法律/事实隔离之分继续存在，我相信我为本院提出的裁判方案能够恰当地解决本案，但是，如果最高法院的多数人愿意，我委实很乐意修改意见书，抛弃这个区分。"Memorandum, Brennan Papers, Box I：289, Library of Congress.

80. 参见 Milliken v. Bradley, 418 U. S. 717（1974）。

81. Keyes, supra n. 1, at 198.

82. Brief for Petitioners, supra n. 73, at 36–37.

83. 参见第十章。

84. 在布伦南的文档中，意见书的任何一稿都没有证据表明他曾考虑过这个思路——布莱克门、道格拉斯、马歇尔、鲍威尔和伦奎斯特大法官的文档亦如是。

85. Keyes, supra n. 1, at 203.

86. 参见 Keyes v. School District No. 1, Denver, 368 F. Supp. 207（1973）。

87. 最著名的是，联邦地区法院法官加利蒂（Garrity）于 1974 年 6 月批准了一项针对波士顿学校的全面校车服务计划，这让由该州《1965 年种族不平衡法》（*Racial Imbalance Law*）所引发的、长达十年之久的规划和诉讼达到了最高潮。参见 Morgan v. Hennigan, 379 F. Supp. 410, 417 (D. Mass. 1974)。

88. 米立肯案的庭辩于 2 月 27 日举行。参见 Milliken v. Bradley 418 U. S. 417 (1974). 众议院的辩论于 3 月 12 日开始。120 CR 6267 (1974)。

89. 120 CR 8281-2 (March 26, 1974). 众议院还批准了另一个条文，禁止运用联邦拨款 "解决种族不平衡"。1972 年，参议院曾经削弱了一则类似的修正案，参见 supra n.34，但是修正案的发起人阿什布鲁克众议员坚持认为，如果再次通过类似条文，"我们就能正式警告参议院和那些可能在这件事上不那么坚定的众议院参会人员，让他们知道我们要维护众议院的立场"。众议院以 239 票对 168 票的投票结果支持了他的意见。120 CR 8507-8 (1974).

90. 1972 年 6 月的一次盖洛普民调显示，73% 的人反对校车服务，27% 的人支持。1 George Gallup, *Gallup Poll* 43 (1978). 随着 1974 年选举的迫近，数据的失衡略有减轻：65% 的人反对，35% 的人支持——支持比例从中西部的 30% 到南部的 37% 不等。从全国来看，28% 的白人和 75% 的非白人支持校车服务。Id. at 370-71。

91. 投票结果为 47∶46。120 CR 15076 (May 16, 1974).

92. 格里芬的修正案可以追溯到埃什众议员发起的一个条文，该条文已经获得众议院通过。该条文无条件禁止法院下令用校车载运 "任何学生，把他们送到距其居住地最近或第二近的学校以外的任何学校去"。120 CR 15063-4 (1974). 不过，在其他方面，格里芬参议员则削弱了众议院的相应措施，删除了要求重审或终止现行校车服务令的严苛条款。

93. Orfield, supra n. 11, at 127.

94. 参见 § 902 (2) (b), 120 CR 15076 (1974)。

95. 120 CR 15079 (1974).

96. 甚至早在会议开始前，众议院就向其参会人员发出了第一份要求！120 CR 17882 (June 5, 1974). 此后，众议院于 6 月 27 日和 7 月 27 日连续以压倒多数通过决议，坚决让参会人员固守严苛的反校车服务措施。

97. "对于参议院周一针对《1974 年教育修正案》所采取的措施，我感到沮丧。之前，我暗示过有意否决第 1539 号决议（S. 1539）的委员会版本。……我必须再次声明，我坚决反对为了实现种族平衡而强制实施校车载运。过去五年来，美国各地的经验表明，我们无须诉诸大规模强制校车载运，就可以消除二元学校体制。……就像我之前暗示的那样，比起参议院法案中的条文，我更支持（众议院）针对校车服务的规定。……我希望，由参议院法案所造成的麻烦，可以通过两院会议得到解决。" Richard Nixon, "Statement About Proposed Amendments to the Elementary and Secondary Education Act," May 22, 1974, *American Presidency Project*, at www. presidency. ucsb. edu/ws/? pid=4220.

98. 福特走得很远，他甚至签署了一份请愿书，企图强迫司法委员会将反对校车载运的宪法修正案提交到众议院全体大会进行表决。参见 David Rosenbaum, "Antibusing Plea Is Signed by Ford," *NYT*, Jan. 26, 1972, at

32. 一般参见 Lawrence McAndrews，"Missing the Bus：Gerald Ford and School Desegregation，" 27 *Pres. Stud. Quart.* 791，793（1997）。

99. Orfield，supra n. 11，at 130.

100. Conference Report（H. Rept. No. 93 - 1211），printed in 120 *CR* 24533-93（dated July 23，1974）。米立肯案（supra n. 88）于 1974 年 7 月 25 日下判。

101. Education Amendments of 1974，Pub. L. No. 93 - 380，88 Stat. 484（1974）。第 258（b）节禁止一切校车服务令发生效力，直至下个学年开始为止；第 219 节要求终止校车服务令，前提是法院认定学校系统"已经满足了宪法第五修正案和第十四修正案的要求（无论应该适用其中哪条修正案），而且今后将继续遵守这些要求"。这些规定都没有引发严重的宪法问题。Orfield，supra n. 11，at 136.

102. Id.

103. 根据地区法院涵盖整个都会地区的计划，各校的少数族裔就学率自 17.5% 至 30% 不等，从而将校车载运时间缩到最短。参见 *Bradley v. Milliken*，345 F. Supp. 914，917（1972）。

104. 地区法院总结说，"将时间、距离和交通因素"纳入考量之后，其涵盖整个都会地区的方案"与地理上局限在底特律市建制范围内的去除种族隔离行动相比，更简便、更可操作，也更合理"。Id. at 930.

105. 在伯格传阅初稿之后，马歇尔就请求延长时间："在大法官 3 月 1 日开会就这些案件举行投票之后，经过整整 3 个月，到了 5 月 31 日，法院意见的初稿打印版本才下发传阅。需时如此之多，证明这些案件在事实和司法学说层面都存在很大难度。"Justice Marshall，"Memorandum to the Conference"（June 13，1974），Brennan Papers，Box I：328，Folder 3，Library of Congress.

106. 备忘录是罗伯特·里克特（Robert Richter）为回应伯格大法官的传阅稿而写的。参见 Richter，"Milliken v. Bradley，Circulation by the Chief Justice（2nd Draft），" 5（June 12，1974），Blackmun Papers，Box 187，No. 73-434，Library of Congress。

107. 参会人员于 6 月 5 日指定，报告于 7 月 23 日提交。

108. "从 1950 年代中期开始，我就反对法院通过校车服务令来实现种族平衡，如今已经将近 20 年了。"杰拉尔德·R. 福特总统在 1976 年的一次访谈中说。Interview by Nick Clooney of President Gerald R. Ford（June 1，1976），Ford Presidential Library，White House Special Files Unit Files，Box 4，Folder 4，"Busing Background Book（1）."福特早年担任议员的情况见前注 98。

109. 在意见摘要中，底特律学校系统为了说明跨学区救济的必要性，恰恰是这样论证的，指出"局限在底特律市的计划无法……消除人民关于底特律的学校是黑人学校的看法"。摘要坚称，"一望可知的种族分隔，以及布朗第一案所谴责的观念，在北方学校招来的不满一点不比南方学校少"，因为，黑人儿童不可能理解，是地方行政区划导致了这种结果。

Brief for Respondents, No. 73-436, at 83-95. 而伯格在构思意见草稿时，从没有认真考虑这个论证逻辑。

110. Milliken, supra n. 88, at 746.（强调系后加）

111. 参见 Attorney Gen. of Michigan ex rel. Kies v. Lowrey, 199 U. S. 233（1905），该案将这一基本点对接到密歇根与其他地方公立学区的关系上——这恰恰是最高法院在米立肯案中所面对的问题。

112. Milliken, supra n. 88, at 738.

113. 在代表全部四位异议大法官撰写的意见书中，怀特大法官也扼要提及了"污名化"，Id. at 779，而马歇尔在他单独提起的异议中，为布朗案的反羞辱原则进行了鲜明的辩护。

114. Milliken, supra n. 88, at 804-05.

115. Id. at 808.

116. 参见 supra nn. 105, 106。

117. 一般参见 James Ryan, *Five Miles Away, A World Apart*（2010）。

118. 参见 Tomiko Brown-Nagin, *Courage to Dissent* 357-407（2011）。

119. Milliken, supra n. 88, at 814-15.

120. 参见 Owen Fiss, "The Jurisprudence of Busing," 39 *Law & Cont. Probs.* 194, 199-206（1975）。

121. 对这一问题的不偏不倚的看法见 Sofia Behana et al. , eds. , *Disrupting the School to Prison Pipeline*（2012）。基于法律视角的概述见 Catherine Kim, Dan Losen & Damon Hewitt, *The School to Prison Pipeline：Structuring Legal Reform*（2010）。

122. 米立肯案于 1977 年重回最高法院，大法官们要考虑地区法院是否有权"针对过去曾经遭受法律隔离的学童，采取补偿性或救济性的教育项目"，作为局限在底特律市的校车服务令的补充。参见 *Milliken v. Bradley*, 433 U. S. 267, 269（1977）。首席大法官伯格支持了这些项目，他承认，"儿童如果曾经在教育和文化上与更广大的社区分隔开来，就会不可避免地带有反映其文化隔绝的语言、行为和观念。比如，他们如果想要进入社区，并成为其中的一员，最终就必须在这个环境中工作和竞争，而他们可能带有某些与此不符的语言习惯"。Id. at 287. 这很接近于承认羞辱是宪法上的恶，尽管只限于救济阶段，而且要以故意歧视的证立为前提。另一次倾向于反羞辱原则（但不充分）的姿态见 *Lau v. Nichols*, 414 U. S. 563（1974）。

本书并不追溯布朗案在最高法院 1974 年"及时转向"后半个世纪的命运，只要恢复它在民权时代宪法政治中的核心地位就够了。一般参见第十四章。

第十三章　亲密关系的领域

1. 参见 Peggy Pascoe, *What Comes Naturally：Miscegenation Law and the Making of Race in America* 118, 243 & tables（1989）。14 个州禁止白人和黑人通婚，11 个州另行禁止白人与亚裔结合，还有 4 个州进而不准白人与

原住民美国人通婚。南卡罗来纳州允许白人与亚裔通婚，但是禁止白人与黑人和/或原住民美国人结合。

2. *Kirby v. Kirby*, 24 Ariz. 9（1922）；*Jackson v. Denver*, 124 P. 2d 240（Colo. 1942）；*In re Shun T. Takahashi's Estate*, 129 P. 2d 217（Mont. 1942）；*Davis v. Meyer*, 212 N. W. 435（Neb. 1927）；*In re Paquet's Estate*, 200 P. 911（Or. 1921）. 重建结束后不久，南方的法院就解决了这个问题。例如，参见 *Green v. State*, 58 Ala. 190（1877）；*State v. Kennedy*, 76 N. C. 251（1877）；*Lonas v. State*, 50 Tenn. 287（1871）. 一些边境地带的州则等得更久些。例如，参见 *Dodson v. Arkansas*, 31 S. W. 977（1895）.

3. *Pace v. Alabama*, 106 U. S. 583, 585（1883）. 佩斯案所涉及的立法禁止跨种族的未婚性行为和婚外性行为。但这也可以合理地扩及禁止通婚。

4. 参见 Gunnar Myrdal, *An American Dilemma* 60–61（2d ed. 1962）。

5. Id. at 61.

6. 参见 Michael Klarman, *From Jim Crow to Civil Rights* 321（2004）；Virginia Schoff，"Deciding on Doctrine: Anti-Miscegenation Statutes and the Development of Equal Protection Analysis," 95 *Va. L. Rev.* 627, 632 & n. 19（2009）。

7. 参见 Alex Lubin, *Romance and Rights*: The Politics of Interracial Intimacy 75–76（2005）。

8. 参见 Pascoe, supra n. 1, at 203。

9. *Perez v. Sharp*, 32 Cal. 2d 711（1948）.

10. 参见 Chang Moon Sohn, "Principle and Expediency in Judicial Review: Miscegenation Cases in the Supreme Court" 129（1970）（哥伦比亚大学未刊博士论文）（作者收存）:

全美有色人种协进会完全知晓……美国公民自由联盟和跨种族委员会正在构思的检测性案件。美国公民自由联盟甚至联络协进会，为这些案件寻求可能的支持，但是协进会只愿意悄悄地把涉及跨种族通婚的资料借给联盟使用。

宋（Sohn）为了支持自己的讨论，引用了协进会的康斯坦茨·贝克尔·莫特利（Constance Baker Motley）于 1948 年 3 月 31 日撰写的一份备忘录。我还没能阅看这份文件。

11. 参见 Naim v. Naim, 87 S. E. 2d 749（Va. 1955）。

12. Id. at 756.

13. 参见 Pascoe, supra n. 1, at 202–04, 250; Schoff, supra n. 6, at 632–36。

14. Naim, supra n. 11, at 752.

15. Jackson v. State, 37 Ala. App. 519（Ct. App. 1954），*cert. denied*, 348 U. S. 888（1954）.

16. 参见 Brief for Petitioner-Appellant in Opposition to Appellee's Motion to Dismiss or Affirm at 2–4, Naim v. Naim, 350 U. S. 891（1955）（No. 366）。

17. Sohn, supra n. 10, at 84（引用了美国公民自由联盟团队所收到和发出的备忘录）。

18. 参见 Felix Frankfurter, Memorandum. Naim v. Naim, microformed on *Frankfurter Papers*, pt. 2, reel 17, frames 588 – 90 （Univ. Publ'ns of Am. 1986）。参见 Dennis Hutchinson, "Unanimity and Desegregation：Decisionmaking in the Supreme Court, 1948 – 1958," 68 *Geo. L. J.* 1, 95 – 96 （1979）; Schoff, supra n. 6, at 637–40。

19. Frankfurter, Memorandum, supra n. 18. 弗兰克福特大法官写道："在我的记忆里，这是我第一次面对这样一项任务，去解决法律的道德与字面考量之间的冲突。"

20. 参见 Bernard Schwartz, *Super Chief* 161 （1983）。

21. 350 U. S. 891 （1955）.

22. *Naim v. Naim*, 90 S. E. 2d 849 （Va. 1956）.

23. *Naim v. Naim*, 350 U. S. 985 （1956）.

24. Herbert Wechsler, "Toward Neutral Principles of Constitutional Law," 73 *Harv. L. Rev.* 1, 34 （1959）.

25. 例如，参见 Charles Black, "The Lawfulness of the Segregation Decisions," 69 *Yale L. J.* 421 （1960）; Louis H. Pollak, "Racial Discrimination and Judicial Integrity：A Reply to Professor Wechsler," 108 *U. Pa. L. Rev.* 1 （1959）。

26. Jack Greenberg, *Race Relations and American Law* 345 （1959）; Peter Wallenstein, "Race, Marriage and the Law of Freedom：Alabama and Virginia, 1860s–1960s," 70 *Chi. – Kent L. Rev.* 371, 415 & n. 214 （1994）.

27. Alexander Bickel, *The Least Dangerous Branch* 174 （1962）.

28. Reva Siegel, "Equality Talk," 117 *Harvard L. Rev.* 1470, 1489–1497 （2004）（总结了学术讨论）。

29. 麦克劳林诉佛罗里达州案是通过上诉程序抵达最高法院的，所以关键问题在于，大法官们究竟要投入大量精力，还是简单地打发掉它。1964 年 6 月 15 日，最高法院选择了前一个选项（377 U. S. 974）——就在五天前，参议院最终打破了南方通过冗长发言对《民权法》进行的阻挠，确保了该法的成功。

30. *McLaughlin v. Florida*, 379 U. S. 184 （1964）. 法院判决于 12 月 7 日下发。

31. 见第六章。

32. Pascoe, supra n. 1, at 243 & table.

33. Id. at 238–43. 起初，美国公民自由联盟和日裔美国公民同盟充当先锋，而全美有色人种协会则作壁上观。不过，协进会逐步扮演起更积极的角色，特别是在加利福尼亚、内华达和爱达荷。Id.

34. Id. at 255.

35. *NORC SRS–Amalgam*, December 1963. Retrieved March 24, 2013, from iPOLL Databank, Roper Center for Public Opinion Research, University of

Connecticut, www. ropercenter. uconn. edu/data access/ipoll/ipoll. html.

36. 鉴于并无官方记录，以下就口头辩论中的关键交流，提供录音带的记录稿：

沃伦：波拉克先生，这两个人难道没有结婚吗？

波拉克：呃，首席大法官先生，呃，有些证人做证说，呃，某位，或者我认为是指每位被告人曾经这么说过，呃。对此我要说的是，呃，是否相信陈述者的这部分证词属于陪审团的职责。

沃伦：是否存在相反证据？

波拉克：也有证据表明，呃，记录里所称的麦克劳林女士或者霍夫曼女士曾经说自己已经嫁给了，呃，麦克劳林。呃，在记录的第22页，古德尼克女士是这么说的。

沃伦：可是那不是她的证言，而是相关方的陈述——并且是在庭外做出的。

波拉克：可是本案的全部证词都是这样的，首席大法官先生。呃，关于，呃，与他人成婚的证词同样是，呃，传闻证据或单方证词。这份记录中并不包含来自上诉人本人的证言，他们是被告，并没有出庭作证。呃，所以全部证词都具有相同的传来证据属性，并且，呃，首席大法官先生，我们对此的看法仅仅是：陪审团如果获准——考虑这些证言，得出哪一种，呃，结论，呃，都有可能，呃。当、当古德尼克女士在第30页谈到上诉人时，她说，"我知道他们是夫妻，他们付租金给我，我不去打扰他们"。呃，我建议本院认定，这条证据，呃，可以让陪审团认定，呃，他们以夫妻的名义出现，并且人们也认为他们结婚了，呃，但是陪审团当然也可以得出相反的结论；我不会质疑这一点。

Oral Argument at 13：54, McLaughlin, supra n. 30.

37. Id.，Oral Argument at 33：16.

38. Del Dickson ed.，*The Supreme Court in Conference* 694（2001）（1964年10月16日的会议）。

39. Id. 麦克劳林夫妇上诉的依据是 28 U. S. C. § 1257（2）——该规定要求联邦最高法院接受管辖，并作出实体判决。不过，如果联邦最高法院"认为受理上诉是不明智的"，他们就"祈祷这份上诉被看作……调卷令申请书"。Appellants' Juris. St. at 1. 这或许能够解释道格拉斯大法官为什么呼吁他的同事以受理"不明智"为由驳回该案。

40. McLaughlin, supra n. 30, at 191–92.

41. *Pace v. Alabama*, 106 U. S. 583, 585（1883）.

42. McLaughlin, supra n. 30, at 192.

43. 关于布朗案五步逻辑的更详细讨论，见第七章。

44. Gallup Poll, "Interracial Marriage（Mar. 10, 1965），Jan. 28 – Feb. 2 1965," in *The Gallup Poll*：*Public Opinion*, 1935–1997, at 1928–29（CD-ROM）. 该民调仅针对黑白通婚。全国意见研究中心（National Opinion Research Center）的发现则用处更小。该中心于1963年和1964年举行的全国调查发现，分别有62%和60%的美国白人支持跨种族通婚禁令。

Howard Schuman et al., *Racial Attitudes in America: Trends and Interpretations* 106-08 table 3.1b（引用了该中心的民调）。尽管这些数字在 1960 年代晚期有所下降，然而，直到 1970 年代初，盖洛普才报告说，在全美范围内存在强大的多数，反对禁止跨种族通婚的法律。Id.；也参见 *Gallup Poll* (*AIPO*), Aug. 1970. Retrieved March 24, 2013, from iPOLL Databank, Roper Center for Public Opinion Research, University of Connecticut, at www. ropercenter. uconn. edu/data access/ipoll/ipoll. html. 甚至到了那个时候，南方白人的多数仍然支持跨种族通婚禁令。Hazel Erskine, "The Polls: Interracial Socializing," 37 *Pub. Op. Q.* 283, 292（1973）（引用了盖洛普的民调）。

45. Siegel, supra n. 28, at 1488-90（2004）.

46. 参见第七章。

47. *Loving v. Virginia*, 388 U. S. 1（1967）.

48. *Loving v. Commonwealth*, 147 S. E. 2d 78, 82（Va. 1966）.

49. 参见 Appellee's Brief, *Loving v. Virginia* 14-26（No. 395, October Term, 1966）。

50. Loving, supra n. 47, at 9.

51. 上诉人摘要的这个部分题为"反跨种族通婚法造成了不可估量的社会损害"，其中解释道，"在这一部分的各处，我们经常运用由知名社会经济学贡纳·米道尔撰写的、关于美国黑人问题的权威论著"。摘要还特别依赖托马斯·佩提格鲁（Thomas Pettigrew）更晚近的作品。参见 Loving v. Virginia, Appellant's Brief, at 26（No. 395, October Term 1966）。

52. Id. at 25-26.

53. Interview with Benno C. Schmidt Jr., April 25, 2012. 施密特先生已经审阅并同意了此处呈现的我们对话的报告。

54. 参见 Appellee's Brief, supra at n. 49, 41-50。弗吉尼亚州还严重依赖引用一本较新的著作，即阿尔伯特·戈登所著的《跨婚姻——跨信赖，跨民族，跨种族》（*Intermarriage—Interfaith, Interethnic, Interracial*, 1964），Brief, supra, at 51-52。该书源于作者以拉比身份从事咨询服务的经历，运用社会学数据来支撑对跨群体通婚的广泛攻讦，特别是犹太人与非犹太人的婚姻。戈登关于跨种族通婚的讨论非常薄弱，只包括若干访谈而已。Id. at 263-94.

55. 用第七章开发的术语来表达这一点就是：我的替代性意见书会在布朗案的第四步打住，并不前推到第五步。

56. Interview, supra n. 53. 沃伦对战时案件的看法可能随着时间而改变。1962 年，他公开为这些案件背书，但是态度并不热情："还要从是松案这样的案件中学到另一课。当形势要求最高法院必须不加批评地接受政府对于军事需要严重性的描述，就可能允许采取措施，严厉限制个人自由。"Earl Warren, "The Bill of Rights and the Military," 32 *N. Y. U. L. Rev.* 181, 193（1962）.

但是，在他身后出版的自传当中，他却持着更加批评的态度："对于清除日裔美国人的命令，以及我本人支持这么做的证言，我一直深感遗憾，因为这与美式自由和公民权利的观念不符。"Earl Warren, *The Memoirs of Earl Warren* 148-49 (1977).

这两个说法未必是矛盾的：晚年的沃伦批评本人作为总检察长的做法，同时仍然相信联邦最高法院的判决在危急形势下并无不当，这是完全一致的。不过，沃伦也可能在 1968 年离开联邦最高法院之后改变了自己的看法。

57. *United States v. Windsor*, 2013 U. S. Lexis 4921（June 26, 2013）.

58. Loving, supra n. 47, at 11.

59. 我无法在沃伦的文档中找到不包含这些结论段的稿本。这段叙事立足于我对本诺·施密特的访谈，supra n. 53.

60. Loving, supra n. 47, at 12.

61. *Meyer v. Nebraska*, 262 U. S. 390, 399-400（1923）.

62. Letter from Black to Warren, May 31, 1967, Warren Papers, Box 620, Library of Congress. 怀特大法官也写道，"没有理由去碰正当程序问题"。Letter from White to Warren, May 31, 1967, Warren Papers, Box 620, Library of Congress. 沃伦对文本做了些小调整，就获得了怀特的赞同。我强调布莱克的角色，是因为他作为联邦最高法院内唯一的南方人，即便只持部分异议都会招来严重的恶名。

63. Schmidt Interview, supra n. 53. 对比 5 月 25 日和 6 月 5 日的草稿（删掉了对迈耶案的援引）。Draft Opinions, Warren Papers, Box 620, Library of Congress. 在意见书较靠前的部分，沃伦确实引用了迈耶案和斯金纳诉俄克拉何马州案，316 U. S. 535（1942），据此主张第十四修正案对州规制婚姻的权力有所限制，这个观点并不会引来反对。Loving, supra n. 47, at 7.

64. 波特·斯图尔特用一段附议来插话，他支持法院意见的基础很窄，但并未否定沃伦更宽泛的宣示。Loving, supra n. 47, at 13.

65. 虽然联邦法院确实曾经介入，对付若干南方登记人员的反抗，但是拉芬案最终没有遭遇严重的事故就获得了落实。更宽泛地说，联邦最高法院的判决所激起的"不过是国内反对者的嘀咕声"。Richard Kluger, *Simple Justice* 751（1976）.

66. 麦克雷诺兹强调，他无意挑战"州为其所支持的机构开列课程的权力。这些问题并不涉及当下的争议"。*Meyer v. Nebraska*, 262 U. S. 390, 402（1923）.

67. Windsor, supra n. 57, at 43-44.

68. 斯卡利亚大法官为联邦统一对待所做的辩护，见上注第 84～85 页。

69. 参见 *Lawrence v. Texas*, 539 U. S. 558, 578（2003）。

70. *Brown v. Board of Education*, 347 U. S. 483, 494（1054）. 温莎案并未明文引用沃伦的伟大意见书，原因可能是技术性的：布朗案考察的是州对第十四修正案的违反，而温莎案避开了这个问题，只处理联邦政府违反第十四修正案的问题。肯尼迪大法官确曾引用布朗案的姊妹案——波灵诉夏普案，也就是根据第五修正案推翻哥伦比亚特区校园种族隔离的案件，但是即便在这时，他都没能反思自己的意见书在更深层次受惠于沃伦法院。Windsor, supra n. 57, at 40.

71. 见第七章针对布朗案式论证五步法的讨论，特别是第四步与第五步的关系。

72. Windsor, supra n. 57, at 89.

73. Id. at 90.

第十四章　背叛？

1. 参见 *WP：T*, chaps. 2-3.

2. 参见 Samuel Rosenman ed., *Public Papers and Addresses of Franklin Delano Roosevelt* 132（1937）．进一步的阐述见 *WP：T* 326-27。

3. 运用一些令人——至少令我——惊奇的统计工具去测量先前各卷的核心观点，见 Daniel Ho & Kevin Quinn，"Did a Switch in Time Save Nine？"，2 *J. Leg. Anal.* 69（2010）；Daniel Young，"How Do You Measure a Constitutional Moment？"，122 *Yale L. J.* 1990（2013）。

4. 特别参见 *WP：T*, chaps. 8-12.

5. Shelby County v. Holder, 133 S. Ct. 2612（June 25, 2013）.

6. Id. at 2616.

7. Id. at 2618（强调系原有；单引号略去）。

8. 参见 *WP：T*, chap. 2，特别是开国者在宪法动议和签署过程中对罗德岛的处置。

9. Shelby County, supra n. 5, at 2622. 首席大法官罗伯茨第一次表达联邦最高法院对于《选举权法》的宪法疑议，是在西北奥斯汀诉霍尔德案 [*Northwest Austin v. Holder*, 557 U. S. 193（2009）] 中，而他正是依据这一先前意见来支持谢尔比案的"平等州主权"原则。但是，西北奥斯汀案的分析几乎只包括对极少数案件的简短引用。更充分的讨论暴露了罗伯茨案例分析的弱点。就从首席大法官所引用的最近的案件说起：美国诉路易斯安那州案 [*United States v. Louisiana*, 363 U. S. 1, 16（1960）]。联邦最高法院之所以受理该案，并非由于其在法理上的重要性，而是因为案件涉及五个南方州与联邦政府的地下水资源纠纷，联邦最高法院负有宪法义务，必须进行初始管辖。在判决该案时，哈兰大法官对平等主权一带而过，但他最终**支持**了联邦政府针对涉案的四个州的主张，也给了得克萨斯州以有限的救济。他所谓的"平等主权"纯粹是提一句罢了——而罗伯茨却以此为据，论证与哈兰截然相反的结论。路易斯安那州案维护的是联邦政府针对州的权力，却被谢尔比县案用来保护州免受联邦政府干预。

罗伯茨还引用了波拉德的承租人诉黑根案 [*Pollard's Lessee v. Hagan*, 3 How. 212（1845）]，这也是一宗水权案件。本案发生在内战以前，它和现代宪法的选举权争议的关系更弱，因为正如我在正文中所言，在这一问题上，第十四修正案第二节从根本上改变了宪法。

首席大法官诉诸得克萨斯州诉怀特案 [*Texas v. White*, 74 U. S. 700

（1869）〕之举同样令人不解。该案涉及内战前得克萨斯州在南方邦联时期的一项立法，目的是出售一些联邦政府债券。切斯大法官代最高法院发声，他判决说，叛乱州的立法机关缺乏出售权限，宣布涉案债券现已成为新得克萨斯政府的财产，该政府是国会根据《重建诸法》（*Reconstruction Acts*）重新组建的，而众所周知，该法全面违反了"平等州主权"的原则。更充分的论证见 *WP*：*T* 191–246。放在历史背景下解读，切斯求助于"一个由牢不可破的各州组成的牢不可破的联盟"，这与"平等主权"原则恰恰相反。这份意见书是一个更宏大过程的组成部分：美国人民赋予对各州的**不平等**对待以正当性。也参见 Akhil Amar，"The Lawfulness of Section 5 — and Thus of Section 5，" *Harvard Law Forum*，Feb. 13，2013，at www. harvardlawreview. org/issues/126/february13/forum989. php。

这样一来，首席大法官就只能指望考耶尔诉史密斯案〔*Coyle v. Smith*，*221 U. S. 559*（1911）〕，该案确实推翻了国会对吸纳俄克拉荷马加入联邦的特殊限制，也确实是罗伯茨响亮宣示的各州平等的合适渊源。但是，大法官霍拉斯·勒顿撰写联邦最高法院意见时小心翼翼地表示，除非"清楚地处在国会权力领域之内"，联邦政府有权对加入联邦施加限制。Id. at 574. 勒顿列举了国会的权力，但是并未提及第十四修正案第二节，该节授权国会对"克减"黑人投票权的州实施有选择的制裁——显然，这是因为在他撰写意见的 1911 年，这一规定已经形同虚设。尽管如此，罗伯茨利用考耶尔案推翻《选举权法》、支持他所理解的"平等州主权"原则的努力，仍然遭到了勒顿论证的削弱。

并且，金斯伯格大法官坚称，南卡罗来纳州诉卡增巴赫案明确拒绝将考耶尔案拓展到吸收新州加入联邦这一特定问题之外，这是正确的。为了回应她的批评，罗伯茨大法官宣称，南卡罗来纳州诉卡增巴赫一案偏离了"平等主权"原则，而这只在南方盛行吉姆·克劳制的特殊情况下才可以被接受。然而，回顾罗伯茨所引用的案件，其并不能够支持他的主张：当州侵犯少数族裔的投票权时，"平等主权"**确系**一项根本原则。

10. 更准确地说，根据第二节，在联邦或重大的州选举中，任何州如果"否定……或以任何形式克减"了"年龄超过 21 岁"的"男性居民"的普选权，其在众议院的代表数量就要按比例缩减。让新兴的女权运动的领袖们气馁的是，这一表述仅对禁止黑人投票的州施加了有选择的制裁，而并未波及那些限制妇女投票的行为。参见 Alexander Keyssar，*The Right to Vote* 143–44（2000）。在其他一些领域，第二节允许各州有灵活处置的余地，但是这些细节与眼下的讨论无关。关键在于，第二节**明文**授权基于州对黑人选民的歧视性对待而对它们采取差别待遇。

11. 1890 年，共和党人最后一次大举努力保护黑人选举权——但最终被民主党人在参议院通过冗长发言阻挠议事所击败，对此的详细叙述见 Stanley Hirshson，*Farewell to the Bloody Shirt* 200–35（1962）。

12. Shelby County，supra n. 5，at 2618. 正如我对第十四修正案第二节的讨论所表明的，首席大法官说这样做"史无前例"，根本就是错的。

13. 见第八章尼克松关于签署《1970 年选举权法》的声明。

14. 见第八章众议员威廉·麦卡洛克的发言。

15. 罗伯茨在批评《选举权法》不适应当下现实的时候，强调这样一个事实：“在（启用 1965 年规定）所涵盖的最初六州中，有五个州的非洲裔美国人选民投票率超过了白人选民。”Shelby County, supra n. 5, at 2625. 然而，有研究支持国会的看法，即有些地方较为频繁地根据种族重划选区，或者采用其他变相手段缩减黑人政治力量，而这些地方仍然能够被 1972 年的规则识别出来，但是罗伯茨对此几乎不加注意。他并没有认真对待证据，而是援引了威廉姆斯法官在上诉法院提出的批评。可是，在由三位法官组成的合议庭面前，威廉姆斯的观点并未说服多数人，合议庭的评价更为客观，并且在金斯伯格大法官的异议中获得了强力支持。在 1970 年，变相歧视的问题对于说服尼克松总统和国会重申击发条款至关重要，因此，首席大法官应当更加认真地分析国会的证据，而不是贸然将之打成维持 1972 年击发程序的“无理”基础. Id. at 40.

16. 见她的异议，Shelby County, supra n. 5, at 2639-44。

17. 参见 *WP：F*, chaps 4-6。

18. 一些差别甚大的探讨见 Stephen Griffin, *Long Wars and the Constitution*（2013）；Alison LaCroix, “Temporal Imperialism,” 158 *U. Penn. L. Rev.* 1329（2010）；Gerard Magliocca, *The Tragedy of William Jennings Bryan*（2011）和 *Andrew Jackson and the Constitution*（2007）；Jed Rubenfeld, *Revolution by Judiciary*（2005）和 *Freedom and Time*（2001）；Reva Siegel, “She the People,” 115 *Harv. L. Rev.* 948（2002）。同样让我感到鼓舞的是，那些认同开国和重建的重要性的学者，越来越认同将 20 世纪的发展融入他们对于司法学说的探讨。例如，参见 Akhil Amar, *America's Unwritten Constitution*（2012）；Jack Balkin, *Living Originalism*（2011）。

19. 2 *Public Papers of the Presidents of the United States：Lyndon B. Johnson*, 1965, 635-40（1966）.

20. 见第八章史蒂文斯的演讲。

21. 我对激进派的失败的进一步阐述见 *WP：T*, chaps. 6-8。

索引

（索引页码为原书页码，即本书边码）

ACA. 见 Affordable Care Act (2012) 2012 年《平价健保法》

ACLU. 见 American Civil Liberties Union 美国公民自由联盟

Adams, John, 约翰·亚当斯 1, 39

Administrative constitutionalism, 行政宪制 161, 170 - 171, 368 - 369n46

Affordable Care Act（2012）, 2012 年《平价健保法》18, 27

Afghanistan conflict, 阿富汗冲突 28, 334

Agnew, Spiro, 斯皮罗·阿格纽 243, 247, 264

Alexander, Clifford, Jr., 小克利福德·亚历山大 182

Alexander v. Holmes County. 亚历山大诉霍姆斯县。见 Holmes County Board of Education v. Alexander 霍姆斯县教委诉亚历山大

Allen v. State Board of Elections, 艾伦诉州选举委员会 164, 167, 173

American Civil Liberties Union（ACLU）, 美国公民自由联盟 109, 111, 113, 293-294

American Jewish Congress, 美国犹太人大会 85

American Psychological Association, 美国心理学会 184

Americans for Democratic Action, 美国人为民主行动组织 85

Anti-classification principle, 反归类原则 128-129, 143, 152, 362n1

Anti-Defamation League, 反诽谤同盟 85

Anti-Federalists, 反联邦党人 17

Anti-humiliation principle, 反羞辱原则 128-129, 137-141, 147, 150, 155, 237, 239, 258, 304, 307-310, 318

Article I, 宪法第一条 87

Article V, 宪法第五条 3, 8, 311; alternatives to, 替代物 10-11, 332; as objection to the Civil Rights Act, 作为反对《民权法》的理由 118; and First Reconstruction, 与第一次重建 49, 328; formalist interpretation of, 形式主义的解释 18, 19, 118, 329; Holland, insistence on, 霍兰德的坚持 88, 89-91; Johnson, rejection of, 约翰逊的否定 93, 94, 110; Katzenbach, rejection of, 卡增巴赫的否定 90-91, 93, 94; King, rejection of, 金的否定 104; and popular mandates, 与大众授权 312; marginalization of, 边缘化 40, 41,

45；NAACP on，全美有色人种协进会的态度 90；and poll tax，与人头税 105，331；procedural concerns，程序考量 28，58，68，264；and separation of powers，与分权 4，9；and southern veto power，与南方的否决权 68；as state-centered，具有以州为中心的性质 30；and 24th Amendment，与第二十四修正案 83，85，91，92；Union，role of，合众国的角色 311；and Voting Rights Act（1965），与《1965 年选举权法》10-11，41，84，105，116，118

Articles of Confederation，《邦联条款》29，311

Baker，Howard，霍华德·贝克尔 374n12

Baker v. Carr，贝克诉卡尔案 171

Bank of the United States，国家银行 37

Bates，Ted，特德·贝茨 221

Beard，Charles，查尔斯·比尔德 3

Bell v. Maryland：贝尔诉马里兰案 and Civil Rights Act（1875），与《1875 年民权法》143，146，147；on sit-ins，论静坐抗议 144；on state action doctrine，论州行为学说 13，147-149，324；Warren Court on，沃伦法院的论述 143-149，315

Bickel，Alexander，亚历山大·毕克尔 248，259，294-295

Bingham，John，约翰·宾厄姆 16

Birmingham，Ala.，亚拉巴马州伯明翰 50，56，135，140，141

Black，Charles，查尔斯·布莱克 132

Black，Hugo，胡果·布莱克 87，115，144-145，163，244，254，305-306

Black Codes，《黑人法典》211

Blackmun，Harry，哈里·布莱克门 211，279

Blumrosen，Alfred，阿尔弗雷德·布拉姆罗森 180

Bolling v. Sharpe，波灵诉夏普案 297-298

Booth，John Wilkes，约翰·威尔克斯·布茨 4，57，81

Bork，Robert，罗伯特·鲍克 265

Bradley，Joseph P.，约瑟夫 P. 布拉德利 143-144

Brandeis，Louis，路易斯·布兰代斯 132

Breedsove v. Suttles，布里德拉夫诉萨图斯案 87；on equal protection，论平等保护 105-106；and 14th Amendment，与第十四修正案 91；and *Harper v. Virginia Board of Elections*，与哈珀诉弗吉尼亚州选举委员会案 87，110，112-113；in New Deal Court，在新政时期的最高法院 105；and poll taxes，与人头税 87，91，98，102；repudiation efforts，推翻该案的努力 109-116

Brennan，William J.，威廉 J. 布伦南 150-153，162-163；on *Bell v. Maryland*，论贝尔诉马里兰州案 146-147，149，324-325；on *Green and Brown*，论格林案与布朗案 237-241，253-255；on John Marshall，论约翰·马歇尔 117；on *Jones v. Mayer*，论琼斯诉迈耶案 212；on *Katzenbach v. Morgan*，论卡增巴赫诉摩根案 106，116-120，319；on *Keyes v. Denver School District*，论凯耶斯诉丹佛学区案 258，271-276，279-280，282，287，323；legalism of，死抠法条之举 258，280，323；on state action doctrine，论州行为学说 144-145

Briggs v. Elliot，布瑞格斯诉埃利

奥特案 232

Brooke, Edward, 爱德华·布鲁克 205, 206

Broomfield, William, 威廉·布鲁姆菲尔德 263-264

Brown, William, III, 威廉·布朗三世 182-183

Brownell, Herbert, 赫伯特·布朗奈 52-53

Brown v. Board of Education, 布朗诉教育委员会案 5; anticlassification principle, 反归类原则 128, 143; anti-humiliation theme, 反羞辱主题 128-129, 137-143, 147, 150, 155, 237, 239, 258, 304, 307-310; and *Bolling v. Sharpe*, 与波灵诉夏普案 297; on busing, 论校车服务 246; and *Cooper v. Aaron*, 与库珀诉亚伦案 252; on equal protection, 论平等保护 176, 322, 335; fate of, 命运 229-256, 322; and *Green v. County School Board*, 与格林诉县教育委员会案 237-240; and *Heart of Atlanta Motel v. U. S.*, 与亚特兰大之心旅店诉美国案 315; and *Holmes County Board of Education v. Alexander*, 与霍姆斯县教育委员会诉亚历山大案 252; and *Jefferson County Board of Education v. U. S.*, 与杰斐逊县教育委员会诉美国案 236-237, 238, 241; and Johnson victory, 与约翰逊的胜利 300, 313; and *Jones v. Mayer*, 与琼斯诉迈耶案 240-241; judicial reassertion of, 司法重申 267-270; and Kennedy, 与肯尼迪 308; and *Keyes v. Denver School District*, 与凯耶斯诉丹佛学区案 287; logic of, 逻辑 129-133, 254; and *Loving v. Virginia*, 与拉芬诉弗吉尼亚州案 289, 303; meaning of, 意涵 6, 128,

241, 267-268, 279; paradox of, 自相矛盾之处 316-317; and *Plessy v. Ferguson*, 与普莱西诉弗格森案 129, 132, 298; and political party realignment, 与政党改变立场 229; popular mandate for, 背后的大众授权 231-232; real-world focus of, 对真实世界的关注 298, 300, 302, 306, 321; and Reconstruction Amendments, 与重建时期修正案 12; redemption of, 践行 256, 258; rejection of originalism, 否定原旨主义 129, 301; and signaling, 与信号释放 48, 51-57, 218, 252; sphere-by-sphere approach, 逐个领域讨论的进路 129, 130-131, 165, 254, 261, 306, 324; and *stare decisis*, 与遵从先例 74; vindication of, 辩护 134-137, 229, 232; Warren Court on, 沃伦法院论 13, 51-52, 128-129, 131, 239, 257-258, 268, 287, 290-291, 294-295, 306, 309; and *Wright v. Emporia*, 与怀特诉艾珀利亚案 258, 324

Brown v. Board of Education II, 布朗诉教育委员会第二案 268, 285-286, 294, 300

Brussels Convention, 布鲁塞尔大会 29

Bryan, William Jennings, 威廉·詹宁斯·布莱恩 37

Buchanan, Pat, 派特·布坎南 247

Burger Court, 伯格法院 12; anti-humiliation agenda, 反羞辱议程 285, 323; as civil rights supporter, 作为民权的支持者 191, 286; constitutional leadership of, 宪法领导权 11-12, 16, 153; on EEOC, 论平等就业机会委员会 185; and Hughes Court, 与休斯法院 284; judicial activism，司法能动 317；on judicial authority，论司法权 246；legal understandings of，法律理解 12；on *Milliken v. Bradley*，论米立肯诉布拉德利案 283–284；on New Deal-Civil Rights regime，论新政-民权体制 185–186；partnership with Nixon，与尼克松的合作 313；on reverse state action，论逆向州行为 176；on *Swann v. Charlotte-Mecklenburg*，论斯旺诉夏洛特-梅克伦堡案 252–256，262；switch in time of，及时转向 231，232，283；and Warren Court，与沃伦法院 324；on *Wright v. Emporia*，论怀特诉艾珀利亚案 281–282，323

Burns，Arthur，阿瑟·伯恩斯 188

Busing 校车服务：Burger Court on，伯格法院论 253，278–279；Humphrey on，汉弗莱论 266；and Jim Crow laws，与吉姆·克劳法 261，268，284；in *Keyes v. Denver School District*，在凯耶斯诉丹佛学区案 258，271，276，280，283，287；Mansfield on，曼斯菲尔德论 277，278；Nixon on，尼克松论 246，249，259–267，268；Warren Court on，沃伦法院论 135. *See also specific cases* 另见具体各案

Butler，Pierce，皮尔斯·巴特勒 87

Butts v. Harrison，巴茨诉哈里森案 112

Carswell，G. Harold，G. 哈罗德·卡斯韦尔 246

Case，Clifford，克利福德·凯斯 99

Celler，Emanuel，伊曼纽尔·塞勒 89，98，101–102，264，266

Christian Science Monitor（newspaper），《基督教科学箴言报》（报纸）96

Citizenship，national vs. state，国家公民身份对州公民身份 30，31–32

Civil Aeronautics Board，民用航空局 14

Civil Rights Act（1866），《1866 年民权法》211，212–213，214，220

Civil Rights Act（1875），《1875 年民权法》18，121，143. *See also* Civil Rights Cases（1883）另见 1883 年民权诸案

Civil Rights Act（1957），《1957 年民权法》57，60，64–65，77，85，89，229

Civil Rights Act（1960），《1960 年民权法》57，60，64–66，65，72，75，81–82，85，88–92，229

Civil Rights Act（1964），《1964 年民权法》5，18；antihumiliation theme，反羞辱主题 136；Dirksen，role of，德克森的角色 121–123，202；Goldwater，role of，戈德华特的角色 7，66–69，315；Humphrey，role of，汉弗莱的角色 127，136–137；Johnson，role of，约翰逊的角色 54，59，66，209；Kennedy，role of，肯尼迪的角色 53–54；Mondale，role of，蒙代尔的角色 206；popular mandate for，背后的大众授权 231–232；on private employers，论私人雇主 12–13；reverse state action regime in，其中的逆向州行为机制 175–176；sphericality in，其中的分领域性 141–143；on state action doctrine，论州行为学说 209；Title II，第二篇 172–173，175，195，196，364n37；Title VI，第六篇 233–234；Title VII，第七篇 175–179，188–189，195，196–197，206，

326; upheld by Supreme Court, 获得最高法院支持 200-201; as vindication of *Brown v. Board of Education*, 作为对布朗诉教育委员会案的辩护 229, 231-235, 288-291. *See also specific cases* 另见具体各案

Civil Rights Cases（1883），1883 年民权诸案 150-151, 176, 200, 209, 213, 214, 315, 318, 325

Civil Rights Cases（1964）. 1964 年民权诸案 *See specific cases* 见具体各案

Civil Rights Commission, 民权委员会 98

Civil War（1861-1865），内战（1861 年至 1865 年）2, 3, 18, 30, 31, 57, 156, 311

Clark, Kenneth, 肯尼斯·克拉克 132, 133, 254

Clark, Ramsey, 拉姆西·克拉克 95, 202, 203

Clark, Tom, 汤姆·克拉克 74-75, 145-153, 209, 297, 324-325

Coleman, James, 詹姆斯·科尔曼 248, 259

Coleman, William, 威廉·科尔曼 296

Collaborative constitutionalism, 合作宪制 107-109, 162, 237, 320. *See also* Separation-of-powers model 另见分权模式

Colmer, William, 威廉·科尔莫 168

Colson, Charles, 查尔斯·科尔森 263

Commerce Clause 州际贸易条款: Douglas on, 道格拉斯论 315; Harlan on, 哈兰论 74, 149; interpretation of, 解释 148-149, 175, 200, 209, 303; New Deal use of, 新政的利用 74-75, 148-149, 200, 209,

299, 303, 318; Roberts Court on, 罗伯茨法院论 27, 147-149, 175; Supreme Court on, 最高法院论 315-316; Warren Court on, 沃伦法院论 148 Congressional Record,《国会记录》103

Connor, Eugene "Bull," 尤金·"公牛"·康纳 135

Consolidation stage, 巩固阶段 46-47, 252

Constitution（1787），1787 年《宪法》17, 33, 87

Constitution（1789），1789 年《宪法》: development of, 发展 1-2, 29-30; and operational canon, 与操作上的正典 33; and popular sovereignty, 与大众主权 61; revision of, 修改 332. *See also* Article V 另见宪法第五条; *and specific amendments* 及具体各修正案

Constitutional canon 宪法正典: definition, 定义 7, 32-36; landmark statutes in, 其中的里程碑式立法 9-10, 33-34, 61, 81, 217, 314, 317, 320, 330, 335; and popular sovereignty, 与大众主权 42-43; revision of, 修改 127, 316

Constitutional law, 宪法 1; and constitutional politics, 与宪法政治 79; contingency in, 其中的偶然性 49; knowledge of, 知识 8, 33; practice vs. theory, 实践对理论 69; and Roosevelt Court decisions, 与罗斯福法院的判决 303; social science, role of, 社会科学的角色 129; superprecedents, effect of, 超级先例的影响 107; transformation in, 其中的变化 161, 403n9; and *United States Reports*, 与《美国报告》176

Constitution for the European Union（2004），2004 年为欧盟制定的

宪法 29

Convention Parliament （1689），1689 年非常国会 38

Cooper v. Aaron，库珀诉艾伦案 252

Defense of Marriage Act （1996），1996 年《婚姻保卫法》230，291，304，307-310，322

Democratic National Convention，民主党全国大会 52

Democratic Party 民主党：and black vote，与黑人投票 51-52；on civil rights，论民权 2，88-89；New Deal，新政 2，3-5，27，39，49，51-52，67，312；split in，内部分歧 79；successes of，成功 17-18，27，50，69，70，73. *See also specific legislation*；*specific topics* 另见具体立法和主题

Dewey, Thomas，托马斯·杜威 69

Dirksen, Everett McKinley，埃弗雷特·麦金利·德克森 7，65，80；on citizenship clause，论公民资格条款 212-213，215，217，237；on Civil Rights Act （1964），论《1964 年民权法》68，75，80，121-123，144，151；Dirksen-Mansfield compromise，德克森-曼斯菲尔德妥协 98-100，176-179，188，192，220；on EEOC and HUD，论平等就业机会委员会和住房与城市发展部 208，219-220；on Fair Housing Act，论《公平安居法》202-203；on 14th Amendment，论第十四修正案 237；on Title VII，论第七篇 200-204，208；on Voting Rights Act （1965），论《1965 年选举权法》84，98-100，102，109，200

Dodd, Thomas，托马斯·多德 102

DOMA. 见 Defense of Marriage Act （1996）1996 年《婚姻保卫法》

Dominick, Peter，彼得·多米尼克 261

Douglas, Paul，保罗·道格拉斯 90

Douglas, William O.，威廉 O. 道格拉斯 109，110；on Commerce Clause，论州际贸易条款 315；on de facto/de jure segregation，论事实上的/法律上的种族隔离 273；on *Harper v. Virginia Board of Elections*，论哈珀诉弗吉尼亚选举委员会案 105-106，113-116；on *Heart of Atlanta Motel v. U. S.*，论亚特兰大之心旅店诉美国案 149；as judicial activist，作为司法能动分子 320；and legal formalism，与法律形式主义 133；on *McLaughlin v. Florida*，论麦克劳林诉佛罗里达州案 297；on state action doctrine，论州行为学说 144-145

Doyle, William，威廉·多伊尔 272

Dred Scott v. Sandford，德莱得·斯科特诉桑福德案 58

Du Bois, W. E. B.，W. E. B. 杜波依斯 78

Due Process Clause，正当程序条款 35，81，304-305

Dworkin, Ronald，罗纳德·德沃金 35

Early Republic，早期共和国 2，7

Eastland, James 詹姆斯·伊斯特兰德 102

EEOC，见 Equal Employment Opportunity Commission 平等就业机会委员会

Ehrlichman, John，约翰·埃利希曼 246-247

Eisenhower, Dwight D.，德怀特·

D. 艾森豪威尔 5, 16, 72, 80, 134; and black vote, 与黑人投票 52; modern republicanism of, 当代共和主义 50, 65; on use of military, 论运用军力 54, 232–233, 248

Elaboration stage, 精心建设阶段 45, 73–76, 218, 252

Electoral College, 选举人团 30–31, 38, 331

Elementary and Secondary Education Act (1965), 1965 年《初等和中等教育法》233–234

Emancipation Amendment, 解放修正案 See Thirteenth Amendment 见第十三修正案

Emancipation Proclamation (1863), 《1863 年解放黑人奴隶宣言》96–97

Emergency School Aid Act (1970), 1970 年《紧急学校补助法》263

Environmental Protection Agency, 环境保护署 18

Equal Education Opportunity Bill, 《平等教育机会法案》365

Equal Employment Opportunity Commission (EEOC), 平等就业机会委员会 174–175; authority of, 权限 178, 188–189, 191, 208, 219; complaint handling, 申诉处理 187–188; consolidation of legislation, 立法的巩固 186–192; creation of, 建立 154, 174, 178; and government by numbers, 与数字治国 180–183; identification/resistance problems, 识别/抵制问题 196; initial budget of, 初始预算 179; as model of coordinate constitutionalism, 作为合作宪制的模式 193; reporting requirements, 申报要求 369–370n10; on standardized testing, 论标准化测试 183–186, 187; statistical analysis, use of, 运用统计分析 178, 197, 235; strategies of, 策略 186, 187; and technocratic individualism, 与技术路线下的个人主义 179–186

Equal Protection Clause 平等保护条款: common-law violations of, 普通法的违反 146; enforcement of, 执行 319; and English literacy, 与英语水平 116–117, 162; on institutionalized humiliation, 论系统化羞辱 146, 151; interpretation of, 解释 12, 35, 105–106, 113, 119, 144, 147, 150–151, 202, 213–214, 290, 315, 335; and poll tax, 与人头税 114; on public education, 论公办教育 129; reliance on, 以之为据 111, 217; and Section 5, 14th Amendment, 与第十四修正案第五节 265; on social equality, 论社会平等 144; state action doctrine, 州行为理论 144, 147, 202, 213–214, 217

Ervin, Sam, 萨姆·欧文 161, 190

ESEA. 见 Elementary and Secondary Education Act (1965) 1965 年《初等和中等教育法》

Eskridge, William, 威廉·埃斯克里奇 34

Fair Housing Act (1968), 《1968 年公平安居法》5, 201–209, 318; Dirksen, role of, 德克森的角色 202–203; discrimination ban, 对歧视的禁令 13; enforcement of, 执行 261; Johnson, role of, 约翰逊的角色 76, 200, 202, 203–205, 207–209, 210, 216; Jones v. Mayer, 琼斯诉迈耶案 209–217; Nixon, role of, 尼克松的角色 77, 200, 204, 218; ratification and consolidation of, 出台与巩固 207, 212, 218–223; sphere-by-sphere approach,

分领域的进路 205-207；white suburbs, effect on, 对白人聚居的郊区的影响 56. *See also* Housing and Urban Development, U. S. Department of 另见美国住房与城市发展部

Faubus, Orval, 奥尔沃·法尔巴斯 46, 54, 246

Federal Communications Commission, 联邦通讯委员会 14

Federalist Papers,《联邦党人文集》7

Federalist Party, 联邦党 3, 17, 29, 30, 39. *See also* Founders; Framers 另见开国者；奠基者

Ferejohn, John, 约翰·菲尔约翰 34

Field, Stephen, 史蒂文·菲尔德 292

Fifteenth Amendment, 第十五修正案 4, 17, 18, 96, 104, 162；attempted rejection of, 否决的尝试 58-59；Grant on, 格兰特论 78；ratification of, 批准 30；and the Roberts Court, 与罗伯茨法院 328-335；and the Warren Court, 与沃伦法院 116-121, 162-166

Fifth Amendment, 第五修正案 277

Filibusters, 通过冗长发言阻挠议事的人 52-53, 204

Finch, Robert, 罗伯特·芬奇 243-244, 246, 249

First Amendment, 第一修正案 26, 35

First Reconstruction, 第一次重建 4, 7, 18, 61, 78, 137, 161, 163, 192, 306, 334；and Article V, 与宪法第五条 49, 329；assassination, role in, 行刺在其中的角色 48, 57-58；equal protection doctrine, 平等保护的司法学说 74；failure of, 失败 2, 328, 329；as foundation for Second, 作为第二次重建的基础 240；and *Harper v. Virginia State Board of Elections*, 与哈珀诉弗吉尼亚州选举委员会案 113；and military occupation of South, 与对南方的军事占领 327；reliance on, 以之为据 313-314；on social equality, 论社会平等 144, 298；southern fears of repetition, 南方对于再次发生的恐惧 167-168

Ford, Gerald, 杰拉尔德·福特 204-205, 277-278, 279, 283-284

Fortas, Abe, 艾比·福塔斯 212, 242

Founders, 开国者 18, 28, 33, 34, 38, 311, 330. *See also* Federalist Party; Framers 另见联邦党；奠基者

Fourteenth Amendment, 第十四修正案 4-5, 17, 18, 96, 113, 157, 217；attempted rejection of, 否决的尝试 58-59, 87；and big business, 与大企业 328；on black voting rights, 论黑人选举权 330-331；on busing, 论校车服务 277；citizenship clause, 公民资格条款 203, 212, 213；Congressional power under, 国会据此享有的权力 117-118, 162, 330-331；Due Process Clause, 正当程序条款 35, 81, 304-305；Grant on, 格兰特论 78；and *Harper v. Virginia State Board of Elections*, 与哈珀诉弗吉尼亚州选举委员会案 115；interpretations of, 解释 106, 237, 240, 295；on interracial marriage, 论跨种族通婚 293, 301；on national citizenship, 论国家公民资格 31-32；on official sources, 论官方来源 298；on poll tax, 论人头税 115；priority of, 57-58 优先性；on public education, 论

公办教育 129；ratification of，批准 30；readmission of southern states，重新接纳南方各州 158；Section 2，第二节 330-331；Section 5，第五节 265；on social rights，论社会权利 299；on state officials，论州政府官员 280；Stevens on，史蒂文斯论 339；vindication of，为之辩护 128

Framers，奠基者 28-29，40. *See also* Federalist Party；Founders 另见联邦党；开国者

Frankfurter, Felix，费利克斯·弗兰克福特 289，294

Freedom-of-choice school system，自由择校制 234，238，244-245

Gaston County v. United States，加斯顿县诉美国 165

George III (King of Britain)，英王乔治三世 37

Ginsburg, Ruth Bader，鲁斯·贝德·金斯伯格 334

Goldberg, Arthur，阿瑟·戈德伯格 106，110-111，114，115-116，144-145，149，320

Goldwater, Barry，巴里·戈德华特 5，6，56，325；on Civil Rights Act (1964)，论《1964 年民权法》7，66-69，72，79，80，118，315；constitutional critique by，所做的宪法批评 118；Johnson victory over，约翰逊对他的胜利 6，41，72，77，84，92，234；on social security，论社会保障 69

Government by numbers，数字治国：as building block，作为基石 193；in busing program，在校车服务项目中 275；constitutional roots of，宪法基础 14，155；and EEOC，与平等就业机会委员会 180-183，190；HEW on，卫生、教育和福利部 235；and institutional opacity，与机构的不透明性 159-160，172-173；in New Deal-Civil Rights regime，在新政-民权体制中 193；rejection of，否定 177；in Second Reconstruction，在第二次重建中 190，327；standardized testing，标准化测试 183-186；in Voting Rights Act (1965)，在《1965 年选举权法》中 14-15，192. *See also* Technocracy 另见技术路线

Grament, Leonard，伦纳德·格拉门特 259

Grant, Ulysses S.，尤利西斯 S. 格兰特 5

Great Depression，大萧条 2，31，37，312

Greenberg, Jack，杰克·格林伯格 179-180

Green v. County School Board，格林诉县教育委员会案 237-241，245-246，252，253，255，323

Griffin, Robert，罗伯特·格里芬 277

Griggs v. Duke Power，格瑞格斯诉杜克电力公司案 184-185，190，192，196

Griswold, Erwin，欧文·格里斯沃德 212，245

Haldeman, H. R.，H. R. 海尔德曼 246-247

Harlan, John M. 约翰 M. 哈兰：as conservative，作为保守分子 315；on Fair Housing Act，论《公平安居法》212；on *Green* and *Brown*，论格林案和布朗案 238-239；on *Heart of Atlanta* and *McClung* cases，论亚特兰大之心案和麦克朗案 74；on *Jones v. Mayer*，论琼斯诉迈耶案 209，240；on New Deal Commerce Clause，论新政时期的州际贸易条款 74，149；on poll tax，论人头税

114, 117, 119; on 24th Amendment，论第二十四修正案 115; on Voting Rights Act（1965），论《1965 年选举权法》114-115, 117-120, 165

Harlow, Bryce, 布莱斯·哈罗 168, 388n19

Harper v. Virginia State Board of Elections: 哈珀诉弗吉尼亚州选举委员会案 ACLU, role of, 美国公民自由联盟的角色 109, 111, 113; and Article V, 与宪法第五条 116; and *Breedlove v. Suttles*，与布里德拉夫诉萨图斯案 87, 110, 112-113; and 14th Amendment, 与第十四修正案 115, 295; judicial activism, 司法能动 320; judicial erasure of Section 10, Voting Rights Act, 司法抹除《选举权法》第十节 113-116; and *Katzenbach v. Morgan*, 与卡增巴赫诉摩根案 116, 120, 121; as landmark reinforcement，作为里程碑式巩固 320; on poll tax, 论人头税 83-84, 109-111, 295; and 24th Amendment，与第二十四修正案 112, 113, 115; on Voting Rights Act（1965），论《1965 年选举权法》105, 107-116

Hart, Henry, 亨利·哈特 265

Hart, Philip, 菲利普·哈特 102

Hayes, Rutherford B., 拉瑟福德 B. 海耶斯 30-31

Haynesworth, Clement, 克莱门特·海恩斯沃茨 246

Health, Education, and Welfare, U. S. Department of, 美国卫生、教育和福利部 154; and busing, 与校车服务 245-246, 260; under Finch, 在芬奇治下 243, 246; guidelines, 指南 233-235, 236, 238, 243, 327; integration rates, 种族融合的速率 235; and Johnson, 与约翰逊 256; and NAACP Legal Defense Fund, 与全美有色人种协进会法律保护基金会 244; and Nixon, 与尼克松 256; strategy of, 策略 235, 327

Heart of Atlanta Motel Inc. v. United States, 亚特兰大之心旅店公司诉美国案 74, 150-153; Commerce Clause, interpretation of, 对州际贸易条款的解释 148-149, 175, 200, 209, 303; on discrimination in public accommodations, 论公共场所的歧视 315; Equal Protection Clause, interpretation of, 对平等保护条款的解释 151, 299-300; as judicial activism, 与司法能动 318; as landmark reinforcement, 作为里程碑式巩固 319, 320

HEW. 见 Health, Education, and Welfare, U. S. Department of 美国卫生、教育和福利部

Hirabayashi v. United States, 平林诉美国 297-300, 303, 304, 306, 307

Hoffman, Connie, 康妮·霍夫曼 296-297

Holland, Spessard 斯皮瑟得·霍兰德: on Article V, 论宪法第五条 88, 89-91; on 24th Amendment, 论第二十四修正案 85-86, 92, 100, 119; on Voting Rights Act（1965），论《1965 年选举权法》92

Holmes County Board of Education v. Alexander, 霍姆斯县教育委员会诉亚历历山大案 245, 252, 259, 323; and Legal Defense Fund, 与法律保护基金会 247, 250; and Nixon, 与尼克松 251, 256, 257, 283, 323

Hoover, Herbert, 赫伯特·胡佛 76, 78

Housing and Urban Development,

U. S. Department of（HUD），美国住房与城市发展部 154; on exclusionary zoning, 论排斥性规划 221; and *Jones v. Mayer*, 与琼斯诉迈耶案 220; powers of, 207－208, 219, 221; under Romney, 在罗姆尼治下 218－221, 243; on subsidized housing, 论补贴安置 206

Howe, Harold, 哈罗德·豪 235

Hruska, Roman, 罗曼·赫鲁斯卡 102, 166－167

HUD. 见 Housing and Urban Development, U. S. Department of 美国住房与城市发展部

Hughes Court, 休斯法院 284

Human dignity, 人的尊严 137, 325

Humphrey, Hubert H., 休伯特·H. 汉弗莱 7, 16; on busing, 论校车服务 266; and Civil Rights Act（1964），与《1964 年民权法》75, 127, 136－137, 142－143, 150, 233, 299; on employment discrimination, 论就业歧视 184; on human dignity, 论人的尊严 150, 325; presidential/vice presidential candidacies, 总统/副总统候选人 77－78, 206; and Second Reconstruction legacy, 与第二次重建的遗产 224－225; on Title VI, 论第六篇 233

Institutionalized humiliation, 制度化羞辱: antihumiliation principle, 反羞辱原则 128－129, 137－141, 147, 150, 155, 237, 239, 258, 304, 307－310; and anti－subordination principle, 与反屈从原则 237; and Equal Protection Clause, 与平等保护条款 146, 151; and freedom, 与自由 215－216; King on, 金论 135－136; Mondale on, 蒙代尔论 374－375n21; Mrs. Murphy provision, 墨菲女士条款 142－143; Second Reconstruction on, 第二次重建论 13－14, 240; spheres of, 其下各领域 15, 133, 135, 141, 154, 172, 176, 209, 240, 254; and state responsibility, 与州责任 364n36; Supreme Court on, 最高法院论 128－129, 150

Interracial marriage. 跨种族通婚 See *Loving v. Virginia* 见拉芬诉弗吉尼亚州案

Interstate Commerce Commission, 州际贸易委员会 14, 155

Iraq conflict, 伊拉克冲突 28, 334

Japanese Americans, detention cases, 日裔美国人拘禁案 290, 297－298, 303, 322

Javits, Jacob, 雅各布·贾维茨 90, 91, 99－100, 161, 202

Jefferson, Thomas, 托马斯·杰斐逊 1, 38, 39, 40

Jefferson County Board of Education v. United States, 杰斐逊县教育委员会诉美国案 236－237, 238, 241

Jencks, Christopher, 克里斯托弗·詹克斯 271

Jim Crow laws 吉姆·克劳法: and Article V, 与宪法第五条 91; busing, importance of, 校车服务的重要性 261, 268, 284; in Denver, 在丹佛 271; and interracial marriage, 与跨种族通婚 301; and *Jones v. Mayer*, 与琼斯诉迈耶案 209－210; landmark statutes on, 里程碑立法的态度 56, 80; Nixon, role of, 尼克松的角色 231, 259; in North, 在北方 261; and *Plessy v. Ferguson*, 与普莱西诉弗格森案 157; and political leadership, 与政治领导层 80; and poll tax, 与人头税 88; in public accommodations，在公共场所 56，140；in public education，在公办教育 323，324；in South，在南方 41；Stennis, role of，斯坦尼斯的角色 260；strategies against，反对的策略 80，195，248；Whitten, role of，威顿的角色 260

Johnson, Andrew，安德鲁·约翰逊 4，48，57，58，59

Johnson, Lyndon B.，林登·B. 约翰逊 5，16；assumption of presidency，取得总统大位 58-59，64-66；on black vote，论黑人投票 169-170；on Brown v. Board of Education，论布朗诉教育委员会案 48-49，51，300，315；on Civil Rights Acts，论各《民权法》54，57-59，64-66，68-69，72，74，89-90，148；on dignity，论尊严 137；on equality，论平等 338，339；on Fair Housing Act，论《公平安居法》200，202，204，207-209，210，216；and Fortas，与福塔斯 242；on freedom，论自由 337-338；and Goldberg，与戈德伯格 106；Goldwater, victory over，对戈德华特的胜利 6，41，72，77，84，92，244；on Great Society，论伟大社会 338-339；on interracial marriage，论跨种族通婚 309；Jones v. Mayer，琼斯诉迈耶案 209-217；and Kerner，与科纳 204；and King，与金 59，60，63，73，92-95，101，320；landmark statutes，里程碑式立法 5，48-49，60，63，78，218，338；move to left，向左转 49；on New Deal-Civil Rights regime，论新政-民权体制 147；political decline of，政治衰落 203；popular mandate of，大众授权 41，69，72-73，75，79，84，118，171，218，234，312，315；popular sovereignty, use of，运用大众主权 96-97；on Southern Manifesto，论《南方宣言》53；on Voting Rights Act（1965），论《1965 年选举权法》73，92-95，120-121，332，337；War on Poverty，对贫困宣战 72，340

Jones v. Mayer，琼斯诉迈耶案 201，209-217，212-215，218，318；and anti-humiliation principle，与反羞辱原则 230；and Civil Rights Act（1866），与《1866 年民权法》212-213，214；and Green v. County School Board，与格林诉县教育委员会案 240-241；Johnson, role of，约翰逊的角色 212；as landmark reinforcement，作为里程碑式巩固 320；and New Deal-Civil Rights regime，与新政-民权体制 209，217；and state action doctrine，与州行为学说 223；Stewart on，斯图尔特论 209，212-215，217，218，220，240，318；and 13th Amendment，与第十三修正案 237，240，318-319

Justice Department, U. S. 美国司法部：vs. ACLU，对美国公民自由联盟 293-294；on Article V，论宪法第五条 93，331-332；on busing，论校车服务 249；and Dirksen-Mansfield compromise，与德克森-曼斯菲尔德妥协 99-100；on employment rights，论就业权利 179，208，219；and HEW guidelines，与卫生、教育和福利部的指南 243；on housing rights，论安居权 219，222；legal authority of，法律权限 233，234；vs. NAACP Legal Defense Fund，对全美有色人种协进会法律保护基金会 245；on 24th Amendment，论第二十四修正案 102；on Voting Rights Act（1965），论《1965

年选举权法》93，95，96，97，160-162，165，167，169-170

Katzenbach, Nicholas, 尼古拉斯·卡增巴赫 84，90-95，97-101，110，112；Katzenbach-King compromise, 卡增巴赫-金妥协 101-104

Katzenbach v. McClung, 卡增巴赫诉麦克朗案 74，148，150-153，315

Katzenbach v. Morgan, 卡增巴赫诉摩根案 106，116，118-121，152，265，319，320，391n46

Katzenbach v. South Carolina, 卡增巴赫诉南卡罗来纳州案 162，330

Kefauver, Estes, 艾斯特斯·科法尔沃 52

Kennedy, Anthony, 安东尼·肯尼迪 291，304，307，308，309

Kennedy, Edward, 爱德华·肯尼迪 98

Kennedy, John F., 约翰·F.肯尼迪 80；assassination of, 遇刺 48，57-59，60，283；Birmingham, response to, 回应伯明翰 56；on civil rights, 论民权 52，53-54，53-55，57，88-89；on Holland's amendment, 论霍兰德的修改方案 91；and King, 与金 56-57

Kennedy, Robert, 罗伯特·肯尼迪 65

Kennedy-Nixon campaign, 肯尼迪-尼克松竞选 55

Keppel, Francis, 弗兰西斯·凯珀尔 234

Kerner, Otto, 奥托·科纳 204

Keyes v. Denver School District 凯耶斯诉丹佛学区案：Brennan on, 布伦南论 258，271-276，279-280，282，287，323；on busing, 论校车服务 258，271-276，280，283，287；as mistake, 作为错误 287；on northern segregation, 论去除北方种族隔离 258，323，324；and *Wright v. Emporia*, 与怀特诉艾珀利亚案 282

King, Coretta, 科丽塔·金 55，334

King, Martin Luther, Jr., 小马丁·路德·金 5，6，16，50；on Article V, 41，83，91，332；assassination of, 遇刺 78，205，237；in Birmingham jail, 在伯明翰监狱 135-136；and Civil Rights Act (1964), 与《1964 年民权法》75；constitutional legacy of, 宪法遗产 16；on institutionalized humiliation, 论制度化羞辱 224，316；and Johnson, 与约翰逊 59，60，63，73，92-95，101，320；Katzenbach-King compromise, 卡增巴赫-金妥协 101-104；and Kennedy, 与肯尼迪 57；March on Washington, 华盛顿大进军 56；in Montgomery, 在蒙哥马利 54；Nobel Peace Prize, 诺贝尔奖 92-93；political strategy of, 政治策略 60，79-80；on popular sovereignty, 论大众主权 7；Republican support, 共和党的支持 63；in Selma, 在塞尔玛 171，200；and Voting Rights Act (1965), 与《1965 年选举权法》11，73，120-121，171，200，320，332；and Warren Court, 与沃伦法院 73

Kissinger, Henry, 亨利·基辛格 246-247

Korematsu v. United States, 是松诉美国 See *Hirabayashi v. United States* 见平林诉美国

Krock, Arthur, 阿瑟·克罗克 183-184

Kuchel, Thomas, 托马斯·库切尔 136

Lamb, Charles, 查尔斯·拉姆

375n25

Landmark statutes, 里程碑式立法: administrative agencies, role of, 行政机关的角色 154–155, 158–160, 327; Brennan on, 布伦南论 106, 120; canonization of, 正典化 9–10, 32–34, 47, 61–62, 69, 70–71, 81–82, 127, 152–153, 217, 317–318; compared to Article V, 比拟为宪法第五条 11; Dirksen on, 德克森论 122–123; on economic injustice, 论经济不正义 219, 323; erasure of, 抹除 328–337; and government by numbers, 与数字治国 14; on Jim Crow legislation, 与吉姆·克劳立法 56, 80, 300–301; of Johnson, 与约翰逊 5, 48–49, 60, 63, 78, 120–121, 218, 338; lawyers on, 法律工作者论 8–9; longevity of, 持久性 192; New Deal, 新政 63; of Nixon, 尼克松任上的 6, 7, 64, 77, 241–242; and popular mandate, 与大众授权 45–46, 313; Reagan on, 里根论 77; for residents vs. citizens, 针对居民与公民 215; Roberts Court on, 罗伯茨法院论 78–79; of Roosevelt, 罗斯福任上的 65–66, 75–76, 107–109; 六阶段过程 six–stage process, 44–47, 66–69, 72–79, 83, 218, 313; 逐个领域讨论的进路 sphere–by–sphere approach, 12, 15, 198–199, 205–207, 223–224, 237, 261, 306, 321, 323, 324–326, 338; Supreme Court leadership, 最高法院的领导权 129, 133, 156, 229–230, 317–321. See also Second Reconstruction; and specific statutes 另见第二次重建;具体立法

Landon, Alf, 阿尔夫·兰登 41, 66, 69, 73, 75, 76, 312

Lassiter v. Northampton County Board of Elections, 拉希特诉北安普顿县选举委员会案 116–117

Latta, Delbert, 德波特·拉塔 103

Lawrence v. Texas, 劳伦斯诉得克萨斯州案 308

Legal Defense Fund (NAACP), 全美有色人种协进会法律保护基金会 50, 244, 245, 247, 276; on Keyes v. Denver School District, 论凯耶斯诉丹佛学区案 272–273, 274; role of, 角色 233, 293, 294; and Supreme Court, 与最高法院 296

Lent, Norman, 诺曼·伦特 264

Leonard, Jerris, 杰里斯·伦纳德 188, 243, 245–246

Liberman, Samuel H., II, 萨缪尔 H. 利伯曼二世 210–211

Lincoln, Abraham, 亚伯拉罕·林肯 4, 16; assassination of, 遇刺 57, 58; Emancipation Amendment, 解放修正案 215; Emancipation Proclamation, 《解放黑人奴隶宣言》 96–97, 209; and Free Soil Republicans, 与自由地区共和党人 39; and Johnson, 与约翰逊 57, 58; vs. McClellan, 对麦克莱伦 66; and Missouri Compromise, 与密苏里大妥协 34; as movement–party president, 作为运动政党总统 66–68; and Republican party, 与共和党 51, 52

Literacy tests 文化测试: abolition of, 废除 92, 93, 95, 97, 116–117, 162, 166, 196, 326; discriminatory use of, 歧视性运用 86, 88, 154, 160, 165; Harlan on, 哈兰论 118–119; Kennedy on, 肯尼迪论 89; and poll tax amendment, 与人头税修正案 91, 98. See also Voting Rights Acts 另见《选举权法》

Little Rock, Ark., 阿肯色州小石

城 1，54，134，232-233，248，286

Llewellyn, Karl, 卡尔·卢埃林 131，254

Lochner v. New York, 洛克纳诉纽约州案 27，306

Loving v. Virginia, 拉芬诉弗吉尼亚州案 300-304，321，322; and Defense of Marriage Act, 与《婚姻保卫法》230; on equal protection, 论平等保护 305; and *Hirabayashi-Korematsu*, 与是松-平林案 304，307; on interracial marriage, 论跨种族通婚 230，289，290-291，295; legal classifications in, 其中的法律归类 321; sphere-by-sphere approach, 逐个领域讨论的进路 306

Madison, James, 詹姆斯·麦迪逊 16，198

Mahorner, James, 詹姆斯·马霍纳 297

Making of the President, *The* (White), 怀特著《铸就总统》77

Mansfield, Mike 迈克·曼斯菲尔德: on busing legislation, 论校车服务立法 277，278; on de jure/de facto segregation, 论法律上/事实上的种族隔离 261-262; Dirksen-Mansfield compromise, 德克森-曼斯菲尔德妥协 98-100，176-179，188，192，220; on Fair Housing Act, 论《公平安居法》204; and Kerner Report, 与《科纳报告》204; on poll tax, 论人头税 98-100，102，106，109; on teenage voting, 论青少年投票 168; on Voting Rights Act (1965), 论《1965年选举权法》332

Marbury v. Madison, 马布里诉麦迪逊案 7，36，81-82

Marshall, John, 约翰·马歇尔案 7，30，117-119，163

Marshall, Thurgood, 瑟古德·马

歇尔 111-113，212，239，273，279-284，293

Matusow, Allen, 艾伦·马图索 373n3

McCain, John, 约翰·麦凯恩 27

McCarthy, Joseph, 约瑟夫·麦卡锡 50

McClellan, George, 乔治·麦克莱伦 66

McCulloch, William, 威廉·麦卡洛克 65，161，167

McCulloch v. Maryland, 麦卡洛克诉马里兰州案 30

McEwen, Robert, 罗伯特·麦基文 103

McGovern, George, 乔治·麦戈文 72，266，267，339

McKinley, William, 威廉·麦金莱 37，57

McLaughlin, Dewey, 杜威·麦克劳林 296-297

McLaughlin v. Florida, 麦克劳林诉佛罗里达州案 289，295-302，321，322

McLean, John, 约翰·麦克林恩 145

McReynolds, James, 詹姆斯·麦克雷诺兹 305-306

Medicare, 老年健保 18

Meyer v. Nebraska, 迈耶诉内布拉斯加州案 305

Middle Republic, 中期共和国 2，4，5，305-306

Military, 军事 157，199，298; intervention, 干预 4，30，54，248; occupation by, 占领 61-62，157-158，163，327

Milliken v. Bradley, 米立肯诉布拉德利案 258，274，276-278，279，282-287，288-289，323-324

Miscegenation bans, 种族间通婚

禁令 288－289，292－293，296，398n10

Missouri Compromise （1820），1820 年密苏里大妥协 34

Mitchell, Clarence, 克拉伦斯·米切尔 90，181

Mitchell, John, 约翰·米切尔 166，168，243－245，250

Modern Republic, 现代共和国 2，5，8，105

Mondale, Walter, 沃尔特·蒙代尔 206，207，223，374－375n21

Movement－party－presidency pattern,运动－政党－总统职位模式 39－41，57，66－68，80

Moyers, Bill, 比尔·莫埃尔斯 94

Moynihan, Daniel, 丹尼尔·莫伊尼汉 220

Myart, Leon, 利昂·米亚特 183－184，190

Myrdal, Gunnar, 贡纳·米道尔 292

Naim v. Naim, 聂诉聂案 293，295，296，300

National Association for the Advancement of Colored People（NAACP）,全美有色人种协进会 11，50；on anti－miscegenation laws, 论禁止种族间通婚法 292－293，296，398n10；on Article V, 论宪法第五条 90；on EEOC, 论平等就业机会委员会 179，181；on poll taxes, 论人头税 87，102－103；on 24th Amendment, 论第二十四修正案 85，92，331－332. See also Legal Defense Fund（NAACP）另见全美有色人种协进会法律保护基金会

National Committee to Abolish the Poll Tax, 全国废除人头税委员会 87

National Industrial Recovery Act（1933）,1933 年《国家产业复兴法》63

National Labor Relations Act（1935）,1935 年《国家劳动关系法》40，65，75，175，191

National Labor Relations Board,国家劳动关系委员会 154，174，178，327

New Deal, 新政 26；activism of, 能动主义 37；administrative agencies, use of, 行政机关的运用 149，174，180－186，191；authority to speak for the people, 代人民发声的权威 311－314；canonization of, 正典化 75；central achievements of, 核心成就 18；on collective bargaining, 论集体谈判 55；Commerce Clause, use of, 州际贸易条款的运用 74－75，148－149，200，209，299，303，318；constitutionalism of, 宪制 2，5，15，40－41，74－75，168，217；Democrats, 民主党人 2，3－5，37，39，49，51－52；effect on states' rights, 对州权的影响 324－328；and Eisenhower, 与艾森豪威尔 50；erasure of, 抹除 328－335；and government by numbers, 与数字治国 14，15，193；and Johnson, 与约翰逊 41，57，79；landslide of 1936, 1936 年的大胜 69；legitimation of, 论证 5，40，41，299－300；movement－party－presidency strategy, 运动－政党－总统职位策略 55－56；and Nixon, 与尼克松 78；and north－south coalition, 与北－南联盟 48，52，57，59－60，79－80；Old Court resistance, 守旧最高法院的抵制 73，305；paradox of, 自相矛盾 315－316；on poll tax, 论人头税 87－88，105，114；popularity of, 声望 17；and separation－of－powers model，与分权模式 329；superprecedents，use of，超级先例的运用 107-109；and Taft，与塔夫脱 50；transformation of，转型 63，65-66；24th Amendment roots，第二十四修正案的根基 85-87；and Warren Court，与沃伦法院 63，73-75，87. *See also specific legislation* 另见具体立法

New Deal-Civil Rights regime，新政-民权体制 2，6；assault on，遭受的攻击 18，27，163；Burger on，伯格论 185-186；government by numbers in，其中的数字治国 193；and *Jefferson County Board of Education v. U. S.*，与杰斐逊县教育委员会诉美国案 236；Johnson on，约翰逊论 147；and *Jones v. Mayer*，与琼斯诉迈耶案 217；Nixon on，尼克松论 49，77-78，80，94；on poll taxes，论人头税 109，114；separation of powers，分权 11，312，329；Supreme Court on，最高法院论 63-64，73，75-76，116，160，312-316

Nixon，Richard M.，理查德·M.尼克松 16；and black vote，与黑人投票 52；and Burger Court，与伯格法院 268-270，282，284，313，323；on busing，论校车服务 246，249，259-267，268；characterization of，个性 55，69，77-78，250；China initiative，主动接触中国 250；constitutional legacy of，宪法遗产 16；on EEOC，论平等就业机会委员会 182-183；election loss，选举失利 59-60；on Fair Housing Act，论《公平安居法》77，200，204，218，221；on filibuster，论通过冗长发言阻挠议事 53，77；and *Holmes v. Alexander*，与霍姆斯诉亚历山大案 252；on judicial independence，论司法独立 231；landmark statutes，里程碑式立法 6，7，64，77，194，241-252；leadership style，领导风格 248；McGovern，defeat of，击败麦戈文 72，339；moment of truth，关键时刻 241-252；on Moynihan，论莫伊尼汉 220；on New Deal-Civil Rights regime，论新政-民权体制 6，49，77-78，80，94；on Open Communities Act，论《开放社区法》221-222；on open society，论开放社会 386n5；on racial homogeneity，论种族纯洁 259-260；resignation of，辞职 231；on Romney，论罗姆尼 220；on school segregation，论去除校园种族隔离 381n53，383-384n84；on silent majority，论沉默的大多数 169；Supreme Court disagreements，最高法院的不同意见 247；on Title VII，论第七篇 182，186-192；on Voting Rights Act (1965)，论《1965 年选举权法》54，120，166-170，332

Obama，Barack，贝拉克·奥巴马 27，38

Old Court，守旧的最高法院 5，27，41，63，73，75-76，231，258，318，327

101st Airborne Division，第 101 空降师 54. *See also* Military Open Communities Act（proposed），另见（草拟中的）《军事开放社区法》221-222

Operation Breakthrough，突破计划 220

Oswald，Lee Harvey，李·哈维·奥斯瓦德 57，60

Pace v. Alabama，佩斯诉亚拉巴马州案 292，297-298

Panetta，Leon，利昂·帕内塔 243，246

Parks，Rosa，罗莎·帕克斯 134-135，140

Pearl Harbor，Hawaii，夏威夷州珍珠港 87

Perez v. Sharp，佩雷斯诉夏普案 293

Philadelphia Convention，费城大会 2-3，29-30，38，311

Plebiscitarian presidency，公决主义的总统制 38，40

Plessy v. Ferguson，普莱西诉弗格森案：and *Brown*，与布朗案 129，132，298；on inferiority，论等而下之的属性 150；on institutionalized humiliation，论制度化羞辱 151；on Jim Crow laws，论吉姆·克劳法 157；on separate but equal doctrine，论分离但平等学说 113，272；Warren Court on，沃伦法院论 74，129，237

Pollak，Louis，路易斯·波拉克 168，296-297

Poll tax 人头税：abolition of，废除 83，85-87；civil rights leadership on，民权领导层论 90；Congress on，国会论 87；constitutional law on，宪法论 11，108，119；and literacy test suspension，与暂停文化测试 91，98. *See also* Twenty-Fourth Amendment；Voting Rights Act（1965）；*and specific cases* 另见第二十四修正案；《1965 年选举权法》；和具体各案

Popular mandates，大众授权 69-73，224；for *Brown v. Board of Education*，给予布朗诉教育委员会案 224，231-232；and Electoral College，与选举人团 38；Johnson's，约翰逊的 69，72-73，75，79，84，118，171，218，234，315；and landmark statutes，与里程碑式立法 45-

46，313；and movement parties，与运动政党 39，45-46；triggering of，击发 69-70

Popular sovereignty，大众主权 2-4，7，17-19；consolidation stage，巩固阶段 46-47，252；and Constitution，与《宪法》61；cycles of，周期 37-38，79；elaboration stage，精心建设阶段 45，73-76，218，252；and electoral mandate，与选举授权 42，71，171，297-299；Founding model of，开国模式 38-41，61，311；14th and 15th Amendments on，第十四和十五修正案论 61；Johnson use of，约翰逊的运用 96-97；legal expression of，法律表达 8-9；proposal stage，动议阶段 45，218，252；ratification stage，批准阶段 46，76-79，218，252；Second Reconstruction as，第二次重建作为 81，314，329；signaling stage，信号释放阶段 44-45，218；theory of，理论 41-47；triggering election stage，触发性选举阶段 45，66-69，72，218，313

Populism，平民主义 37

Posner，Richard，理查德·波斯纳 111

Powell，Adam Clayton，Jr.，小亚当·克雷顿·鲍威尔 233

Powell，Lewis F.，刘易斯 F. 鲍威尔 273

Price，Ray，雷伊·普莱斯 168-169，259

Proposal stage，动议阶段 45，218，252

Public accommodations law，公共场所法 12-13，15，56，66，68，74，133，136，141-143，147-152，159，172-173，176，192，195-199，205，223-224，230，255，289，296，

306, 315, 317, 323–332

Rational choice analysis, 理性选择分析 194, 347n12, 347n16, 350n7, 351n8, 370n11

Reagan, Ronald, 罗纳德·里根 77, 241, 333

Reconstruction 重建, *See* First Reconstruction; Second Reconstruction; Third Reconstruction, 见第一次重建;第二次重建;第三次重建

Reconstruction Amendments, 重建时期修正案 12, 78; as doomed, 难逃一劫 156–158, 199; framing of, 架构 16; on sexual intimacy, 论性亲密关系 292; on social rights, 论社会权力 130; validity of, 正当性 5; Warren Court on, 沃伦法院论 51

Reconstruction Republicans, 重建时期共和党人 3–5, 13, 15, 17, 30, 130, 156–158, 301, 328, 339

Rehnquist, William, 威廉·伦奎斯特 188

Republican National Convention, 共和党全国大会 50, 77

Republican Party, 共和党: and black vote, 与黑人投票 51–52, 55; as change agent, 作为变革的推动者 59–60; and filibuster rule, 与通过冗长发言阻挠议事的规则 52–53; Free Soil, 自由地区 38; Jeffersonian, 杰斐逊式 37, 39; Radical, 激进派 199; Reconstruction, 重建 3–5, 13, 15, 17, 30, 130, 156–158, 301, 328; split in, 分裂 67; successes of, 成功 50. *See also specific legislation*; *specific topics* 另见具体立法;具体主题

Ribicoff, Abraham, 亚伯拉罕·利比科夫 261, 262, 273

Roberts Court, 罗伯茨法院 18, 27; on Commerce Clause, 论州际贸易条款 27, 147–149, 175; erasure by, 抹除之举 331–333; and formalists, 与形式主义者 19; on gay marriage, 论同性恋通婚 304, 309; on *Shelby County v. Holder*, 论谢尔比县诉霍尔德案 309–310, 330, 335; as threat to landmark statutes, 作为对里程碑式立法的威胁 79; on Voting Rights Act (1965), 论《1965年选举权法》 27, 309–310, 330–335

Rockefeller, Nelson, 纳尔逊·洛克菲勒 67, 200, 204

Roe v. Wade, 罗伊诉韦德案 12, 27, 33

Romney, George, 乔治·罗姆尼 218–223, 243

Romney, Mitt, 米特·罗姆尼 27

Roosevelt, Eleanor, 埃莉诺·罗斯福 87, 233

Roosevelt, Franklin D., 富兰克林·D. 罗斯福 2, 16, 40; Democratic party purge, 民主党的整肃 86; and four freedoms, 与四大自由 137; judicial resistance, 司法抵制 73; landmark statutes, 里程碑式立法 65–66, 75–76; as movement-party president, 作为运动政党总统 66–68; and New Deal Revolution, 与新政革命 4, 17, 73, 75; perceived mandate, 据信拥有的授权 4, 312; on Polltaxia, 论人头税 86, 87–88; and Supreme Court, 与最高法院 5, 73, 75–76, 231, 312; as transformational, 作为转变者 284

Roosevelt, Franklin D., Jr., 小富兰克林·D. 罗斯福 179

Roosevelt, Theodore "Teddy," 西奥多·"泰迪"·罗斯福 57

Roosevelt-Landon campaign, 罗斯福-兰登竞选 75–76, 312, 316

Roth，Stephen，史蒂文·罗斯 263

Scalia，Antonin，安东宁·斯卡利亚 19；on anti - humiliation principle，论反羞辱原则 308；as constitutional originalist，作为宪法原旨主义者 19；guiding principles，指导原则 35；as hyperformalist，作为过度形式主义者 329；on living constitution，论活的宪法 34-35；on popular sovereignty，论大众主权 329；textualism of，文本主义 328

Schultz，George，乔治·舒尔茨 249-251

Schumpeter，Joseph，约瑟夫·熊彼特 41

Scott，Hugh，休·斯科特 261-262，277，278

SEC，见 Securities and Exchange Commission 证券交易委员会

Second Reconstruction，第二次重建 2，18，54，78，137，146，284，334；activism leading to，引发第二次重建的能动做法 49；affirmation of *Brown v. Board of Education*，对布朗诉教育委员会案的肯定 287；assassination，role in，行刺的角色 48，57-58；betrayal of，背叛 335-336；constitutional meaning of，宪法意涵 116，199；equal protection in，其中的平等保护 149，215，316；erasure of，抹除 331；excesses of，过度部分 168；expansion of scope，范围扩展 164-165，306；government by numbers in，其中的数字治国 190，327；on institutionalized humiliation，论制度化羞辱 13-14，15，240；legacy of，遗产 13，199，201，217，223，224-225，230，232，309，313，337；NAACP on，全美有色人种协进会论 90；national com-mitment to，举国承诺 200，201，337；objectives of，目标 181，195，224，276，309；and popular sovereignty，与大众主权 81，121，127，158，218，300-301，314，321，329；rebuilding，重构 210-211；on remnants of slavery，论奴隶制残余 318-310；and Roberts Court，与罗伯茨法院 331，336-337；sphere-by-sphere approach，逐个领域讨论的进路 186，306；on state action doctrines，论州行为理论 325；Supreme Court on，最高法院论 48-49，223；in *United States Reports*，在《美国报告》中 322；and Warren Court，与沃伦法院 315

Securities and Exchange Act (1933)，1933 年《证券交易法》65，75

Securities and Exchange Commission (SEC)，证券交易委员会 14，15，18，154，327

Seeley，David，大卫·希利 234

Segar，Robert L.，罗伯特·L. 西格 112

Selma，Ala.，亚拉巴马州塞尔玛 92-96，171，200

Separation-of-powers model，分权模式 4；during civil rights era，民权时期的 5，9，11，312；cycles of reform，改革周期 44-47；and staggered terms of office，与任期交错 43

Shelby County v. Holder，谢尔比县诉霍尔德案 309-310，330，335

Signaling stage，信号释放阶段 44-45，48，51-57，218，252

Situation-sense，as judicial technique，作为司法技能的情境意识 131-132，254，302

Slaughter house Cases (1873)，1873 年屠宰场诸案 31，213，313

Social science, use of, 社会科学的运用 132-133, 302

Social Security Act (1935), 1935年《社会保障法》27, 32, 40, 65, 75

Social Security Administration (SSA), 社会保障署 15, 18, 69

South Carolina v. Katzenbach, 南卡罗来纳州诉卡增巴赫案 162, 163, 166, 170, 330

Sphere-by-sphere approach, 分领域讨论的进路 152, 199, 224, 237; in *Brown v. Board of Education*, 在布朗诉教育委员会案中 129, 130-131, 165, 254, 261, 306, 324; in Fair Housing Act, 在《公平安居法》中 205-207; and institutionalized humiliation, 与制度化羞辱 15, 133, 135, 141, 154, 172, 176, 209, 240, 254; in landmark statutes, 在里程碑立法中 12, 15, 198-199, 205-207, 223-224, 237, 261, 306, 321, 323, 324-326, 338; in *Loving v. Virginia*, 在拉芬诉弗吉尼亚州案中 306; in Second Reconstruction, 在第二次重建中 186, 306

Spritzer, Ralph, 拉尔夫·斯普利策 144

SSA. 见 Social Security Administration 社会保障署

Standardized testing for employment, 就业标准化测试 183-186, 187, 196

State action doctrine, 州行为理论: anti-subordination challenge to, 反屈从对其的挑战 129; in *Bell v. Maryland*, 在贝尔诉马里兰州案中 13, 147-149, 324; Civil Rights Act (1964) on, 《1964年民权法》论 209; death of, 之死 145, 223; in Equal Protection Clause, 在平等保护条款中 144, 147, 202, 213-214, 217; expansion of, 扩张 175-176; Second Reconstruction on, 第二次重建论 325

States' rights, 州权 73, 93, 170-171, 324, 328, 331-334, 403-404n9

Stennis, John, 约翰·斯坦尼斯 244-245, 260, 262, 273

Stevens, Thaddeus, 萨迪厄斯·史蒂文斯 156-158, 199, 339

Stevenson, Adlai, 阿德莱·史蒂文森 50, 52, 233

Stewart, Potter, 波特·斯图尔特 114-115, 145, 147; on *Jones v. Mayer*, 论琼斯诉迈耶案 209, 212-215, 217, 218, 220, 240, 318; on *Wright v. Emporia*, 论怀特诉艾珀利亚案 268-270, 272, 273

Stigma, 羞辱印记 132, 138, 155, 238-240, 253-255, 271, 275, 284-285, 288, 298, 302, 304, 306, 308, 325-326, 364n36, 380n35, 396n109, 396n113

Stone, Harlan Fiske, 哈兰·费斯克·斯通 34

Student Transportation Moratorium Bill, 《暂缓运送学生法案》265

Sumner, Charles, 查尔斯·萨姆纳 156-157, 199

Sunstein, Cass, 凯斯·桑斯坦 34

Superprecedents, use of, 超级先例的运用 33, 107-109

Supreme Court, 最高法院 4-5; on Civil Rights Act (1875), 论《1875年民权法》18, 148-149; Commerce Clause, 州际贸易条款 315-316; constitutional reform by, 所领导的宪法改革 48, 107, 129, 200-201, 209-210; on de jure/de facto segregation，论法律上/事实上的种族隔离 261-262；on EEOC，论平等就业机会委员会 185；gatekeeper role，守门人角色 75-76；landmark reinforcement vs. legalistic legitimation，里程碑式巩固对死抠法条的论证 318；leadership on landmark statutes，里程碑式立法问题的领导权 129，133，156，229-230，236，317-321；on National Labor Relations Act（1935），论 1935 年《国家劳动关系法》191；on New Deal-Civil Rights regime，论新政-民权体制 63-64，73，75-76，116，160，312-316；nominees，候选人 33，246；on poll tax，论人头税 91；on Second Reconstruction，论第二次重建 48-49，223；switch in time，及时转向 107，231，232，274，283；on Voting Rights Act（1965），论《1965 年选举权法》162，319-320. *See also individual chief justices*; *specific cases* 另见各位首席大法官；具体各案

Swann v. Charlotte-Mecklenburg，斯旺诉夏洛特-梅克伦堡案 252-256，262，275，283

Systematic humiliation. 全面羞辱 *See* Institutionalized humiliation 参见制度化羞辱

Taft, Robert A.，罗伯特·A. 塔夫脱 50

Technocracy，技术路线 14-15，152，155-156，159-160，164，167，170，174-199，224，236，240，275-276，324-327，335，367n14；and technocratic individualism，与技术路线下的个人主义 174-175，179-186，188，194-199. *See also* Government by numbers 另见数字治国

Tennessee Valley Authority（TVA），田纳西河谷水利局 54

Third Reconstruction，第三次重建 286，337-340

Thirteenth Amendment，第十三修正案 4，57，96，211，214，215，216，217，237，240，318-319，328

Thomas, Clarence，克拉伦斯·托马斯 19，35，328，329，337

Thurmond, Strom，斯特罗姆·瑟蒙德 52，242，249

Tilder, Samuel J.，萨缪尔 J. 蒂尔登 30-31

Tower, John，约翰·陶尔 184，190

Triggering stage，触发阶段 45，66-70，72，218，252，313，333-334

Truman, Harry，哈里·杜鲁门 50，72

TVA，见 Tennessee Valley Authority 田纳西河谷水利局

Twelfth Amendment，第十三修正案 39

Twenty-First Amendment，第二十一修正案 24

Twenty-Fourth Amendment，第二十四修正案 25，105，332；and *Harper v. Virginia State Board of Elections*，与哈珀诉弗吉尼亚州选举委员会案 112，113，115；and *Katzenbach v. Morgan*，与卡增巴赫诉摩根案 116-121；opposition to，反对意见 90，331-332；origins of，起源 85-92；on poll tax，论人头税 83-84，97-98，102，110，115-116；ratification of，批准 91-92；on scope of statutory power，论立法权限 119；and Section 10, Voting Rights Act，与《选举权法》第十节 111，112

Twenty-Second Amendment, 第二十二修正案 24

Twenty-Sixth Amendment, 第二十六修正案 25

Tydings, Joseph, 约瑟夫·泰丁斯 207

United Automobile Workers, 汽车业工人联合会 85

United States Reports, 《美国报告》75, 134, 201, 252, 304, 305; erasure from, 从其中抹除 107; as judge-centered canon, 作为以法官为中心的正典 201; narrow focus of, 狭隘的关注对象 106, 176, 316, 320; as potentially misleading, 具有误导的可能 149, 217, 322; Second Reconstruction in, 第二次重建中的 322

United States Supreme Court, 美国最高法院 *See* Supreme Court 见最高法院

United States v. Darby, 美国诉达比案, 40, 299

United States v. Windsor, 美国诉温莎案: and anticlassification principle, 与反归类原则 304; and anti-humiliation principle, 与反羞辱原则 336; and Defense of Marriage Act, 与《婚姻保卫法》291, 307-310, 322

Voting Rights Act（1965）, 《1965年选举权法》5, 160-162, 295; and Article V, 与宪法第五条 10-11, 41, 84, 105; codification of, 法典化 166-170, 200; escape hatch, 逃生舱 164-165, 366n9, 368n32; and federal receivership, 与联邦管理制 174; and government by numbers, 与数字治国 14-15, 192; and *Harper v. Virginia State Board of Elections*, 与哈珀诉弗吉尼亚州选举

委员会案 105, 107-111, 113-116; identification/resistance problems, 识别/抵制问题 195-199; Johnson, role of, 约翰逊的角色 73, 76, 92-95, 337; juridical erasure of Section 10, 司法对第十节的抹除 113-116; juridical reinforcement of, 司法巩固 162-165; Justice Department, role of, 司法部的角色 93, 95, 96, 97, 160-162; and *Katzenbach v. Morgan*, 与卡增巴赫诉摩根案 116, 319; and *Lassiter v. Northampton County Board of Elections*, 与拉希特诉北安普顿县选举委员会案 116-117, 119; Nixon, role of, 尼克松的角色 120; on poll tax, 论人头税 102-103, 319-320; Roberts Court on, 罗伯茨法院论 18, 27, 330, 335; Section 4, 第四节 116-117, 333; Section 9, 第九节 99; Section 10, 第十节 83-84, 105, 107-116, 320; and *Shelby County v. Holder*, 与谢尔比县诉霍尔德案 309-310, 330, 335; and state sovereignty, 与州主权 170-171; and technocracy, 与技术路线 173, 194-199; and 24th Amendment, 与第二十四修正案 83-85, 119. *See also* Literacy tests 另见文化测试

Voting Rights Act（1970）, 《1970年选举权法》166, 179, 333

Wagner, Robert, 罗伯特·华格纳 16

Wagner Act. 《华格纳法》*See* National Labor Relations Act（1935）见1935年《国家劳动关系法》

Wallace, George, 乔治·华莱士 54, 77, 120, 241-242, 247, 264, 325

War on Poverty, 对贫困宣战 72, 338-339

Warren, Earl, 厄尔·沃伦 16, 80, 131, 142, 162, 240, 242, 290, 335

Warren Court 沃伦法院: on *Bell v. Maryland*, 论贝尔诉马里兰州案 143–149, 315; on *Breedlove v. Suttles*, 论布里德拉夫诉萨图斯案 87; on *Briggs v. Elliot*, 论布瑞格斯诉埃利奥特案 232; on *Brown v. Board of Education*, 论布朗诉教育委员会案 13, 51–52, 128–129, 131, 239, 257–258, 268, 287, 290–291, 294–295, 306, 309; on Commerce Clause, 论州际贸易条款 148; conservatism of, 保守性 295–300; constitutional leadership of, 宪法领导权 6, 11–12, 16, 63, 224, 229; on deliberate speed, 论审慎速度 286, 294; on Equal Protection Clause, 论平等保护条款 146–147, 176; on *Harper v. Virginia Board of Elections*, 论哈珀诉弗吉尼亚选举委员会案 83–85, 105–107, 110; on *Heart of Atlanta Motel v. U. S.*, 论亚特兰大之心旅店公司诉美国案 148–153; on *Holmes v. Alexander*, 论霍姆斯诉亚历山大案 *WTBZ* |252; on *interracial marriage*, 论跨种族通婚 *134*; on Jones v. Mayer, 论琼斯诉迈耶案 318–319; judicial activism, 司法能动 74, 105–106, 110, 317–321; on juridical situation-sense, 论司法的情境意识 131–132; on *Katzenbach v. McClung*, 论卡增巴赫诉麦克朗案 148–153; on *Katzenbach v. Morgan*, 论卡增巴赫诉摩根案 116, 265, 319; on *Keyes v. Denver School District*, 论凯耶斯诉丹佛学区案 258, 283; on *Loving v. Virginia*, 论拉芬诉弗吉尼亚州案 303, 304–305, 321, 322; on *McLaughlin v.*

Florida, 论麦克劳林诉佛罗里达州案 297; on *Milliken v. Bradley*, 论米立肯诉布拉德利案 283; on *Naim v. Naim*, 论聂诉聂案 293; and New Deal, 与新政 73–75, 87; and Old Court, 与守旧最高法院 73; on Reconstruction Amendments, 论重建时期修正案 51; restraint of, 节制 147; and Second Reconstruction, 与第二次重建 121, 313, 315; on segregated busing, 论实施种族隔离的校车服务 135; as signaling, 作为信号释放 44; on state action doctrine, 论州行为学说 13, 144–145; on *Swann v. Charlotte-Mecklenburg*, 论斯旺诉夏洛特-梅克伦堡案 252–256; on switch in time, 论及时转向 312; on Voting Rights Act (1965), 论《1965 年选举权法》164; and Wallace, 与华莱士 241. *See also specific cases; specific points of law* 另见具体各案; 具体法律点

Washington, Booker T., 布克 T. 华盛顿 78

Washington, George, 乔治·华盛顿 16, 29

Washington Post (newspaper), 《华盛顿邮报》(报纸) 103

Watergate scandal, 水门丑闻 231

Watts, Los Angeles, riots, 洛杉矶沃茨暴动 80, 203

Wechsler, Herbert, 赫伯特·威克斯勒 134, 289, 294

White, Byron, 拜伦·怀特 212, 239, 297

White, Theodore, 西奥多·怀特 77

White Citizens' Council, 白人公民理事会 54

Whitten, Jamie, 吉米·威顿 260

Wickard v. Filburn, 维克德诉费尔

本案 40，299

Wilkins，Roy，罗伊·威尔金斯 202

Willkie，Wendell，温代尔·威尔基 69，76，77，78

Wisdom，John Minor，约翰·迈诺·威斯德姆 236-237，241

World War I，第一次世界大战 31，305

World War II，第二次世界大战 31，290，297-298，303，322

Wright v. Emporia，怀特诉艾珀利亚案 258，267-270，281-282，323，324

Ziegler，Ron，罗恩·吉格勒 249

译后记

　　2014年初春，我正在国内修改博士论文，收到了"我们人民"系列第三卷问世的消息。此事大约是田雷老师告诉我的，当时他主持的"阿克曼文集"渐渐显露出气象，而这一系列无疑是重中之重。田雷兄多方联络，物色译者，并让我推荐。我心头一热，毛遂自荐：交给我吧！师兄很惊喜，但也担心译事会影响我完成毕业任教后的发表要求。我说，交给别人，我不放心。那时我和师兄还未曾谋面，只有在耶鲁前后租住同一陋居的缘分，但事情就这么定了下来。很快，我造访刘海光老师领衔的编辑出版团队，见到了张阳编辑和许多同仁。我们都为即将开始的合作兴奋不已。我说，谢谢你们的信任，交给别人，我不放心。大家聊得畅快，午餐很合口味，真是一见如故，尽兴而归！入夏，我陪父母短暂地返回耶鲁，参加毕业典礼。等到校园恢复平静，6月9日下午，我如约来到阿克曼教授的办公室，请教翻译的机宜。老师一如既往，耐心听完我的开场白，便顾自说下去。我知趣地很少打断，只偶尔把话题带回他的新书，以及充满不确定性的未来。临别时，老师准许我任选他的著作，由他签赠给我。我还是选了即将翻译的这本。他说，翻译很花精力啊！我说，交给别人，我不放心。

这场学术之旅超乎预料的漫长。许多细节都模糊了，甚至我可能早在 2013 年年底就看到了哈佛出版社的预告，着手翻译这本书的鳞爪。那样算来就更久了。然而这句话却一直记得真切：交给别人，我不放心。后来我成长了些，明白了学问总有人做，历史自有安排，没什么可不放心的。但我还是放不下。因为那是青春呀！阿克曼生于 1943 年，他青年时亲历运动，中年时四下求索，老年时定下心来，以求索而来的理论重释青年时代的思见。青春因思想而不朽——读过这本书的人，当会发出相同的感叹。翻译工作从我 28 岁开始，32 岁完成初稿；到出版时，我已届不惑之年。青春像顽皮的孩子，一放手便蹦跳着越走越远，渐渐融入满目苍翠之中。她不会回来，但会重生。我在 18 岁时转读法学院，见证了媒体命名的"新民权行动年"，接受了世纪之交法学巨变的洗礼，度过了"也许不是最幸福，肯定不是最灿烂，但必定是最怀念"的青春时光。我坚信，只要开动脑筋、上下求索，青春便会如阿克曼老师笔下那样重生。到那时候，我就放心了。

"我们人民"系列是一个关于宪法成长的故事，更是我们人民与宪法不断对话、共同成长的故事。成长就有增减得失，也有不增不减，这便要把握"动"与"静"的关系。"我们人民"系列又是一个关于宪法实践的故事，而所有"天崩地解、山谷陵替、格局巨变、悲欢离合"，都化作笔底微澜，成为宪法解释的素材、方法和立场，这便要把握"行"与"思"的关系。"我们人民"系列还是一个关于宪法生活的故事，它和每个人息息相关，期望引起每个人的共鸣，又与每个人都保持着君子之交的距离，展现了复杂的叙事技艺，这便要把握

"俗"与"雅"的关系。作者写了一部大书，期待读者练就一双慧眼。有诗云：双目时将秋水洗，一生不受古人欺。阿克曼如果听到，大概会像惯常那样微闭双目，脸上浮起深奥的微笑来。

为了这本译作，我努力了很久，也等待了很久，最后还是在中国科学技术出版社得偿所愿。我要感谢田雷、刘海光、张阳老师暨雅理诸君的不懈推动，感谢秦德继、郑闯琦、杜凡如、范新、周弘博、任建辉、刘畅、宋竹青等领导和老师的肯定和帮助。感谢北大-耶鲁法律与政策改革联合研究中心的各位同仁，给予我至为关键的学术、生活和情感支持。这本书是我们学术友谊的见证。十年一梦，于斯竟成。

书译完了，春天如期而来。在无边的原野上，在温暖的和风里，我以一位诗人、学者和革命家的文字，为这本译著作结：

　　我的这个发言，与其说是一个老科学工作者的心声，毋宁说是对一部巨著的期望。这部伟大的历史巨著，正待我们全体科学工作者和全国各族人民来共同努力，继续创造。它不是写在有限的纸上，而是写在无限的宇宙之间。

　　春分刚刚过去，清明即将到来。"日出江花红胜火，春来江水绿如蓝。"这是革命的春天，这是人民的春天，这是科学的春天！让我们张开双臂，热烈地拥抱这个春天吧！

阎天

2021 年 3 月 28 日于北京寓所初稿

2025 年 1 月 14 日于北京大学定稿

WE THE PEOPLE, Volume 3: The Civil Rights Revolution by Bruce Ackerman

Copyright © 2014 by the President and Fellows of Harvard College

Published by arrangement with Harvard University Press

through Bardon-Chinese Media Agency

Simplified Chinese translation copyright © 2025 by Tao Zhi Yao Yao Culture Co., Ltd.

ALL RIGHTS RESERVED

北京市版权局著作权合同登记 图字：01-2025-1005

图书在版编目（CIP）数据

政制秩序原理. 变革 /（美）布鲁斯·阿克曼

（Bruce Ackerman）著；阎天译. -- 北京：中国科学技

术出版社，2025.4. -- ISBN 978-7-5236-1264-4

Ⅰ. D771.29

中国国家版本馆 CIP 数据核字第 2025Z3X004 号

执行策划	雅理		**责任编辑**	刘畅
特约编辑	刘海光　张阳		**策划编辑**	刘畅　宋竹青
版式设计	韩雪		**责任印制**	李晓霖
封面设计	众已·设计			

出　　版	中国科学技术出版社
发　　行	中国科学技术出版社有限公司
地　　址	北京市海淀区中关村南大街 16 号
邮　　编	100081
发行电话	010-62173865
传　　真	010-62173081
网　　址	http://www.cspbooks.com.cn

开　　本	889mm×1194mm 1/32
字　　数	350 千字
印　　张	17
版　　次	2025 年 4 月第 1 版
印　　次	2025 年 4 月第 1 次印刷
印　　刷	北京盛通印刷股份有限公司
书　　号	ISBN 978-7-5236-1264-4/D·151
定　　价	98 元

（凡购买本社图书，如有缺页、倒页、脱页者，本社销售中心负责调换）